产业链创新与学科建设协同发展研究

马香媛　胡晓青　蔡建湖 等 著

科 学 出 版 社

北　京

内 容 简 介

本书面向我国教育、科技、人才一体化发展的重大战略部署，聚焦产业链创新与学科建设协同发展这一重要议题，对产业链供应链视角下企业创新发展、磁性材料和集成电路等典型重点产业链创新发展、长三角地区产业链创新与学科建设协同发展等内容进行了深入研究，为推进科技知识创新、经济产业转型升级提供理论支撑和实践指导。

本书理论研究紧密联系实践，既可以供产业链创新、学科建设、高等教育、科技政策等研究领域的高校教师及相关专业博士、硕士研究生和本科生学习参考，也可以供企业管理人员和政府部门相关人员阅读参考。

图书在版编目（CIP）数据

产业链创新与学科建设协同发展研究 / 马香媛等著. -- 北京 : 科学出版社，2024. 12. -- ISBN 978-7-03-080634-5

Ⅰ. F269.2

中国国家版本馆 CIP 数据核字第 20241K71J2 号

责任编辑：郝 悦/责任校对：王 瑞
责任印制：张 伟/封面设计：有道设计

科学出版社 出版
北京东黄城根北街 16 号
邮政编码：100717
http://www.sciencep.com

中煤（北京）印务有限公司印刷
科学出版社发行 各地新华书店经销
*
2024 年 12 月第 一 版 开本：720×1000 1/16
2024 年 12 月第一次印刷 印张：22
字数：450 000

定价：258.00 元

（如有印装质量问题，我社负责调换）

前　　言

2024年《政府工作报告》提出，充分发挥创新主导作用，以科技创新推动产业创新，加快推进新型工业化，提高全要素生产率，不断塑造发展新动能新优势，促进社会生产力实现新的跃升。党的二十届三中全会通过《中共中央关于进一步全面深化改革、推进中国式现代化的决定》，强调要加强创新资源统筹和力量组织，推动科技创新和产业创新融合发展。当前，我国集成电路（integrated circuit，IC）、人工智能（artificial intelligence，AI）等新兴产业蓬勃发展，为经济高质量发展提供了新的动力。但是，新兴产业的创新发展遇到了许多瓶颈，亟须加快科技研发和先进技术的应用，打造安全自主可控的产业链供应链，并锚定传统产业绿色化、智能化发展。其中，推进教育、科技、人才系统集成已经成为产业链创新和经济高质量发展的重要支点。特别地，高校承载着人才培养、科技创新、社会服务等多重功能，在统筹推进教育强国、科技强国、人才强国建设中发挥着举足轻重的作用。在此背景下，亟须从理论和实践层面对产业链创新发展、重点学科建设，以及两者之间的协同发展进行系统性研究，形成教育、科技、人才与区域、产业、经济社会发展相互交融的创新生态系统，并加快形成新质生产力。

本书基于广泛的案例调研，从产业链供应链视角研究当前经济环境下企业的创新发展，在此基础上聚焦磁性材料和集成电路等重点产业创新发展研究，进一步通过实证方法研究学科建设对重点产业创新发展的支撑作用，并提出两者协同发展的对策建议。本书共四篇，每一篇分别涵盖了若干章节的研究内容。

第一篇为总论，包括第一章和第二章。本篇首先梳理了产业组织、技术创新、协同创新、跨学科（interdiscipline）组织等相关理论，为本书后续研究内容的开展奠定了重要的理论基础。进一步围绕本书研究主题，重点从产业链创新发展、合作博弈、学科建设与经济发展等视角出发，对相关文献研究进行了系统性的总结与归纳，剖析了当前学者关注的重点和热点问题，提炼了本书研究的理论价值。

第二篇为产业链供应链视角下企业创新发展，包括第三章至第六章。本篇首先针对制造企业技术创新高风险、高外部性的特点，指出当前众多企业面临资金短缺的现实困境，重点研究了制造企业研发强度（R&D intensity，RD）与贸易信贷（trade credit，TC）之间的关系，为不同类型制造企业提供了差异化的融资建议，并从政府相关部门角度制定针对性的支持政策，助力企业攻克关键核心技术，推动重点产业创新发展。其次关注全球产业链背景下，跨国企业通过专利技术创新联盟来提升创新能力的实际情况，重点分析研发不确定环境下跨国企业在不同联盟模式下的运营决策及其联盟模式的选择策略，推动产业的创新合作，促进我国制造企业深度融入全球产业链供应链。最后，瞄准经济低碳转型的现实背景，一方面从长期动态的视角出发研究企业碳减排技术投入决策，并分析有利于供应链上下游关联企业搭建紧密合作机制的权力结构；另一方面关注绿色供应链上下游关联企业之间存在信息不对称的现象，重点分析绿色供应链的运作决策和信息共享策略，并设计成本共担契约方案促进企业之间的合作，提升企业绿色创新能力，从而推动产业链供应链绿色低碳转型。

第三篇为典型重点产业链创新发展，包括第七章至第十一章。本篇以磁性材料和集成电路为典型抓手，通过实地调研和案例分析等方式，深入剖析重点产业链创新发展现状，并提出针对性的对策建议，助力经济高质量发展。首先，概述了磁性材料产业链创新发展现状，进一步实地调研浙江省磁性材料产业链相关企业，并以横店集团东磁股份有限公司（以下简称横店东磁）为例进行深入剖析，挖掘磁性材料产业链创新发展面临的挑战与问题，并提出对策建议。其次，从设计、制造、封装与测试、设备与原材料这四个方面概述了集成电路产业链发展情况，并提炼了集成电路产业链创新链不同领域全球领先企业的先进经验，进一步深入剖析我国和浙江省集成电路产业链发展现状，并结合浙江省集成电路产业链创新发展面临的机遇与问题，提出了对策建议。

第四篇为长三角地区产业链创新与学科建设协同发展，包括第十二章至十五章。本篇首先研究了基于学科建设的高校科研团队创新行为，重点关注革新实验室、变革型领导的影响，并从学科建设等维度出发构建了地方高校核心竞争力指标生态位评估模型，并测算了浙江省属高校的核心竞争力水平，提出了推动地方高校竞争力提升的对策建议。其次，以长三角地区为例剖析了上海市、江苏省、浙江省、安徽省的产业布局与学科建设现状，构建了学科建设与重点产业的匹配度模型并进行了深入分析，进一步对长三角地区产业链创新发展政策进行了文本词频分析和查询分析，提出了面向长三角地区产业链与学科建设协同发展的对策与建议。

参加本书研究和编辑的成员如下。前言，马香媛、胡晓青、蔡建湖；第一篇，马香媛、胡晓青、蔡建湖、吴梦、丁嘉豪、刘雨杭、王晓楠；第二篇，马香媛、胡晓青、蔡建湖、周青、寿涌毅、刘淑春、贾利爽、蒋飞颖、蒋乐、杨梦园；第三篇，马香媛、胡晓青、蔡建湖、徐宏凯、吴梦、丁嘉豪、刘雨杭、王晓楠；第四篇，马香媛、胡晓青、黄鹤、吴刚、周青、吴卡伍、徐宏凯、丁嘉豪。本书的编撰和校对工作凝聚了很多研究生的辛勤劳动，特别是吴卡伍、吴梦、王晓楠、刘雨杭、丁嘉豪、赖安琪、张乐等同学，在此表示感谢。

在本书的撰写过程中，非常荣幸得到了众多专家学者的帮助与支持。感谢科学出版社在本书出版过程中给予的帮助与支持。本书引用了大量前人的研究成果，尽量在书中标明，如有遗漏，敬请指正，并在此向各位学者表示感谢！本书是国家社会科学基金（22BGL305）、国家自然科学基金（72472040、72202052）、浙江省科技计划重点项目（2023C25023）、浙江省哲学社会科学规划对策类课题重点项目（21NDYD091Z）、浙江省哲学社会科学规划专项课题（23BMHZ099YB）、浙江省哲学社会科学规划重点课题（19NDJC024Z）、浙江省“尖兵”“领雁”研发攻关计划项目（2023C03180）的阶段性成果。

目　　录

第一篇　总　论

第二篇　产业链供应链视角下企业创新发展

第三篇 典型重点产业链创新发展

第四篇　长三角地区产业链创新与学科建设协同发展

第一篇　总　　论

本篇基于产业组织、技术创新、协同创新、跨学科组织等相关理论的梳理，重点从产业链创新发展、合作博弈、学科建设与经济发展等视角出发，对相关文献研究进行系统性总结与归纳，明确了本领域学者关注的重点和热点问题，提炼了本书研究的理论价值。

第一章　相关理论研究

第一节　产业组织理论

一、产业组织理论的内涵

产业组织理论兴起于20世纪30年代，是西方产业经济学的核心理论。在《新帕尔格雷夫经济学大辞典》中，产业组织理论的定义如下：产业组织理论是一种以厂商及其结构和行为为研究对象，具体分析个别产业内厂商之间竞争和垄断的关系，研究在市场机制下如何既保持厂商的竞争活力又充分利用规模经济性，实现资源优化配置的理论。在《马克思恩格斯全集》中，产业组织理论被认为主要涉及资本集中或资本吸引资本的规律、产业组织的形式、产业组织演变的物质技术基础、资本集中及大企业的作用、个体资本的扩大及垄断形成的条件、垄断和竞争的关系、产业组织演化对资本主义经济基础的影响等。

新产业组织理论形成于20世纪80年代，其以交易费用理论为基础，综合运用了博弈论、激励理论、合约理论等多种理论与方法和工具。其更加强调研究在不完全竞争市场条件下，特别是垄断、寡头垄断和垄断竞争市场厂商的组织、行为和绩效，并在理论假定上增加交易成本和信息的维度。特别地，新产业组织理论引入了信息不对称，打开了规制机构的“黑箱”，使政府政策问题的研究更加系统化，并且更加注重市场环境与厂商行为的互动关系，具体体现在逻辑上的循环和反馈链。在方法和工具上，新产业组织理论则运用了大量的现代数学分析工具，特别是运用多变量的分析工具来展开相关研究。

当前，产业组织理论可以概括为：以产业组织为研究对象，分析不完全竞争市场环境下的企业行为。作为西方经济学的分支学科，产业组织理论具有以下两个特征：一是现实性，即密切结合实际情况，考察产业发展过程中出现的各种现象，并用理论来揭示现象发生的机理；二是政策性，即产业组织理论可以为政府的政策制定提供理论依据，协调产业关联企业，提高产业内部资源配置效率。

二、产业组织理论体系

产业组织理论经历了结构-行为-绩效（structure-conduct-performance，SCP）范式、博弈论范式、网络产业组织理论和行为产业组织理论四个发展阶段，且依据研究对象不同，可将其划分为“结构论”、“行为论”和“关系论”三种不同方向。随着经济的发展，产业组织理论演化出不同的学派，具体包括哈佛学派、芝加哥学派、新奥地利学派、新制度学派等。接下来，本章将结合产业组织理论构建及其学派划分进行阐述，并对理论体系的发展进行系统性梳理，具体如表1-1所示。

表 1-1 产业组织理论发展历程梳理

时间	事件
1776 年	亚当·斯密出版《国富论》，注重竞争机制的作用和由劳动分工所带来的经济效益
1890 年	马歇尔补充了竞争和规模经济的联系，在《经济学原理》一书中，提出了“马歇尔矛盾”的问题，反映了企业对规模经济的追逐以及垄断对市场的抑制
1936 年	张伯伦与罗宾逊夫人提出，由于产品之间存在差异性，一般的市场结构不是完全竞争，而是垄断竞争
1938～1939 年	梅森在哈佛大学建立产业组织研究小组，提出产业组织分析的理论体系和研究方向，并于1939 年出版了《大企业的生产价格政策》一书
1940 年	克拉克提出“有效竞争”概念
1955 年	施蒂格勒汇总当时的主要研究成果，发表了《商业集中和价格政策》
1959 年	美国哈佛大学产业经济学的贝恩和谢勒等学者建立起一个既能深入具体环节，又有系统逻辑体系的 SCP 产业分析框架。贝恩《产业组织》的出版标志着产业组织理论的基本形成，SCP 范式逐步由哈佛学派建立起来
1960 年前后	反垄断政策的结构主义理论观点受到批判，芝加哥学派迅速崛起
1968 年	施蒂格勒《产业组织》一书的问世，标志着芝加哥学派在理论上的成熟
1970 年	谢勒以讨论市场结构、市场行为、市场绩效之间的反馈效应为基底，形成了更加符合逻辑的 SCP 三段论范式，广泛应用于现代产业组织理论中
1970～1980 年	非主流产业组织理论的代表新奥地利学派与新制度学派兴起
1980 年前后	产业组织理论不能再满足巨型跨国企业的发展需求，即除了说明产业在市场活动中的内在规律外，产业组织理论还应解释企业组织形式的变化，因此新产业组织理论应运而生
1982 年	鲍莫尔、帕恩查和韦利格出版了《可竞争市场与产业结构理论》一书，可竞争市场理论发展起来
1988 年	梯若尔出版《产业组织理论》，反映了博弈论应用到产业组织理论模型之后的主要研究成果
1988 年	胡汝银出版的《竞争与垄断：社会主义微观经济分析》一书，完全就中国经济中的竞争和垄断问题进行了探讨
1989 年	邹东涛和杨秋宝出版的《经济竞争论》，对中国的经济竞争方式问题进行了较为系统的论述
1980～1990 年	产业组织理论引入中国
1990 年	陈小洪和金忠义出版的《企业市场关系分析——产业组织理论及其应用》，首次以中国为研究对象，较系统地介绍了国际上的产业组织理论，并对国际上的产业组织现状作了较为全面的阐述
1994 年	夏大慰出版了《产业组织学》一书，首次对产业组织理论与方法、产业组织政策进行了较为系统的阐述与分析

（一）“结构论”的理论构建

哈佛学派将市场结构作为产业组织理论的分析重点，并以哈佛大学经济学教授贝恩为主要代表，形成了著名的SCP范式，其具有两个重要特征，即在分析框架中突出市场结构，在研究方法上偏重实证研究。哈佛学派主张通过公共政策（产业组织政策）来调整和直接改善不合理的市场结构，以便获得理想的市场绩效；市场结构、市场行为、市场绩效之间具有因果联系，主要体现为：市场结构决定了市场行为，市场行为又决定了市场绩效。在贝恩的两段论研究基础上，谢勒以讨论市场结构、市场行为、市场绩效之间的反馈效应为基底，形成了更加符合逻辑的SCP范式，并广泛应用于现代产业组织理论中。哈佛学派的主张是在寻求如何判断市场的有效竞争程度，以及政府应当从何管起的过程中发展起来的，且在第二次世界大战之后，美国开始实施哈佛学派提倡的反垄断政策。

（二）“行为论”的理论构建

随着美国经济出现财政赤字和贸易赤字，哈佛学派主张反垄断政策的“结构论”观点不再适用巨型跨国企业集团。此时，将市场行为作为主要产业组织理论研究对象的“行为派”迅速崛起，其代表了芝加哥学派、新制度学派和新奥地利学派的基本观点，强调经济绩效是市场行为和市场结构的作用结果。Demsetz（1968）和Baumol（1982）均表明，在竞争的进程中，退出和参与是非常重要的；如果存在其他企业进入后产生的威胁，哪怕是仅有极少数企业的产业，也是非常有竞争性的，即使企业数量不多，但如果成本低于价格，就会有很多企业进入该产业，这样的市场被称为“可竞争市场”。总体而言，“行为论”重点研究市场行为，特别是在垄断模式下的寡头行为。

1. 芝加哥学派

由芝加哥大学施蒂格勒、德姆塞茨、布罗曾、波斯纳等组成的芝加哥学派，通过与哈佛学派的争论以及对反垄断主张的分析，提出了独特的“竞争”理论主张与思想，并在此基础上发展出芝加哥学派的产业组织理论。该学派认为，标准的竞争性理论是天然的，“完全竞争”模式能够很好地解决工业组织中存在的问题。芝加哥学派特别注重价格理论的应用，将产业组织理论看作价格理论的逻辑延伸，并在产业组织问题研究中侧重于理论分析。

2. 新制度学派

新制度学派形成于20世纪50年代，其思想起源于旧制度学派的制度学说。

在产业组织理论的发展中，凡勃伦等从制度角度深入研究了资本主义的生产，在此基础上发展出了新制度学派。该学派是现代资产阶级经济学中较为激进的流派，注重对制度的分析，把“结构改革”作为研究的着眼点，通过剖析科技进步对近代资本主义性质和特点的影响与现有资本主义体制的内在矛盾，提出了一套以改良主义为基础的社会性改造计划。

3. 新奥地利学派

在当代经济学中，新奥地利学派一直以来坚持自由放任经济主张。新奥地利学派和芝加哥学派都对哈佛学派的反垄断主张提出了批判，且这些学派的理论依据和政策取向都有很大不同。在政策取向方面，新奥地利学派认为市场充满竞争，而大企业的创新水平与规模效应可以为企业带来重要回报。对资源进行有效配置起着重要作用的信息在经济社会中是非常分散的，唯有自由竞争的市场经济体制，才能最大限度地利用零散在众多经济活动参与者之间的信息，而这是政府无法取代的。

（三）“关系论”的理论构建

“关系论”反映了产业组织理论逐步突破 SCP 范式的研究成果，一个主要表现是博弈论的引入及其对产业组织理论的影响。1944 年，冯·诺伊曼和莫根施特恩合作发表的《博弈论与经济行为》首次提出了博弈论的概念。之后，纳什提出了非合作博弈论，塔克定义了囚徒困境，并构建了博弈论的基本理论构架。自 20 世纪 70 年代以来，泽尔滕和海萨尼等学者开始将博弈论应用到企业的战略行为分析中，以此来弥补芝加哥学派在分析方法上的不足。梯若尔于 1988 年发表的《产业组织理论》，即以非合作博弈为主要研究对象。

“关系论”的另一个主要表现是产业组织理论需要加强与其他学科的交流。朱政和张振鹏（2018）认为，随着互联网对产业组织方式的改变，相关研究的不断推进将进一步丰富产业组织理论，且产业组织理论与其他经济相关学科的联系将变得越来越紧密。翟简（2018）认为产业组织理论的新发展，如行为产业组织理论等，虽然为学者提供了新的研究思路，但还未形成足够强大的理论优势，未来的研究要以丰富理论为基础。与此同时，传统产业组织理论吸收了行为经济学的相关研究思路和研究方法，形成了行为产业组织理论，这也是近来产业组织理论的新发展方向之一。

第二节　技术创新理论

一、技术创新理论的内涵

美籍奥地利经济学家熊彼特在《经济发展理论》中首次提出了“创新”这个概念，并将“创新”解释为一种新的生产函数的建立，即实现一种从未有过的生产要素和生产条件的新结合，并将其引入生产体系中。他认为创新是经济发展的核心力量，一般包含以下五个方面的内容：①制造出消费者还不知道的新产品；②采用该产业部门实际上还不知道的生产方法；③开辟国家和特定产业部门还没有进入过的市场；④获得新的供应商，获得原材料或半成品的新供应来源；⑤形成新的组织形式创造，或者打破原有垄断的新组织形式。这五方面内容的界定为创新理论的发展奠定了扎实的基础。之后，Mansfield（1968）认为，一项发明、一种新产品或新工艺被首次引进市场或被社会使用时，则为技术创新。

二、技术创新理论的学派

技术创新理论发展至今，形成了新古典学派、新熊彼特学派、制度创新学派和国家创新系统学派等四个学派（表 1-2）。

表 1-2　技术创新理论学派的分类与特点

理论学派	学派思想或特点	代表人物
新古典学派	采用正统经济理论模型作为分析工具，将技术创新过程看成一个“黑箱”，但本身并不关心这个黑箱内部的运作	Solow（索洛）
新熊彼特学派	秉承熊彼特传统，强调技术创新和进步在经济增长中的核心作用，重视对“黑箱”内部运作机制的揭示，并提出技术创新模型	Mansfield（曼斯菲尔德）
制度创新学派	认为制度创新是指经济的组织形式或经营管理方式的革新，经济增长的关键是设定一种能对个人提供有效刺激的制度	Davis（戴维斯）
国家创新系统学派	技术创新不仅仅是企业家的功劳，也不是企业的孤立行为，而是由国家创新系统推动的	Freeman（弗里曼） Nelson（纳尔逊）

（一）新古典学派

新古典学派以美国经济学家及诺贝尔经济学奖获得者 Solow 为代表。该学派运用新古典生产函数原理，发现经济增长率取决于资本和劳动的增长率、资本和劳动的产出弹性以及随时间变化的技术创新。Solow 于 1956 年和 1957 年分别发表了两篇关于技术创新方面的学术论文，即《对经济增长理论的一个贡献》和《技术进步与总生产函数》，分析了 1909～1949 年美国总产出增长的影响因素，发现八分之一的总产出增长受资本增长影响，而其余的增长主要受技术变化的影响。因此，得出如下结论：只有存在技术进步，经济才能持续增长；没有技术进步，就会出现资本积累报酬递减；反之，则能防止资本积累报酬递减。这一结论肯定了技术创新对经济增长的决定性作用，在《在资本化过程中的创新：对熊彼特理论的述评》中，Solow 提出技术创新成立的两个条件，即新思想来源和后阶段发展，这就是著名的"两步论"。此外，Solow 还建立了引入技术进步的索洛增长模型，用于测度技术进步对经济增长的贡献率，并发现技术创新是经济增长的内生变量和基本因素，而劳动生产率提高的主要促进因素是技术的进步。

新古典学派的特征是采用正统的经济理论模型作为分析工具，将技术创新过程的整体看作一个"黑箱"。但是，研究者并不关心黑箱的内部是如何运作的，这也导致该学派的研究存在一定的局限性，即无法反映实时动态的技术变化和创新，并且没有完全考虑经济发展中技术和制度的作用及其发挥作用的方式。

（二）新熊彼特学派

新熊彼特学派以美国经济学家 Mansfield 为代表，秉承熊彼特对经济进行分析的传统，强调技术创新和技术进步在经济增长中的核心作用。该学派将技术创新视为一个相互作用的复杂过程，重视对"黑箱"内部运作机制的揭示，并提出了许多著名的技术创新模型。Mansfield 重点研究了新技术在不同部门内推广的速度和影响其推广速度的各种经济因素，并提出了如下四个假定：①企业处于完全竞争的市场，而且新技术不是被垄断的，可以按模仿者的意愿自由选择和使用；②专利权对模仿者的影响非常小，任何企业都可以去模仿某种新的技术；③在推广过程中，新技术本身并不会发生变化，所以不会存在因为新技术变化而影响模仿率的可能；④企业规模大小和经营情况不影响企业采用新技术。在上述假定前提下，Mansfield 还提出了模仿比例、模仿相对盈利率、采用新技术要求的投资额这三个基本因素，以及如下四个补充因素：①与旧设备的可使用年限相关，即可使用的年限越长，推广速度就越慢；②一定时间内与该部门销售量的增长情况相关，即销售量增长越快，推广速度就越快；③与某项新技术首次被某个企业采用的时间和后来被其他企业采用的时间间隔相关，即两个企业采用新技术的时间间隔越长，推广速度就越慢；④该项新技术初次被采用的时间在经济周期中所处的阶段和推广速度都不相同。

新熊彼特学派对技术创新理论进行了系统的研究，对熊彼特的创新理论也从不同角度进行了研究和发展。该学派虽然坚持熊彼特创新理论的传统，但与熊彼特关注的问题是不同层次的，即熊彼特忽略了创新在扩散过程中的改进和发展，而新熊彼特学派的研究者重点关注技术创新的机制，包括技术创新的起源、技术创新的过程、技术创新的方式等。

（三）制度创新学派

Davis 等（1971）在发表的《制度变迁与美国经济增长》中提出了制度创新理论，并认为制度创新是指在经济的组织形式或经营管理方式上进行革新。该学派利用新古典经济学理论中的一般静态均衡和比较静态均衡方法，在对技术创新环境进行制度分析后得出如下结论：经济增长的关键是设定一种能对个人提供有效刺激的制度，该制度确立一种所有权，即确立支配一定资源的机制，从而使每一活动的社会收益率和私人收益率近乎相等；产权的界定和变化是制度变化的诱因与动力，因此新技术的发展必须建立一个系统的产权制度，以便提高创新的私人收益率，使之接近于社会收益率；一个社会的所有权体系若能明确规定和有效保护每个人的专有权，并通过减少革新的不确定性，则能最大化创新者的私人收益，推动技术进步，最终促进经济增长。Davis 等（1971）把制度创新的全过程分为五个阶段：①形成推动制度变迁的第一行动集团，即对制度变迁起主要作用的集团；②提出有关制度变迁的主要方案；③根据制度变迁的原则对方案进行评估和选择；④形成推动制度变迁的第二行动集团，即起次要作用的集团；⑤两个集团共同努力去实现制度变迁。

实际上，制度创新学派把熊彼特的创新理论与制度理论结合起来，深入研究了制度安排对国家经济增长的影响，发展了熊彼特的制度创新思想。但制度创新理论中的“制度”是指具体的政治经济制度，如金融组织、公司制度和工会制度等，而没有包括作为背景的社会政治环境。另外，Davis 等（1971）的制度创新理论是在“经济人假设”前提下展开的，所提出的市场规模变化、生产技术发展和预期收益变化等促进制度创新的三要素是外在于制度创新过程的，是一个重要的隐含假定。他们忽视了市场规模扩大和技术进步本身是关于制度的函数，即制度安排是决定市场规模和技术进步的重要因素。

（四）国家创新系统学派

以英国经济学家 Freeman 和美国经济学家 Nelson 为代表的国家创新系统学派认为，技术创新是由国家创新系统推动的，而不是企业家或者是企业的独立行为。其中，国家创新系统是参与和影响创新资源配置及其利用效率的行为主体、关系网络和运行机制的综合体系，通过国家制度的安排，企业和其他组织等创新主体间相互作用，共同推动知识的创新、引进、扩散和应用，使整个国家的技术创新取得更好的绩效。

Freeman 在《技术政策与经济绩效：日本国家创新系统的经验》中提出国家创新系统理论，且认为国家创新系统有广义和狭义之分，即前者包括国民经济中所有涉及引入和扩散新产品、新过程和新系统的机构，而后者是指与创新活动直接相关的机构。他在考察日本企业时发现，日本的创新活动随处可见，工人、管理者、政府等都可以是创新者。

Nelson（1993）则以美国为例，分析国家支持技术进步的一般制度结构。他在《国家（地区）创新体系：比较分析》一书中指出，现代国家的创新系统在制度上相当复杂，既包括各种制度因素和技术行为因素，也包括致力于公共技术知识研究的高校和科研机构，以及政府部门中负责投资和规划等工作的机构。Nelson强调技术变革的必要性和制度结构的适应性，认为科学和技术的发展过程充满不确定性，因此国家创新系统中的制度安排应当具有弹性，发展战略应该具有适应性和灵活性。国家创新系统在优化创新资源配置上具有重要作用，可以更好地指导政府如何通过制定计划和颁布政策，来引导和激励企业、科研机构、高校与中介机构相互影响，从而加快科技知识的生产、传播、扩散和应用。

三、技术创新理论在我国的发展

傅家骥在《技术创新学》一书中对技术创新进行了概念界定，并认为技术创新是企业家抓住市场的潜在盈利机会，以获取商业利益为目标，重新组织生产条件和要素，建立起效能更强、效率更高和费用更低的生产经营系统，从而推出新产品、新生产（工艺）方法、开辟新市场、获得新原材料或半成品供给来源或建立企业新组织的过程，是包括科技、组织、商业和金融等一系列活动的综合过程。渠海雷和邓琪（2000）认为，技术创新对经济结构最直接的影响表现为产业结构的演进和变迁，且从产业发展的角度来看，产业结构的演进与技术创新息息相关。彭纪生和刘伯军（2002）认为，技术创新是一个不断变化的过程，会随着内外部竞争环境的变化而进行自我革新。此外，技术创新是由技术、组织和文化三者共同作用而产生的协同创新。朱宝红（2003）将技术创新的研究视角归纳为以下三类：一是基于经济学和管理学的视角；二是基于社会学的视角；三是基于哲学的视角探讨技术创新的本质和特征。张凤海和侯铁珊（2008）对技术创新理论的起源和各理论学派代表人物的主要观点进行了分析，概括了他们能解决的问题和存在的局限性。曹平（2010）从五个维度对影响较大的经典创新模型理论进行深入分析，揭示了创新的不同侧面。

四、技术创新理论相关研究成果

近年来，学者针对技术创新理论进行了大量研究，产出了丰富的研究成果，且主要聚焦于企业技术创新和区域技术创新两个方向。

（一）企业技术创新

创新有时关系到企业的生死存亡，因此有很多企业时刻具有危机感并主动进行创新，这也是市场制度激励技术创新的内在机制。陈英新和樊敏霞（2007）认为，技术创新对加快企业发展，推动企业进行必要的战略管理变革具有重大作用。林如海和彭维湘（2009）提出，评价指标体系的构建有助于企业管理者充分发掘企业的创新能力，推进企业健康发展；同时，企业创新理论的发展推动了指标体系的不断完善。Murphy 和 Schlegelmilch（2013）通过调查 2007～2015 年美国制造业的技术创新投入情况，发现技术创新对企业绩效具有正向影响。朱跃钊等（2015）认为建立以企业为主体的协同技术创新体系，既是对我国企业创新模式现存问题的思考，也有助于提升我国企业的核心竞争力。

很多学者基于宏观视角研究了影响企业技术创新的重要因素。解维敏和方红星（2011）研究发现，金融发展可以推动企业技术创新投入。张同斌和高铁梅（2012）从产业政策或财税制度的视角对创新的作用进行了研究，分析了税收优惠、补贴和产业政策等因素与技术创新之间的关系，并指出这些因素对企业技术创新具有促进作用。张倩肖和冯雷（2018）与陈娟娟等（2021）发现，经济政策不确定性可能会给企业技术创新带来负面和正面两种不同的影响。胡璇（2022）研究表明，城市规模和企业技术创新存在正相关关系。宋丰文和刘禹君（2022）认为企业技术创新的投资主体主要是企业自身，政府在进行创新投资的同时，能够在资本投入对企业技术创新的影响中起到正向调节作用。

一些学者从微观视角展开了相关研究。罗思平和于永达（2012）从管理者特征方面进行研究，认为拥有国外履历的高管对企业创新有积极作用，且技术型的高管有利于促进企业技术创新。卢馨等（2013）研究发现，高新技术企业的融资约束会抑制其创新投入。张璇等（2017）认为融资约束对私营企业、中小企业的技术创新抑制作用更强。马微和惠宁（2018）则发现融资渠道的改变会给企业多种资本构成带来冲击，进而影响创新投资，并且这种影响具有一定的地区差异。吴尧和沈坤荣（2020）认为企业资本结构和技术创新呈倒“U”形关系，当企业债务水平较低时，债务会随着企业创新的提高而增加。

（二）区域技术创新

区域技术创新是区域经济高质量发展的重要源泉，也是激发区域经济发展活力的关键所在。Cooke（1992）将区域创新系统定义为由在地理上互相分工且关联的企业、科研机构和高等教育机构等组成的，支持并产生创新技术的区域性组织体系，其构成元素主要包括区域、创新、网络（基于信任、规范和契约的互惠且可靠的关系）、学习过程（尤其是制度学习）以及相互作用五部分。甄峰等（2000）将区域技术创新定义为依托现代信息通信技术平台，在生产过程中纳入技术、知识和信息等要素的过程。柳卸林和胡志坚（2002）认为区域技术创新是一个地区将知识转化为新产品、新工艺和新服务的过程。Tura 和 Harmaakorpi（2005）认为区域技术创新是通过区域创新网络对既有资源进行开发、更新和再利用，通过配置资源以达到竞争优势的过程。尽管不同学者对区域技术创新的界定各有侧重，但他们一致认为区域技术创新是区域内企业、高校、科研机构和行政主体间交流合作，以及创造并提供积极性竞争产品的过程。

目前，针对区域技术创新影响因素的研究已经比较丰富，且主要围绕“资源禀赋”与“制度环境”展开。资源禀赋是指研发人员、研发经费、科研机构等创新资源；制度环境是指地区一系列与创新相关的制度安排，包括政府支持、知识产权（intellectual property，IP）保护等。具体来说，影响区域技术创新的主要因素包括创新资源、产业集群、创新环境、政府支持四方面。

实际上，创新资源的多寡、配置方式和利用效率直接影响到一个地区的技术创新水平与效率，且大量研究表明研发投入能够促进区域技术创新。Guan 和 Liu（2005）在剖析区域技术创新差异的原因时，发现创新资源的投入与区域技术创新显著正相关。邵云飞等（2011）基于内生经济增长模型对区域技术创新的影响因素进行了研究，发现包括高技术人员就业规模在内的创新基础条件在区域技术创新中发挥着重要作用。但是，也有研究发现创新资源投入的数量与区域技术创新并未呈现出线性关系，而资源配置效率在区域技术创新中起着更重要的作用。张宗和和彭昌奇（2009）的研究表明，研发在创新主体之间的配置效率以及制度性因素对创新绩效起着重要作用。戴魁早和刘友金（2016a，2016b）、白俊红和卞元超（2016）都认为要素市场扭曲会对创新效率产生显著抑制效应，而且资源配置效率已成为制约我国创新生产效率提升的首要因素。

产业集群也会促进区域技术创新。Marshall（1890）认为产业集群可以通过劳动力池、中间投入品共享和知识溢出促进区域技术创新。Duranton 和 Puga（2005）阐释了集群经济的微观机制，指出产业专业化会通过生产要素市场的供求匹配、规模化中间品市场的共享和专业化信息技术的扩散来影响企业利润。Murata 等（2014）发现集群引发的本地化知识溢出有助于区域技术创新。可以说，产业集群通过共享、匹配和知识溢出等外部性促进区域技术创新的观点已经引起广泛关注。但是，也有研究表明产业集群类型不同，对区域技术创新的作用也不同，多样性集群并不一定促进区域技术创新。Castaldi 等（2015）和 Aarstad 等（2016）发现，只有共享或互补的相关产业多样化集群才能引发知识溢出。

创新环境对区域技术创新的良性运转具有重要的支撑作用（赵彦飞等，2019）。从区域维度来看，创新环境由两部分组成：一是区域内主要行为主体之间的协同作用和集体学习形成的网络，如产学研协同关系；二是包括文化环境、基础设施、政策与法规等在内的区域环境。从属性来看，创新环境可分为硬性要素（基础设施、资源条件等）与软性要素（政策法规、文化环境等）两类。Furman 等（2002）认为，基础设施与特定集群的创新环境，以及两者的互动质量决定了区域技术创新能力。李习保（2007）研究发现，区域技术创新在很大程度上取决于该地区对教育和科技的重视程度。党文娟等（2008）认为区域创新环境包括政府和市场两方面，市场对区域技术创新有显著的促进作用，政府虽没有起到显著作用，但对自主创新的推动作用是市场不可比拟的。

政府作为区域创新系统的主导者，在创新环境建设、创新战略制定以及创新资源配置方面均发挥着重要作用，是区域创新的决定因素之一（李政等，2018）。但是，政府对区域技术创新是否具有绝对的正向作用，学者得出的结论存在着明显分歧。Greco 等（2017）和 Szczygielski 等（2017）认为，市场机制无法有效解决外部性问题，并且创新活动外部性大、风险高的特征会使企业难以达到最优的创新规模，而政府能够为创新主体提供充足的资金投入、共性技术以及良好的创新环境，推动企业创新活动，进而促进区域技术创新。但是，政府研发补贴对企业研发投入的挤出效应（Acemoglu et al.，2018）、企业获得政府补贴前的逆向选择和获得补贴后的道德风险（陆国庆等，2014）、政府干预诱发企业寻租而损害公平竞争环境（冯宗宪等，2011）、政府对“远期”技术的偏好以及对资金用途管理的缺失（肖文和林高榜，2014）等原因，均有可能导致政府无法起到支持作用，并且可能对区域技术创新产生阻碍作用。还有部分学者认为，政府行为对区域技术创新的影响存在不确定性，会因制度环境（Acemoglu et al.，2005）、国别差异（Guo et al.，2016）、产业差异和企业规模（李晨光和张永安，2014）等因素而异。李政等（2018）研究发现，政府对区域技术创新效率的影响并非单一的线性关系，而会因支持力度、财政分权程度和寻租腐败程度不同，对区域技术创新产生不同的效果。

第三节　协同创新理论

一、协同创新理论的内涵

协同理论（synergetics）也称为“协同学”或“协和学”，是由德国著名物理学家哈肯在 20 世纪 70 年代出版的《协同学：一门协作的科学》中首次提出的。哈肯认为，协同理论是指由两个或者两个以上的主体通过寻找互相融通、彼此关联、相互渗透的关系，进而寻找多方主体之间相互平衡的方案，从而使多方主体从无序到有序，最终达到系统统筹中的最优。毕建新和张照余（2013）认为协同理论并不是组织要素的简单数量相加，而是通过人的主动集成行为，使系统的各要素和各子系统之间可以相互协同工作，从而使组织要素彼此耦合，最终实现全新的整体放大效应。高雅和鲁宽民（2016）认为协同理论是一种用于处理“复杂系统”的策略，即从统一的观点出发去处理系统中每个部分之间存在的功能协作问题。夏宁等（2015）认为协同理论描述了一个系统的宏观性质，并且通过这个系统内部参数之间的协作竞争关系，系统能够以一种统一的模式有序运转。

协同理论发展至今，学者不断探索其在不同领域中的应用。朱鉴斌（1998）将协同理论运用到课堂教学管理中，从而促进管理系统内各要素之间形成协调、同步、互补和合作的关系，提高系统的自我组织能力，进而产生“1+1>2”的效果，最终使系统各功能的发挥达到最优。潘开灵和白列湖（2006）将协同理论引入到管理研究中，并认为管理协同理论就是运用协同理论的基本思想和方法，在管理对象的协同规律基础上进行管理的一种理论体系。把多勋和张欢欢（2007）研究了协同理论与旅游产业的关联性，认为区域旅游协同发展既包括旅游地之间的横向协同，也包括各旅游产业要素的纵向协同以及旅游地和旅游要素之间的纵向协同。董宇鸿（2010）认为协同理论是构筑产业集群的基础理论，而产业集群是在资源各方面协同整合基础上的协同效应。

协同创新的内涵是指企业、政府、知识生产结构（高校、科研机构）和用户为实现重大的科技创新而进行的一种大跨度的整合创新组织模式。具体来说，协同创新是企业、高校以及科研机构发挥各自的能力、优势，并整合互补性资源实现各方优势互补，加速技术推广应用和产业化协作，开展产业技术创新和科技成果产业化的活动，是当前科技创新的新范式。协同创新是一个主体系统开展创新活动的动力源泉，也是各子系统之间相互作用的纽带，影响着信息、物质和能量的交换。

二、协同创新的动力来源

部分学者研究了不同主体协同创新的动力来源。一些学者从微观视角进行了相关研究。李柏洲和董媛媛（2009）应用协同理论对企业原始创新动力展开研究，并提出影响企业协同创新动力的内部因素是企业对创新利益的追求、企业家的创新精神、企业内部各种激励机制；而影响企业协同创新动力的外部因素是外部环境的推动、社会市场的需求、市场逐渐激烈的竞争、政府政策的引导、企业文化和社会文化等。侯二秀等（2016）分析了企业协同创新动力要素，指出动力要素包括两个：一是外部动力要素，主要包括政府政策的支持、知识的转移、技术的转移、中介机构信息服务等；二是内部动力要素，主要包括企业创新利益的驱动、企业家精神、企业激励机制的形成、组织的激励等。曹青林（2014）提出建立高水平大学需要协同创新，并且认为应当积极推进校企合作机制、整合教育科技产业资源、构建创新战略联盟，最终促进高水平大学的建设。姜昱汐等（2011）提出大学科技园的协同创新包括制度创新、知识创新、技术创新。政产学研作为不同的创新主体，在协同创新中借助大学科技园提供的信息、资源、服务等内容去实现协同创新，加速创新成果的产出，促进大学科技园的协同创新效应达到最大化。

部分学者从宏观的视角分析了协同创新的动力来源。张琼瑜和李武武（2012）从产业集群协同创新理论的内涵、机制和创新动力因素的角度进行分析，为促进产业集群协同创新提供了改进的策略。他们指出，影响产业集群协同创新的动力因素分为两种：一种是内在动力，主要包括内部激励推动力、集群文化影响力、合作剩余吸引力；另一种是外部动力，主要包括市场需求力、科技进步推动力、市场激烈竞争力、创新推动力。余晓钟等（2013）分析了跨区域低碳经济协同创新发展动力机制，认为基于区域低碳动力协同创新机制主要来源为两种：一种是外部的，包括国际趋势及国际呼声、社会舆论及低碳文化、低碳技术共享机制、政府的激励机制；另一种是内部的，包括区域自身经济利益驱动、低碳竞争机制。

三、协同创新的影响因素

实际上，不同主体协同创新存在着诸多影响因素。因此，许多学者对此展开了相关研究，并得到了丰富的结论。解学梅（2015）对企业协同创新的影响因素与协同程度进行了实证研究，提出企业协同创新的影响因素主要包括：推动企业和其他组织协同创新的主体支撑因素，为企业协同创新提供完善的政府支持政策的政策环境因素，协同对象双方的文化、技术、知识的相容性、互补性等对协同创新产生影响的协同机制因素。廖名岩和曹兴（2018）认为知识势差与知识转移对协同创新企业具有一定影响，进一步研究了这些因素之间的相互关联性，为协同创新企业的选择提供了依据。孟凡生和马茹浩（2023）研究了离散制造智能化关键技术协同创新的影响因素，发现企业创新能力、协同能力、区域创新能力、企业知识的存量以及政府的补贴对智能化关键技术协同创新起到了重要的促进作用。

部分学者研究了区域协同创新的影响因素。高建新（2013）研究了区域协同创新的形成机理和影响因素，并发现影响区域协同创新的因素主要包括学习因素（学习目的、透明度、接受能力）、动力因素（市场驱动力）、竞争力因素（环境变化的特征、组织创新的条件、组织竞争力）、宏观环境因素（政府的政策、区域的发展现状）。毕娟（2016）分析了京津冀科技协同创新的影响因素，发现外部因素主要包括支撑因素（各种资源作为支撑，保证系统活动的有序运行）、链接因素（技术市场和中介是协同创新系统中的重要因素）、保障因素（制度和区域的外部因素，制度环境和价值认同对协同创新具有一定的激励作用）；驱动因素主要包括需求因素（协同主体之间的相互需求）和能力因素（不同协同主体之间的行为能力不同，直接影响协同创新的效果）。

还有一些学者重点关注了高校的协同创新。薛传会（2012）提出，高等院校需要从协同创新的前提、关键、途径、基础等各方面推进协同创新，并且认为高等院校协同创新的重点是观念创新、机制创新（利益分配机制、资源共享机制、组织管理机制等），还需要与政府部门和企业联合起来，建立协同创新的政策措施。何丽君（2014）认为高校协同创新的影响因素主要包括协同伙伴特征（伙伴的对称性、相容性、互补性）、协同平台特征（组织目标、组织架构、组织制度）、环境特征（宏观的管理体制、政策体系）等。

四、协同创新的运行机制

协同创新运行机制是指从各协同主体，包括高校、企业、科研机构等产生建构协同意愿开始，再到协同利益如何分配的各过程中所运用的运行原理、相关制度和作用方式。协同创新运行机制的协同对象应具有结构性和运动性，且包含了若干子机制——协同创新动力机制、决策机制、投诉机制、利益分配机制等。熊励等（2011）发现，知识密集型服务业协同创新的系统运行机制包括：①组织内部系统协同，即整个组织内部在利益、知识等各方面相互协同；②组织外部系统协同，即将外部系统的各物质资源、管理工具等信息进行整合。

不同协同主体的特性不同，因此其协同创新的运行机制存在着差异性。高校作为最活跃的创新主体，引起了很多学者的关注。李祖超和梁春晓（2012）指出，高校协同创新运行机制存在的问题主要有：高校内部利益分配机制不完善，主要是因为参与科研成果的单位和人员众多，导致无法确定个人利益与贡献等；而在高校组织内部协同创新动力机制方面，高校各主体之间存在观念、价值观、制度等方面的差异，协同创新主体之间存在互斥、竞争关系，造成协同创新动力无法产生。薛二勇（2012）通过对高校人才培养政策的分析，提出只有在协同创新中培养创新人才，才能最终推进协同创新。此外，加大对高校科学研究的投入、改革相应的体制、建立协同创新共享机制、改革高校学科结构和组织方式等方法能够加快创新人才的培养。林涛（2013）认为高校协同创新的根本动力是各子系统之间的相互作用和不同创新子系统之间的相互耦合，其中包括各机制、观念和知识等的创新。方丽（2014）研究了协同创新视角下高校人才培养模式的重构与选择，提出了建立科学研究的协同创新机制、人才培养的联盟机制、引导和问责机制等对策建议，从而促进协同创新人才的培养。曾蔚阳（2015）认为高校协同创新人才培养应当树立协同育人的理念、健全相应的协同创新政策机制、完善具有特色的创新人才培养机制、营造良好的外部环境等，最终形成资源共享、协同发展、互补互助的协同创新人才培养体系。孙清忠（2015）基于协同创新理论视角对高校创新人才培养机制构建进行了研究，并认为应采取学科专业、课程管理、多元评价机制等协同创新机制，以便更好地解决我国创新人才培养机制中存在的问题。蒋开东和詹国彬（2020）研究了共生理论视角下的高校协同创新模式与路径，并认为高校协同创新体系是国家创新体系的重要组成部分。他们基于共生理论，揭示了高校协同创新系统具有“单利共生到差异互利共生再到均衡互利共生”的特点，即需要有良好的运行机制彼此耦合，建构协同创新共生良序化系统，最终提升高校协同创新能力的实践成效。

部分学者关注了不同行业和不同区域的协同创新运行机制研究。刘晓云和赵伟峰（2015）指出我国制造业协同创新的运行机制包含动力机制（市场信息、政府、科技进步支撑力）、资源供给机制（整个系统外部的资源供给，包括人力资源供给、资本供给、技术供给）、合作机制（系统内部成员之间的相互合作）等。方维慰（2020）认为“一带一路”国家科技合作与协同创新需要构建如下机制：资源投入机制、利益分配机制、风险管控机制、分工协调机制等，从而推进“一带一路”有序发展。解学梅和刘丝雨（2013）基于都市圈视角对协同创新效应运行机制进行了研究，并认为都市圈协同效应运行机制涵盖了以下几方面：①组织内部的自组织机制，通过与外界交换物质、能量和信息，最终不断完善组织内部结构的运行模式，形成连锁反应；②网络驱动机制，是促使组织外部系统创新的动力源泉，可以使都市圈形成共生一体化；③协调机制，都市圈的协同创新效应需要具备有效的协调机制，保证各运行主体之间的资源和要素共享，实现资源的共同配置。

五、产学研协同创新

随着科技与经济的不断发展，协同理论逐渐应用于各行各业中，创新理论中的协同思想逐渐得到深化和重视，学者开始以“产学研合作”为主题，研究企业、高校、科研机构等不同组织之间如何通过要素之间的相互协同形成新的合力。在此过程中，产学研协同创新也逐渐发展起来。

产学研的实质是企业、高校和科研机构联合创新的体制，要求三者能够有序衔接起来，在相互协作和突出自我的基础上构建一体化的系统，形成研究、开发、生产紧密联系和优势互补的系统（程亮，2012）。产学研协同创新是合作的关联主体以资源共享或者优势互补为前提，以共同参与、共享研究成果、共同承担风险为准则，为合力完成一项新的技术创新而达成的契约安排。

一些学者研究了影响产学研协同创新的关键因素。张海滨（2013）研究发现，影响高校产学研协同创新的因素包括政府政策、产学研合作模式、利益分配机制、高校管理体制等。何海燕等（2014）基于有序 Logit 模型（ordered logit model）分析发现，政策法规的支持程度和创新融资渠道是影响产学研协同创新的主要因素，多赢的合作利益分配机制、知识产权和科技成果的转化，以及高层次科技创新人才培养也对产学研协同创新有一定的影响。邱晓飞和张宇庆（2016）认为，从长期来看，企业、高校、科研机构等主体之间形成的是以资源交易为主的良性循环，因此主体利益是影响产学研协同创新的关键因素之一。此外，包括政府制定的政策等在内的外部支持因素是主要影响因素，其能够保证主体之间形成良好的利益驱动，并保持资源高效率的传递。黄菁菁（2017）认为知识成果转化效率、企业政策和文化、员工培训程度、政府政策等因素均对产学研协同创新具有积极的影响。

构建产学研协同创新机制有助于国家和区域在日益激烈的国际竞争市场中提升自主创新能力。因此，一些学者针对不同领域展开了相关研究。张海滨（2013）研究认为，高校产学研协同创新机制包括战略协同机制、管理协同机制（能够促进管理内部之间的要素更好地发挥协同作用）、资源协同机制（包括人才、金融、信息等资源的协同）、利益协同机制等。并且，只有正确处理好高校、企业、政府之间的关系，才能推动产学研协同机制的运行。金惠红等（2015）认为产学研协同创新机制主要包括管理机制、信息共享机制、资源创新和共享机制、政府政策机制等。郑彤彤（2017）提出产学研协同创新机制包括协同机制（目标、资源、行为、战略协同）和动力机制（利益、知识、信息、资源等）。陶丹和胡冬云（2013）认为，产业集群背景下的产学研协同创新运行机制包括组织机制、利益分配机制和利益调节机制。吴中超（2020）提出“双链融合”应用型大学的产学研协同创新机制包括政策调整机制、信息保证机制、人才培养机制等。

第四节　跨学科组织理论

一、学科的内涵

从根本上来说，学科是相对独立的知识体系，与知识生产紧密相关。孔寒冰等（2001）认为学科最基本的含义有三种：从知识传递的角度来看，学科是指教学的科目；从生产知识和学问研究的角度来看，学科是指学问的分支；此外，若要教学和研究更加有效率，就需要人去进行组织，因此从这一角度来看，学科是指学术的组织单位。宣勇和凌健（2006）强调现代语义上的学科具有两种不同的指谓：一是作为知识体系的学科不断发展；二是作为知识劳动组织的建设。只有在认识上尊重学科内涵存在的二元性，才能在实践中厘清这一概念。同样，胡建华（2020）对知识学科与组织学科的关系进行分析，得出两者之间是“里”与“表”、“内在”与“外在”的关系。想要两者在高校的发展中保持动态平衡，往往需要通过组织的改革来调适两者之间的关系。还有学者认为学科具有社会学方面的意义。例如，罗云（2005）认为不论采用哪种学科划分体系，学科都具有目录性的指导作用与规范性的作用，即规定探索的范围和领域，指导人们的认识和实践。上述研究为更全面地阐述学科的内涵做了铺垫。

随着教育历史的演变，学科的内涵也随之发生改变。自学科与高校教育结合以来，大学为了完成知识传播与发展的组织使命，把同类知识的群体组织在一起，拓展了学科的意义。从知识论意义方面来说，理解学科的逻辑起点是知识，无论是基础知识还是高深知识，知识都是构成其学科的基础。但是，并不是所有的知识体系都是学科。刘仲林（1988）总结了作为学科的六条标准：①具有明确的研究对象与范围；②具有从事传播、教育的特殊性组织或代表性组织；③具有相对科学的学科体系结构；④具有独创、超前、科学的特征；⑤具有严密性、系统性；⑥通过实践的检验与伪证。因此，知识体系必须是知识发展到一定程度的产物，专门化、规范化、科学化的知识体系才能被称为学科。从组织学意义方面来说，学科是知识劳动组织。宣勇（2023）认为学科就是由以知识操作为主要任务的学科成员、知识信息和学科物质资料构成的实体化的专门组织。学科自身也是一种组织结构，学术资源、学术信息以及人才等均是构成学科组织的基本要素。基于社会学视角，现代学科被理解为一种规训制度。学科具有双重含义，它既是一门知识，也是一种规训活动，尤其指带有强力性质的规范和塑造，即学科规训。具体来说，学科一方面指的是专门化知识体系，另一方面也具有对某类知识及其相关方法进行训练之意。就高校学科而言，学科规训就是通过某些内隐的方式使学习者在学习学科知识的同时，潜移默化地学习学科内的各种隐性规则和习惯。

近年来，为了提高国内高校的综合实力和国际竞争力，我国政府相关部门出台了一系列政策来支撑高校学科建设。如何通过重点学科建设来提升高校水平，并服务区域甚至国家经济社会发展，已经得到越来越多学者的关注。宣勇和凌健（2006）全面系统地阐述了学科、学科建设与世界一流学科之间的联系，提出学科是知识分类体系和知识劳动组织的“双重形态说”，并指出要从培养学术带头人和学术梯队、凝练研究方向、搭建学术研究平台、提高学术交流和跨学科合作能力等方面入手，从而建设学科。宣勇等（2009）从经济学、政治学、管理学、社会学、科学学以及领导学等不同的学科视角审视高校学科组织化程度，发现学科组织化将高校基层组织制度从有利于知识传递转变为有利于知识创造。刘献君（2022）提出，面向未来，在高校学科建设过程中，需要多种要素的融合，各要素通过相加、相融、相生，从而形成新的事物。因而学科建设要实现过程融合，并抓住学科交叉融合、产教融合、城校融合。范涛等（2022）认为，针对我国学科建设管理体制中存在的问题，应从现代治理的视角，围绕多元共治、博弈均衡、责权利界定等方面，不断完善我国学科建设三级管理体制，营造有利于学科发展的体制环境。

一些学者还致力于研究创新跨学科组织与学术平台。胥青山（2004）深入分析了跨学科人才的培养过程，并针对当前高校组织创新以及专业课程创新提出了对策建议。张炜和童欣欣（2011）认为，高校的跨学科组织应该以社会需求为导向进行创新，成为跨学科研究的外部推动力。该研究进一步剖析了我国高校跨学科组织的发展特征与制约因素，提出了创新性的政策性建议。

二、跨学科相关概念

跨学科最早于1926年由美国学者Woodworth（伍德沃思）提出。此后，学术界将跨学科研究表述为超越一门学科边界而形成的具有两个或以上学科的科学研究实践活动。从已有研究来看，国内率先对跨学科概念及基本问题进行深入阐述的是刘仲林教授，其在《跨学科学导论》中对国外跨学科的相关研究及发展趋势进行了介绍，对我国跨学科的发展做出了开创性的贡献。刘仲林（1993）认为跨学科中的“跨”介于传统学科之间或者介于传统学科之外。通常而言，跨学科包含三种不同的含义：一是把不同的学科理论和方法融合在一起的研究活动；二是包含众多跨学科学（交叉学科）在内的学科群；三是指一门以研究跨学科的规律和方法为基本内容的高层次学科。此外，张炜和邹晓东（2011）重点阐述了我国跨学科组织的演变过程以及遇到的困境，并提出创新性的对策建议。章成志和吴小兰（2017）对跨学科研究历程进行梳理，阐述了跨学科研究是解决社会问题复杂性的必然选择。虽然各位学者对跨学科的研究方向有所不同，但是都强调了跨学科的重要性，即超越单个学科，实现不同学科之间的共享与整合，以解决复杂社会问题。

三、跨学科理论发展

当前，学者关于跨学科的研究主要集中在内涵、特点、形成机理、存在的问题以及解决的途径等方面。马永红和张晓会（2023）基于知识生产模式研究发现，跨学科知识的整合并不是将不同学科的知识进行简单叠加，而是经历知识的分离—磨合—重构三个阶段，使知识深度融合形成跨学科知识链，促使各学科知识不断流动，形成动态、交互链式结构。张琳等（2023）认为，相对于单一学科的研究模式，跨学科表现出了以下关键特征：问题导向性、知识整合性、跨学科合作性、创新性。跨学科的研究模式将两个或者以上学科的知识、信息、资源、概念和理论结合起来，从根本上加深理解或解决单一学科的范围或研究领域相对狭隘的问题。陈彪和徐娜（2021）通过文献计量方法对相关文献进行可视化分析，研究发现不同学科背景的研究者和科研机构进行跨学科的合作研究，将是我国高校跨学科研究的新动向。焦磊和袁琴（2022）研究发现，跨学科研究活动的开展受到传统学科组织壁垒的限制，变革既有的学术组织，创新跨学科研究组织形式是保障跨学科研究组织行为的关键。焦磊和佘宜荣（2023）通过对国内“双一流”高校进行研究发现，我国在跨学科研究建设方面存在着数量不足、质量参差、管理机制不灵活等弊端，进一步提出为跨学科研究制定战略规划、建立完备的制度保障体系等策略。

由于研究对象、范围、表达方式等方面的不同，不同学科均有一定的研究范式和研究范畴，且存在着学科壁垒。跨学科研究想要取得成果，必须正视这种壁垒，并寻找突破口。因此，如何实现跨学科合作受到了学者的广泛关注。曾粤亮等（2023）认为跨学科科研合作对青年科研人员而言既是机遇又是挑战，探究关键影响因素与作用之间的关系，将有助于优化其合作决策与要素布局。谭春辉等（2023）探讨科研人员个体感知对跨学科科研合作意愿的影响及其作用机理，以期挖掘跨学科科研合作行为背后的深层次动机，为进一步推动科研人员跨学科科研合作提供理论依据。姚翔（2023）通过多元回归分析发现，跨学科研究的学科知识整合度对学者发表论文的数量以及高被引数量具有显著的促进作用，即跨学科知识整合度越高，论文的产量和影响力越高。

学科之间在相互补充、相互借鉴的作用下产生了新的理论和定律，当这些学科之间表现出一定的相似性时，则形成了交叉学科（杨小丽和雷庆，2018）。当前，随着学科跨度的不断增大，学科与学科之间的界限逐渐模糊，且对交叉学科的研究受到了广泛的关注（何佳讯等，2021）。部分学者认为，交叉学科是指在两个或两个以上的学科领域中进行知识的整合、共享和交融，既弥补了单一学科知识体系的缺口，又成为各学科之间的纽带，从整体上推动科学的发展与变革（张琳等，2020）。刘大椿（2008）提出学科整合的显著标志和重要成果就是交叉学科时代的到来。郑晓瑛（2007）通过研究人口健康和断代工程两个交叉学科的典型案例，充分地肯定了交叉学科在科学领域表现的生命力。也有部分学者认为跨学科与交叉学科本质上是一样的。但是，柯华庆（2010）指出，跨学科研究是交叉学科形成的前提，但并不是所有的跨学科研究都能够形成新的交叉学科。王续琨和常东旭（2009）研究认为，只有在外部进行的远缘跨学科研究生成的学科才可以成为交叉学科。刘仲林（1993）指出，跨学科与交叉学科有所区别，跨学科应该成为交叉学科发展的向导，为了实现交叉学科的健康发展，应该增强跨学科的理论支撑。

除了交叉学科的概念与内涵剖析，学者进一步从微观视角进行了深入研究。杨斌和王传毅（2021）基于知识视角对交叉学科进行分类并分析了其设置方式。马跃等（2007）分析了交叉学科的内外部环境与发展因素，并运用系统动力学理论分析了交叉学科的动力机制。朱小平等（2023）构建了交叉学科的生成模型与实现路径，并提出实现交叉学科真正意义上的融合与发展，需要注重知识体系构建、促进学术组织深度融合以及制度体系的和谐共生。

部分学者从交叉学科的人才培养角度进行分析，发现我国的交叉学科仍然面临着重大挑战。徐林（2023）提出，我国目前对交叉学科人才的培养仍然依赖传统学科模式，交叉学科对科学创新的贡献不高，因此高校应注重教学科研模式、创建交叉学科组织、完备制度体系，从而推动高校科技创新的自立自强。彭小宝等（2022）认为，虽然交叉学科成为第 14 个学科门类，但是交叉学科的研究模式仍具有思维固化、质量不高等弊端，因此高校应致力于研究交叉学科教育的新模式。颜建勇和李晓峰（2017）围绕如何设立交叉学科学位提出了建议，即国家建立基本规范、高校建立扶持机制、学位点建立培养机制。刘亚敏和胡甲刚（2004）从宏观和微观两个层次探讨了高校跨学科人才培养存在的制约因素。张晓报（2014）将跨学科人才培养模式划分为单一要素的个体和统一要素的组合，并提出我国对跨学科人才的培养应该加强教育资源的共享以及提高学生专业课程选择的自由度。张晓报（2017）剖析了我国高校在跨学科人才培养方面遇到的困境，并从理念、制度、方式三个方面为高校寻找突破方式，从而推动我国高等教育改革。郑石明（2019）借鉴世界一流大学人才培养模式，提出我国跨学科人才培养的重点在于健全学科群、加强学科建设、增加跨学科教育投入，以及通过改革教学方式进一步打破学科壁垒。钟柏昌和刘晓凡（2021）提出了 4C 教学模式，重新解读和构建培养学生跨学科创新能力，为跨学科创新能力的培养提供了可借鉴的路径。

四、跨学科组织模式研究

模式是指某种事物的标准形式或可以使人照做的标准样式，蕴含着较为稳定的活动结构框架与程序，且具有操作性和规范性的特点。张炜等（2002）提出了从事跨学科研究的基本模式，具体包括依托国家（教育部）重点实验室模式、跨系跨学科研究中心或研究所模式、独立设置的跨学科研究所模式等。该研究对上述模式的运行机制进行了利弊分析，为推动我国高校学术组织再造工程的深入开展提供理论依据。程新奎（2007）从大学跨学科组织的内部核心结构、与大学之间的联系及其所处体制空间这三个维度，将大学跨学科组织分为三种主要的运行模式，即跨学科课题组、跨学科研究中心和大学研究院。胡德鑫和金子（2022）基于“两栖型”组织的构建原理对美国顶尖大学——宾夕法尼亚州立大学的跨学科组织模式进行了研究，发现宾夕法尼亚州立大学形成了由独立学院、跨学科研究院所、跨学科研究中心、跨学科辅助机构、校级跨学科交流平台等构成的新型组织模式。这种模式具有独立稳定、灵活松散、辅助协同、开放合作的特点，为我国跨学科组织模式的创新提供了借鉴意义。

还有学者根据不同的标准研究了我国跨学科组织结构类型。陈亚玲（2012）根据现有院系的关系将跨学科组织分为独立建制型、利益分享型和独立预算型。

焦磊和谢安邦（2019）认为，尽管存在形式有所不同，但跨学科组织的内部结构和开展跨学科研究的方式相似，组织的根本差异主要在于建制形式与运行主体方面。美国研究型大学以解决复杂性问题为逻辑起点，创新性地构建了托管式、独立建制式、矩阵式、学院内嵌式、无学科边界式五种跨学科组织形态。参照美国的分类方法，可以发现我国跨学科组织的建制形式以矩阵式、学院内嵌式和独立建制式为主。因此，借鉴美国的经验，我国的跨学科组织应逐渐向无学科边界的范式变革创新，以期实现全方位的融合。

实际上，我国高校一直以来都沿用苏联大学“院—系—专业”的学术组织模式。20 世纪 90 年代以来，部分高校采用了渐变创新的组织变革模式，从金字塔似的单一学科组织向矩阵式的跨学科组织过渡（张炜和邹晓东，2011）。实际上，较多学者探索了跨学科组织模式。张炜等（2002）以职业科层结构、矩阵结构和有机结构为基础，结合跨学科组织的基本构成要素尝试构造出跨学科大学混合系统结构学术组织的基本模型，将其作为一种理想形态的大学组织模式。茹宁和闫广芬（2018）认为，大学传统的学科组织结构是纵向的直线职能型结构，跨学科内部的信息交流以横向为主，因此跨学科组织形成了纵向横向相结合的矩阵组织结构；近年来，随着多元学科矩阵的渐次发展，又进一步形成了模块矩阵与网状矩阵等复杂矩阵结构。因此，该研究按照组织的实体化程度将大学跨学科组织划分为实体、半实体和虚体。其中，实体跨学科组织通常有稳定的组织结构、相对完备的规章制度、固定的经费来源和研究设施；半实体跨学科组织目前在大学中以各种形式广泛存在，包括跨学科研究计划、研究项目、项目组、学科群等；虚拟跨学科组织通常以隐性的方式存在于大学学术系统中，有“无形学院”之称。

虚拟跨学科组织的灵活性得到了一些学者的关注。熊华军（2005）研究了麻省理工学院的虚拟运行机制，发现其利用现代化计算机网络和通信工具，将参与目标实现的多学科组织连接起来，实现了教育资源的优化、共享和互补，提高了大学组织对外界的适应性和灵活性，促进了大学组织的跨学科发展。罗英姿和伍红军（2008）提出，矩阵组织结构与虚拟组织结构结合起来有助于克服跨学科组织的缺陷，达成优势互补，并对一种合理有效的组织模式进行初步构建。许日华（2015）认为高校虚拟跨学科组织，能够在核心能力、虚拟团队、扁平化管理结构、开放边界吸收组织成员及网络技术平台建设方面凸显其组织结构优势。刘志忠（2020）认为这种合理有效的组织模式是无边界组织，是一种全方位融合性组织结构模式，兼具矩阵式和虚拟结构模式的优点，是我国大学跨学科组织结构模式变革的新趋向。

第二章 文 献 综 述

第一节 产业链创新发展研究

随着经济的发展和技术的进步，学术界对产业链的研究越来越成熟。很多学者认为产业链是指产品（或服务）从最初的原材料获取到最终到达消费者手中的整个生产、加工、分销过程中各相关环节的总称，它描述的是不同企业和行业之间基于生产与流通活动而形成的上下游关系。因此，理解产业链相关理论在分析市场趋势、制定企业战略等方面具有非常重要的作用。目前，国内外学者从不同视角对产业链进行了系列研究，不断丰富和充实了产业链创新理论。本章将对产业链创新发展的相关研究进行综述。

一、产业链的形成机制和运行机理研究

Harrison（1994）将产业链定义为一个纵横交错的功能性网络链，它从原材料的供应到产成品的出售，包含了中间各环节。游振华和李艳军（2011）从企业追求自身长远利益最大化的角度给出产业链的定义，并分别从内部和外部出发分析产业链形成的动力因素。其中，内部动力因素包括降低交易费用、风险规避、创造和利用社会资本；外部动力因素包括区位优势、技术进步和产业政策。王静（2023）提出，增长机制建设有利于提升经济产业结构调整的重要驱动力和内生动力，选择机制建设有利于确立企业转型迭代升级的主要手段和重要方向，而约束机制建设有利于加强产业链治理的服务提升和管理创新。

部分学者结合不同行业对产业链的运行机理进行了研究。Zhang 等（2023）针对新兴电子商务行业进行了相关研究，并在关键节点行业对传统产业链进行了重组，形成了集物流、信息流与资金流于一体的平台。闫中晓和陈爱贞（2024）研究了制造业产业链，发现出口强度增加会提高产业链国际关联，并降低产业链国内关联，这是因为产业链国际关联的增强可能会给产业升级带来抑制效应。牛亚丽（2021）提出“互联网+”不仅能有效革新农业产业链的技术供给方式，而且能充分调动资金、人才等有关资源进入农业领域，推动农业产前、产中、产后等环节的深度融合，从而革新农业产业链的商业模式与产业形态。吴崇伯和吴雨禾（2024）针对技术密集型产业区域产业链建构的关键要素与实现路径进行了深入研究，发现我国新能源汽车区域产业链的建构经历了基础技术攻关、国内市场

及产业链培育、国内外区域产业链及产业集群建立这三个阶段。

近年来，产业链现代化发展已经得到了很多学者的关注。汪延明和李家凯（2023）提出产业链现代化是指产业链从低级向高级、从传统向现代演化的一个动态过程，且这个过程贯穿着信任与协同两条重要机制。李泽明和刘兵（2024）指出，中国式产业链现代化是将传统的产业链基础与智能化、信息化、现代化技术相结合，促进产业链升级改造的过程。此外，张倩和任保平（2023）提出，随着数字经济的发展，产业链的运转速度、韧性与安全都得到了提升，数字经济通过要素扩展、载体变革与动力创新推动着产业链现代化发展。对产业链现代化发展的其他研究重点是探讨产业链现代化发展的特征。郑玉雯（2024）通过测度“一带一路”产业链现代化，提出产业链现代化在主体要素层面上具备数字化、可持续、创新等特点，在结构要素层面上具备安全可靠、协调畅通、韧性强等特点。李政和王思霓（2021）也指出产业链现代化具备产业基础高级、产业链安全可控、高竞争力、数字化、智能化等特点。

当前，学者对产业链发展的影响因素进行了广泛的研究，且研究视角主要为以下两个：一是以国内因素为主的内向化视角；二是以国际因素为主的外向化视角。

从内向化视角来看，宋建和王静（2020）研究发现，生产补贴提升了企业的创新能力，促进了产业分工深化和产业链的延长，国际和国内外包呈现互补效应。王宇和束容与（2024）提出，平台经济通过发挥短板产业补链、优势产业延链等作用，更好地推动了产业链的高质量发展。近年来，数字经济对产业链创新发展产生了重要的影响。张超和毛艳华（2024）研究发现，数字产业化通过城市创新能力与产业结构高级化两个作用机制，提升了城市的产业链韧性。李玉梅等（2024）提出，数字经济能够通过夯实数字基础、建设数字企业、加强数字应用、完善数字环境等方式提升产业链韧性，加快培育创造产业链竞争新优势。

从外向化视角来看，Baldwin 和 Venables（2013）指出，贸易便利化水平与一国产业链发展水平之间具有非线性关系。杨丹辉等（2024）提出，在美国的产业链控制与联盟制华政策下，我国产业链创新发展面临着诸多风险与挑战，需要通过整合资源、丰富反制措施、增强产业链韧性等手段，促进产业链安全高效发展。曹小衡和陈子充（2024）认为，提升全球价值链前向参与度能够显著提升产业链韧性，而提高后向参与度则会降低产业链韧性。

二、产业链创新发展的相关研究

创新概念最早可以追溯到 1912 年，经济学家约瑟夫·熊彼特认为创新是指将新的生产要素或生产条件引入生产体系的过程。随着时间的推移，这一概念逐渐被应用于产业链管理领域。Turkenburg（2002）提出，产业链创新是一个完整的过程，包括知识、技术、生产、管理和市场等多个领域，共同构成了创新生态系统。陈小洪和陈金亮（2008）提出产业链创新是产业上下游互动、协同创新的过程，其中互动创新是指上游企业通过创新推动下游企业产品的创新，或者下游企业的需求带动上游企业的创新；上游企业与中游企业的互动创新则是上游企业的研发成果扩散到下游市场，并在市场需求拉动下形成产业集群。在数字经济时代，科技创新成为推动产业链现代化的重要手段。产业链与创新链的融合成为新的发展趋势，并开始强调基于产业链的实际需求来构建紧密衔接的创新体系。巫强等（2024）提出产业链与创新链是两个紧密联系又相互独立的系统，产业链与创新链融合发展集中体现为“围绕产业链部署创新链”和“围绕创新链布局产业链”两个方向。

一些学者对产业链创新发展的影响因素进行了剖析，主要可以分为内部创新因素、制度环境因素和技术创新效应因素。并且，这些影响因素的作用机理和影响效果存在着一定的差异性。

内部创新因素是指产业链内部的创新资源和能力，是产业链创新的基础和保障，且决定了产业链创新的基础条件和内在动力。张杰和范雨婷（2024）研究发现，上游企业的创新投入与产业链韧性之间呈现倒“U”形关系，上游企业韧性增强对下游企业产生正向溢出，可以提高下游企业乃至整个产业链的韧性。赵晨等（2023）认为，研发人员的数量、结构、能力和激励会影响产业链创新的效率与质量，人才链的构建对企业创新链、产业链的发展起到了重要的支撑作用。

制度环境因素是指产业链所处的制度框架和外部激励机制，是产业链创新的约束和动力，且决定了产业链创新的外部条件和激励机制。江喜林和胡蝶（2024）研究发现，政府在与产业链协同创新的过程中经历了起步、稳定合作、成熟三个阶段，并且随着政府激励力度和监管力度的加大，企业参与产业链协同创新的概率逐渐增加。杨洋等（2024）通过分析政策补贴对光伏产业链现代化发展的作用机制，发现产业政策的调整有助于提升产业链创新效率和全要素生产率。李健（2023）提出，在数字经济快速发展的背景下，通过数据要素、数字平台、数字空间、智能应用等一众衍生业态可以推动产业链供应链重构发展模式，助力产业链创新发展。

从技术创新效应因素来看，产业链上游企业往往掌握着核心技术，下游企业主要负责生产和销售，但是随着技术创新的不断推进，创新技术的应用逐渐从上游企业向下游企业延伸，推动着产业链的转型升级与创新。赖秀萍等（2024）构建了关键核心技术、知识溢出和衍生技术创新的分析框架，研究发现焦点企业在取得关键核心技术后能够显著推动产业链的衍生技术创新。

三、产业链协同创新相关研究

近年来，产业链协同创新开始得到关注，但相关研究仍然较少。部分学者聚焦于研究产业链协同创新的内涵与产业链协同创新的影响因素，且认为产业链协同创新可以提升企业的整体绩效、竞争力、创新力等。

一些学者对产业链协同创新的内涵进行了研究。王明辉（2015）认为产业链协同创新是指以适应市场变化为前提，以产业链中供应商、制造商、销售商、物流服务提供商和客户在产品设计、制造、运输和市场营销等环节全方位的协同创新为手段，以提高产业链上下游企业的创新绩效为目标，提高产业链创造力和竞争力的协同创新活动方式。宋歌（2017）将产业链协同创新概括为产业链纵向或横向上相关企业及创新主体间的协同创新，这种基于产业链关系所形成的连续不断的长期合作创新，不仅包括技术协同，还应包括战略协同、组织协同等活动，是一种涵盖多层次、多方面的创新活动。

产业链协同创新会给相关主体带来积极的效应。刘国巍等（2021）针对健康产业链进行了研究，发现产业链协同创新可以帮助企业降低研发风险和研发成本；而模块化的协同创新可以实现产业链不同环节之间的资源流动，进而呈现产业链上下游环节之间协同创新的态势。卫林英等（2020）指出，构建一个主动、高效的高新技术产业协同创新模式，可以有效促进高新技术创新与科技相结合，使科技资源在产业链各环节之间共享共用、高效转换，实现两者的有机结合和一体化发展。李雪松和龚晓倩（2021）研究发现，产业链与创新链的相互融合有利于挖掘产业链上下游潜力、增加链条完整性、扩大产业市场需求、调动创新要素积极性，并且对技术选择产生以市场为导向的纠正，为经济发展提供充足动能。也有部分学者研究了产业链协同创新的影响因素。江喜林和胡蝶（2024）指出，数字化进程使产业链中的数据、知识和信息流动更加顺畅，知识溢出的渠道更多、范围更广，为产业链协同创新提供了有力支持。陈俊（2022）提出，行政审批改革政策带来的制度成本降低产生了“围绕产业链部署创新链”与“围绕创新链布局产业链”两种效应，共同提升了对经济发展的驱动效应。

第二节　合作博弈相关研究

1944 年，冯·诺伊曼和莫根施特恩出版了重要的著作《博弈论与经济行为》，首次将博弈论的理论框架较为完整地表达出来，并正式提出了合作博弈的概念。很多情况下，合作博弈又被称为联盟博弈、正和博弈，是指博弈双方的利益都有所增加，或者至少是一方的利益增加，而另一方的利益不受损害，因而使整个社会福利有所增加。其中，合作博弈存在两个基本条件：①合作时的整体收益大于每个成员单独经营时的收益之和；②合作过程中存在着具有帕累托改进性质的分配规则，即每个成员都能获得不少于单独经营时所获得的收益。

当前，国内外学者将合作博弈理论应用于企业联盟、风险管理等领域中，并形成了一系列研究成果。接下来，本节将从供应链视角和横向联盟视角出发，对合作博弈相关的研究进行系统性梳理。

一、基于供应链视角的合作博弈

（一）供应链合作博弈模型

在供应链管理领域，众多学者运用合作博弈模型对不同的现实管理问题展开了相关研究，得到了丰富的研究成果。邵晓峰等（2001）分析了在非合作博弈情况下，供应商和订货商分别从自身利益出发决定的最优生产量和订购量。研究发现，由于双方之间存在着信息沟通的障碍，增加了缺货或库存积压的风险。为此，他们构建了供需双方合作博弈下的价格折扣模型，从而优化供应链性能，使双方达到共赢。杨文博和高政利（2009）通过构建供应链价值网络合作博弈模型，首次对供应链价值网络可持续运行的稳定性进行了深入研究，并且发现合作博弈核心解的存在是供应链价值网络持续稳定运行的关键，产品市场需求量及产品零售价格是影响核心解是否存在的重要因素。熊中楷等（2010）利用随机微分对策理论研究了供应链中考虑零售商竞争时的纵向广告合作问题。重点运用哈密顿-雅可比-贝尔曼（Hamilton-Jacobi-Bellman，HJB）方程，分别求解分析了 Stackelberg（斯塔克尔伯格）博弈和合作博弈下供应链成员的均衡全国性广告投入、地方性广告投入，以及 Stackelberg 博弈下的广告分担比例，并对两种博弈均衡进行了比较。研究发现，两种博弈下零售商的地方性广告投入和制造商的商誉与零售商之间的广告竞争强度相关；并且在一定条件下，制造商具有一致渐进稳定的商誉概率分布函数。最后，他们运用效用理论对合作博弈下的增量利润进行了划分。金波等（2013）基于博弈论对供应链融资成员之间的关系进行了分析，发现这些成员之间存在着长期合作的重复博弈关系。进一步地，构建了面向供应链融资成员之间利益分配的 Shapley（沙普利）模型，并将带风险的修正因子引入到 Shapley 模型中，修正了供应链融资成员之间的利益分配。乔华国等（2013）利用 Stackelberg 均衡和 Nash（纳什）讨价还价均衡理论，设计了供应链中生产商与销售商之间的协调模型，进一步分析了成员之间的收益共享机制，促进了供应链成员的高效合作。研究发现，供应链成员都能在合作博弈中取得更高利润；且无论是在合作博弈还是在非合作博弈中，销售商和生产商的投入均满足固定比例，且这个比例在非合作博弈中更大；此外，无论销售商议价能力多大，生产商均有动机接受合作博弈，从而获得不低于非合作博弈时的利润。何丽红和李政道（2017）研究了一个两级供应链，并考虑需求受广告努力水平和制造商直接价格折扣的联合影响。他们构建了 Nash 均衡、制造商主导的 Stackelberg 博弈、零售商主导的 Stackelberg 博弈、合作博弈四种模型，并得到了不同模型中制造商与零售商的最优广告努力水平，以及制造商提供给消费者的最优价格折扣策略。进一步通过对比分析发现，当且仅当价格弹性满足一定水平时，制造商才给予消费者一定的价格折扣；价格弹性越大，制造商给予的直接价格折扣越大，且消费者在合作博弈下可以得到更实惠的价格。郑小雪等（2021）利用多选择目标规划方法构建生产者责任组织回收决策优化模型，首先生成了基于合作联盟的成本特征函数，进一步提出融入差异化回收处理费用的修正 Shapley 值，用于在生产者责任组织内部成员企业之间分摊总运营成本。研究发现，多选择目标规划方法能够实现生产者责任组织回收决策优化，而修正的 Shapley 值能更好地反映产品之间回收处理成本的差异性，有助于激励生产者在设计生产阶段改进产品的可回收性。

（二）典型的供应链合作机制设计方案

很多学者对面向不同运营环境的供应链成员企业之间的博弈进行了深入研究，并设计了多样化的契约方案来构建高效的合作机制，从而提升供应链综合竞争力。特别是在合作机制设计方面，已经形成了较为典型且实践应用性较强的契约方案，包括成本共担契约、收益共享契约、数量折扣契约、补贴契约、回购契约和期权契约等。

成本共担契约重点通过供应链成员之间共同分担生产成本、努力成本等方式，协调供应链不同成员的利益，使其共同分担相应的供应链风险，从而优化供应链整体性能。周辉等（2024）探讨了零售商过度自信对绿色供应链的影响，并且发现成本共担契约可以提高产品绿色度和制造商利润。但是，当过度自信水平过高时，零售商的利润可能显著下降。蔡建湖等（2024）研究了需求信息不对称下成本共担契约对绿色供应链的优化作用，结果表明在满足特定条件时，成本共担契约能够提高产品绿色度并实现供应链的帕累托改进。还有一些学者将成本共担契约和其他契约方案组合在一起，通过合理的机制设计来促进供应链成员之间的密切合作。例如，李小美等（2019）在供需不确定环境下构建了由一个供应商和一个零售商组成的两级供应链，研究了考虑双边努力的供应链契约方案设计问题。他们发现，回购与成本共担组合契约不仅能有效协调供应链，还能实现供应链协调利润在成员之间的任意分配。伍星华和艾兴政（2022）研究了由一个生产商和一个供应商组成的低碳供应链，并设计了收益共享-成本共担契约来提升供应链性能。研究发现，当收益共享比例和成本共担比例满足一定条件时，该契约方案可以实现生产商和供应商的帕累托改进。

收益共享契约主要通过供应链成员之间的收益共享来激励企业的运营积极

性，从而实现供应链性能的优化。张旭梅等（2020）考虑消费者的策略性跨期购买行为，构建了由一个制造商与一个零售商组成的两周期动态博弈模型，并设计了面向两个销售周期的协调契约方案。研究表明，当消费者策略性程度较低时，收益共享契约可实现供应链的完美协调，并提高消费者剩余和社会福利；当消费者策略性程度较高时，两周期收益共享+转移支付组合契约能够实现协调，但对消费者剩余和社会福利可能产生负面影响。马超等（2020）针对由一个风险规避零售商和一个风险中性供应商组成的两级供应链，考虑零售商投入销售努力且面临缺货损失的情形，分析了集成供应链和基于批发价契约的分散供应链博弈模型，进一步研究了收益共享契约在优化供应链方面的作用。李建斌等（2021）针对由电商平台和零售商组成的全渠道供应链，研究了双边收益共享契约的协调能力。其中，电商平台向消费者提供线上购买线下取货服务，并将销售收入与零售商进行共享；零售商则将提供线下取货服务时产生的交叉销售收入共享给零售商。研究发现，边际交叉销售收益较小时，采用双边收益共享契约可以使全渠道供应链实现协调。但是，边际交叉销售收益相对较大时，需要设计由两部定价契约和收益共享契约组成的混合契约，才可以实现供应链协调。

数量折扣契约是通过在一定条件下给予客户相应的折扣以激励其增加购买数量，从而提高企业销售额的方式。赵正佳（2015）考虑易逝品存在生产周期长、销售周期短、需求不确定且依赖于价格的特性，设计了有效协调易逝品供应链的数量折扣契约方案。研究发现，单独的数量折扣契约可以实现帕累托改进，但无法实现供应链协调；而数量折扣和转移支付组合契约方案，能够实现供应链协调。谷水亮等（2020）针对由一个供应商和一个受资金约束的零售商组成的两级供应链，假设供应商可以向零售商提供部分赊销以缓解其资金压力，并采用数量折扣契约构建了供应链赊销决策模型。研究发现，在部分赊销情况下，批发价契约无法协调受资金约束的供应链；而当零售商的初始资金、批发价格以及零售商分享供应链总利润的比例满足一定条件时，数量折扣契约可以使受资金约束的供应链实现协调。

补贴契约是一种价格保护策略，即供应链一方根据原有承诺对另一方未售出的产品实施一定数量经济补偿的约定。陈永泰等（2019）基于 Kuhn-Tucker（库恩-塔克）条件研究了面向企业绿色创新的 R&D 补贴激励契约设计问题。发现在无监督情境下，政府应允许高技术企业获取信息租金，但这将扭曲低技术企业的绿色创新，而政府将通过对高技术企业实施高补贴，以及对低技术企业降低补贴以激励高技术企业承担更多的绿色创新责任。在监督情境下，严格的监督和适当的罚金对政府 R&D 补贴效率的提升具有显著的正向影响。周建亨和罗瑶（2023）建立了在需求不确定下由品牌商和零售商组成的两级供应链，其中品牌商通过价格补贴契约对零售商每单位未售出的产品进行补偿，他们讨论了两种审计策略，即激励真实上报的全面审计以及允许谎报的阈值审计。研究发现，在阈值审计下，零售商因额外获得“投机性”补偿而愿意增加订货，因此零售商漏报行为的内在动力与整个供应链的目标一致，从而缓解了双重边际化效应的影响，并且当信息不完全透明时，可能获得比完全信息时更优的结果。

回购契约是指供应链上游企业对下游企业未出售的产品以小于批发价格的价格进行回购的一种方式。陈胜利和张璇（2020）针对由单个供应商和单个零售商组成的风险厌恶供应链，设计了面向扰动情形风险厌恶供应链的回购契约。研究发现，当突发事件引起市场需求和供应商单位生产成本同时扰动时，采用没有发生突发事件时的原回购契约不能协调供应链，而采用修正后的回购契约可以协调供应链。此外，无论是否发生突发事件，供应商的批发价格均随零售商风险厌恶因子增加而增加，且均随供应商风险厌恶因子增加而减小；回购价格则刚好相反。樊相宇等（2021）考虑在需求不确定环境下，构建由一个供应商和同一连锁企业的两个零售商组成的供应链，假设零售商努力水平与无缺陷退货率成反比，以及两个零售商之间可以相互进行库存转运。通过比较集中决策和分散决策下零售商订货量及各方的期望利润，分析了零售商的最优订购量和最优努力水平，进一步设计了差异化回购契约来优化供应链。

期权契约实际上是一种金融衍生工具。其中，期权是指买方向卖方支付权利金来得到在未来特定时间以特定价格向卖方买进资产的权利，它赋予买方在未来某一时间点资产价值的保障，同时也为卖方提供了收取权利金的机会。目前，期权契约的灵活性已经得到许多学者的关注。代建生和刘悦（2022）针对期权契约下零售商关于实物和期权产品采购及销售努力的联合策略，设计了协调供应链的期权契约和促销成本分担机制。他们发现，在确保零售商参与供应链的情形下，无论契约参数如何设计，零售商要么仅采购实物产品，要么同时购买实物产品和期权；且仅当设计的契约能诱导零售商购买期权时，供应链的协调才可能实现。赵忠和程瑜（2024）针对由一个生产商和一个零售商组成的两级供应链，针对生鲜农产品的质量损耗和数量损耗问题，设计了期权契约对生鲜农产品供应链的协调方案。

二、基于横向联盟视角的合作博弈

（一）企业联盟策略

稳定性是企业联盟持续发展的重中之重，不少学者对企业联盟的稳定性策略进行了研究。简兆权（1999）建立了企业战略联盟的合作博弈模型，解释了经济社会中不断涌现的企业合作现象，并探讨了促进和稳定企业合作的途径。郑士源和王浣尘（2009）运用动态合作博弈理论中的最大一致集，找出了各种联盟形式中最稳定的结果。通过比较研究发现，对企业而言，纵向联盟优于横向联盟。并且，当不同企业的服务替代性较小或较大时，各企业偏好不联盟；当服务替代性处于中等水平时，纵向联盟最稳定。此外，当各企业不联盟时，社会福利水平最高。温国兴（2013）借助合作博弈理论的思想建立了营销联盟演进模式，为企业的营销战略提供了相关建议。李昌文等（2016）针对由一个供应商和两个竞争零售商组成的分销供应链，研究了不同竞争强度下的联盟定价策略和稳定性。首先，基于 Stackelberg 博弈模型分析了不同联盟结构下的定价策略；其次，利用合作博弈理论中的 Shapley 值分配了联盟利润，并探讨了联盟的短视稳定性；最后，运用最大一致集理论探讨了各种联盟结构的远视稳定性。

联盟作为一个整体，内部成员之间的合作策略已经引起了许多学者的关注。孙耀吾等（2008）探索了企业知识产权与技术标准的合作机理。通过构建企业技术标准联盟博弈模型，研究了高技术企业基于专利组合的联盟动力与不同策略，推动了产业技术进步和我国企业探索自主创新与技术标准化路径。唐家俊等（2021）提出了一种考虑地域优势和合作成本的增量配售电公司联盟策略。首先，根据配电网的物理性质和“隔墙售电”政策，采用深度优先搜索算法得到满足地域相邻条件的潜在联盟全集；其次，构建基于交易成本理论的联盟收益模型，提出衡量联盟成员收益分配权的收益贡献率、资源稀缺性、联盟依赖度三个指标，在此基础上提出了基于指标相关性的指标权重确定法和层次分析法的改进 Shapley 值联盟收益分配模型；最后，提出约束成员选择联盟优先级的宽容度指标，设计了基于宽容度的增量配售电公司联盟优化算法。杨洁等（2024）通过引入优先因子表示联盟优先级，建立了具有优先结盟的多层级联盟结构合作博弈目标规划模型，用于解决跨界领域治理中的成本分摊及补偿问题。

（二）企业联盟的利益分配

企业联盟内部的稳定性离不开合理的利益分配机制设计。其中，Shapley 值法作为一种利益分配方法得到了学者的关注。Jackson 和 Wolinsky（1996）提出了基于 Shapley 值法的收益分配模型来缓解组织稳定性与有效性之间的矛盾，并且认为收益分配的公平性是确保组织高效运行的关键。孙红霞和李煜（2017）针对模糊竞争环境下联盟成员合作过程中的收益分配问题，首先将优先联盟看成单个局中人，并运用古诺模型求解分析各优先联盟之间的 Nash 均衡，进而得到各优先联盟的最优模糊利润；其次，用模糊 Shapley 值在各局中人之间分配优先联盟在竞争中取得的最优模糊利润。

还有部分学者借助其他理论和方法设计了企业联盟的利益分配机制（Hu et al.，2023）。李书金和张强（2007）改进了经典的联盟结构支付分配规则，使改进后的联盟结构总支付大于改进前的总支付，他们提出用 TOPSIS（technique for order preference by similarity to ideal solution，逼近理想解排序法）对不同联盟结构优超关系进行排序，并对不同联盟结构的优劣进行区分比较，进一步在有关企事业单位人员的配备、重组过程中进行了应用。朱晓阳等（2015）针对合作博弈理论应用于人力资源管理中的人员配置与收益分配时出现的拟合度较低问题，放宽传统理论的个别假设，重新考虑联盟形成过程，构造出一个扩展的合作博弈模型。他们发现，扩展后的模型与现实经济系统更加拟合，适用性也更强。梁开荣和李登峰（2023）针对由制造商、网络零售商和平台企业组成的平台供应链，构建了一个非合作策略和三种合作策略（制造商与网络零售商合作、制造商与平台企业合作、网络零售商与平台企业合作）下的博弈模型，探讨了不同策略对各成员线上分销策略以及整个平台供应链利润的影响，同时基于均分剩余值分配机制，研究了不同合作策略下的联盟稳定性。Ramírez 等（2023）研究了生产企业之间在随机和动态环境中的合作问题。其中，企业可以结成联盟来聚合它们的产量并最大化整体期望利润。研究发现，生产企业总是可以通过合作来提高其期望利润。此外，存在稳定的收益分配机制，使任何联盟都没有动力从大联盟中分裂出来。最后，他们提供了一种定量模型和方法，以在需求不确定性环境下进行联合生产从而获得更高的收益，并且设计了一种动态稳定的分配方案。

第三节　学科建设与经济发展的相关研究

近年来，为了提高国内高校的综合实力和国际竞争力，我国政府相关部门出台了一系列政策来支撑高校学科建设。在此过程中，如何通过重点学科建设来提升高校水平，并服务区域甚至国家经济社会发展，已经得到越来越多学者的关注，并取得了一定的研究成果。

一、高水平高校和一流学科建设路径的相关研究

学科建设对高校发展起着至关重要的作用，学者对如何推动一流学科建设的路径进行了研究。宣勇和张鹏（2006）全面系统地阐述了学科、学科建设、世界一流学科之间的联系，提出学科是知识分类体系和知识劳动组织的“双重形态说”，并指出要从培养学术带头人和学术梯队、凝练研究方向、搭建学术研究平台、提高学术交流和跨学科合作能力等方面入手，着力建设学科。张雷生和辛立翔（2006）认为，学科建设关系到高校的持续发展，学科建设需要依托自身特色、科学定位，为国家社会经济发展服务。马廷奇和王长喜（2009）认为学科建设质量是高校综合实力的体现，高校功能是通过学科建设和教学工作实现的，因此主张学科建设要与本科教学改革紧密联系。赵忠升（2011）将学科建设提升到战略性地位，认为学科建设是高校建设的反映，并提出学科建设主要是通过组织制度的建设及改革达到厘清校、院、学科、教师、学生之间的关系，从而更好地为科

研工作和人才培养服务。周海涛和胡万山（2020）立足于地方高校发展，认为当前地方高校存在学科发展谋划不足、引才育才条件不佳、科研基础不强、学科建设标准不明和路径特色不清等问题。他们提出，在“双一流”建设背景下，地方高校的高水平学科建设应采取加强学科发展谋划、优化引才育才氛围、明晰学科建设标准、改善学校科研环境、创新学科发展路径等措施。郭甜（2022）认为在新时代的教育评价标准下，高校应当更加注重学科建设质量与其做出的贡献，通过完备基础设施、完善评价系统、拓宽建设内容等措施以拓展学科建设的深度，采取更新建设理念以及培养建设队伍的对策，从而提高学科建设水平。

二、学科建设与产业发展的关联度研究

目前，部分学者探讨了如何建设重点学科来带动区域经济或特色产业发展。霍影和张凤武（2012）研究了嵌入省域产业特色的优势学科群集群发展模式，提出配套组建先进装备制造学科群集群、新药开发学科群集群、农林产品精深加工学科群集群和黑色能源产业学科群集群等四个优势学科群集群的建议。谢春艳等（2012）分析了珠三角产业发展与广东高校重点学科科技资源，发现广东高校重点学科对产业发展的支撑不均衡、应用研究领域优势尚未凸显、科技资源利用率不高等问题，并提出调整学科布局结构，加强技术创新平台建设，积极鼓励高校开展产学研合作和应用研究，建立高校、企业、政府之间有效的沟通途径等具体措施。胡伟伟等（2015）通过区域分布和关联度分析发现，江苏省高校建设与地方重点产业的匹配度不高，且存在相关学科水平整体不高、国家重点学科数量较少等问题，迫切需要加强建设的针对性，充分释放高校创新活力，为产业转型升级提供保障和支撑。乔利利和谭旻（2018）提出，“双一流”建设不仅是国家高等教育的整体性战略，还应服务和促进地方经济与重点产业建设，高等教育的发展最终需要落实到对国家和地区经济社会发展的支撑上。赵飞跃和张悦（2018）认为地方高等教育的学科建设与区域经济建设具有密切的互动关系，其建设要紧跟时代步伐，因地制宜，适时做出调整，才能保持高校的活力和发展空间。王凯和鲁世林（2018）认为一流学科建设与地方经济发展存在辩证关系，并发现东北三省在三大产业发展方面与学科建设匹配度不高，尤其第三产业发展缺少对应的一流学科。因此，他们提出要根据东北三省的省际特点支持符合本地经济发展的一流高校与学科，以一流学科建设为契机带动东北地区经济的发展。姚小剑（2019）从行业背景视角审视了西安石油大学产业经济学科的发展经验，在分析了过度依赖行业特色制约该学科发展的多种表现后，提出该学科既要立足行业特色，又不能局限于行业特色，未来要实现学科方向多元化均衡发展的思路，并提出了提升该学科竞争力的建议。虞挺（2020）从地域传统文化和地方经济社会特色视角，

提出了绍兴市文化产业学科建设目标，并提出了面向行业发展需求，优化教育资源配置的针对性建议。李宁和刘斌（2021）探讨学科群建设应坚持需求导向、开放多元、有机融合、重点支持、强化特色、创新引领六大原则；并提出了培养产业化的学科人才、构建高水平的研究团队、建立完善的管理机制、采取行之有效的合作模式四个方面的建设思路及策略。

三、学科建设与经济发展的关系研究

高校学科建设的最终目的是服务经济发展，经济发展反过来又促进高校学科建设。因此，学者开始关注高校学科建设与区域经济的协同发展。例如，齐锰等（2014）认为农业院校在进行学科建设时要围绕服务地方经济发展，依托区域资源与产业需求紧密结合，既能为学科建设找到方向，又能促进经济产业发展，构建双赢策略。李艳玲（2017）以河南省农业类高校为研究对象，剖析了高校学科建设与农业产业集群协同发展中存在的问题，进一步提出了探索多元化产学研合作模式、建设大学科技园提升学科集群创新能力等协同策略。储著斌（2017）分析了武汉高校“双一流”建设对接产业发展的体制创新问题，认为高校要主动对接服务国家重大战略和湖北、武汉经济社会发展的需求；依托优势特色学科凝练建设重点；产业创新对接过程中政府与高校均要注重最适合发展的外部环境建设；高校确立负面清单的意识，明确不该做的内容；积极引导科技成果的就地转化；改革“双一流”建设与产业创新中心建设对接的科技体制。宗杰等（2018）认为学科发展应当在把握国家政策的基础上，尊重教育发展的客观规律，围绕经济发展的地区实际情况，科学合理设置专业结构，发展学科专业特色，争取建立一个良好的高校学科专业建设体系，助力地区教育和经济的发展。乔利利和谭旻（2018）以上海市为例，从“双一流”建设学科与区域产业发展互动的角度，将上海市“全球科创中心”建设中的信息技术、生物医药、装备制造三大重点领域与该市在国家“双一流”建设中的相关学科进行关联分析。研究发现上海市“双一流”建设学科发展速度低于该学科整体发展速度，其高校与企业合作比重也存在提升空间。桑秀丽等（2018）通过测度区域高等教育学科专业建设对区域产业经济发展的推动功能，分析了云南高校学科专业建设与产业结构优化的协调发展现状。他们运用灰色关联分析，初步判断云南高等教育学科专业结构与产业结构的互动关系，并据此分析二者的理想协调状态；进一步基于距离协调发展度模型研究了云南高等教育学科专业结构与产业结构的协调发展度。祝贺和袁鸣（2020）认为行业特色高校提升学科建设，可以提高当地的对应学科实力，让地方在市场经济中提高竞争力，为地方经济发展提速。高校在学科建设与经济发展关系中要占主导地位，不能被动地跟随市场走，必须遵循学科建设的自身发展规律，才能在良性发展中立于不败之地。蒋越星（2020）发现地方高校的学科建设与地方产业发展相互促进、相互影响，是动态适应的关系，并提出以下三方面措施来推动高校学科建设与产业协同发展：①地方政府建立与高校主体之间的专职协调机构；②高校与地方政府从机制改革的角度出发，释放政策活力，加强学科集群与产业集群的有机融合；③地方高校与地方政府建立起学科与产业共同发展的互惠体系，形成协同保障。

第二篇　产业链供应链视角下企业创新发展

本篇首先关注制造企业资金短缺问题，重点研究了制造企业研发强度与贸易信贷之间的关系。其次，关注全球产业链背景，分析研发不确定环境下跨国企业在不同专利技术创新联盟模式下的运营决策及其联盟模式的选择策略。最后，从长期动态的视角出发研究企业碳减排技术投入决策，分析有利于供应链上下游关联企业搭建紧密合作机制的权力结构；进一步针对绿色供应链存在信息不对称的现象，分析绿色供应链的运作决策和信息共享策略，并设计成本共担契约方案来促进企业之间的合作，提升企业绿色创新能力，从而推动产业链供应链绿色低碳转型。

第三章　面向制造业产业链创新发展的企业资金获取能力研究

在我国经济由高速增长转向高质量发展的现阶段，技术创新已经成为促进制造企业高质量发展、获取竞争优势的关键因素（马晶梅等，2020；孙艳梅等，2019）。中央提出，坚持创新驱动、质量为先、绿色发展、结构优化、人才为本是推进我国制造强国战略的基本方针。2024 年，《政府工作报告》提出，“大力推进现代化产业体系建设，加快发展新质生产力……实施制造业技术改造升级工程，培育壮大先进制造业集群，创建国家新型工业化示范区，推动传统产业高端化、智能化、绿色化转型”①。

强化产业链供应链创新发展是推进制造业高质量发展的支撑，而产业基础影响并决定着产业发展质量，是保障制造业产业链供应链竞争力的关键。当前，我国产业基础能力相对薄弱，核心基础零部件和关键基础材料对外技术依存度仍然较高。与此同时，我国也出台了一系列支持计划，以激励制造企业技术创新，促进企业转型升级。但是，我国制造企业的研发创新能力存在着两极分化问题：部分高新制造业对研发创新更为重视，研发强度也较高；而一些传统制造业研发强度相对较低。例如，北京华力创通科技股份有限公司（以下简称华力创通）在 2020 年的研发强度（研发投入占营业收入比例）达到了 24.43%②，而云南煤业能源股份有限公司的研发强度（研发投入总额占营业收入比例）仅为 0.15%③。这意味着我国一部分制造企业仍需要大幅度增加其研发投入，而另一部分制造企业可能已经进行了较大的研发投入，面临着巨大的融资需求。研发活动是提升企业技术创新能力的重要组成部分（郝清民，2020）。但是，制造企业研发活动高风险、高外部性的特点，导致其信息透明度较低，外部投资者往往难以准确掌握企业研发活动的相关信息和实际价值（Aboody and Baruch，2000；陈三可和赵蓓，2019）。以上问题意味着进行研发投入的制造企业容易面临外部融资困境，加剧了其资金链断裂的风险（陈三可和赵蓓，2019；Gao et al.，2017；毛其淋和许家云，2015；

---

①《政府工作报告》，https://www.gov.cn/yaowen/liebiao/202403/content_6939153.htm[2024-03-12]。

②《北京华力创通科技股份有限公司 2020 年年度报告全文》，https://q.stock.sohu.com/cn,gg,300045,7584140878.shtml[2021-06-04]。

③《云南煤业能源股份有限公司 2020 年年度报告》，https://pdf.dfcfw.com/pdf/H2_AN202103291478025392_1.pdf?1617041098000.pdf[2025-03-18]。

Ugur et al.，2016）。

拥有稳定可靠的融资渠道是降低制造业资金链断裂风险，推动制造企业持续经营的关键。其中，贸易信贷是指供应商向买方企业提供的一种供应链金融服务，可以支持买方企业向供应商短期延迟付款（Klapper et al.，2012）。作为制造企业的一种非正式融资途径，贸易信贷能够有效缓解企业资金周转压力，降低企业融资成本并提高融资效率。制造业上市企业年报数据显示，2016～2020 年，95%以上的制造业上市企业均采用贸易信贷作为缓解资金压力的手段。2001～2020 年，我国制造业上市企业应付账款占其负债总额的年均比例达到 25.43%。对于制造企业而言，贸易信贷已成为缓解企业资金压力的重要途径（Xu et al.，2018）。但是，考虑到技术创新的风险以及收益的不确定性，供应商是否愿意为高研发强度的制造企业提供有力的资金支持？同时，由于不同制造企业的研发强度存在较大的差异，在不同研发强度下，供应商提供贸易信贷的意愿是否存在差异？回答上述问题需要进一步探讨研发强度与贸易信贷之间的关系。

现有文献中，针对研发强度与贸易信贷之间关系的研究还很有限。方红星和楚有为（2019）基于替代性融资理论和买方市场理论对中国上市公司面板数据进行分析，发现更关注研发创新的企业能够从供应商处获得更多贸易信贷。Bönte 和 Nielen（2011）基于贸易信贷融资优势理论对企业调查数据进行分析，发现研发活动能够提升企业核心竞争力，从而使受到融资约束的创新型中小企业更容易获得贸易信贷。Cao 等（2022）基于商业战略框架发现遵循创新导向战略的公司能够从供应商处获得更多贸易信贷。以上研究主要关注了研发投资对企业获得市场竞争优势的积极影响，但忽略了较高的研发投资可能带来的各种经营风险，以及对供应商提供贸易信贷可能造成的消极影响。事实上，部分现有研究探讨了研发强度对其他类型融资的影响，认为过高的研发强度可能带来负面效应。例如，Jung（2012）发现高研发强度不利于企业获得债务融资，可能使企业面临更强的融资困境。田培霖（2021）认为制造商可能会为了获得高新企业资格认定及补贴来增加研发投入，而了解真实信息的利益相关方将会减少向其提供商业信用融资（包括贸易信贷）。此外，胡志亮和郑明贵（2022）研究了由研发强度等多个指标构成的企业战略差异，发现其与行业平均水平的偏差绝对值越大，企业所获得的商业信用融资越低，换言之，两者之间存在倒“V”形关系。以上研究启发本章进一步思考研发强度与贸易信贷之间的关系。以往相关研究只关注了研发强度与贸易信贷之间的正向线性关系（方红星和楚有为，2019；Bönte and Nielen，2011；Cao et al.，2022），但忽视了二者之间可能存在的非线性关系。

由于研发活动具有较大的外部性，制造企业往往会对其具体内容保密，研发活动的信息透明度较低，制造企业与其供应商之间存在信息不对称（孙艳梅等，2019；Aboody and Baruch，2000；陈三可和赵蓓，2019）。信号理论关注了信息不对称背景下的企业决策问题，并形成了包括信号、信号发送者、信号接收者以及信号发送环境等要素在内的完整理论框架，对信息不对称背景下的企业决策问题具有重要指导价值（Connelly et al.，2011）。因此，本章基于信号理论，对制造企业研发强度和贸易信贷之间的关系进行研究。鉴于有关制造企业研发活动的公开信息相对稀缺，以及技术创新对企业生存和发展的重要性，研发强度成为供应商了解制造企业研发活动实际价值和相关风险的重要指标。我们合理推测，制造企业研发强度可以成为供应商容易获取的有效信号，继而影响供应商向制造企业提供贸易信贷的决策。此外，信号理论指出，信号效果受到信号成本和信号可观察性的影响（Connelly et al.，2011）。作为制造企业的内部特征，财务冗余（financial slack，FS）会直接影响信号成本，进而对信号的有效性造成影响（Shou et al.，2020）；企业可见性（firm visibility，FV）则会影响供应商对信号的可观察性（Puck et al.，2013）。因此，财务冗余和企业可见性对研发强度与贸易信贷关系的调节作用值得进一步研究。

本章以2010～2019年沪深两市A股上市的1872家制造企业面板数据为基础，研究企业研发强度和贸易信贷之间的关系，以及财务冗余和企业可见性发挥的调节作用。结果表明，研发强度与贸易信贷之间存在倒“U”形关系。财务冗余会削弱二者之间的倒“U”形关系，而企业可见性能增强二者之间的倒“U”形关系。本章通过稳健性检验，进一步证实上述结论成立。拓展性研究发现，相对于规模较大的制造业上市企业和非国有企业，中小型企业和国有企业的供应商可能不会将是否增加研发强度作为提供贸易信贷的判断标准。相对于传统企业，研发强度变化对高新技术企业获取贸易信贷的影响更加明显。

本章的研究贡献和创新点主要体现在以下几个方面。①丰富了研发强度和贸易信贷关系的相关研究，弥补了现有相关研究的不足。当前仅有少量研究关注了研发强度对贸易信贷的正向影响，这些研究主要从替代性融资理论、买方市场理论以及贸易信贷融资优势理论的角度出发，认为研发强度能够促进供应商提供贸易信贷（方红星和楚有为，2019；Bönte and Nielen，2011；Cao et al.，2022）。本章通过实证研究发现制造企业研发强度与贸易信贷之间存在倒“U”形关系，并通过信号理论解释研发强度对贸易信贷的作用机制，拓展了研发强度与贸易信贷关系的理论与实证研究。②丰富了信号理论在企业研发管理相关研究中的应用。本章创新性地将企业研发强度视为信息不对称背景下企业向其制造商传递的有效信号，应用信号理论剖析了研发强度这一信号对贸易信贷影响的内在作用机理，揭示正机制和负机制的共同作用是研发强度与贸易信贷倒“U”形关系产生的原因。这一研究视角对信息不对称背景下企业研发管理相关决策的制定具有重要指导价值，也为后续研究开展提供了新的理论视角。③探索了影响供应商提供贸易信贷的买方因素。现有研究较少关注买方研发强度这一影响供应商提供贸易信贷的因素，本章基于信号理论剖析了研发强度影响供应商提供贸易信贷的内在机理。④本章进一步关注了财务冗余和企业可见性对研发强度与贸易信贷关系的调节作用，揭示了研发强度信号传递过程中财务冗余对信号成本的影响以及企业可见性对信号可观察性的影响，从而厘清了调节效应的作用机理，拓宽了两大信号关键属性（信号成本、信号可观察性）在研发管理与供应链管理实证研究中的应用空间。⑤补充了买方企业特性对研发强度和贸易信贷关系的影响。本章将企业规模、所有权性质、行业类型等企业特性纳入研发强度与贸易信贷关系的研究框架中，综合考量上述因素带来的异质性影响。这使本章的分析更加贴合现实逻辑，从而有效增强了研究的实践指导价值。

第一节　信号理论支持下的企业资金获取能力研究假设

一、信号理论

Spence（1974）在研究就业市场中雇主和申请者之间的信息不对称问题时，开创性地提出了信号理论。该理论是信息经济学的重要组成部分，也广泛应用于管理学研究。信号理论主要用于解释信息在信号发送方和信号接收方间的传递情况，主要包含三个基本要素——信号发送方、信号、信号接收方（Connelly et al.，2011；Spence，1974；Li and Wang，2016）。其中，信号发送方掌握信号接收方不可观察的私有信息，并考虑是否及如何发送信号以进行信息传递。信号是指信号发送方向市场中的信息接收方所传递的信息。有效的信号主要包括两个特征，分别是信号成本与信号可观察性（Connelly et al.，2011）。信号成本是指信号发送方传递真实信息所需要承担的成本，较高的信号成本能够避免其他企业对信号发送方进行模仿，从而提高信号接收方对信号的信任，保证信号的有效性。信号可观察性是指信号接收方容易注意到信号的程度。如果信号发送方的活动或表现不容易被信号接收方发现，则很难通过这些活动或表现有效传递信号。最后，信号接收方需要对其接收到的信号进行解读，从而完成或调整自身的决策（Connelly et al.，2011；Shou et al.，2020；Lam，2018）。信号理论有助于企业分析掌握私有信息的信号发送方所发送信号的作用途径，从而为解决信息不对称环境下企业的策略选择问题提供有效方法。

在现有文献中，信号理论已经分别在研发投入和贸易信贷这两类相关研究中得到了应用。在前一类研究中，有学者将企业研发投入视为企业向外部投资者发出的有关企业未来发展前景的重要信号，进而从投资者角度考察研发投入对公司股价以及融资成本的影响（Li and Wang，2016；杨志强等，2021）。Li 和 Wang（2016）认为在企业与利益相关者信息不对称的情况下，企业通过研发投入向其利益相关者传递企业能通过研发投入获得更高财务绩效和市场价值的积极信息，进而对公司股价产生正向影响。杨志强等（2021）同样将研发投入视为一种积极信号，认为研发投入传递了企业重视研发创新的积极态度，从而降低了企业债券融资成本。在后一类研究中，有学者将贸易信贷视为供应商接收到相关信号后做出的决策。例如，Shou 等（2020）将企业社会责任视为企业向其供应商传递的信号，发现供应商的贸易信贷决策受到买方企业社会责任的非线性影响。综合以上两类研究，本章将研发强度视为制造企业向其供应商所传递的、反映企业积极开展研发活动以实现技术创新的关键信号，进一步分析其对供应商提供贸易信贷的影响。通过信号理论对研发强度和贸易信贷之间的倒“U”形关系进行剖析，有利于厘清研发强度影响贸易信贷的作用途径，发现不同研发强度下供应商贸易信贷供给意愿的差异，从而为不同研发强度下制造企业获取融资提供合理的建议。

二、研发强度对贸易信贷的影响研究假设

由于市场瞬息万变，产品更新换代速度越来越快，制造企业在激烈的市场竞争中面临越来越大的市场不确定性和更大的竞争压力（吴育辉等，2017）。技术创新是企业形成竞争优势、占据市场领导地位和获得超额收益的重要引擎，也是实现经济增长的核心驱动力（孙艳梅等，2019）。企业为了获取竞争优势，势必不断开展研发活动，以提升企业技术创新能力。但是，不同制造企业的技术创新水平存在差异，而研发活动又具有正外部性，一旦泄露容易被其他企业“搭便车”。因此，制造企业开展研发活动需要对外界严格保密。研发活动的特殊性造成处于供应链上游的供应商无法对制造企业研发活动的实际价值进行准确评估，上游供应商与制造企业之间存在信息不对称（孙艳梅等，2019；Aboody and Baruch，2000；陈三可和赵蓓，2019）。

根据信号理论，为了减少信息不对称，处于供应链上游的供应商会积极寻找来自制造企业的信号。这些信号需要具备以下特征：信号对供应商而言是可观察的，同时对其他制造企业而言模仿成本较高（Connelly et al.，2011）。制造企业的研发强度相关数据容易通过企业年报获取，同时制造企业增强研发强度需要消耗大量资金，不易被同行模仿。因此，本章认为，研发强度是制造企业（即信号发送方）向其供应商（即信号接收方）传递的关于制造企业研发活动的有效信号。具体而言，参考 Haans 等（2016）和 Li 等（2021）的研究，本章认为制造企业研发强度主要向供应商传递以下两个方面的信息，并对供应商提供贸易信贷产生正反两个方面的重要影响，如图 3-1 所示。其中，横坐标为 RD，即研发强度；纵坐标为 TC，即贸易信贷。

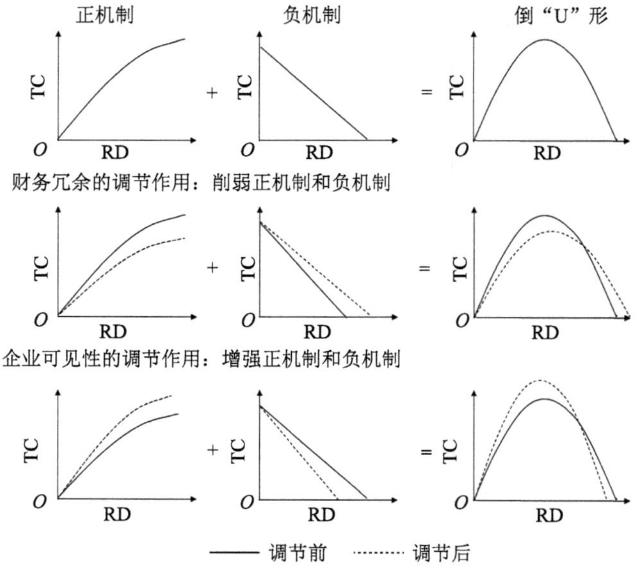

图 3-1　倒“U”形关系的潜在机制和调节效应

一方面，研发强度增加意味着制造企业在不断增加研发活动，促进制造企业将研发方案转化为创新型的产品和服务，为其客户提供创新解决方案，从而帮助制造企业获得市场竞争优势，提升市场份额（孙艳梅等，2019；Leung and Sharma，2021）。供应商为了获得更多来自制造企业的订单，将会愿意向其增加贸易信贷。但是，由于研发活动的边际产出往往会随着规模的扩大而降低，尤其是当企业更接近技术前沿时，研发产出边际递减现象会更加明显（Ugur et al.，2016）。因此，随着研发强度增加，制造企业的市场份额增加程度将边际递减。此时，供应商愿意提供的贸易信贷增加幅度也将边际递减。

另一方面，随着研发强度增加，制造企业会开展更多的新产品研发活动以及产品推广活动（方红星和楚有为，2019）。但研发活动和产品推广活动的投资回报期长且风险较高，这将导致制造企业未来收益的不确定性程度提高，增加了其财务风险和经营风险（Lim，2015）。因此，随着研发强度增加，供应商判断制造企业的偿债能力会出现更高的不确定性，总体偿债能力下降（孟庆斌等，2019）。此外，随着研发强度增加，制造企业有动力通过与供应商构建更加紧密的合作关系来提高整体供应链竞争力，从而降低其经营风险（Caniato et al.，2016）。此时，可以合理推断，随着研发强度增加，制造企业对供应商的依赖增强，供应商的议价能力上升。综合来看，随着研发强度增加，由于制造企业整体偿债能力下降和供应商议价能力上升，供应商可能会减少向制造企业提供贸易信贷。

综合以上分析，制造企业研发强度可能对贸易信贷产生如图 3-1 所示的正向和负向两个方面的影响，导致企业研发强度与贸易信贷之间出现倒“U”形关系。

在研发强度比较低的情况下，增加研发强度对供应商提供贸易信贷的正向影响超过负向影响，供应商将愿意向制造企业提供更多的贸易信贷。但是当研发强度达到一定的拐点后，增加研发强度对供应商提供贸易信贷的负向影响超过正向影响，供应商将减少向制造企业提供贸易信贷。综上，本章提出以下假设。

H3-1：随着企业研发强度的增加，供应商向制造企业提供的贸易信贷先增加后减少。

三、财务冗余与企业可见性的调节作用研究假设

根据信号理论，信号的有效性主要受两方面因素的影响，分别是信号成本和信号可观察性。信号成本和信号可观察性分别受到信号发送方（即制造企业）财务冗余与企业可见性的影响。

财务冗余是指企业在满足必要的财务支出后，能够被管理者自由支配的财务资源，可以随时被企业转移并重新部署以实现企业特定目标（Teirlinck，2020）。财务冗余较高的企业拥有更多可支配资金，更加容易进行各项战略决策，对风险的抵抗能力也较高（Lu and Wong，2019；Xiao et al.，2021；Guo et al.，2020）。所以，在相同的研发强度下，相对于财务冗余较低的制造企业，财务冗余较高的制造企业面临的风险较低和资金压力较小，其增加研发强度的成本较低，即信号成本较低，信号的可信度下降（Shou et al.，2020）。因此，对于财务冗余较高的制造企业，供应商等信号接收方更容易将制造企业提高研发强度看作一个弱有效信号，研发强度与贸易信贷之间的关系将会更加平缓。

一方面，对于财务冗余较高的制造企业，当其研发强度持续增加时，供应商会认为这些制造企业可能是为了获得良好的企业形象等原因提高研发强度，而不完全是为了通过积极开展研发活动提升企业市场竞争力并获得更高的市场份额（陈三可和赵蓓，2019）。同时，财务冗余更高的制造企业可能会降低对研发项目的监管，导致研发效率降低，研发方案难以转化为创新型的产品和服务以获得市场竞争优势（Kim et al.，2008）。此时，供应商认为相对于财务冗余较低的制造企业，财务冗余更高的制造企业增加研发强度能够带来的市场份额增加幅度可能相对较低，进而供应商能够获得的订单增加幅度也会相对较低。因此，供应商愿意提供的贸易信贷增加幅度也将会降低，倒“U”形的上升幅度降低。另一方面，相对于财务冗余较低的制造企业，供应商会认为，财务冗余较高的制造企业拥有更加充足的可支配资金，对经营风险的承受能力较强。故随着制造企业研发强度持续增加，供应商会合理推断制造企业的偿债能力下降幅度降低。与此同时，财务冗余较高的制造企业与供应商构建更加紧密合作关系的意愿降低，对供应商依赖的增加幅度下降。此时，供应商议价能力增加幅度下降，向其提供贸易信贷的下降幅度也将降低，即倒“U”形的下降幅度降低。基于以上讨论，本章提出如下假设。

H3-2：财务冗余会削弱研发强度与贸易信贷之间的倒“U”形关系。

企业可见性反映了制造企业能够被其供应链上下游企业注意到的程度，主要涉及制造企业的市场地位、曝光度和吸引力，制造企业通常通过广告等宣传手段提升企业可见性（Bönte and Nielen，2011；卫武等，2013）。企业可见性直接影响了信号发送方和信号接收方之间的信息传递效果（郑莹等，2016）。当企业可见性更高时，信号的可观察性更高。作为信号的接收方，供应商能够通过媒体或其他渠道获得更多制造企业研发活动和运营活动的相关资讯，将会对可见性更高的制造企业进行更多的关注，从而更清楚地了解研发强度增加所造成的正向影响和负向影响（Gao et al.，2017；Wu et al.，2020）。

一方面，当企业可见性更高时，供应商能够更加清楚地了解制造企业增加研发强度所能够获得的市场份额。因此，相较于企业可见性较低的情况，当企业可见性更高时，随着研发强度增加，更多的供应商愿意向制造企业提供贸易信贷，贸易信贷的上升幅度增加，倒“U”形的上升幅度增加。另一方面，当企业可见性更高时，更多的供应商能够更容易观察到此类制造企业增加研发强度所面临的经营风险等问题，从而更加容易捕捉到此类制造企业偿债能力下降，对供应商依赖增强等信息。此时，随着研发强度增加，供应商愿意向制造企业提供的贸易信贷下降幅度增加，倒“U”形的下降幅度增加。基于此，本章提出以下假设。

H3-3：企业可见性会增强企业研发强度与贸易信贷之间的倒“U”形关系。

综上，本章构建如图 3-2 所示的理论模型。

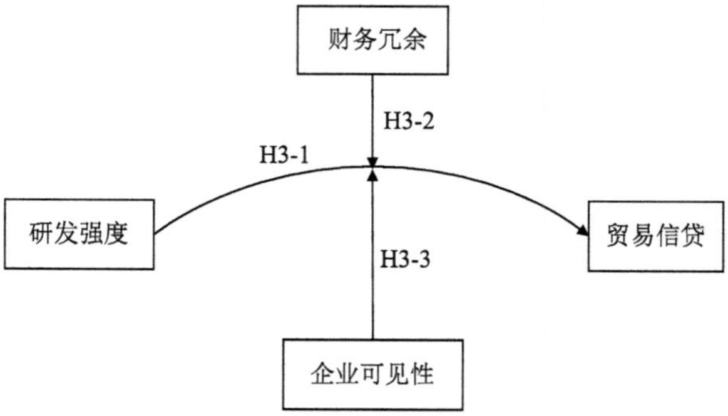

图 3-2　理论模型

第二节　变量定义与回归模型构建

一、研究样本与数据来源

根据中国证券监督管理委员会（以下简称中国证监会）发布的《上市公司行

业分类指引》(2012 年修订),选取沪深两市 A 股上市的制造企业作为研究对象。本章中制造企业的相关数据主要来自 CSMAR 数据库(China Stock Market & Accounting Research Database,中国经济金融研究数据库);企业社会责任评分来自和讯网,主要根据企业的社会责任报告和官方网站上发布的年度报告进行编制。由于和讯网自2010年开始提供企业社会责任评分,本章确定样本起始时间为2010年。为避免内生性问题,本章将除被解释变量贸易信贷外的所有变量进行滞后一期的处理。因此,本章解释变量和控制变量的样本区间为 2010～2019 年,被解释变量的样本区间为 2011～2020 年。本章的数据筛选过程如下:在初始样本中剔除样本期间被标记为 ST(special treatment,特别处理)或*ST(退市风险警示)的企业和存在研究所需变量数据缺失的样本,结果覆盖 1872 家制造企业的 10 849 项观察结果。由于部分样本企业在特定年份存在数据缺失,因此本章的有效数据为非平衡面板数据。最终样本的描述性统计如表 3-1 和表 3-2 所示。

表 3-1 样本描述性统计(按行业)

中国证监会代码	行业	数量	占比
C13	农副食品加工业	194	1.79%
C14	食品制造业	232	2.14%
C15	酒、饮料和精制茶制造业	205	1.89%
C17	纺织业	174	1.60%
C18	纺织服装、服饰业	181	1.67%
C19	皮革、毛皮、羽毛及其制品和制鞋业	38	0.35%
C20	木材加工和木、竹、藤、棕、草制品业	41	0.38%
C21	家具制造业	83	0.77%
C22	造纸和纸制品业	137	1.26%
C23	印刷和记录媒介复制业	63	0.58%
C24	文教、工美、体育和娱乐用品制造业	63	0.58%
C25	石油加工、炼焦及核燃料加工业	80	0.74%
C26	化学原料和化学制品制造业	1 133	10.44%
C27	医药制造业	1 255	11.57%
C28	化学纤维制造业	111	1.02%
C29	橡胶和塑料制品业	379	3.49%
C30	非金属矿物制品业	421	3.88%
C31	黑色金属冶炼和压延加工业	195	1.80%
C32	有色金属冶炼和压延加工业	331	3.05%
C33	金属制品业	297	2.74%
C34	通用设备制造业	561	5.17%

续表

中国证监会代码	行业	数量	占比
C35	专用设备制造业	902	8.31%
C36	汽车制造业	651	6.00%
C37	铁路、船舶、航空航天和其他运输设备制造业	198	1.83%
C38	电气机械和器材制造业	1 043	9.61%
C39	计算机、通信和其他电子设备制造业	1 581	14.57%
C40	仪器仪表制造业	211	1.94%
C41	其他制造业	73	0.67%
C42	废弃资源综合利用业	16	0.15%
合计		10 849	100%

表 3-2　样本描述性统计（按年份）

年份	数量	占比
2010	259	2.39%
2011	320	2.95%
2012	898	8.28%
2013	933	8.60%
2014	1 040	9.59%
2015	998	9.20%
2016	1 372	12.65%
2017	1 495	13.78%
2018	1 662	15.32%
2019	1 872	17.26%
合计	10 849	100%

注：本表数据经过四舍五入，占比合计不为 100%

二、变量测量

1. 因变量

贸易信贷（TC）：应付账款和营业成本的比值能够反映企业获得贸易信贷的多少，因此采用该比值对企业获得的贸易信贷进行测量（Lee et al.，2018）。该值越高，说明企业获得的贸易信贷越多。

2. 自变量

研发强度（RD）：采用企业研发投入和营业收入的比值来反映企业研发投资

的相对强度（Shaikh et al.，2018）。该值越高，企业研发强度越高。

3. 调节变量

财务冗余（FS）：采用企业速动资产与总负债的比值来衡量企业财务冗余程度（Shou et al.，2020）。该比值反映了企业能够自由支配的财务资源水平。

企业可见性（FV）：采用销售、一般和管理费用与营业收入的比值来表示企业可见性（Wu et al.，2020；Wang and Qian，2011）。它反映企业为提高市场竞争力，在营销和销售等相关活动上支出的费用。

4. 控制变量

本章参考已有文献对可能影响贸易信贷的因素进行控制。国有企业和非国有企业在自身信誉、资金获取能力等方面存在较大差异，进而影响供应商提供贸易信贷，因此选择企业产权性质（SOE）作为控制变量（Shou et al.，2020）。成立时间较长的企业更可能和其供应商保持长期合作关系，从而获得更多的贸易信贷，因此选择购买商企业年龄（AGE）作为控制变量（Shou et al.，2020）。供应商集中度较低的企业掌握更高的供应链权力，从而影响供应商提供贸易信贷，因此选择供应商集中度（SC）作为控制变量（Casalin et al.，2017）。由于企业规模和市场份额较大的企业在与供应商的交易中具有较强的议价能力，从而容易获得更多的贸易信贷，同时资本支出和财务杠杆较高的企业往往会对贸易信贷具有更高的需求，因此选择企业规模（SIZE）、市场份额（MS）、资本支出（CAP）、财务杠杆（LEV）作为控制变量（Shou et al.，2020；Lee et al.，2018；倪娟和王帆，2020；Fabbri and Klapper，2016）。由于企业社会责任（CSR）能使买方获得更高的信誉，从而获得更多的贸易信贷，因此以买方社会责任作为控制变量（Shou et al.，2020）。当买方经营风险较高时，供应商为规避风险往往会减少向其提供贸易信贷，因此选择经营风险（OS）作为控制变量（武力超等，2019）。此外，本章对行业效应和年份效应进行了控制。各变量的符号及测量见表 3-3。

表 3-3　变量定义

变量名称	符号	测量方式
贸易信贷	TC	应付账款/营业成本
研发强度	RD	研发投入/营业收入
企业可见性	FV	销售、一般和管理费用/营业收入
财务冗余	FS	速动资产/总负债
企业规模	SIZE	ln(总资产)
财务杠杆	LEV	总负债/总资产

续表

变量名称	符号	测量方式
供应商集中度	SC	前五大供应商采购比例
市场份额	MS	买方营业收入/同行业（两位数中国证监会行业代码）所有公司营业收入
产权性质	SOE	产权性质设为哑变量，SOE=1 表示企业为国有企业，SOE=0 表示企业为民营企业
企业社会责任	CSR	和讯企业社会责任指数
资本支出	CAP	固定资产/总资产
企业年龄	AGE	ln(成立时间)
经营风险	OS	ln(净现金流/总资产)

三、回归模型

为了检验研发强度对贸易信贷的影响，以及财务冗余、企业可见性的调节作用，本章构建如下多元回归模型：

$$\begin{aligned}\mathrm{TC}_{i,t+1} = {}& \beta_0 + \beta_1\mathrm{RD}_{i,t} + \beta_2\mathrm{RD}_{i,t}^2 + \beta_3\mathrm{FS}_{i,t}\times\mathrm{RD}_{i,t} + \beta_4\mathrm{FS}_{i,t}\times\mathrm{RD}_{i,t}^2 + \beta_5\mathrm{FV}_{i,t} \\ &\times\mathrm{RD}_{i,t} + \beta_6\mathrm{FV}_{i,t}\times\mathrm{RD}_{i,t}^2 + \beta_7\mathrm{FV}_{i,t} + \beta_8\mathrm{FS}_{i,t} + \beta_9\mathrm{SOE}_{i,t} \\ &+ \beta_{10}\mathrm{SC}_{i,t} + \beta_{11}\mathrm{CAP}_{i,t} + \beta_{12}\mathrm{LEV}_{i,t} + \beta_{13}\mathrm{SIZE}_{i,t} + \beta_{14}\mathrm{AGE}_{i,t} + \beta_{15}\mathrm{MS}_{i,t} \\ &+ \beta_{16}\mathrm{CSR}_{i,t} + \beta_{17}\mathrm{OS}_{i,t} + \mathrm{Year\_dummies}_{i,t} + \mathrm{Industry\_dummies}_{i,t} + \varepsilon_{i,t}\end{aligned}$$

其中，β_0 为常数项，β_n（$n=1,2,3,\cdots,17$）为各自变量的回归系数，ε 为误差项；i 和 t 分别为企业和年度编号。

第三节　研发强度与企业资金获取能力关系实证分析

一、描述性统计

表 3-4 为变量的描述性统计结果和相关性分析结果。通过描述性统计介绍样本变量的均值、标准差，能够获得对研究数据的基本了解，从而为进行下一步回归分析做好铺垫。其中，均值反映了变量的整体数据水平，标准差反映了变量的数据波动水平，即变量是否稳定。从表 3-4 可知，我国制造企业的研发强度均值为 0.04，标准差为 0.04。一般认为，企业研发强度须达到 5%才具有竞争力，可见我国制造企业的研发投入总体水平尚存在一定不足（陈晓红等，2012）。同时，制造企业贸易信贷的占比均值为 0.22，标准差为 0.19，说明制造企业的贸易信贷获取能力存在较大的差异。通过进行相关性分析能够初步判断变量之间是否存在

表 3-4　变量的均值、标准差和变量间相关系数

变量	均值	标准差	TC	RD	FV	FS	SIZE	LEV	SC	MS	SOE	CSR	CAP	AGE	OS
TC	0.22	0.19	1.00												
RD	0.04	0.04	0.21^{***}	1.00											
FV	0.18	0.14	0.13^{***}	0.41^{***}	1.00										
FS	2.57	4.32	-0.04^{***}	0.24^{***}	0.15^{***}	1.00									
SIZE	21.94	1.19	0.02^{*}	-0.20^{***}	-0.20^{***}	-0.25^{***}	1.00								
LEV	0.37	0.19	0.11^{***}	-0.23^{***}	-0.24^{***}	-0.48^{***}	0.55^{***}	1.00							
SC	0.30	0.20	-0.12^{***}	0.02^{*}	-0.05^{***}	0.08^{***}	-0.15^{***}	-0.12^{***}	1.00						
MS	0.02	0.05	-0.07^{***}	-0.16^{***}	-0.10^{***}	-0.08^{***}	0.39^{***}	0.18^{***}	-0.10^{***}	1.00					
SOE	0.26	0.44	0.03^{***}	-0.13^{***}	-0.13^{***}	-0.14^{***}	0.37^{***}	0.32^{***}	-0.06^{***}	0.12^{***}	1.00				
CSR	4.01	3.33	-0.07^{***}	-0.14^{***}	0.11^{***}	0.02^{**}	0.09^{***}	-0.07^{***}	-0.07^{***}	0.10^{***}	0.02^{*}	1.00			
CAP	0.21	0.14	-0.16^{***}	-0.25^{***}	-0.19^{***}	-0.23^{***}	0.15^{***}	0.25^{***}	0.07^{***}	0.03^{***}	0.21^{***}	-0.08^{***}	1.00		
AGE	2.73	0.40	-0.04^{***}	-0.09^{***}	-0.03^{***}	-0.15^{***}	0.21^{***}	0.18^{***}	0.10^{***}	−0.02	0.21^{***}	0.04^{***}	0.14^{***}	1.00	
OS	−2.99	1.00	-0.11^{***}	-0.06^{***}	0.01	0.04^{***}	−0.01	-0.12^{***}	0.03^{***}	0.05^{***}	-0.06^{***}	0.10^{***}	0.11^{***}	0.02^{**}	1.00

***、**、*分别表示双尾检验的统计显著水平为1%、5%、10%

相关性或多重共线性。相关性分析结果初步判断自变量与因变量之间存在相关性，同时各变量间的相关系数均小于 0.60，说明变量之间不存在明显的多重共线性。通过方差膨胀因子（variance inflation factor，VIF）对变量之间是否存在多重共线性进行进一步检验。结果发现，所有变量的 VIF 值均小于 2，说明变量之间不存在多重共线性（陈晓红等，2012；孙玉涛等，2021）。

二、回归分析结果

本章利用 2010～2019 年 1872 家制造企业的 10 849 个观测值，采用面板数据回归方法对模型进行估计。首先，通过 Hausman（豪斯曼）检验发现所有回归结果均拒绝随机效应模型，因此选择固定效应模型进行回归分析，结果如表 3-5 所示。

表 3-5 固定效应回归分析结果

项目	TC				
	模型 1	模型 2	模型 3	模型 4	模型 5
常数项	0.34*** (3.36)	0.33** (3.25)	0.33** (3.27)	0.24* (2.34)	0.23* (2.30)
SOE	0.02 (1.78)	0.02 (1.83)	0.02 (1.90)	0.03* (2.19)	0.03* (2.27)
SC	−0.03** (−2.86)	−0.03* (−2.44)	−0.03* (−2.48)	−0.02* (−2.00)	−0.02* (−2.03)
CAP	−0.09*** (−4.91)	−0.10*** (−4.96)	−0.10*** (−5.18)	−0.11*** (−5.57)	−0.11*** (−5.67)
LEV	0.05** (3.21)	0.07*** (4.31)	0.06*** (3.71)	0.07*** (4.18)	0.06*** (3.60)
SIZE	−0.01 (−1.63)	−0.01* (−1.96)	−0.01 (−1.96)	−0.01 (−1.25)	−0.01 (−1.18)
AGE	0.01 (0.84)	0.02 (1.01)	0.02 (1.01)	0.02 (1.25)	0.02 (1.22)
MS	−0.26** (−2.93)	−0.23** (−2.59)	−0.22* (−2.57)	−0.21* (−2.41)	−0.21* (−2.41)
CSR	−0.001 1* (−2.11)	−0.000 7 (−1.42)	−0.000 7 (−1.40)	−0.000 6 (−1.10)	−0.000 6 (−1.13)
OS	−0.003 0 (−1.87)	−0.002 5 (−1.56)	−0.002 5 (−1.61)	−0.001 7 (−1.08)	−0.001 8 (−1.16)
年份	控制	控制	控制	控制	控制
行业	控制	控制	控制	控制	控制

续表

项目	TC				
	模型 1	模型 2	模型 3	模型 4	模型 5
FS			−0.000 2 (−0.28)		0.000 1 (0.23)
FV				0.20*** (5.17)	0.18*** (4.60)
RD		0.98*** (8.15)	1.19*** (9.02)	0.33* (2.02)	0.55** (3.11)
RD^2		−2.21*** (−8.89)	−2.93*** (−9.90)	−0.98** (−2.96)	−2.00*** (−4.48)
RD×FS			−0.02** (−2.77)		−0.02** (−2.84)
RD^2 × FS			0.06*** (3.96)		0.05*** (3.34)
RD × FV				0.98* (2.34)	1.26** (2.95)
RD^2 × FV				−1.75*** (−3.51)	−2.00*** (−3.93)
F	162.47	151.64	133.20	137.70	122.50
R^2	0.25	0.26	0.26	0.27	0.27
N	10 849	10 849	10 849	10 849	10 849

***、**、*分别表示双尾检验的统计显著水平为 1%、5%、10%

模型 1 为基础模型，仅包含控制变量；模型 2 将研发强度及其平方项加入回归模型中；模型 3 加入了研发强度和财务冗余的交互项（RD×FS），以及研发强度的平方项和财务冗余的交互项（RD^2×FS）；模型 4 加入了研发强度和企业可见性的交互项（RD×FV），以及研发强度的平方项和企业可见性的交互项（RD^2×FV）；模型 5 同时增加了研发强度及其平方项和两个调节变量的交互项。

模型 2 回归结果显示，研发强度的系数为 0.98，其平方项系数为−2.21，均达到显著水平（$P<0.01$），这说明企业获得的贸易信贷随着研发强度的增加先增加后减小，研发强度与贸易信贷之间存在倒“U”形关系。同时，通过 utest 命令进一步对倒“U”形关系进行检验，发现研发强度和贸易信贷的斜率先正（0.98，$P<0.01$）后负（−2.39，$P<0.01$），研发强度的极值点为 0.22，处于 95% Fieller（费勒）区间[0.19, 0.26]，倒“U”形关系整体检验的 P 值小于 0.01，拒绝原假设，可以验证研发强度和贸易信贷之间倒“U”形关系成立，H3-1 成立（吴佶伟和张天一，2021）。

以华力创通为例，该企业2012～2020年贸易信贷占其负债总额比例达到22%以上，贸易信贷是其重要的融资途径之一。目前，华力创通研发强度已经处于较高水平，进一步提高研发强度可能会降低其能够获得的贸易信贷。近年来，华力创通通过小幅度降低研发强度获得了更多的贸易信贷支持。此外，以佛山电器照明股份有限公司（以下简称佛山照明）为例，该企业2012～2020年贸易信贷占其负债总额比例达到53%以上，可见贸易信贷也是其主要融资途径之一。佛山照明研发强度目前处于较低水平，提高研发强度有利于其获得更多的贸易信贷。数据显示，佛山照明近年来在不断提高研发强度的同时获得了更多的贸易信贷支持。上述案例说明本章回归结果与企业的实际运营情况紧密关联，反映了本章回归结果的准确性和现实意义。

模型3对财务冗余对研发强度和贸易信贷之间关系的调节作用进行验证。回归结果显示，研发强度的平方项与财务冗余之间的交互项（$RD^2 \times FS$）显著为正，这表明财务冗余对研发强度和贸易信贷之间的关系具有正向调节作用，财务冗余会削弱研发强度与贸易信贷之间的倒“U”形关系，H3-2得到支持。例如，研发强度相对较低的深圳市朗科科技股份有限公司，其在财务冗余相对较高时提高研发强度能够获得的贸易信贷增加幅度相对较低，此时可以考虑将财务冗余作为提高研发强度的补充资金；而研发强度相对较高的比亚迪股份有限公司，其在财务冗余相对较低时提高研发强度以获取贸易信贷更加困难，此时应进一步拓宽融资渠道，积极通过外部股权融资等方式来缓解自身资金压力。

模型4进一步验证企业可见性对研发强度和贸易信贷之间关系的调节作用。回归结果表明，研发强度的平方项与企业可见性之间的交互项（$RD^2 \times FV$）显著为负，这表明企业可见性对研发强度和贸易信贷之间的关系具有负向调节作用，企业可见性会增强研发强度与贸易信贷之间的倒“U”形关系，H3-3得到支持。以企业可见性较低的宁波富邦控股集团有限公司（以下简称宁波富邦）为例，由于供应商缺乏对其更多研发信息的了解，宁波富邦在研发强度相对较低时，提高研发强度能够带来的贸易信贷增加幅度相对较低；而以湖北广济药业股份有限公司为例，由于该企业积极进行广告推广等活动，企业可见性相对较高。当企业研发强度相对较高时，继续提高研发强度可能会引发供应商对其研发风险的担忧，从而贸易信贷的下降幅度增加。

模型5作为完整模型对本章研究模型进行检验，回归结果仍然支持模型3和模型4的结果，验证了研究结果的稳定性。

通过绘制财务冗余和企业可见性的调节作用示意图，可以直观地说明二者对研发强度和贸易信贷关系的影响。图3-3（a）反映了财务冗余的调节作用。当财务冗余较高时（均值加上一个标准差），研发强度和贸易信贷之间的倒“U”形关系更加平缓，而当财务冗余较低时（均值减去一个标准差），研发强度和贸易信贷之间的倒“U”形关系更加陡峭。因此，H3-2 得到支持。图 3-3（b）则反映了企业可见性的调节作用。当企业可见性较高时（均值加上一个标准差），研发强度和贸易信贷之间的倒“U”形关系更加陡峭，而当企业可见性较低时（均值减去一个标准差），研发强度和贸易信贷之间的倒“U”形关系更加平缓。因此，H3-3 成立。

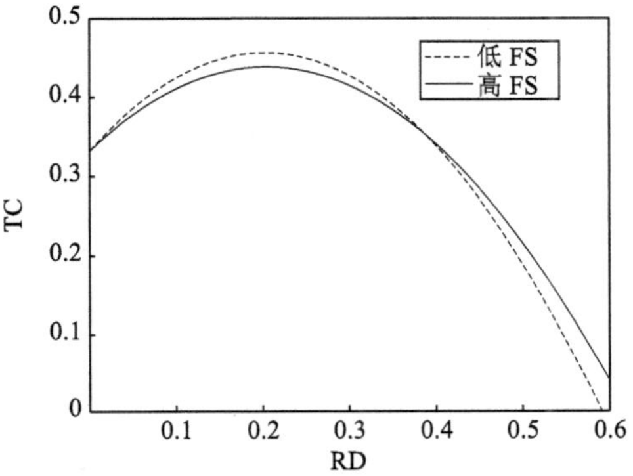

（a）财务冗余的调节作用

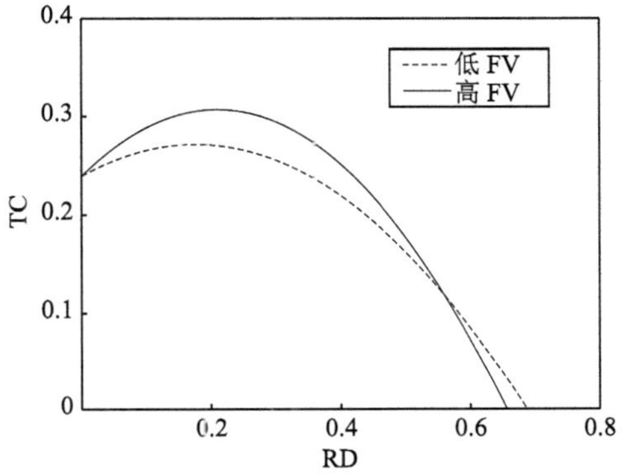

（b）企业可见性的调节作用

图 3-3　财务冗余和企业可见性的调节作用

三、稳健性检验

1. 变量替换

首先，调整贸易信贷的测量方式，采用应付账款和预付款的差值与营业收入的比值进行测量（方红星和楚有为，2019）。其次，将财务冗余定义为现金及现金等价物与利润总额的比值。最后，将企业可见性定义为销售费用与营业收入的比值（钱丽华等，2015）。固定效应模型 6～模型 8 的回归结果如表 3-6 所示。进一步，由于金融分析师可以通过发出更多有关企业经营状况的信息或出具行业报告来提高其所关注公司的知名度，本章选择分析师关注度来表示企业可见性，并通过关注该企业的分析师总人数来衡量分析师关注度（Hassan，2018；Jeon et al.，2015；张宗新和周嘉嘉，2019）。同时，将财务冗余定义为经营性现金流与营业收入的比值（沈弋等，2018）。固定效应模型 9 和模型 10 的回归结果如表 3-6 所示。由于分析师关注度数据存在部分缺失值，模型 9 和模型 10 的样本量为 7653 项。以上两组稳健性检验均可以发现，在改变变量测量方法后，研发强度和贸易信贷依然呈现倒“U”形关系，财务冗余依然会削弱研发强度和贸易信贷之间的倒“U”形关系，而企业可见性也依然会增强研发强度和贸易信贷之间的倒“U”形关系，说明本章的研究结果具有很好的稳健性。

表 3-6　稳健性检验结果——变量替换

项目	TC				
	模型 6	模型 7	模型 8	模型 9	模型 10
常数项	0.09 (1.24)	0.09 (1.18)	0.13 (1.76)	0.34* (2.53)	0.35** (2.62)
SOE	0.02** (2.62)	0.02** (2.65)	0.02** (2.80)	0.04* (2.24)	0.04* (2.30)
SC	−0.03*** (−3.90)	−0.03*** (−3.66)	−0.03*** (−3.68)	−0.01 (−0.51)	−0.01 (−0.64)
CAP	−0.04** (−2.58)	−0.04** (−2.61)	−0.04** (−2.72)	−0.09*** (−3.44)	−0.09*** (−3.37)
LEV	0.08*** (7.55)	0.09*** (8.36)	0.09*** (8.50)	0.10*** (4.93)	0.11*** (5.27)
SIZE	−0.004 (−1.25)	−0.005 (−1.51)	−0.006 (−1.92)	−0.020** (−3.22)	−0.023*** (−3.70)
AGE	0.02 (1.52)	0.02 (1.61)	0.02 (1.42)	0.06** (2.85)	0.06** (2.95)
MS	−0.19** (−3.02)	−0.17** (−2.78)	−0.18** (−2.85)	−0.10 (−0.98)	−0.07 (−0.72)
CSR	−0.000 8* (−2.20)	−0.0006 (−1.73)	−0.000 6 (−1.53)	0.000 2 (0.27)	0.000 5 (0.63)
OS	−0.002 81* (−2.52)	−0.002 58* (−2.32)	−0.002 52* (−2.27)	−0.000 06 (−0.03)	−0.003 70 (−1.26)
年份	控制	控制	控制	控制	控制
行业	控制	控制	控制	控制	控制
FS			0.000 1*** (5.34)		0.259 0*** (5.49)
FV			−0.023 7 (−0.65)		−0.000 8 (−1.74)
RD		0.50*** (5.88)	0.25* (2.31)	0.80*** (5.01)	1.39*** (6.11)
RD^2		−1.26*** (−7.15)	−0.80** (−3.21)	−2.06*** (−5.98)	−1.51* (−2.30)
RD×FS			−0.005*** (−5.81)		−5.045*** (−7.81)
RD^2 × FS			0.03*** (9.01)		8.13*** (7.11)

续表

项目	TC				
	模型 6	模型 7	模型 8	模型 9	模型 10
RD × FV			1.14* (2.12)		0.04*** (3.98)
RD^2 × FV			−2.47* (−2.14)		−0.29*** (−6.63)
F	159.14	145.91	117.02	97.10	79.34
R^2	0.24	0.25	0.26	0.24	0.26
N	10 528	10 528	10 528	7 653	7 653

***、**、*分别表示双尾检验的统计显著水平为 1%、5%、10%

2. 增加样本时间窗口

考虑到我国从 2007 年开始执行上市公司年报新会计准则，本章对上市公司年报披露数据进行了进一步的规范。为了避免本章研究中样本时间窗口选取上可能存在的选择性偏差，将时间窗口重新设定为 2007～2020 年。同时，进一步选取 CSMAR 数据库“上市公司社会责任报告基本信息表”的 12 个指标来反映企业社会责任信息披露质量。首先，考虑企业是否披露 12 个指标的相关信息，如果披露则赋值为 1，否则为 0；其次，将 12 个指标的值进行加总和标准化处理，最终得到社会责任承担指标（韩珣和李建军，2021）。固定效应模型 11～模型 15 的回归结果如表 3-7 所示，仍然支持本章假设。

表 3-7 稳健性检验结果——增加样本时间窗口

项目	TC				
	模型 11	模型 12	模型 13	模型 14	模型 15
常数项	0.36*** (3.69)	0.39*** (3.77)	0.38*** (3.75)	0.31** (2.97)	0.30** (2.89)
SOE	0.02 (1.34)	0.02 (1.39)	0.02 (1.46)	0.02 (1.73)	0.02 (1.81)
SC	−0.03** (−3.01)	−0.03* (−2.57)	−0.03** (−2.61)	−0.02* (−2.16)	−0.02* (−2.19)
CAP	−0.10*** (−5.18)	−0.10*** (−5.24)	−0.10*** (−5.45)	−0.11*** (−5.88)	−0.11*** (−5.97)
LEV	0.05*** (3.43)	0.07*** (4.51)	0.06*** (3.90)	0.07*** (4.43)	0.06*** (3.84)

续表

项目	TC				
	模型 11	模型 12	模型 13	模型 14	模型 15
SIZE	−0.01 (−1.65)	−0.01 (−1.91)	−0.01 (−1.89)	−0.01 (−1.21)	−0.01 (−1.13)
AGE	0.01 (0.56)	0.01 (0.61)	0.01 (0.58)	0.01 (0.67)	0.01 (0.64)
MS	−0.26** (−3.11)	−0.23** (−2.74)	−0.23** (−2.72)	−0.21** (−2.59)	−0.22** (−2.59)
CSR	0.004 (0.53)	0.003 (0.43)	0.004 (0.47)	0.005 (0.62)	0.005 (0.61)
OS	−0.003* (−2.04)	−0.003 (−1.72)	−0.003 (−1.77)	−0.002 (−1.19)	−0.002 (−1.28)
年份	控制	控制	控制	控制	控制
行业	控制	控制	控制	控制	控制
FS			−0.000 1 (−0.18)		0.000 2 (0.32)
FV				0.19*** (4.97)	0.17*** (4.40)
RD		0.98*** (8.42)	1.18*** (9.26)	0.32* (2.03)	0.53** (3.10)
RD^2		−2.20*** (−9.03)	−2.90*** (−10.00)	−0.96** (−2.97)	−1.95*** (−4.45)
RD×FS			−0.02** (−2.77)		−0.02** (−2.82)
RD^2 × FS			0.05*** (3.94)		0.05*** (3.31)
RD × FV				1.05* (2.55)	1.33** (3.15)
RD^2 × FV				−1.83*** (−3.72)	−2.07*** (−4.14)
F	141.24***	133.86***	119.57***	123.61***	111.41***
R^2	0.25	0.26	0.26	0.26	0.27
N	11 171	11 171	11 171	11 171	11 171

***、**、*分别表示双尾检验的统计显著水平为 1%、5%、10%

3. 截取区间子样本

为进一步落实中央以及《国务院关于深化制造业与互联网融合发展的指导意见》，工业和信息化部、财政部联合在2016年12月制定了《智能制造发展规划（2016—2020年）》。以上系列政策和措施可以推动制造企业产业结构优化升级，从而给制造企业生产经营和研发创新带来一定的影响。鉴于此，本章截取区间为2017～2019年的子样本进行检验，固定效应模型16～模型20的回归结果如表3-8所示，本章的研究假设仍均成立。

表3-8　稳健性检验结果——截取区间子样本

项目	TC				
	模型16	模型17	模型18	模型19	模型20
常数项	0.29 (0.93)	0.54 (1.79)	0.55 (1.81)	0.40 (1.31)	0.38 (1.24)
SOE	−0.003 55 (−0.19)	−0.003 76 (−0.20)	−0.003 74 (−0.20)	−0.000 74 (−0.04)	−0.000 65 (−0.04)
SC	−0.11*** (−4.15)	−0.09*** (−3.43)	−0.09*** (−3.52)	−0.09*** (−3.35)	−0.09*** (−3.39)
CAP	−0.06 (−1.68)	−0.08* (−2.23)	−0.08* (−2.19)	−0.08* (−2.15)	−0.08* (−2.08)
LEV	−0.004 8 (−0.16)	0.045 2 (1.50)	0.048 5 (1.61)	0.034 3 (1.14)	0.036 5 (1.22)
SIZE	−0.03* (−2.52)	−0.04*** (−3.73)	−0.04*** (−3.80)	−0.04*** (−3.38)	−0.04*** (−3.37)
AGE	0.23** (2.74)	0.21* (2.53)	0.21** (2.60)	0.24** (2.90)	0.24** (2.98)
MS	−0.37 (−1.07)	−0.21 (−0.61)	−0.22 (−0.66)	−0.23 (−0.68)	−0.23 (−0.69)
CSR	−0.001 14 (−1.39)	−0.000 48 (−0.59)	−0.000 61 (−0.74)	−0.000 45 (−0.55)	−0.000 66 (−0.81)
OS	−0.003 26 (−1.27)	−0.003 10 (−1.22)	−0.002 93 (−1.16)	−0.002 83 (−1.12)	−0.002 74 (−1.09)
年份	控制	控制	控制	控制	控制
行业	控制	控制	控制	控制	控制
FS			0.000 158*** (3.67)		0.000 160*** (3.72)

续表

项目	TC				
	模型 16	模型 17	模型 18	模型 19	模型 20
FV				0.013 6 (0.22)	0.002 5 (0.04)
RD		1.47*** (7.44)	1.38*** (6.87)	0.40* (1.41)	0.50* (1.76)
RD^2		−4.42*** (−11.55)	−4.15*** (−10.51)	−3.22*** (−5.15)	−3.75*** (−5.85)
RD×FS			−0.004 37*** (−3.30)		−0.004 39** (−3.28)
RD^2 × FS			0.02*** (4.29)		0.02*** (3.92)
RD × FV				2.80*** (4.55)	2.83*** (4.61)
RD^2 × FV				−3.71*** (−5.12)	−3.63*** (−5.02)
F	197.89	185.47	154.99	156.65	134.80
R^2	0.36	0.38	0.38	0.38	0.39
N	6 401	6 401	6 401	6 401	6 401

***、**、*分别表示双尾检验的统计显著水平为 1%、5%、10%

4. 工具变量法

为了解决可能存在的内生性问题，本章引入工具变量。参考刘剑民等（2024）的工具变量构建方法，采用解释变量滞后一期数据（即研发强度滞后一期）作为工具变量。另外，考虑到政府补贴的支持能够在一定程度上促进制造企业加大研发强度，但并不直接影响供应商的贸易信贷供给。本章选择政府补贴作为另一个工具变量。为了验证工具变量的有效性，我们采用多种统计检验进行评判。首先，使用 Anderson LM（Anderson Lagrange multiplier，安德森-拉格朗日乘数）统计量来检验工具变量是否与内生变量相关，发现 Anderson LM 统计量的 P 值均小于 0.01，即在 1%的显著性水平上拒绝了工具变量识别不足的原假设。其次，Anderson-Rubin（安德森-鲁宾）检验在 1%水平上拒绝了“内生回归系数之和等于零”的原假设（P<0.01），这进一步说明了工具变量与内生变量之间具有较强的相关性。最后，Sargan（萨甘）统计量的 P 值均大于 0.1，不能在 10%的显著性水平上拒绝工具变量是过度识别的原假设。上述检验都表明本章选择的两个工具变

量具有合理性，因此本章模型的设定是可靠的。表 3-9 为工具变量的估计结果以及工具变量相关检验的结果，结果表明本章的研究假设均成立。

表 3-9　稳健性检验结果——工具变量法

项目	TC	
	模型 21	模型 22
常数项	0.32 (0.24)	0.46* (0.20)
SOE	0.03 (1.51)	0.03 (1.69)
SC	−0.02 (−0.88)	−0.01 (−0.34)
CAP	−0.11*** (−3.82)	−0.08** (−2.68)
LEV	0.03 (0.87)	0.08** (2.71)
SIZE	−0.02 (−1.76)	−0.02* (−2.15)
AGE	0.05 (1.18)	0.03 (0.90)
MS	0.11 (0.66)	−0.05 (−0.33)
CSR	−0.000 891 (−1.05)	−0.000 983 (−1.29)
OS	−0.004 57 (−1.84)	−0.004 90* (−2.19)
年份	控制	控制
行业	控制	控制
FS		0.02* (2.43)
FV		−0.23 (−1.15)
RD	3.08** (2.98)	2.83* (1.10)
RD^2	−15.16*** (−4.39)	−21.76* (−2.17)

续表

项目	TC	
	模型 21	模型 22
RD×FS		−0.46* (−2.50)
RD^2 × FS		1.65* (2.42)
RD × FV		9.50*** (3.83)
RD^2 × FV		−10.13*** (−4.55)
Anderson LM 统计量（P 值）	0.000 0	0.000 1
Anderson-Rubin 检验（P 值）	0.000 0	0.000 0
Sargan 统计量（P 值）	0.38	0.29
N	5 663	5 663

***、**、*分别表示双尾检验的统计显著水平为 1%、5%、10%

第四节　考虑企业特征的拓展性分析

制造企业研发强度对贸易信贷的影响可能因企业特征不同而存在差异，因此在前述回归分析中将这些特征作为控制变量纳入了模型。本节进一步从企业规模、企业所有权性质及行业类型三个方面展开拓展性分析，具体如下。

一、基于企业规模的进一步分析

不同规模的制造企业的研发投资需求和投资能力可能会存在不同，提高研发强度对贸易信贷的影响可能存在差异（张西征等，2012；孙晓华和李明珊，2014；Revilla and Fernández，2012）。根据国家统计局印发的《统计上大中小微型企业划分办法（2017）》，将样本划分为大型企业和中小型企业两个子样本（表 3-10），样本量分别为 8342 和 2507。

表 3-10　制造企业按规模划分子样本

行业名称	指标名称	计量单位	大型企业	中小型企业
制造业	从业人员（X）	人	$X \geq 1\,000$	$0 \leq X < 1\,000$
	营业收入（Y）	万元	$Y \geq 40\,000$	$0 \leq Y < 40\,000$

大型企业和中小型企业的研发强度均值分别为0.04和0.06，通过T检验发现，研发强度存在显著性差异，大型企业的研发强度低于中小型企业的研发强度。进一步对两类企业研发强度和贸易信贷的关系进行分析，回归结果如表3-11所示。回归结果显示，对于大型企业，随着研发强度的提高，贸易信贷先增加后减小；而对于中小型企业，研发强度对贸易信贷没有显著影响。这可能是因为对于大型制造企业而言，其本身已经具有相对稳定的市场地位以及较好的长期投资能力，可以根据自身战略对研发强度进行灵活调整；而对于中小型制造企业而言，其一般处于快速发展的上升阶段，提高研发强度是其获得进一步发展和竞争优势的必要途径。因此，相对于大型制造企业，中小型制造企业可能具有更高的研发强度并积极进行研发投入，但是由于面临较大的资金压力并缺乏稳定的长期投资能力，供应商可能不会将是否增加研发强度作为提供贸易信贷的判断标准。

表3-11　分组回归分析结果

项目	TC					
	国有企业	非国有企业	大型企业	中小型企业	高新技术企业	传统企业
常数项	−0.04 (−0.16)	0.47*** (3.57)	0.18** (3.19)	0.07 (0.45)	0.51*** (3.48)	0.32 (1.53)
SOE			0.03** (2.81)	−0.07* (−2.03)	−0.002 92 (−0.18)	0.09*** (4.41)
SC	−0.02 (−1.15)	−0.02 (−1.78)	−0.02* (−2.16)	−0.06* (−2.13)	0.000 19 (0.01)	−0.04* (−2.51)
CAP	−0.12*** (−3.55)	−0.06** (−2.73)	−0.11*** (−5.51)	−0.05 (−1.02)	−0.11*** (−3.71)	−0.09** (−3.10)
LEV	0.10** (3.19)	0.04* (2.12)	0.06*** (4.17)	0.01 (0.32)	0.03 (1.37)	0.12*** (4.49)
SIZE	0.01 (1.54)	−0.01* (−2.55)			−0.01* (−2.31)	−0.01 (−0.99)
AGE	−0.01 (−0.18)	0.02 (1.15)	0.01 (0.56)	0.08 (1.53)	0.02 (0.83)	0.01 (0.42)
MS	−0.52** (−2.65)	−0.19 (−1.87)	−0.21** (−2.72)	−1.07 (−0.89)	−0.32* (−2.24)	−0.22 (−1.68)
CSR	−0.001 10 (−1.22)	−0.000 48 (−0.76)	−0.000 98 (−1.92)	0.001 41 (0.88)	−0.001 95** (−2.81)	0.000 05 (0.06)
OS	−0.005 43* (−1.96)	−0.001 37 (−0.73)	−0.001 67 (−1.05)	0.000 93 (0.21)	−0.002 53 (−1.18)	−0.004 75 (−1.67)
年份	控制	控制	控制	控制	控制	控制

续表

项目	TC					
	国有企业	非国有企业	大型企业	中小型企业	高新技术企业	传统企业
行业	控制	控制	控制	控制	控制	控制
RD	0.04 (0.12)	1.23*** (8.96)	1.33*** (9.82)	0.11 (0.39)	1.09*** (6.99)	0.78*** (3.39)
RD^2	−1.28 (−0.96)	−2.52*** (−9.55)	−3.24*** (−11.55)	0.17 (0.31)	−3.69*** (−11.36)	−1.22* (−2.55)
N	2826	8023	8342	2507	6275	4574

***、**、*分别表示双尾检验的统计显著水平为 1%、5%、10%

二、基于企业所有权性质的进一步分析

国有企业和非国有企业在资源获取方面存在差异，因而可能会对研发强度和贸易信贷的关系产生差异性影响。国有企业由于具有政府信誉背书和资金支持，面临的资金压力相对较小（潘越等，2022）。相对于非国有企业，国有企业对供应商提供贸易信贷的依赖较弱，供应商可能无法通过提供贸易信贷获得更高的市场份额，因此国有企业研发强度的变化不会对贸易信贷获取造成影响。本章将样本划分为国有企业和非国有企业，样本量分别为 2826 和 8023，回归结果如表 3-11 所示。对于国有企业而言，其增加研发强度并不会对贸易信贷造成显著影响。因此，本章认为研发强度变化对非国有企业获取贸易信贷的影响更加明显；而对于国有企业而言，研发强度的变化可能并不会对其获取贸易信贷造成太大影响。

三、基于行业类型的进一步分析

考虑到不同行业类型的制造企业的技术差异，本章依据 2008 年发布的《高新技术企业认定管理办法》将制造业企业划分为传统企业和高新技术企业两种不同的类型，样本量分别为 4574 和 6275。与传统企业相比，高新技术企业更加依赖研发投入和技术创新，传统企业和高新技术企业在技术创新能力、技术创新类型等方面存在较大的差异，进而可能对供应商提供贸易信贷造成差异性影响①。企业通过高新技术认证反映了政府对企业创新能力的认可，将会促使外界更多地关注这类企业的创新能力。相对于传统企业，供应商更容易关注高新技术企业所开展的一系列创新活动，从而更清楚地了解研发强度提高所造成的正向影响和负向影响（董珍和缪言，2022；邹国平等，2015）。一方面，政府提供的高新技术企业

① 《专家观点：拓宽先进制造业发展融资渠道》，https://www.ndrc.gov.cn/wsdwhfz/202206/t20220623_1327718.html?code=&state=123[2022-06-23]。

认证能够促使供应商对企业创新产生良好的预期，供应商更加相信高新技术企业能够通过提高研发强度获得市场竞争优势并提升市场份额（刘家树等，2022）。因此，随着研发强度提高，相对于传统企业，供应商更愿意向高新技术企业提供更多贸易信贷。另一方面，高新技术企业也可能为了维持高新技术认证而进行风险性更高的突破性创新活动，增加研发失败的可能性。此时相对于传统企业，供应商可能会减少向高新技术企业提供贸易信贷。本章进一步对两类企业研发强度和贸易信贷的关系进行分析，回归结果如表 3-11 所示。结果显示，对于传统企业和高新技术企业而言，随着研发强度提高，企业获得的贸易信贷均会先增加后减少。但是相对于传统企业，高新技术企业研发强度和贸易信贷之间的倒“U”形关系更加陡峭。图 3-4 进一步反映了不同类型企业之间的差异。

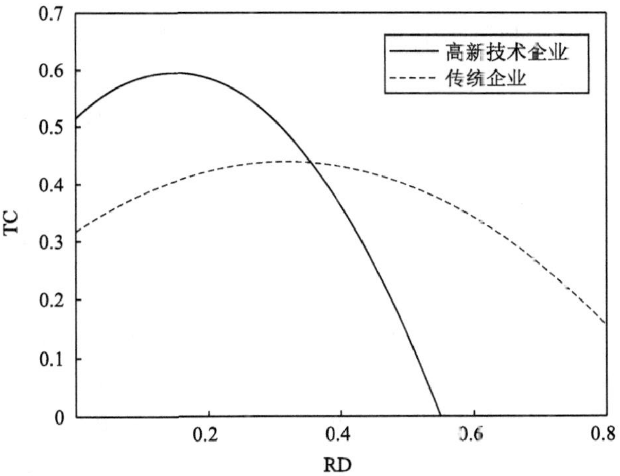

图 3-4　传统企业和高新技术企业主效应差异

第五节　制造业产业链相关企业发展的对策建议

本章基于信号理论，利用 2010～2019 年中国制造业上市企业样本数据，考察了制造企业研发强度与贸易信贷之间的关系，以及财务冗余与企业可见性的调节作用。实证结果表明，制造企业研发强度和贸易信贷之间存在倒“U”形关系。在研发强度比较低的情况下，提高研发强度对供应商提供贸易信贷的正向影响超过负向影响，供应商将愿意提供更多的贸易信贷。但是当研发强度达到一定的拐点后，提高研发强度对供应商提供贸易信贷的负向影响超过正向影响，供应商将减少提供贸易信贷。进一步研究发现，财务冗余会降低制造企业的信号成本，从而削弱研发强度与贸易信贷之间的倒“U”形关系。企业可见性能够提升制造企业的信号可观察性，从而增强研发强度与贸易信贷之间的倒“U”形关系。拓展研究发现，相对于大型企业和非国有企业，中小型企业和国有企业的供应商可能不会将是否提高研发强度作为向其提供贸易信贷的判断标准。相对于传统企业，研发强度变化对高新技术企业获取贸易信贷的影响更加明显。总体来看，本章的研究发现可以为制造业产业链相关企业的创新发展提供重要的决策参考。

首先，本章揭示了贸易信贷随研发强度变动而波动的规律，为处于不同研发强度水平的制造企业的研发决策提供了支撑。对于研发强度相对较低的制造企业，提高研发强度能够帮助企业获得更多的贸易信贷支持。但是，对于研发强度相对较高的制造企业，提高研发强度反而会降低贸易信贷。因此，当制造企业面临资金压力，尤其是在需要通过贸易信贷补充资金的情况下，应当考虑研发强度对贸易信贷的影响，将研发强度控制在合适范围内，以平衡研发活动带来的短期资金成本增加与预期产出增长带来的长期经济效益。对于研发强度相对较低的制造企业而言，可以大胆提高研发强度且无须过于担心补充资金匮乏的问题；而对于研发强度已经相对较高的制造企业而言，在提高研发强度时需要考虑是否能够获得足够的外部资金补充。

其次，本章为不同类型制造企业提供了差异化的融资建议，使其能在更有利的融资环境中健康成长。①考虑到不同所有权性质的制造企业在外部融资获取能力方面的差异，非国有企业可能更容易面临资金约束，因此更应关注研发强度变化对供应商贸易信贷供给意愿的影响，在适当范围内增加研发投入以保障获得足够的贸易信贷。②考虑到不同规模的制造企业在研发投资需求和研发能力方面存在差距，大型企业尤其要重视研发强度对贸易信贷的影响，并选择在合理范围内提高研发强度；中小型企业则可以积极引入其他外部融资渠道；政府方面可以通过为中小型企业设置融资优惠政策来鼓励此类企业增加研发投入。③考虑到行业类型不同的制造企业在技术创新方面的差异，高新技术企业高投入、高风险、长周期的特征，使贸易信贷可能并不是其合适的融资方式，企业可能需要获得更加多样化的融资渠道支持[①]。政府相关部门可考虑制定针对性支持政策来进一步促进高新技术企业创新发展，保障企业拥有足够的资金解决制约行业发展的关键核心技术问题。传统制造企业开展的研发创新活动难度和风险相对较低，进行研发创新对企业的消极影响相对较弱，企业仍可以将贸易信贷作为可靠的融资来源。

最后，本章挖掘出了财务冗余和企业可见性对研发强度与贸易信贷之间倒“U”形关系的影响，从而能够指导财务冗余和企业可见性不同的制造企业在不同研发强度下选择更好的融资途径。考虑到制造企业财务冗余将会削弱研发强度和

① 《关于金融支持制造强国建设的指导意见》，https://www.gov.cn/xinwen/2017-03/30/content_5181983.htm[2017-03-30]。

贸易信贷之间的倒“U”形关系，制造企业可以在不同财务冗余下对资金使用策略进行调整，以保证在提高研发强度的同时能够获得足够的资金补充。对于研发强度相对较低的制造企业，在其财务冗余相对较高时可以考虑将更多的冗余资金布局到开展研发活动中；而在财务冗余相对较低时则可以将贸易信贷作为研发投入的重要资金补充方式。对于研发强度相对较高的制造企业，其在财务冗余相对较高时提高研发强度不会带来贸易信贷的显著降低，这类企业应该主要关注高研发强度所面临的不确定性风险；其在财务冗余程度相对较低时提高研发强度所能获得的贸易信贷会显著下降，因此建议此类制造企业通过其他方式拓宽融资渠道，同时也须仔细考虑高研发强度所面临的不确定性，避免盲目增加研发投入造成资金风险。此外，考虑到制造企业可见性将会增强研发强度和贸易信贷之间的倒“U”形关系，制造企业可以通过对企业可见性进行调整而在同一研发强度下获得更多的贸易信贷。对于研发强度相对较低的制造企业，可以选择合适的营销方式增加供应商对其的关注，从而使供应商更清楚地观察到制造企业提高研发强度能够获得的潜在优势，愿意提供更多贸易信贷支持；而对于研发强度相对较高的制造企业，当其需要通过贸易信贷补充资金时可以选择适当减少曝光，从而减少供应商对制造企业偿债能力和议价能力下降的认知，进而减缓研发强度提高带来的贸易信贷的下降程度。

第四章　全球产业链背景下企业专利技术创新联盟研究

为降低本国对外依存度高的基础产品和技术所面临的断供风险，防止关键技术等方面被“卡脖子”，各国纷纷推动产业链供应链多元化布局，引导跨国企业主动调整战略、分散投资，并通过多元化、区域化等方式，维持全球产业链供应链体系。当前，我国持续推动共建“一带一路”高质量发展，加强我国与“一带一路”共建国家建立对接关系，加强产业合作，为开发和利用优势资源、实现经济增长创造新的战略机遇。

在此背景下，中国专利技术和产品走进“一带一路”的步伐在不断加快，中国企业走进“一带一路”的专利技术联盟模式也在不断创新与发展。总的来看，呈现出四种典型的模式：一是“单打独斗”模式（individual mode，IM），如浙江华立集团股份有限公司于2000年在泰国曼谷投资建设电能表组装工厂，通过实施“销地产”战略，如今在泰国、印度、乌兹别克斯坦、印度尼西亚等多个国家和地区建立了制造工厂和研发中心；二是中外合作模式（sino-foreign cooperation mode，SFC），如2005年海尔进军巴基斯坦白色家电市场就是与鲁巴集团合资组建海外工厂，建立本土化研发、本土化制造、本土化营销的“三位一体”中心；三是“抱团出海”模式（group-going-abroad mode，GM），如在工程机械行业，2018～2023年末，徐工集团工程机械股份有限公司已经与80多家中国企业“抱团出海”，实现产品出口193个国家和地区，且在70个国家和地区的市场占有率第一；四是全面合作模式（group-group-cooperation mode，GGM），如2015年，由三一集团发起组织的中国能源暨基础设施工商企业考察团与印度基础设施建设、能源等领域的政府部门及企业进行了会谈，中煤科工集团沈阳设计研究院、三一集团与特伦甘纳邦VPR矿业基建公司三方签订合作协议，在地下采煤领域展开战略合作。分析中国跨国企业“走出去”的典型案例可以发现，中国企业会根据自身的条件及其所处情境选择不同的“出海”模式，且不同模式所表现出来的成效也不尽相同。鉴于此，本章通过模型构建，比较分析不同模式的决策过程和决策成效，进而探讨不同条件下中国企业“走出去”过程中专利技术联盟模式选择的最优策略。

在专利技术联盟研究领域，许多学者研究表明专利技术联盟对激励企业研发投入具有积极影响（Kato，2004；Santore et al.，2010）。Kato（2004）发现，专利池可以在一定条件下促进竞争，从而提高产品市场的社会福利。Santore 等（2010）通过实证研究发现，专利池抽成许可方式会导致专利权人收益降低。毛崇峰等（2012）通过构建技术联盟投资决策模拟植物生长的二层规划模型，发现企业参与技术联盟的研发收益最大化和自主核心研发能力最优化的投资决策目标可以兼顾。谢刚等（2022）基于公平偏好视角，构建了专利联盟企业公共品博弈模型，并发现在利己倾向的公平偏好情景下，公共品回报乘数越高，越会刺激"搭便车"行为；而在利他倾向的公平偏好情景下，当专利公共品回报乘数增加并超过阈值时，会促使整个联盟企业进行投入研发。牛巍和宋伟（2013）基于 Kim 提出的纵向结构专利联盟研究理念，构建了两阶段动态博弈模型，他们研究发现，纵向结构专利联盟的形成往往表现为优势企业基于利益的强强联合，企业之间生产成本的差异则会对专利联盟的形成构成障碍。南江霞等（2020）构建博弈模型分析了由一个云应用开发商和三个云服务运营商组成的两级云服务供应链的合作与技术创新问题。总体而言，专利技术联盟有利于激励联盟成员之间学习与吸收创新技术，采用合理的联盟模式更有利于企业进行研发投入。

上述研究均考虑专利技术研发成功后企业的决策或者不考虑专利技术研发存在不确定性的问题。但实际上，专利技术研发过程中存在着许多不确定性，企业的联盟和研发投入等决策问题均是在不确定环境下进行的。黄波等（2010）关注了在存在技术风险的不确定环境下，研发联盟成员在不同市场环境、联盟结构和利益分配方式下的投资策略。吴利娟和曹国华（2017）认为，企业进行研发投资项目时，既面临着前期研发的不确定性，还面临着产品投入市场时价格和需求的不确定性。基于此，他们研究了企业的研发投入决策。Hao 等（2019）认为企业技术研发中存在着不确定性，他们考虑高科技公司面临战略消费者和不确定需求的情况下，在两个销售季节中依次引入具有增量创新的新产品，在此基础上研究了高科技公司的最佳库存和定价决策，并分析了关键创新功能如何影响公司的经营策略和利润。周志强（2014）在不确定环境下，研究了在大量专利研发积累基础上构建技术标准的实际问题，分析了企业进入技术标准联盟的战略决策模式。现有研究较少关注"一带一路"倡议下中国企业"走出去"过程中面临的专利技术联盟问题，且通过对比分析不同联盟模式应用情景的相关研究更是缺乏。

本章通过构建模型，分析 IM、SFC、GM、GGM 四种基本模式下中国主导企业、国内其他参与企业、目标市场本土企业之间的竞争决策，研究专利研发成功的概率、研发投入、专利许可价格、专利许可收益分摊比例等因素对不同类型企业期望利润的影响。

第一节　企业专利技术创新联盟模式下相关模型假设

中国产品能够顺利“走出去”，关键在于产品获得目标市场的认可和接纳。因此，中国企业需要依据目标市场的需求特征，通过技术研发、转型升级等形式对产品进行本土化改进，以此获得目标市场的技术认可和接纳。

本章假设国内有 n 个跨国企业要“走出去”，其中企业 i 为主导企业，其余 $n-1$ 个企业 $j(j=1,2,\cdots,n-1)$ 为跟随者且同质，目标市场有 m 个本土企业 $h(h=1,2,\cdots,m)$ 参与竞争且同质。假设主导企业 i 为专利技术投入的研发成本为 R_{is}。研发过程是不确定的，即可能出现研发成功或失败两种结果。与 Zhang 等（2022a）、Gao 和 Wang（2023）的研究相似，进一步假设企业专利技术研发成功的概率为 θ_i，研发失败的概率为 $1-\theta_i$，这里 $0<\theta_i<1$。专利技术一旦研发成功，企业就可以进行产品的生产，且单位生产成本为 c_i。同时，主导企业 i 可以将专利技术授权给其他企业，单位专利许可价格为 c_l。假设跨国企业 j 获得专利技术后进行产品生产，且产生单位生产成本 c_j；本土企业 h 获得专利技术后进行产品生产，且产生单位生产成本 c_h。此外，如果企业之间进行专利技术研发合作，则可以提高研发成功的概率，即 $1<\tau<\dfrac{1}{\theta_i}$。同时，为了保持技术联盟的顺利运行，需要产生相关的费用（包括人员交流费、培训费和联合实验室建设费等）。这些费用可以由联盟成员共同承担，也可以由作为联盟主导者的企业单独承担。

本章主要考虑以下四种技术联盟模式：IM、SFC、GM 和 GGM。在上述联盟模式下，假设专利技术一旦研发成功，所有企业均可以生产出同质的产品，并在同一个市场中进行竞争。类似 Karmarkar 和 Rajaram（2012）、Pu 等（2017）、Bimpikis 等（2019）和 Basso 等（2021）的假设，这里的逆需求函数可以表示为

$$p=a-b[q_i+mq_h+(n-1)q_j]\quad (j=1,2,\cdots,n-1;h=1,2,\cdots,m) \tag{4-1}$$

其中，a 为市场需求潜量；$b(b>0)$ 为零售价格对产品数量的敏感系数；q_i 为主导企业 i 的生产数量；q_h 为本土企业 h 的生产数量；q_j 为跨国企业 j 的生产数量。进一步假设 $a\gg c_i,c_h,c_j>c_l$。接下来，本章将基于上述假设分析不同技术联盟模式下企业的均衡决策。

第二节　典型联盟模式下企业之间的竞争决策分析

一、IM

本节重点研究 IM 下不同企业之间的竞争决策。在该模式下，主导企业 i 独立

研发专利技术，且研发成功之后，可以将专利技术许可给其他企业并获得许可收益，同时还可以生产产品并在市场中与其他企业进行竞争。此时，主导企业 i 的期望利润函数为

$$\begin{aligned}E(\pi_i)&=\theta_i[(p-c_i)q_i+c_l mq_h+c_l(n-1)q_j]-R_{\text{is}}\\&=\theta_i(\{a-b[q_i+mq_h+(n-1)q_j]-c_i\}q_i+c_l mq_h+c_l(n-1)q_j)-R_{\text{is}}\end{aligned}\tag{4-2}$$

各本土企业 h 的期望利润函数为

$$\begin{aligned}E(\pi_h)&=\theta_i(p-c_h-c_l)q_h\\&=\theta_i\left\{a-b[q_i+mq_h+(n-1)q_j]-c_h-c_l\right\}q_h\end{aligned}\tag{4-3}$$

各跨国企业 j 的期望利润函数为

$$\begin{aligned}E(\pi_j)&=\theta_i(p-c_j-c_l)q_j\\&=\theta_i\left\{a-b[q_i+mq_h+(n-1)q_j]-c_j-c_l\right\}q_j\end{aligned}\tag{4-4}$$

针对上述模型进行分析，可以得到 IM 下不同企业的最优生产数量，具体如命题 4.1 所示。

【命题 4.1】 在 IM 下，若主导企业 i 成功研发专利技术，则其最优生产数量为 $q_i^s=\dfrac{a-3c_i+c_j+c_h+2c_l}{4b}$，各本土企业 h 的最优生产数量为 $q_h^s=\dfrac{a+c_i+c_j-3c_h-2c_l}{4bm}$，各跨国企业 j 的最优生产数量为 $q_j^s=\dfrac{a+c_i-3c_j+c_h-2c_l}{4b(n-1)}$，产品的零售价格为 $p^s=\dfrac{a+c_i+c_j+c_h+2c_l}{4}$。

证明：$E(\pi_i)$ 对 q_i 的一阶导和二阶导分别为

$$\frac{\partial E(\pi_i)}{\partial q_i}=\theta_i\left\{a-2bq_i-b[mq_h+(n-1)q_j]-c_i\right\}$$

$$\frac{\partial^2 E(\pi_i)}{\partial q_i^2}=-2b\theta_i<0$$

$E(\pi_h)$ 对 q_h 的一阶导和二阶导分别为

$$\frac{\partial E(\pi_h)}{\partial q_h}=\theta_i\left\{a-b[q_i+(n-1)q_j]-2bmq_h-c_h-c_l\right\}$$

$$\frac{\partial^2 E(\pi_h)}{\partial q_h^2}=-2bm\theta_i<0$$

$E(\pi_j)$ 对 q_j 的一阶导和二阶导分别为

$$\frac{\partial E(\pi_j)}{\partial q_j}=\theta_i\left\{a-b(q_i+mq_h)-2b(n-1)q_j-c_j-c\right\}$$

$$\frac{\partial^2 E(\pi_j)}{\partial q_j^2} = -2b\theta_i(n-1) < 0$$

因此，$E(\pi_i)$、$E(\pi_h)$、$E(\pi_j)$分别为q_i、q_h、q_j的凹函数。令$\frac{\partial E(\pi_i)}{\partial q_i}=0$，$\frac{\partial E(\pi_j)}{\partial q_j}=0$，$\frac{\partial E(\pi_h)}{\partial q_h}=0$，并联立方程可以得到$q_i^s=\frac{a-3c_i+c_j+c_h+2c_l}{4b}$，$q_h^s=\frac{a+c_i+c_j-3c_h-2c_l}{4bm}$，$q_j^s=\frac{a+c_i-3c_j+c_h-2c_l}{4b(n-1)}$。由此可得，产品的零售价格为$p^s=\frac{a+c_i+c_j+c_h+2c_l}{4}$。证毕。

命题 4.1 给出了 IM 下各企业的最优生产数量。可以发现，q_i^s随着c_j、c_h、c_l的增加而增加，且随着c_i的增加而减小；q_h^s随着c_i和c_j的增加而增加，且随着c_h和c_l的增加而减小；q_j^s随着c_i和c_h的增加而增加，且随着c_j和c_l的增加而减小。上述结论表明，对于任何企业而言，若其自身单位生产成本较低，且竞争对手单位生产成本较高，则会选择较大的生产数量。同时，较高的单位专利许可价格会促使主导企业 i 生产更多的产品，并抑制其他企业生产产品。这是因为较高的单位专利许可价格会导致被许可企业的总成本增加，从而削弱了竞争力。此外，所有企业的生产数量均随着 b 的增加而减小，这意味着当竞争变得更加激烈时，企业会选择较少的生产数量。最后，可以发现零售价格 p^s 随着所有成本的增加而增加。这是因为，当成本增加时，企业最直接的一种方式是提高零售价格以保障自身获得利润。根据上述均衡决策，可以进一步得到 IM 下主导企业i的最优期望利润为

$$E(\pi_i^s) = \theta_i \frac{(a-3c_i+c_j+c_h+2c_l)^2 + 8c_l(a+c_i-c_j-c_h-2c_l)}{16b} - R_{\text{is}} \qquad (4\text{-}5)$$

各本土企业h的最优期望利润为

$$E(\pi_h^s) = \theta_i \frac{(a+c_i+c_j-3c_h-2c_l)^2}{16bm} \qquad (4\text{-}6)$$

各跨国企业j的最优期望利润为

$$E(\pi_j^s) = \theta_i \frac{(a+c_i-3c_j+c_h-2c_l)^2}{16b(n-1)} \qquad (4\text{-}7)$$

根据分析得出，主导企业 i 的最优期望利润是专利技术研发成功概率 θ_i 的递增函数。这意味着，在 IM 下，主导企业i专利技术研发成功的概率越高，各企业的最优期望利润也就越高，跨国企业进入海外目标市场就容易得多；否则，跨国企业将更难进入目标市场。特别地，当主导企业i专利技术研发成功的概率较低，

而研发投入成本 R_{is} 较大时，跨国企业即使最终能够顺利将产品进行本地化，也可能无利可图，因此会选择放弃“走出去”。可以说，面临复杂的市场环境和专利技术研发的高度不确定性，跨国企业往往需要评估专利技术研发投入的成本和研发成功的概率，从而做出是否要“走出去”的决策。因此，越来越多的中国企业选择联盟的形式来开拓海外市场。此外，主导企业 i 的最优期望利润总是随着单位专利许可价格 c_l 的增加而增加，而其他企业的最优期望利润总是随着单位专利许可价格 c_l 的增加而减小。

二、SFC 模式

在“一带一路”倡议下，中国政府通过与共建国家政府签订备忘录，为中国企业“走出去”提供了有利的外部环境。同时，为了更加精准地对产品进行本土化设计，克服“水土不服”，有些企业会选择与目标市场本土企业联盟以开展专利技术研发工作，本章将这种联盟方式称为 SFC 模式。即主导企业 i 为了将产品销往目标市场，须在现有技术基础上对产品进行本土化改进。因此选择与 m 个本土企业 $h(h=1,2,\cdots,m)$ 联合进行专利技术研发，共同开发新一代专利技术和产品。假设专利技术在联盟企业中是无条件共享的，且研发成功后主导企业 i 和本土企业 h 各自组织生产，并分别决定产品数量 q_i 和 q_h。其中，主导企业 i 的单位生产成本为 c_i，本土企业 h 的单位生产成本为 c_h。同时，联盟可将专利技术许可给 $n-1$ 个跨国企业 j，且单位专利许可价格为 c_l。联盟成员企业对这部分收益进行分摊，假设主导企业 i 从专利许可中获得的收益分摊比例为 v，则其获得的许可收益为 $v(n-1)c_lq_j$，本土企业 h 获得的许可收益为 $\dfrac{(n-1)(1-v)c_lq_j}{m}$。最后，所有企业将产品销往同一个市场并进行竞争。这里，假设企业进行专利技术联盟的费用为 $\mathfrak{I}_i$，具体包括人员交流费、培训费、联合实验室建设费等内容。在该模式下，主导企业 i 承担了所有的联盟费用 $\mathfrak{I}_i$；而本土企业 h 作为跟随者参与技术研发，但不需要分担联盟费用。同时，假设本土企业 h 在主导企业 i 未进入该国市场时，不会从事该产品的研发、生产与销售活动。主导企业 i 的进入，成为其打开该产品销量领域的一种方式。同时，假设主导企业 i 和本土企业 h 投入的专利研发努力成本分别为 R_{ia} 和 R_h，通过联盟方式使成员企业专利研发成功的概率变为 θ_A，且有 $\theta_A=\alpha\theta_i$；当 $\alpha>1$ 时，表示在 SFC 模式下，通过开展有效的知识和技能协调、交流与共享，专利技术研发成功的概率随之增加。此外，在专利技术联盟下，市场逆需求函数为 $p=a-b\left[q_i+mq_h+(n-1)q_j\right]$。基于上述假设，可以得到 SFC 模式下主导企业 i 的期望利润函数为

$$\begin{aligned}E(\pi_i)&=\theta_A[(p-c_i)q_i+(n-1)vc_lq_j]-R_{\text{ia}}-\mathfrak{I}_i\\&=\theta_A\{[a-b[q_i+mq_h+(n-1)q_j]-c_i]q_i+(n-1)vc_lq_j\}-R_{\text{ia}}-\mathfrak{I}_i\end{aligned}\tag{4-8}$$

由于目标市场中本土企业 h 不需要承担联盟费用，因此 SFC 模式下各本土企业 h 的期望利润函数为

$$\begin{aligned}E(\pi_h)&=\theta_A\left[(p-c_h)q_h+\frac{(n-1)(1-v)c_lq_j}{m}\right]-R_h\\&=\theta_A\left\{[a-b[q_i+mq_h+(n-1)q_j]-c_h]q_h+\frac{(n-1)(1-v)c_lq_j}{m}\right\}-R_h\end{aligned}\tag{4-9}$$

各跨国企业 j 的期望利润函数为

$$\begin{aligned}E(\pi_j)&=\theta_A(p-c_j-c_l)q_j\\&=\theta_A\{a-b[q_i+mq_h+(n-1)q_j]-c_j-c_l\}q_j\end{aligned}\tag{4-10}$$

【命题 4.2】 在 SFC 模式下，若专利技术研发成功，则主导企业 i 的最优生产数量为 $q_i^a=\dfrac{a-3c_i+c_j+c_h+c_l}{4b}$，各本土企业 h 的最优生产数量为 $q_h^a=\dfrac{a+c_i+c_j-3c_h+c_l}{4bm}$，各跨国企业 j 的产品数量为 $q_j^a=\dfrac{a+c_i-3c_j+c_h-3c_l}{4b(n-1)}$，产品的零售价格为 $p^a=\dfrac{a+c_i+c_j+c_h+c_l}{4}$。

证明：$E(\pi_i)$ 对 q_i 的一阶导和二阶导分别为

$$\frac{\partial E(\pi_i)}{\partial q_i}=\theta_A\left[a-2bq_i-bmq_h-b(n-1)q_j-c_i\right]$$

$$\frac{\partial^2 E(\pi_i)}{\partial q_i^2}=-2b\theta_A<0$$

$E(\pi_h)$ 对 q_h 的一阶导和二阶导分别为

$$\frac{\partial E(\pi_h)}{\partial q_h}=\theta_A\left[a-2bmq_h-bq_i-b(n-1)q_j-c_h\right]$$

$$\frac{\partial^2 E(\pi_h)}{\partial q_h^2}=-2bm\theta_A<0$$

$E(\pi_j)$ 对 q_j 的一阶导和二阶导分别为

$$\frac{\partial E(\pi_j)}{\partial q_j}=\theta_A\left[a-2b(n-1)q_j-bq_i-bmq_h-c_j-c_l\right]$$

$$\frac{\partial^2 E(\pi_j)}{\partial q_j^2} = -2b(n-1)\theta_A < 0$$

显然，$E(\pi_i)$、$E(\pi_h)$、$E(\pi_j)$ 分别是 q_i、q_h、q_j 的凹函数。令 $\frac{\partial E(\pi_i)}{\partial q_i}=0$，$\frac{\partial E(\pi_h)}{\partial q_h}=0$，$\frac{\partial E(\pi_j)}{\partial q_j}=0$，并联立方程，可以得到 $q_i^a = \frac{a-3c_i+c_j+c_h+c_l}{4b}$，$q_h^a = \frac{a+c_i+c_j-3c_h+c_l}{4bm}$，$q_j^a = \frac{a+c_i-3c_j+c_h-3c_l}{4b(n-1)}$。因此，产品的零售价格为 $p^a = \frac{a+c_i+c_j+c_h+c_l}{4}$。证毕。

命题 4.2 展示了 SFC 模式下各企业的最优生产数量决策。类似于命题 4.1，可以发现当企业的单位生产成本较低，且其竞争对手的单位生产成本较高时，企业会选择一个较大的生产量。在 SFC 模式下，主导企业 i 和本土企业 h 进行技术联盟并共享专利许可收益，则联盟企业的最优生产数量随着单位专利许可价格的增加而增加，而跨国企业 j 的最优生产数量随着单位专利许可价格的增加而递减。此外，竞争强度对所有企业生产数量决策的影响与命题 4.1 的结论相同。

根据上述命题给定的最优决策，可以进一步得到 SFC 模式下主导企业 i 的最优期望利润为

$$E(\pi_i^a) = \theta_A \frac{\left(a-3c_i+c_j+c_h+c_l\right)^2 + 4vc_l(a+c_i-3c_j+c_h-3c_l)}{16b} - R_{ia} - \mathfrak{I}_i \quad (4\text{-}11)$$

各本土企业 h 的最优期望利润为

$$E\left(\pi_h^a\right) = \theta_A \frac{\left(a+c_i+c_j-3c_h+c_l\right)^2 + 4c_l(1-v)\left(a+c_i-3c_j+c_h-3c_l\right)}{16bm} - R_h \quad (4\text{-}12)$$

各跨国企业 j 的最优期望利润为

$$E(\pi_j^a) = \theta_A \frac{(a+c_i-3c_j+c_h-3c_l)^2}{16b(n-1)} \quad (4\text{-}13)$$

显然，所有企业最优期望利润均是研发成功概率 θ_A 的递增函数。主导企业 i 的最优期望利润随着专利许可收益分摊比例 v 的增加而增加，各跨国企业 j 的最优期望利润独立于 v。此外，可以发现单位专利许可价格 c_l 对主导企业 i 和本土企业 h 的最优期望利润的影响均与 v 相关。很显然，$E\left(\pi_i^a\right)$ 和 $E\left(\pi_h^a\right)$ 均是 c_l 的递增函数，而 $E\left(\pi_j^a\right)$ 是 c_l 的递减函数。

与 IM 相比，SFC 模式下专利技术研发成功的概率有所提高，但会产生额外

的联盟管理费用，且各本土企业 h 需要投入研发成本。因此，当且仅当联盟带来的额外收益大于其产生的成本时，企业才愿意联盟。接下来，本章将进一步分析另外两种技术联盟模式下企业的均衡决策和期望利润。

三、GM

在 GM 下，中国企业为提升“出海”过程中的整体实力，以“抱团取暖”的形式形成联盟，共同抵御“走出去”过程中面临的技术风险。其中，主导企业 i 以主导者的身份联合跨国企业 j 进行技术研发，以达到国外市场的技术标准。如果技术联盟成功研发专利技术，所有中国企业均可以免费获得并应用该项技术，还可以将专利技术授权给国外企业从而获得专利许可收益。类似地，假设主导企业 i 从专利许可中获得的收益分摊比例为 v，而跨国企业 j 从专利许可中获得的收益分摊比例为 $\frac{1-v}{n-1}$。此时，专利技术研发成功的概率为 $\theta_B=\beta\theta_i$，且 $1<\beta<\alpha$。其中，$\beta<\alpha$ 表示在产品本土化过程中，本土企业 h 相对于跨国企业 j 掌握了更多当地市场的信息，因此更有利于联盟的本土化设计，从而提高专利技术研发成功的概率。与 SFC 模式不同，这里假设 $F=\mathfrak{T}_b$，且联盟中各企业分担联盟管理费用。令主导企业 i 的分摊比例为 λ_i，满足 $0<\lambda_i<1$，剩余的费用由跨国企业 j 平均分摊。即主导企业 i 分摊的联盟费用为 $\lambda_i\mathfrak{T}_b$，跨国企业 j 分摊的联盟费用为 $\frac{(1-\lambda_i)\mathfrak{T}_b}{n-1}$。此外，假设主导企业 i 投入的专利技术研发成本为 R_{ib}，跨国企业 j 投入的专利技术研发成本为 R_j。

在 GM 下，若联盟成功研发专利技术，则联盟企业可顺利“出海”；若失败，则暂缓“出海”。因此，主导企业 i 的期望利润函数为

$$\begin{aligned}E(\pi_i)&=\theta_B[(p-c_i)q_i+vmc_lq_h]-R_{\text{ib}}-\lambda_i\mathfrak{T}_b\\&=\theta_B\{a-b[q_i+mq_h+(n-1)q_j]-c_i\}q_i+\theta_Bvmc_iq_h-R_{\text{ib}}-\lambda_i\mathfrak{T}_b\end{aligned}\tag{4-14}$$

各本土企业 h 的期望利润函数为

$$\begin{aligned}E(\pi_h)&=\theta_B(p-c_h-c_l)q_h\\&=\theta_B\{a-b[q_i+mq_h+(n-1)q_j]-c_h-c_l\}q_h\end{aligned}\tag{4-15}$$

各跨国企业 j 的期望利润函数为

$$\begin{aligned}E(\pi_j)&=\theta_B\left[(p-c_j)q_j+\frac{(1-v)mc_lq_h}{n-1}\right]-R_j-\frac{(1-\lambda_i)\mathfrak{T}_b}{n-1}\\&=\theta_B\{a-b[q_i+mq_h+(n-1)q_j]-c_j\}q_j+\theta_B\frac{(1-v)mc_lq_h}{n-1}-R_j\\&\quad-\frac{(1-\lambda_i)\mathfrak{T}_b}{n-1}\end{aligned}\tag{4-16}$$

通过上述模型的分析，可以得到 GM 下不同企业的最优决策，具体如命题 4.3 所示。

【命题 4.3】 在 GM 下，如果专利技术研发成功，则主导企业 i 的最优生产数量为 $q_i^b = \dfrac{a-3c_i+c_j+c_h+c_l}{4b}$，各本土企业 h 的最优生产数量为 $q_h^b = \dfrac{a+c_i+c_j-3c_h-3c_l}{4bm}$，各跨国企业 j 的最优生产数量为 $q_j^b = \dfrac{a+c_i-3c_j+c_h+c_l}{4b(n-1)}$，此时产品的零售价格为 $p^b = \dfrac{a+c_i-c_j+c_h+c_l}{4}$。

证明：该证明过程与命题 4.1 和 4.2 类似，这里予以省略。

命题 4.3 给出了 GM 下各企业的最优生产数量。进一步可以得到主导企业 i 的最优期望利润为

$$E\left(\pi_i^b\right) = \theta_B \frac{\left(a-3c_i+c_j+c_h+c_l\right)^2 + 4vc_l\left(a+c_i+c_j-3c_h-3c_l\right)}{16b} - R_{\mathrm{ib}} - \lambda_i \mathfrak{I}_b \tag{4-17}$$

各本土企业 h 的最优期望利润为

$$E(\pi_h^b) = \theta_B \frac{(a+c_i+c_j-3c_h-3c_l)^2}{16bm} \tag{4-18}$$

各跨国企业 j 的最优期望利润为

$$E\left(\pi_j^b\right) = \theta_B \frac{\left(a+c_i-3c_j+c_h+c_l\right)^2 + 4c_l\left(1-v\right)\left(a+c_i+c_j-3c_h-3c_l\right)}{16b\left(n-1\right)} - R_j - \frac{\left(1-\lambda_i\right)\mathfrak{I}_b}{n-1} \tag{4-19}$$

由此可知，所有企业的最优期望利润均随着专利技术研发成功概率 θ_B 的增加而增加。主导企业 i 的最优期望利润随着专利许可收益分摊比例 v 的增加而增加，跨国企业 j 的最优期望利润随着专利许可收益分摊比例 v 的增加而减小，而本土企业 h 的最优期望利润独立于 v。同时，$E(\pi_i^b)$ 和 $E\left(\pi_j^b\right)$ 均是 c_l 的递增函数，而 $E\left(\pi_h^b\right)$ 是 c_l 的递减函数。

四、GGM

在 GGM 下，中国企业 i 作为主导者，与跨国企业 j 和本土企业 h 形成联盟，共同研发专利技术以达到国外市场的技术标准。即在 GM 的基础上，进一步联合了目标市场本土企业。因此，假设此时联盟研发成功的概率为 $\theta_V = \gamma\theta_i$，且考虑到所有企业均参与联盟，此时专利技术研发成功的概率最高，即 $\theta_i < \theta_B < \theta_A < \theta_V$。

类似地，假设如果联盟成功研发专利技术，所有企业都可以免费获得该技术。同时，假设 $F=\mathfrak{I}_\gamma$，且只有中国跨国企业需要分担联盟管理费用。令成本分摊比例为 $\lambda_i(0<\lambda_i<1)$，则主导企业 i 需要承担的联盟费用为 $\lambda_i\mathfrak{I}_\gamma$，跨国企业 j 需要承担的联盟费用为 $\dfrac{(1-\lambda_i)\mathfrak{I}_\gamma}{n-1}$。此外，主导企业 i、各跨国企业 j 和各本土企业 h 的研发投入成本分别为 $R_{i\gamma}$、$R_{j\gamma}$ 和 $R_{h\gamma}$。基于上述假设，GGM 下主导企业 i 的期望利润函数为

$$\begin{aligned}E(\pi_i)&=\theta_V(p-c_i)q_i-R_{i\gamma}-\lambda_i\mathfrak{I}_\gamma\\&=\theta_V\{a-b[q_i+mq_h+(n-1)q_j]-c_i\}q_i-R_{i\gamma}-\lambda_i\mathfrak{I}_\gamma\end{aligned}\qquad(4\text{-}20)$$

各本土企业 h 的期望利润函数为

$$\begin{aligned}E(\pi_h)&=\theta_V(p-c_h)q_h-R_{h\gamma}\\&=\theta_V\{a-b[q_i+mq_h+(n-1)q_j]-c_h\}q_h-R_{h\gamma}\end{aligned}\qquad(4\text{-}21)$$

各跨国企业 j 的期望利润函数为

$$\begin{aligned}E(\pi_j)&=\theta_V(p-c_j)q_j-R_{j\gamma}-\frac{(1-\lambda_i)\mathfrak{I}_\gamma}{n-1}\\&=\theta_V\{a-b[q_i+mq_h+(n-1)q_j]-c_j\}q_j-R_{j\gamma}-\frac{(1-\lambda_i)\mathfrak{I}_\gamma}{n-1}\end{aligned}\qquad(4\text{-}22)$$

通过上述模型的分析，可以得到各企业的最优生产数量，具体如命题 4.4 所示。

【命题 4.4】　在 GGM 下，如果专利技术研发成功，主导企业 i 的最优生产数量为 $q_i^V=\dfrac{a-3c_i+c_j+c_h}{4b}$，各本土企业 h 的最优生产数量为 $q_h^V=\dfrac{a+c_i+c_j-3c_h}{4bm}$，跨国企业 j 的最优生产数量为 $q_j^V=\dfrac{a+c_i-3c_j+c_h}{4b(n-1)}$。此时，产品的零售价格为 $p^V=\dfrac{a+c_i+c_j+c_h}{4}$。

证明：该证明过程与命题 4.1 和 4.2 类似，这里予以省略。

命题 4.4 显示，GGM 下各企业的最优生产数量和产品的零售价格均与单位专利许可价格无关。这是因为在该联盟模式下，所有企业都参与专利技术研发，且可以共享专利技术，因此没有专利许可。根据命题 4.4，可以进一步得到主导企业 i 的最优期望利润为

$$E(\pi_i^V)=\theta_V\frac{(a-3c_i+c_j+c_h)^2}{16b}-R_{i\gamma}-\lambda_\gamma\mathfrak{I}_\gamma\qquad(4\text{-}23)$$

各本土企业 h 的最优期望利润为

$$E(\pi_h^V) = \theta_V \frac{(a + c_i + c_j - 3c_h)^2}{16bm} - R_{h\gamma} \tag{4-24}$$

各跨国企业j的最优期望利润为

$$E(\pi_j^V) = \theta_V \frac{(a + c_i - 3c_j + c_h)^2}{16b(n-1)} - R_{j\gamma} - \frac{(1-\lambda_\gamma)\mathfrak{I}_\gamma}{n-1} \tag{4-25}$$

第三节　不同联盟模式的选择策略分析

表 4-1 总结了不同技术联盟模式下企业的均衡决策和最优期望利润。接下来，本节将进一步通过对比研究分析不同模式下企业的最优决策和期望利润，从而得出不同企业对四种联盟模式的偏好。

首先，比较四种不同联盟模式下企业的最优生产数量和产品的零售价格，并得出如下结论。

【命题 4.5】 （1）四种模式下各企业最优生产数量的对比分析结果如下：①对于主导企业i而言，$q_i^s > q_i^a = q_i^b > q_i^V$；②对于各本土企业$h$而言，$q_h^a > q_h^V > q_h^s > q_h^b$；③对于跨国企业$j$而言，$q_j^b > q_j^V > q_j^s > q_j^a$。

（2）四种模式下产品的最优零售价格对比分析结果为$p^s > p^a = p^b > p^V$。

证明：该证明过程显而易见，这里予以省略。

命题 4.5 表明：①主导企业i在 IM 下选择的最优生产数量最大，这是因为当主导企业i拥有垄断专利技术时，可以将专利技术许可给其他企业。这对于其他企业而言，意味着需要支付一笔单位专利许可价格，从而降低了其竞争力。因此，在 IM 下，主导企业i的竞争优势是最大的。在 SFC（或 GM）模式下，本土企业（或跨国企业j）参与研发，且如果研发成功则可以在联盟内部共享专利技术，并使这些企业的成本降低。因此，相对于 IM，SFC（或 GM）模式下主导企业i的竞争力有所下降。为此，主导企业i在这两种模式下选择相对较低的生产数量。在 GGM 下，所有企业均参与专利技术的研发工作，并使研发成功的概率得到提升，但这也使主导企业i的竞争力进一步降低，因此其选择的生产数量是四种模式下最少的。②对于每个本土企业 h 而言，加入技术联盟并与主导企业i分享专利许可收益可以激励其选择更高的生产数量。因此，每个本土企业h在 SFC 模式下选择的生产数量最大，而在 GM 下选择的生产数量最少。③对于每个跨国企业j而言，其在 GM 下是加入技术联盟的，而在 SFC 模式下是不加入的。因此，每个跨国企业j在 GM 下选择的生产数量最大，而在 SFC 模式下选择的生产数量最小。总体而言，根据命题 4.5 可知，技术垄断程度越高，参与技术研发工作的企业会选择越大的生产数量，且相应的产品零售价格越高。

表 4-1　不同技术联盟模式下企业的竞争均衡

模式	研发成功的概率	主导企业 i 的生产数量	各本土企业 h 的生产数量	各跨国企业 j 的生产数量	零售价格
IM	θ_i	$q_i^s=\frac{a-3c_i+c_j+c_h+2c_l}{4b}$	$q_h^s=\frac{a+c_i+c_j-3c_h-2c_l}{4bm}$	$q_j^s=\frac{a+c_i-3c_j+c_h-2c_l}{4b(n-1)}$	$p^s=\frac{a+c_i+c_j+c_h+2c_l}{4}$
SFC	θ_A	$q_i^a=\frac{a-3c_i+c_j+c_h+c_l}{4b}$	$q_h^a=\frac{a+c_i+c_j-3c_h+c_l}{4bm}$	$q_j^a=\frac{a+c_i-3c_j+c_h-3c_l}{4b(n-1)}$	$p^a=\frac{a+c_i+c_j+c_h+c_l}{4}$
GM	θ_B	$q_i^b=\frac{a-3c_i+c_j+c_h+c_l}{4b}$	$q_h^b=\frac{a+c_i+c_j-3c_h-3c_l}{4bm}$	$q_j^b=\frac{a+c_i-3c_j+c_h+c_l}{4b(n-1)}$	$p^b=\frac{a+c_i+c_j+c_h+c_l}{4}$
GGM	θ_V	$q_i^V=\frac{a-3c_i+c_j+c_h}{4b}$	$q_h^V=\frac{a+c_i+c_j-3c_h}{4bm}$	$q_j^V=\frac{a+c_i-3c_j+c_h}{4b(n-1)}$	$p^V=\frac{a+c_i+c_j+c_h}{4}$

IM 下，各企业的期望利润：$E\left(\pi_i^s\right)=\theta_i\frac{\left(a-3c_i+c_j+c_h+2c_l\right)^2+8c_l\left(a+c_i-c_j-c_h-2c_l\right)}{16b}-R_{is}$， $E\left(\pi_h^s\right)=\theta_i\frac{\left(a+c_i+c_j-3c_h-2c_l\right)^2}{16bm}$，

$$E\left(\pi_j^s\right)=\theta_i\frac{\left(a+c_i-3c_j+c_h-2c_l\right)^2}{16b(n-1)}$$

SFC 模式下，各企业的期望利润：$E\left(\pi_i^a\right)=\theta_A\frac{\left(a-3c_i+c_j+c_h+c_l\right)^2+4vc_l\left(a+c_i-3c_j+c_h-3c_l\right)}{16b}-R_{ia}-\mathfrak{J}_i$， $E\left(\pi_h^a\right)=\theta_A\frac{\left(a+c_i+c_j-3c_h+c_l\right)^2+4c_l(1-v)\left(a+c_i-3c_j+c_h-3c_l\right)}{16bm}-R_h$，

$$E\left(\pi_j^a\right)=\theta_A\frac{\left(a+c_i-3c_j+c_h-3c_l\right)^2}{16b(n-1)}$$

GM 下，各企业的期望利润：$E\left(\pi_i^b\right)=\theta_B\frac{\left(a-3c_i+c_j+c_h+c_l\right)^2+4vc_l\left(a+c_i+c_j-3c_h-3c_l\right)}{16b}-R_{ib}-\lambda_i\mathfrak{J}_b$， $E\left(\pi_h^b\right)=\theta_B\frac{\left(a+c_i+c_j-3c_h-3c_l\right)^2}{16bm}$，

$$E\left(\pi_j^b\right)=\theta_B\frac{\left(a+c_i-3c_j+c_h+c_l\right)^2+4c_l(1-v)\left(a+c_i+c_j-3c_h-3c_l\right)}{16b(n-1)}-R_j-\frac{\left(1-\lambda_i\right)\mathfrak{J}_b}{n-1}$$

GGM 下，各企业的期望利润：$E\left(\pi_i^V\right)=\theta_V\frac{\left(a-3c_i+c_j+c_h\right)^2}{16b}-R_{i\gamma}-\lambda_\gamma\mathfrak{J}_\gamma$， $E\left(\pi_h^V\right)=\theta_V\frac{\left(a+c_i+c_j-3c_h\right)^2}{16bm}-R_{h\gamma}$， $E\left(\pi_j^V\right)=\theta_V\frac{\left(a+c_i-3c_j+c_h\right)^2}{16b(n-1)}-R_{j\gamma}-\frac{\left(1-\lambda_\gamma\right)\mathfrak{J}_\gamma}{n-1}$

接下来，本节进一步通过比较分析企业在不同技术联盟模式下的期望利润，得到不同条件下企业的联盟模式选择策略。考虑到不同模式下各企业期望利润表达式的复杂性，重点采用数值分析的方法来探讨企业的模式选择策略。设定如下参数：$a=160$，$b=0.60$，$\theta_i=0.70$，$c_i=5$，$c_j=7$，$c_h=5$，$\mathfrak{I}_i=130$，$\mathfrak{I}_b=110$，$\mathfrak{I}_\gamma=190$，$R_{is}=660$，$R_{ia}=637$，$R_{ib}=620$，$R_{i\gamma}=620$，$R_{j\gamma}=100$，$R_j=150$，$R_{h\gamma}=160$，$R_h=220$，$\beta=1.15$，$\alpha=1.20$，$\gamma=1.25$，$v=0.50$，$\lambda_i=0.50$，$\lambda_\gamma=0.40$，$c_l=3$。在此基础上，首先分析不同企业的期望利润随θ_i和R_{is}的变化情况，进一步可以通过比较分析得到各企业在不同条件下对四种模式的偏好。

图4-1显示了企业研发成功概率（θ_i）和主导企业i的研发投入成本（R_{is}）对不同企业期望利润的共同影响。可以发现，在四种模式下，企业期望利润均随着θ_i的增加而增加；并且，在IM下，主导企业i的期望利润随着其研发投入成本R_{is}的增加而减小。根据图4-1还可以进一步得出在给定参数设置的情况下，企业对四种模式的偏好。对于主导企业i而言，存在着四个模式偏好的区域：在区域（A），θ_i和R_{is}均相对较高，此时主导企业i偏好SFC模式；在区域（B），θ_i的取值中等且R_{is}相对较高，此时主导企业i偏好GGM；在区域（C），θ_i相对较低且R_{is}相对较高，此时主导企业i偏好GM；在区域（D），R_{is}相对较低，此时主导企业i偏好IM。由此可以推断，在大多数情况下，主导企业i倾向于不和其他企业形成联盟。

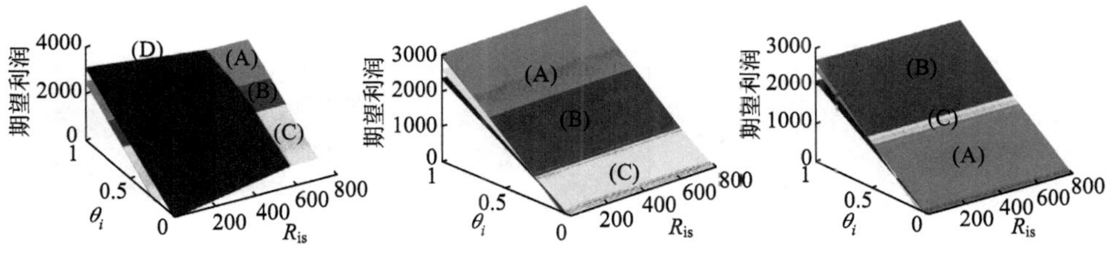

（a）主导企业i　（b）各本土企业h　（c）各跨国企业j

图4-1　各企业期望利润随θ_i和R_{is}的变化情况

对于各本土企业h而言，存在着三个模式偏好的区域：在区域（A），θ_i相对较高，本土企业h偏好SFC模式；在区域（B），θ_i的取值中等，本土企业h偏好GGM；在区域（C），θ_i相对较低，本土企业h偏好GM。由此可以看出，较高的专利技术研发成功概率θ_i可以激励本土企业h参与联盟，而较低的θ_i会导致本土企业h不愿意与主导企业i形成技术联盟来共同研发专利技术。

对于各跨国企业j而言，也存在三个模式偏好的区域：在区域（A），θ_i相对较低，跨国企业j偏好SFC模式；在区域（B），θ_i的取值中等，跨国企业j偏好GGM；在区域（C），θ_i相对较高，跨国企业j偏好GM。根据以上分析可知，给定上述参数条件，当 R_{is} 相对较高时，只要 θ_l 的取值适当，所有企业都偏好 GGM，即所有企业愿意进行技术联盟。这一结论正是验证了当前越来越多的企业在“出海”过程中选择联盟的形式，而不是“单打独斗”。

接下来，本节重点关注单位专利许可价格 c_l 和专利许可收益分摊比例 v 对各企业期望利润的影响。图 4-2 显示了四种模式下企业期望利润随 c_l 和 v 的变化情况。进一步可得不同企业对四种模式的偏好情况。对于主导企业 i 而言，在区域（A），单位专利许可价格 c_l 较高，且专利许可收益分摊比例 v 适中，此时主导企业 i 偏好 SFC 模式；在区域（B），单位专利许可价格 c_l 相对较低，此时主导企业 i 偏好 GGM；在区域（C），单位专利许可价格 c_l 和专利许可收益分摊比例 v 均较高，此时主导企业 i 偏好 GM；在区域（D），单位专利许可价格 c_l 较高，而专利许可收益分摊比例 v 较低，此时主导企业 i 偏好 IM。对于各本土企业 h 而言，在区域（A），单位专利许可价格 c_l 较高，而专利许可收益分摊比例 v 较低，此时本土企业 h 偏好 SFC 模式；否则，即在区域（B），本土企业 h 偏好 GGM。对于各跨国企业 j 而言，在区域（B），单位专利许可价格 c_l 相对较低，此时企业偏好 SFC 模式；在区域（C），单位专利许可价格 c_l 较高，而专利许可收益分摊比例 v 较低，此时企业偏好 GM 模式；否则，即在区域（A），企业偏好 GGM。根据上述分析可知，给定适当的单位专利许可价格，所有企业均偏好 GGM。此时，主导企业会主动发起技术联盟，且本土企业和跨国企业均会积极参与到联盟中来，这将有利于提高专利技术研发成功的概率。

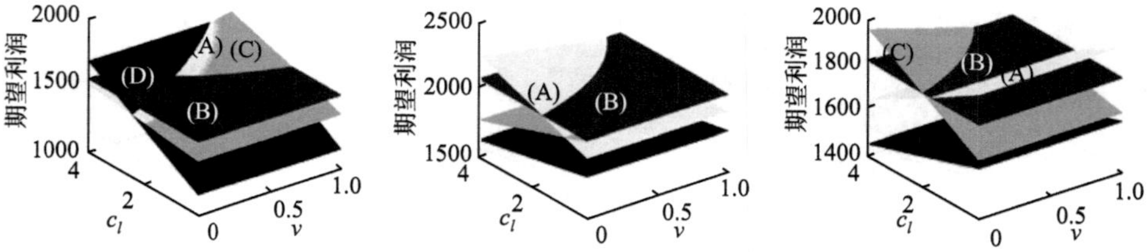

（a）主导企业 i （b）各本土企业 h （c）各跨国企业 j

图 4-2 不同企业期望利润随 c_l 和 v 的变化情况

最后，本节分析了各本土企业 h 和跨国企业 j 的单位生产成本对不同企业期望利润的影响，具体如图 4-3 所示。对于主导企业 i 而言，在区域（A），c_h 相对较高，而 c_j 相对较低，此时主导企业 i 偏好 SFC 模式；在区域（B），c_h 和 c_j 均相对较高，此时主导企业 i 偏好 GGM；在区域（C），c_h 相对较低，而 c_j 相对较高，此时主导企业 i 偏好 GM；在区域（D），c_h 和 c_j 均相对较低，此时主导企业 i 偏好 IM。对于各本土企业 h 而言，在区域（A），其始终偏好 SFC 模式；在区域（B），c_h 相对较低，c_j 相对较高，本土企业 h 偏好 GGM。对于各跨国企业 j 而言，在区域（B），其偏好 GGM；在区域（C），其偏好 GM。

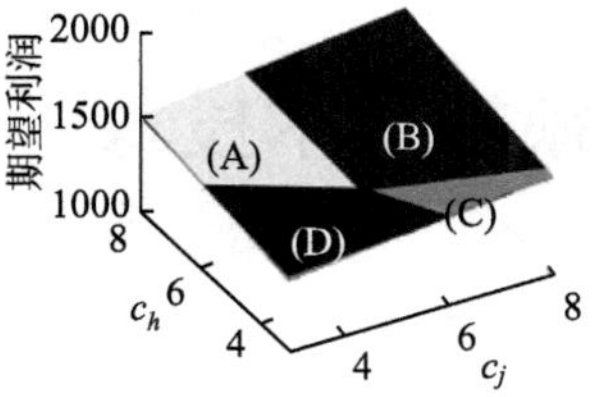

（a）主导企业i

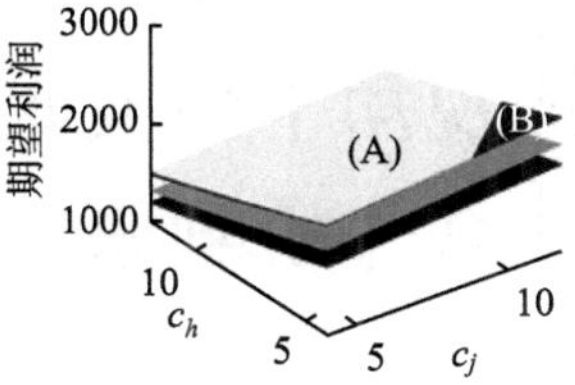

（b）各本土企业h

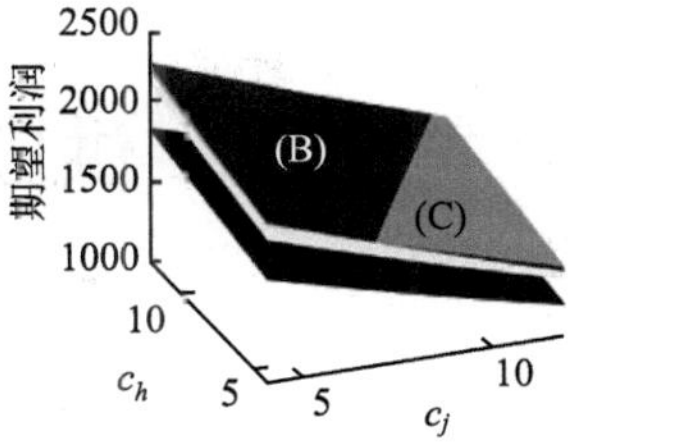

（c）各跨国企业j

图 4-3　不同企业期望利润随 c_h 和 c_j 的变化情况

综上所述，本章在全球产业链大背景下，重点关注中国企业进军海外市场的实际情况。针对跨国企业需要进行研发投入以获得专利技术，来达到目标市场的技术标准，并且试图通过专利技术联盟方式来提高研发成功概率的事实，研究了以下四种主要的技术联盟模式：IM、SFC、GM 和 GGM。在此基础上，结合不同的联盟模式构建了四种研发不确定环境下的古诺竞争模型，并求解了不同模型中所有企业的均衡决策和期望利润。进一步地，通过敏感性分析比较了不同联盟模式下企业的期望利润，由此得到不同企业对四种联盟模式的偏好。本章的研究工作及主要结论如下。①分析了不同模式下所有企业的生产数量决策，可以为准备进行跨国经营或者正在跨国经营的企业提供重要的决策支持。②面对研发不确定性时，若研发投入成本相对较高，则中国主导企业更愿意与国内或国外的其他企业进行技术联盟。同时，参与技术联盟也有利于其他企业。这一结论也证实了在大多数情况下，企业在“出海”过程中更愿意形成技术联盟的现象。③获得了不同条件下所有企业对四种联盟模式的偏好。特别地，存在着一些特定条件，其中所有企业都同意采用相同的技术联盟模式。例如，给定相对较高的 R_{is} 和一个较为合适的 θ_i 时，或者 c_l 适中时，所有企业都偏好 GGM。因此，本章研究所得出的结论可以为企业的联盟模式选择以及是否加入联盟的决策提供理论依据。

第五章　供应链视角下企业碳减排技术投入与合作机制研究

大量的碳排放是环境破坏和全球变暖的主要原因（Xu et al.，2017；Chen et al.，2019；Xia et al.，2023a）。在许多国家，碳交易已被证明是行之有效的低碳政策（Hong et al.，2016；Xia et al.，2023b；Yang et al.，2020）。其中，碳交易市场的构建与完善已经成为碳交易政策实施落地的关键。截至 2024 年，我国建立了 9 个碳交易试点，并于 2021 年在发电行业开放了全国碳交易市场。在碳交易政策下，政府为企业设定碳排放额度（即碳配额），并将碳配额免费发放给相关企业。当企业的碳排放量超过或者低于碳配额时，可以在碳交易市场上按照碳交易价格购买或出售碳配额。通过建立碳交易市场、发放免费碳配额并鼓励交易的方式，我国政府已经对企业的碳减排行为产生了重要影响（Ji et al.，2020；Wang et al.，2020；Qin et al.，2021；Xia et al.，2023a）。可以看出，较低的碳配额往往会给企业（特别是高碳排放行业相关企业）带来巨大的压力，而较高的碳配额可能会降低企业投资碳减排的动力。同时，不管是购买额外碳配额会导致企业成本增加，还是出售剩余碳配额给企业带来利润增加，更高的碳交易价格均可以有效激励企业进行碳减排技术投入。在此背景下，本章重点研究了碳交易政策对供应链运营决策的影响，从而为企业和政府的决策提供科学的理论依据。

当前，越来越多的企业开始主动设定目标碳减排水平，并在经营活动中投入碳减排技术，从而降低碳排放量（Qin et al.，2021；Gao and Souza，2022）。截至 2022 年，松下在中国建立了 5 家零碳工厂，重点通过节能和使用可再生能源的方式，预计到 2030 年实现中国所有制造网点成为零碳工厂的目标①。自 2021 年起，苹果产品使用的所有材料中，有近 20%为可再生材料②，并计划到 2030 年在其产品供应链中使用 100%的可再生能源③。2021 年 12 月，阿里巴巴集团宣布于 2035

---

①《松下控股全球副总裁本间哲朗：松下在中国的 38 家工厂中有 5 家为零碳工厂》，https://baijiahao.baidu.com/s?id=1763952405391140197[2023-04-23]。

②《苹果首次在产品中采用再生金 2021 年实现近 20%可再生材料利用》，https://finance.sina.cn/tech/2022-04-20/detail-imcwipii5343566.d.html?cid=79649&fromtech=1&node_id=79649[2022-04-20]。

③《苹果承诺到 2030 年在整个供应链中实现 100%的碳中和》，https://www.sohu.com/a/408989079_394375[2020-07-22]。

年前较 2020 年降低 15 亿 t 碳排放①。碳减排是企业应对低碳政策、履行社会责任，最终实现可持续发展的必然选择。但在这个过程中，企业往往需要承担大量的碳减排成本。2021 年，苹果公司设立了 2 亿美元的“恢复基金”，以实现每年降低 100 多万 t 碳排放量的目标②。由此可见，企业在进行碳减排技术投入时必须衡量碳减排产生的成本与碳减排带来的收益。

实际上，进行碳减排是当前经济环境下众多企业发展的必然趋势，也是低碳政策约束和市场需求发展驱动的结果。当前，随着消费者环保意识的增强，消费者越来越偏好购买低碳产品。根据阿里研究院的报告，2019 年淘宝上的低碳产品消费者数量超过 3.8 亿人（Xia et al.，2023b）。Nielsen（尼尔森）的调查显示，超过 80%的全球受访者认为企业应该对改善环境负责③。Golob 和 Kronegger（2019）指出，欧洲超过 20%的消费者愿意为低碳产品支付额外的费用。还有研究表明，当面临具有低碳偏好的消费者时，企业可以通过提高碳减排水平从而提升商誉，进一步刺激产品的市场需求（André et al.，2011；Zhou and Ye，2018；Liu and Li，2020）。因此，考虑消费者的低碳偏好对低碳产品需求的正向影响，研究供应链成员企业的最优碳减排决策和定价策略具有重要的现实意义。

根据《温室气体核算体系：企业核算与报告标准（修订版）》，企业的碳排放可分为范围一、范围二和范围三。范围一和范围二中的碳排放可以由企业直接降低的，而范围三中的碳排放超出了企业的控制范围，需要由供应链上下游关联企业共同努力来降低（Gao and Souza，2022）。因此，许多企业开始关注低碳供应链的运营管理。特别是一些领军企业，开始要求其供应链上下游关联企业共同参与碳减排活动。例如，苹果公司不仅在自身的经营活动中采取措施以降低碳排放，还启动了供应商清洁能源计划，重点要求上游供应商优化其设施和运营活动，从而降低碳排放。但是，在当前经济环境下，如何搭建高效的供应链合作机制，提高供应链成员企业投入碳减排技术的积极性，并降低供应链整体碳排放，仍然是值得关注的重要问题。此外，不同行业的低碳供应链可能是在不同权力结构下运行的，这会对企业的碳减排决策与供应链合作机制的搭建带来重要影响。因此，本章认为比较不同权力结构下低碳供应链的决策差异是不可忽视的。

针对此，本章拟解决如下管理问题：①面临具有低碳偏好的消费者时，低碳供应链如何进行碳减排技术投入决策和定价决策？②消费者的低碳偏好和碳交易

① 《阿里张勇公布碳中和目标：2030 年自身运营碳中和，助力生态 15 年减碳 15 亿吨》，https://finance.ifeng.com/c/8C3WcFThYrr[2021-12-17]。

② 《向碳中和迈进！苹果再投 2 亿美元加码碳移除项目》，https://baijiahao.baidu.com/s?id=1762948918823616839&wfr=spider&for=pc[2023-04-12]。

③ 《Nielsen：全球消费者正在搜索支持可持续发展的企业》www.199it.com/archives/799836.html[2018-12-02]。

政策如何影响供应链成员企业的最优决策和利润？③供应链成员对不同供应链权力结构的偏好是什么？为了解决上述问题，本章考虑碳交易政策的影响，构建了由一个供应商和一个制造商组成的两级低碳供应链。其中，制造商从供应商处购买原材料，然后进行低碳产品生产并将成品销售给消费者。假设低碳供应链的运营活动均会产生碳排放且受到碳交易政策的影响，因此供应商和制造商均需要进行碳减排决策，以实现利润最大化。此外，本章还引入了三种低碳供应链权力结构，即供应商主导（supplier-led，SL）的权力结构、制造商主导（manufacturer-led，ML）的权力结构和纳什竞争（Nash-competitive，NA）权力结构，进一步探讨了权力结构对供应链成员企业最优决策和利润的影响。特别需要说明的是，本章研究认为企业的碳减排是一个长期的动态过程，因此采用微分博弈来描述该过程，在此基础上开展相关的研究工作。这样的研究视角更加贴合低碳政策对企业的影响以及企业持续开展碳减排技术投入活动的实际情况。

第一节　供应链运行结构分析与模型假设

本章考虑碳交易政策的影响，构建由一个供应商和一个制造商组成的两级低碳供应链，具体如图 5-1 所示。其中，供应商和制造商均面临产品市场和碳交易市场这两种交易市场，并基于长期的视角进行决策以最大化自身利润。在产品市场中，制造商以批发价格 $w(t)$ 从供应商处采购原材料，并以零售价格 $p(t)$ 向消费者销售低碳产品，这里 t 表示时间。假设制造商采用按订单生产的方式进行生产，即生产量等于需求量。在碳交易政策下，政府在初始阶段（即在 $t=0$ 时）决定长期履约期内两个低碳供应链成员企业的最高总碳排放量，并向其分配免费的碳配

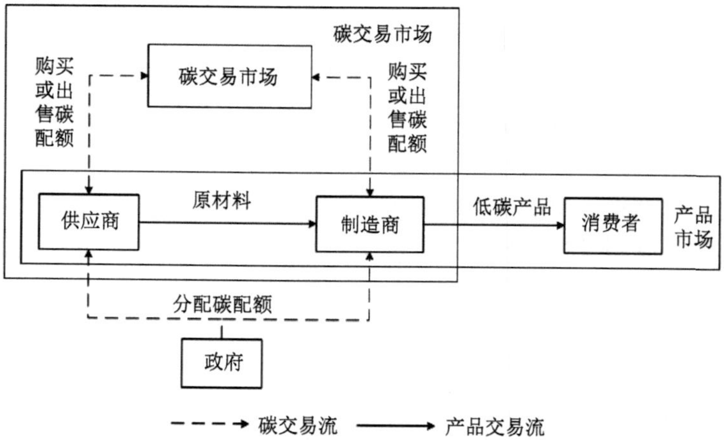

图 5-1　低碳供应链运行结构

额。然后，低碳供应链成员企业可以以价格 p_c 在碳交易市场上进行碳交易，从而获得相应的利润或付出相应的成本。需要说明的是，碳交易价格 p_c 主要是由碳交易市场中碳配额的供求关系决定，且在一个履约期内碳交易价格波动相对较小，本章假设 p_c 是恒定的，为一个外生变量，类似的假设也可以在很多文献中见到（André et al.，2011；Sun et al.，2020；Wang et al.，2021a）。接下来，本章运用微分博弈模型来分析低碳供应链成员企业的最优决策，以及在长期范围内成员企业之间随时间 t 变化的战略互动。

受碳交易政策和消费者低碳偏好的驱动，供应链成员企业有动力进行碳减排技术投入。与以往大多数研究强调单位产品碳减排水平不同（Sun et al.，2020；Wang et al.，2021a，2021b），本章主要关注供应链成员企业的总碳减排目标，具体原因如下。首先，为了实现可持续发展，许多企业在现实中建立了长期的碳减排目标。例如，松下计划到 2050 年降低约 3 亿 t 的碳排放量；阿里巴巴集团宣布到 2035 年降低 15 亿 t 的碳排放量。但是，要实现长期碳减排目标，企业需要将其分解成不同时期内的碳减排目标，这有利于更加直观和定量地观察到企业在 t 周期的总碳减排目标。同时，如果强调 t 周期单位产品的碳减排水平，则可能会加剧企业生产决策的波动性，从而影响企业响应市场需求的稳定性。因此，本章假设供应商和制造商在 t 周期的总碳减排目标分别为 $\Delta\chi_s(t)$ 与 $\Delta\chi_m(t)$。进一步地，供应链成员企业可以通过采取不同的方法和途径来实现碳减排目标，如碳抵消项目、绿色运输、使用回收材料等，本章将上述活动均称为碳减排技术投入。

参考 André 等（2011）、Sun 等（2020）和 Wang 等（2021b）的研究，供应链成员企业在 t 周期可以在碳交易市场上进行交易的碳配额为

$$K_i(t)=\overline{\chi}_i-\left[e_iD(t)+\chi_{iN}-\Delta\chi_i(t)\right] \tag{5-1}$$

其中，$i(i=s,m)$ 为不同的供应链成员企业，即 $i=s$ 为供应商，$i=m$ 为制造商。假设政府分配给供应链成员企业i的初始碳配额为$\overline{\chi}_i$。考虑到企业的碳排放量可以分为与生产有关和与生产无关两种类型，本章用 $e_iD(t)+\chi_{iN}$ 表示没有碳减排技术投入时，供应链成员企业 i 在 t 周期的碳排放。具体来说，e_i 为供应链成员企业 i 的单位产品碳排放，当其生产量为市场需求量 $D(t)$ 时，其与生产相关的总碳排放为 $e_iD(t)$；χ_{iN} 为供应链成员企业 i 与生产无关的总碳排放。供应链成员企业可以通过碳减排技术投入以达到其总碳减排目标 $\Delta\chi_i(t)$。如果 $\overline{\chi}_i=e_iD(t)+\chi_{iN}-\Delta\chi_i(t)$，则供应链成员企业 i 的初始碳配额正好覆盖其总碳排放；如果 $\overline{\chi}_i>e_iD(t)+\chi_{iN}-\Delta\chi_i(t)$，则供应链成员企业 i 可以在碳交易市场上出售剩余的碳配额 $\left|\overline{\chi}_i+\Delta\chi_i(t)-\left[e_iD(t)+\chi_{iN}\right]\right|$ 以获得碳交易的利润；如果

$\overline{\chi}_i < e_i D(t) + \chi_{iN} - \Delta\chi_i(t)$，则供应链成员企业 i 必须从碳交易市场购买额外的碳配额 $\left|\overline{\chi}_i + \Delta\chi_i(t) - \left[e_i D(t) + \chi_{iN}\right]\right|$ 以抵消超出初始碳配额的排放量，从而产生相应的成本。考虑到强制性碳交易是当前我国碳交易政策的主流机制，本章重点关注供应链成员企业强制性参与碳交易市场。值得注意的是，本章排除企业若不达标而拒绝购买碳配额的情形，这是因为巨额罚款和停产整顿可能会带来更严重的损失。类似于 André 等（2011）、Ma 等（2018）、Wang 等（2021b）、Xia 等（2022）的研究，供应链成员企业 i 在 t 周期的碳减排成本函数可表示为

$$C_i(\Delta\chi_i(t)) = \frac{1}{2}\mu_i \Delta\chi_i^2(t) \tag{5-2}$$

其中，$\mu_i(\mu_i > 0)$ 为供应链成员企业 i 的碳减排投资成本系数。该碳减排成本函数表明，降低碳排放会随着目标碳减排水平的增加而变得越来越困难，企业投入的成本也越来越高。此外，类似于 Liu 和 Li（2020）、Wang 等（2021b）的研究，本章假设供应链成员企业的生产成本均为 0。

由于消费者具有低碳偏好，本章假设提高碳减排目标不仅可以降低环境污染，还可以提高低碳供应链成员企业的商誉。本章采用 Nerlove 和 Arrow（1962）提出的经典模型来描述商誉的动态影响。进一步假设商誉受供应商和制造商碳减排目标的共同影响（André et al.，2011；Zhou and Ye，2018；Liu and Li，2020）。此时，商誉的演化可以用如下微分方程来进行修正：

$$G(t) = \gamma_s \Delta\chi_s(t) + \gamma_{\mathrm{m}} \Delta\chi_m(t) - \beta G(t) \tag{5-3}$$

其中，$G(t)$ 为随 t 变化的商誉，且 $G(0) = G_0 \geqslant 0$ 为初始商誉；γ_s、$\gamma_m(\gamma_s > 0, \gamma_m > 0)$ 分别为供应商和制造商碳减排目标对商誉的影响系数；$\beta > 0$ 为消费者遗忘效应而导致的商誉递减水平。由于消费者对低碳产品的偏好会日益增加，本章进一步假设市场需求与商誉和零售价格均密切相关。这里，一种常用的方法是将需求函数修改为关于商誉和零售价格的乘函数（Liu et al.，2015；Zhou and Ye，2018；Guan et al.，2020），即

$$D(t) = H(G(t))F(p(t)) \tag{5-4}$$

其中，$H(G(t)) = 1 + \delta G(t)$；$F(p(t)) = a - bp(t)$。$H(G(t))$ 反映了商誉对市场需求的影响，也可以解释为消费者低碳偏好对市场需求的积极影响，即较高的碳减排目标可以提升商誉，从而提高产品的市场需求。δ 为商誉对市场需求的影响系数。此外，假设 $\delta G(t)$ 反映了商誉对市场需求的积极影响。但是，由于受包括品牌忠诚度、价格、质量、替代品等在内的其他因素影响，这种积极影响不会显著提高市场需求，即 $0 < \delta G(t) < 1$。$F(p(t))$ 反映了零售价格对市场需求的影响，其中 $a(a > 0)$ 为市场需求潜量，$b(b > 0)$ 为市场需求的价格敏感系数。

本章研究中，为了确保理论模型的合理性以及解析结论的有效性，供应链成员企业的利润和订购量必须是非负的，即满足$0<(e_s+e_m)p_c<<w(t)<p(t)<\frac{a}{b}$，其中，$e_s$为供应商的单位产品碳排放量；$e_m$为制造商的单位产品碳排放量。此外，碳交易政策下企业的履约期通常是长期的，为了从长期和动态的视角更好地分析供应链的运作，本章的模型构建和后续分析均是在无限的时间周期内进行的（André et al.，2011；Sun et al.，2020；Wang et al.，2021b）。最后，假设在不同的权力结构下，供应链成员企业具有相同的折现率$\rho(0<\rho<1)$。基于上述假设，供应商、制造商和低碳供应链的目标函数可以分别表示为

$$\max_{w(t),\Delta\chi_s(t)}\int_0^{\infty}\mathrm{e}^{-\rho t}\left\{w(t)D(t)-\frac{1}{2}\mu_s\Delta\chi_s^2(t)+K_s(t)p_c\right\}\mathrm{d}t \tag{5-5}$$

$$\max_{p(t),\Delta\chi_m(t)}\int_0^{\infty}\mathrm{e}^{-\rho t}\left\{\left[p(t)-w(t)\right]D(t)-\frac{1}{2}\mu_m\Delta\chi_m^2(t)+K_m(t)p_c\right\}\mathrm{d}t \tag{5-6}$$

$$\max_{p(t),\Delta\chi_s(t),\Delta\chi_m(t)}\int_0^{\infty}\mathrm{e}^{-\rho t}\left\{p(t)D(t)-\frac{1}{2}\mu_s\Delta\chi_s^2(t)-\frac{1}{2}\mu_m\Delta\chi_m^2(t)+\left[K_s(t)+K_m(t)\right]p_c\right\}\mathrm{d}t \tag{5-7}$$

供应链成员企业的利润来自两部分，即来自产品销售的利润和来自碳交易的利润。在后续分析中，用上标j表示不同的低碳供应链决策情形，即j=C表示集成低碳供应链决策情形；$j=\mathrm{SL}$表示 SL 权力结构下的低碳供应链决策情形；$j=\mathrm{ML}$表示 ML 权力结构下的低碳供应链决策情形；$j=\mathrm{NA}$表示 NA 权力结构下的低碳供应链决策情形。由于本章考虑低碳供应链处于长期动态过程，因此重点关注稳态下的分析（Zhou and Ye，2018；Buratto et al.，2019；Xia et al.，2022）。当$t\to+\infty$时，可以得到稳态时的博弈均衡结果。此外，为了方便起见，本章在接下来的分析中省略了t周期的相关表达。

第二节 低碳供应链成员企业的碳减排技术投入决策

本节重点分析低碳供应链微分博弈模型，研究相关企业的碳减排决策和定价策略。在此基础上，通过敏感性分析获得碳交易政策等不同因素对低碳供应链运作决策的影响。进一步通过对比分析不同权力结构下低碳供应链的最优决策和利润，得到低碳供应链成员企业的权力结构偏好。

一、集成低碳供应链微分博弈模型

在集成低碳供应链中，给定政府分配的初始碳配额$\overline{\chi}_T(\overline{\chi}_T=\overline{\chi}_s+\overline{\chi}_m)$，低碳

供应链的集成决策者决定零售价格 p 和碳减排目标 $\Delta\chi_s$ 、 $\Delta\chi_m$ 。此时，低碳供应链整体的目标函数如式（5-7）所示，进一步用 V_T^C 表示集成决策者的价值函数，则集成低碳供应链的 HJB 方程为

$$\rho V_T^C = \max_{p,\Delta\chi_s,\Delta\chi_m}\left(p(a-bp)(1+\delta G)-\frac{1}{2}\mu_s\Delta\chi_s^2-\frac{1}{2}\mu_m\Delta\chi_m^2+\frac{\partial V_T^C}{\partial G}(\gamma_s\Delta\chi_s+\gamma_m\Delta\chi_m-\beta G)\right.$$
$$\left.+p_c\left\{\overline{\chi}_s+\overline{\chi}_m-\left[(e_s+e_m)(a-bp)(1+\delta G)+\chi_{sN}+\chi_{mN}\right]+\Delta\chi_s+\Delta\chi_m\right\}\right) \tag{5-8}$$

利用一阶条件最大化上述 HJB 方程，可得 $\frac{\partial\rho V_T^C}{\partial p}=\left[a-2bp+b(e_s+e_m)p_c\right](1+\delta G)=0$，$\frac{\partial\rho V_T^C}{\partial\Delta\chi_s}=-\mu_s\Delta\chi_s+p_c+\frac{\partial\rho V_T^C}{\partial G}\gamma_s=0$，$\frac{\partial\rho V_T^C}{\partial\Delta\chi_m}=-\mu_m\Delta\chi_m+p_c+\frac{\partial\rho V_T^C}{\partial G}\gamma_m=0$。进一步得到 $p=\frac{a}{2b}+\frac{e_s+e_m}{2}p_c$，$\Delta\chi_s=\frac{1}{\mu_s}\left(p_c+\frac{\partial\rho V_T^C}{\partial\Delta G}\gamma_s\right)$，$\Delta\chi_m=\frac{1}{\mu_m}\left(p_c+\frac{\partial\rho V_T^C}{\partial\Delta G}\gamma_m\right)$。结合式（5-8）的一般函数形式，进一步假设 $V_T^C=l_1^CG+l_2^C$，因此 $\frac{\partial V_T^C}{\partial G}=l_1^C$。由此可得

$$\rho\left(l_1^CG+l_2^C\right)=\left\{\frac{\left[a-(e_s+e_m)bp_c\right]^2}{4b}\delta-l_1^C\beta\right\}G+\frac{\left[a-(e_s+e_m)bp_c\right]^2}{4b}$$
$$+p_c\left(\overline{\chi}_s-\chi_{sN}+\overline{\chi}_m-\chi_{mN}\right)+\frac{1}{2\mu_s}\left(p_c+l_1^C\gamma_s\right)^2+\frac{1}{2\mu_m}\left(p_c+l_1^C\gamma_m\right)^2$$

根据上式可以进一步通过求解线性方程组得到 l_1^C 和 l_2^C 满足：

$$l_1^C=\frac{\left[a-(e_s+e_m)bp_c\right]^2\delta-4bl_1^C\beta}{4b\rho}$$

$$l_2^C=\frac{\left[a-(e_s+e_m)bp_c\right]^2}{4b\rho}+\frac{p_c\left(\overline{E}_s-E_{sN}+\overline{E}_m-E_{mN}\right)}{\rho}+\frac{1}{2\mu_s\rho}\left(p_c+l_1^C\gamma_s\right)^2$$
$$+\frac{1}{2\mu_m\rho}\left(p_c+l_1^C\gamma_m\right)^2$$

这里，令 $A=\frac{\left[a-(e_s+e_m)bp_c\right]^2\delta}{b(\rho+\beta)}$，进一步可得 $l_1^C=\frac{A}{4}$，$l_2^C=\frac{1}{\rho}\left[\frac{A(\rho+\beta)}{4\delta}+p_c\left(\overline{\chi}_s-\chi_{sN}+\overline{\chi}_m-\chi_{mN}\right)+\frac{1}{2\mu_s}\left(p_c+\frac{A\gamma_s}{4}\right)^2+\frac{1}{2\mu_m}\left(p_c+\frac{A\gamma_m}{4}\right)^2\right]$。

根据上述分析，可以得到集成低碳供应链整体的最优决策为 $p^{C*}=\frac{a}{2b}+\frac{e_s+e_m}{2}p_c$，$\Delta\chi_s^{C*}=\frac{1}{\mu_s}\left(p_c+\frac{A\gamma_s}{4}\right)$，$\Delta\chi_m^{C*}=\frac{1}{\mu_m}\left(p_c+\frac{A\gamma_m}{4}\right)$。

根据式（5-3）可以得到，商誉轨迹为 $G^C(t)=G_\infty^C+\left(G_0-G_\infty^C\right)\mathrm{e}^{-\beta t}$，其中，$G_\infty^C=\frac{p_c}{\beta}\left(\frac{\gamma_s}{\mu_s}+\frac{\gamma_m}{\mu_m}\right)+\frac{A}{4\beta}\left(\frac{\gamma_s^2}{\mu_s}+\frac{\gamma_m^2}{\mu_m}\right)$ 为稳态商誉。进一步可得集成低碳供应链的稳态利润函数为 $V_T^{C*}=l_1^C G_\infty^C+l_2^C$。

二、分散低碳供应链微分博弈模型

接下来，考虑如下三种不同的供应链权力结构：SL、ML、NA。在此基础上，构建分散决策情形下的低碳供应链微分博弈模型，进一步分析不同权力结构下低碳供应链成员企业的最优决策。此时，供应商和制造商的目标函数如式（5-5）和式（5-6）所示。给定供应商和制造商的初始碳配额 $\overline{\chi}_s$ 和 $\overline{\chi}_m$，不同权力结构下分散低碳供应链成员企业的博弈过程如下。

（1）SL 权力结构。此时，供应商作为主导者首先决定批发价格 w 和目标碳减排水平 $\Delta\chi_s$；制造商观察到供应商的决策之后，选择最优的零售价格 p 和目标碳减排水平 $\Delta\chi_m$。根据上述博弈过程的描述，设供应商和制造商的价值函数分别为 V_s^{SL} 和 V_m^{SL}。根据逆向归纳法可得，给定供应商的批发价格和碳减排目标，制造商首先决定最优的零售价格和碳减排目标。根据式（5-6）可知，制造商的 HJB 方程为

$$\begin{aligned}\rho V_m^{\mathrm{SL}}=\max_{p,\Delta\chi_m}\Big\{&\left(p-w-e_m p_c\right)(a-bp)(1+\delta G)-\frac{1}{2}\mu_m\Delta\chi_m^2\\&+p_c\left[\overline{\chi}_m-\left(\chi_{mN}-\Delta\chi_m\right)\right]+\frac{\partial V_m^{\mathrm{SL}}}{\partial G}\left(\gamma_s\Delta\chi_s+\gamma_m\Delta\chi_m-\beta G\right)\Big\}\end{aligned}\tag{5-9}$$

利用一阶条件最大化上述 HJB 方程，可得 $\frac{\partial\rho V_m^{\mathrm{SL}}}{\partial p}=\left(a-2bp+bw+be_m p_c\right)(1+\delta G)=0$，$\frac{\partial\rho V_m^{\mathrm{SL}}}{\partial\Delta\chi_m}=-\mu_m\Delta\chi_m+p_c+\frac{\partial V_m^{\mathrm{SL}}}{\partial G}\gamma_m=0$。进一步得到 $p=\frac{a}{2b}+\frac{w+e_m p_c}{2}$，$\Delta\chi_m=\frac{1}{\mu_m}\left(p_c+\frac{\partial V_m^{\mathrm{SL}}}{\partial G}\gamma_m\right)$。根据式（5-9），结合式（5-5）可得供应商的 HJB 方程为

$$\begin{aligned}\rho V_s^{\mathrm{SL}}=\max_{w,\Delta\chi_s}\Big\{&\frac{1}{2}\left(w-e_s p_c\right)\left[a-b\left(w+e_m p_c\right)\right](1+\delta G)-\frac{1}{2}\mu_s\Delta\chi_s^2\\&+p_c\left[\overline{\chi}_s-\left(\chi_{sN}-\Delta\chi_s\right)\right]+\frac{\partial V_s^{\mathrm{SL}}}{\partial G}\left(\gamma_s\Delta\chi_s+\gamma_m\Delta\chi_m-\beta G\right)\Big\}\end{aligned}\tag{5-10}$$

利用一阶条件最大化上述 HJB 方程，可得 $\frac{\partial \rho V_s^{\mathrm{SL}}}{\partial w}=\frac{1}{2}(a-2bw+be_s p_c-be_m p_c)(1+\delta G)=0$，$\frac{\partial \rho V_s^{\mathrm{SL}}}{\partial \Delta\chi_s}=-\mu_s\Delta\chi_s+p_c+\frac{\partial V_s^{\mathrm{SL}}}{\partial G}\gamma_s=0$。进一步得到 $w=\frac{a}{2b}+\frac{e_s p_c-e_m p_c}{2}$，$\Delta\chi_s=\frac{1}{\mu_s}\left(p_c+\frac{\partial V_s^{\mathrm{SL}}}{\partial G}\gamma_s\right)$。

结合式（5-9）和式（5-10）中的一般函数形式，进一步假设 $V_m^{\mathrm{SL}}=m_1^{\mathrm{SL}}G+m_2^{\mathrm{SL}}$ 和 $V_s^{\mathrm{SL}}=s_1^{\mathrm{SL}}G+s_2^{\mathrm{SL}}$。由此可得 $\frac{\partial V_m^{\mathrm{SL}}}{\partial G}=m_1^{\mathrm{SL}}$ 和 $\frac{\partial V_s^{\mathrm{SL}}}{\partial G}=s_1^{\mathrm{SL}}$。在此基础上，可以得到

$$\rho\left(m_1^{\mathrm{SL}}G+m_2^{\mathrm{SL}}\right)=\left[\frac{A(\rho+\beta)}{16}-m_1^{\mathrm{SL}}\beta\right]G+\frac{A(\rho+\beta)}{16\delta}+p_c\left(\overline{\chi}_m-\chi_{mN}\right)+\frac{\left(p_c+m_1^{\mathrm{SL}}\gamma_m\right)^2}{2\mu_m}+\frac{m_1^{\mathrm{SL}}\gamma_s\left(p_c+s_1^{\mathrm{SL}}\gamma_s\right)}{\mu_s}$$

$$\rho\left(s_1^{\mathrm{SL}}G+s_2^{\mathrm{SL}}\right)=\left[\frac{A(\rho+\beta)}{8\delta}-s_1^{\mathrm{SL}}\beta\right]G+\frac{A(\rho+\beta)}{8\delta}+p_c\left(\overline{\chi}_s-\chi_{sN}\right)+\frac{\left(p_c+s_1^{\mathrm{SL}}\gamma_s\right)^2}{2\mu_s}+\frac{s_1^{\mathrm{SL}}\gamma_m\left(p_c+m_1^{\mathrm{SL}}\gamma_m\right)}{\mu_m}$$

通过求解分析得到

$$s_1^{\mathrm{SL}}=\frac{A}{8}$$

$$s_2^{\mathrm{SL}}=\frac{1}{\rho}\left[\frac{A(\rho+\beta)}{8\delta}+p_c\left(\overline{\chi}_s-\chi_{sN}\right)+\frac{1}{2\mu_s}\left(p_c+\frac{A\gamma_s}{8}\right)^2+\frac{A\gamma_m}{8\mu_m}\left(p_c+\frac{A\gamma_m}{16}\right)\right]$$

$$m_1^{\mathrm{SL}}=\frac{A}{16}$$

$$m_2^{\mathrm{SL}}=\frac{1}{\rho}\left[\frac{A(\rho+\beta)}{16\delta}+p_c\left(\overline{\chi}_m-\chi_{mN}\right)+\frac{1}{2\mu_m}\left(p_c+\frac{A\gamma_m}{16}\right)^2+\frac{A\gamma_s}{16\mu_s}\left(p_c+\frac{A\gamma_s}{8}\right)\right]$$

由此可知，制造商的最优决策为 $p^{\mathrm{SL}*}=\frac{3a}{4b}+\frac{(e_s+e_m)p_c}{4}$，$\Delta\chi_m^{\mathrm{SL}*}=\frac{1}{\mu_m}\left(p_c+\frac{A\gamma_m}{16}\right)$；供应商的最优决策为 $w^{\mathrm{SL}*}=\frac{a}{2b}+\frac{e_s p_c}{2}-\frac{e_m p_c}{2}$，$\Delta\chi_s^{\mathrm{SL}*}=\frac{1}{\mu_s}\left(p_c+\frac{A}{8}\gamma_s\right)$。根据式（5-3）可以得到，此时的商誉轨迹为

$G^{\mathrm{SL}}(t)=G_{\infty}^{\mathrm{SL}}+\left(G_0-G_{\infty}^{\mathrm{SL}}\right)e^{-\beta t}$，其中，$G_{\infty}^{\mathrm{SL}}=\dfrac{p_c}{\beta}\left(\dfrac{\gamma_s}{\mu_s}-\dfrac{\gamma_m}{\mu_m}\right)+\dfrac{A}{8\beta}\left(\dfrac{\gamma_s^2}{\mu_s}+\dfrac{\gamma_m^2}{2\mu_m}\right)$为稳态商誉。最后，可以得到供应商、制造商和低碳供应链整体的稳态利润函数分别为$V_s^{\mathrm{SL}*}=s_1^{\mathrm{SL}}G_{\infty}^{\mathrm{SL}}+s_2^{\mathrm{SL}}$，$V_m^{\mathrm{SL}*}=m_1^{\mathrm{SL}}G_{\infty}^{\mathrm{SL}}+m_2^{\mathrm{SL}}$，$V_T^{\mathrm{SL}*}=\left(s_1^{\mathrm{SL}}+m_1^{\mathrm{SL}}\right)G_{\infty}^{\mathrm{SL}}+s_2^{\mathrm{SL}}+m_2^{\mathrm{SL}}$。

（2）ML 权力结构。此时，制造商作为主导者首先决定零售价格p和碳减排目标$\Delta\chi_m$；供应商观察制造商的决策之后，选择最优的批发价格w和碳减排目标$\Delta\chi_s$。根据上述博弈过程的描述，设供应商和制造商的价值函数分别为V_s^{ML}和V_m^{ML}。并且，在不失一般性的前提下，设w_m为制造商的销售加价，即$p=w+m$（Guan et al.，2020）。这里的分析步骤与 SL 权力结构类似，因此予以省略。可以得到供应商的最优决策为$w^{\mathrm{ML}*}=\dfrac{a}{4b}-\dfrac{e_m p_c}{4}+\dfrac{3e_s p_c}{4}$，$\Delta\chi_s^{\mathrm{ML}*}=\dfrac{1}{\mu_s}\left(p_c+\dfrac{A}{16}\gamma_s\right)$；制造商的最优决策为$p^{\mathrm{ML}*}=\dfrac{3a}{4b}+\dfrac{\left(e_s+e_m\right)p_c}{4}$，$\Delta\chi_m^{\mathrm{ML}*}=\dfrac{1}{\mu_m}\left(p_c+\dfrac{A}{8}\gamma_m\right)$。

根据式（5-3）可以得到，此时的商誉轨迹为$G^{\mathrm{ML}}\left(t\right)=G_{\infty}^{\mathrm{ML}}+\left(G_0-G_{\infty}^{\mathrm{ML}}\right)\mathrm{e}^{-\beta t}$，其中，$G_{\infty}^{\mathrm{ML}}=\dfrac{p_c}{\beta}\left(\dfrac{\gamma_s}{\mu_s}+\dfrac{\gamma_m}{\mu_m}\right)+\dfrac{A}{8\beta}\left(\dfrac{\gamma_s^2}{2\mu_s}+\dfrac{\gamma_m^2}{\mu_m}\right)$为稳态商誉。在 ML 权力结构下，供应商、制造商和低碳供应链整体的稳态利润函数分别为$V_s^{\mathrm{ML}*}=s_1^{\mathrm{ML}}G_{\infty}^{\mathrm{ML}}+s_2^{\mathrm{ML}}$，$V_m^{\mathrm{ML}*}=m_1^{\mathrm{ML}}G_{\infty}^{\mathrm{ML}}+m_2^{\mathrm{ML}}$，$V_T^{\mathrm{ML}*}=\left(s_1^{\mathrm{ML}}+m_1^{\mathrm{ML}}\right)G_{\infty}^{\mathrm{ML}}+s_2^{\mathrm{ML}}+m_2^{\mathrm{ML}}$。其中，$s_1^{\mathrm{ML}}=\dfrac{A}{16}$，$m_1^{\mathrm{ML}}=\dfrac{A}{8}$，$s_2^{\mathrm{ML}}=\dfrac{1}{\rho}\left\{\dfrac{A(\rho+\beta)}{16\delta}+p_c\left(\overline{\chi}_s-\chi_{sN}\right)+\dfrac{1}{2\mu_s}\left(p_c+\dfrac{A\gamma_s}{16}\right)^2+\dfrac{A\gamma_m}{16\mu_m}\left(p_c+\dfrac{A\gamma_m}{8}\right)\right\}$，

$m_2^{\mathrm{ML}}=\dfrac{1}{\rho}\left\{\dfrac{A(\rho+\beta)}{8\delta}+p_c\left(\overline{\chi}_m-\chi_{mN}\right)+\dfrac{1}{2\mu_m}\left(p_c+\dfrac{A\gamma_m}{8}\right)^2+\dfrac{A\gamma_s}{8\mu_s}\left(p_c+\dfrac{A\gamma_s}{16}\right)\right\}$。

（3）NA 权力结构。此时，供应商和制造商同时进行碳减排决策和定价决策。令V_s^{NA}和V_m^{NA}分别表示供应商和制造商的价值函数，且类似于 ML 权力结构，这里假设m为制造商的销售加价。此时，供应商和制造商的 HJB 方程分别如下：

$$\begin{aligned}\rho V_s^{\mathrm{NA}}=\max_{w,\Delta\chi_s}\Big\{&\left(w-e_s p_c\right)\left(a-bp\right)\left(1+\delta G\right)-\frac{1}{2}\mu_s\Delta\chi_s^2\\&+p_c\left[\overline{\chi}_s-\left(\chi_{sN}-\Delta\chi_s\right)\right]+\frac{\partial V_s^{\mathrm{NA}}}{\partial G}\left(\gamma_s\Delta\chi_s+\gamma_m\Delta\chi_m-\beta G\right)\Big\}\end{aligned}\tag{5-11}$$

$$
\begin{aligned}
\rho V_m^{\mathrm{NA}} = \max_{p,\Delta\chi_m} \Big\{ & (p - w - e_m p_c)(a - bp)(1+\delta G) - \frac{1}{2}\mu_m \Delta\chi_m^2 \\
& + p_c\left[\bar{\chi}_m - (\chi_{mN} - \Delta\chi_m)\right] + \frac{\partial V_m^{\mathrm{NA}}}{\partial G}(\gamma_s \Delta\chi_s + \gamma_m \Delta\chi_m - \beta G) \Big\}
\end{aligned} \tag{5-12}
$$

分别求式（5-11）关于 w 和 $\Delta\chi_s$ 的一阶导，以及式（5-12）关于 p 和 $\Delta\chi_m$ 的一阶导，然后令一阶导为 0 并联立方程，可以得到供应商的最优决策为 $w^{\mathrm{NA}*} = \frac{a}{3b} - \frac{e_m p_c}{3} + \frac{2e_s p_c}{3}$，$\Delta\chi_s^{\mathrm{NA}*} = \frac{1}{\mu_s}\left(p_c + \frac{A}{9}\gamma_s\right)$；制造商的最优决策为 $p^{\mathrm{NA}*} = \frac{2a}{3b} + \frac{(e_s + e_m)p_c}{3}$，$\Delta\chi_m^{\mathrm{NA}*} = \frac{1}{\mu_m}\left(p_c + \frac{A}{9}\gamma_m\right)$。

根据式（5-3）可以得到，此时的商誉轨迹为 $G^{\mathrm{NA}}(t) = G_\infty^{\mathrm{NA}} + \left(G_0 - G_\infty^{\mathrm{NA}}\right)\mathrm{e}^{-\beta t}$，其中，$G_\infty^{\mathrm{NA}} = \frac{p_c}{\beta}\left(\frac{\gamma_s}{\mu_s} + \frac{\gamma_m}{\mu_m}\right) + \frac{A}{9\beta}\left(\frac{\gamma_s^2}{\mu_s} + \frac{\gamma_m^2}{\mu_m}\right)$ 为稳态商誉。在 NA 权力结构下，供应商、制造商和低碳供应链整体的稳态利润函数分别为 $V_s^{\mathrm{NA}*} = s_1^{\mathrm{NA}} G_\infty^{\mathrm{NA}} + s_2^{\mathrm{NA}}$，$V_m^{\mathrm{NA}*} = m_1^{\mathrm{NA}} G_\infty^{\mathrm{NA}} + m_2^{\mathrm{NA}}$，$V_T^{\mathrm{NA}*} = \left(s_1^{\mathrm{NA}} + m_1^{\mathrm{NA}}\right)G_\infty^{\mathrm{NA}} + s_2^{\mathrm{NA}} + m_2^{\mathrm{NA}}$。其中，$s_1^{\mathrm{NA}} = \frac{A}{9}$，$m_1^{\mathrm{NA}} = \frac{A}{9}$，$s_2^{\mathrm{NA}} = \frac{1}{\rho}\left\{\frac{A(\rho+\beta)}{9\delta} + p_c(\bar{\chi}_s - \chi_{sN}) + \frac{1}{2\mu_s}\left(p_c + \frac{A\gamma_s}{9}\right)^2 + \frac{A\gamma_m}{9\mu_m}\left(p_c + \frac{A\gamma_m}{9}\right)\right\}$，$m_2^{\mathrm{NA}} = \frac{1}{\rho}\left\{\frac{A(\rho+\beta)}{9\delta} + p_c(\bar{\chi}_m - \chi_{mN}) + \frac{1}{2\mu_m}\left(p_c + \frac{A\gamma_m}{9}\right)^2 + \frac{A\gamma_s}{9\mu_s}\left(p_c + \frac{A\gamma_s}{9}\right)\right\}$。

以上得到了集成低碳供应链，以及 SL、ML、NA 三种权力结构下的分散低碳供应链成员企业的均衡决策。可以发现，在不同权力结构下，所有供应链成员的最优决策和利润都与消费者的低碳偏好及碳交易价格密切相关。同时，低碳供应链成员企业的最优碳减排决策和定价策略均随着权力结构的不同而不同。

为了进一步探讨消费者低碳偏好、碳交易政策和权力结构对低碳供应链成员企业最优决策和利润的影响，本章以下面两种情形为基准，即情形 1：无消费者低碳偏好影响；情形 2：无碳交易政策影响。

三、无消费者低碳偏好影响时的低碳供应链微分博弈模型

这里，将不考虑消费者低碳偏好的影响，即 $\delta = 0$。在此基础上，分析碳交易政策影响下的低碳供应链最优决策，并将其作为基准模型。

首先，分析集成低碳供应链的最优决策。此时，低碳供应链整体的目标函数为

$$\max_{p,\Delta\chi_s,\Delta\chi_m}\int_0^{\infty}\mathrm{e}^{-\rho t}\left\{\begin{array}{l}\left[p-(e_s+e_m)p_c\right](a-bp)-\frac{1}{2}\mu_s\Delta\chi_s^2-\frac{1}{2}\mu_m\Delta\chi_m^2\\+p_c\left[\overline{\chi}_s-(\chi_{sN}-\Delta\chi_s)+\overline{\chi}_m-(\chi_{mN}-\Delta\chi_m)\right]\end{array}\right\}\mathrm{d}t \quad (5\text{-}13)$$

类似于上述分析，可以得到集成供应链的最优零售价格、碳减排目标分别为 $\breve{p}^{C*}=\frac{a}{2b}+\frac{bp_c(e_s+e_m)}{2}$，$\Delta\breve{\chi}_s^{C*}=\frac{p_c}{\mu_s}$，$\Delta\breve{\chi}_m^{C*}=\frac{p_c}{\mu_m}$。设 $\breve{V}_T^{C*}$ 为集成低碳供应链的最优利润，并将上述最优决策代入式（5-15）可得

$$\breve{V}_T^{C*}=\frac{1}{\rho}\left\{\frac{\left[a-(e_s+e_m)bp_c\right]^2}{4b}+\frac{p_c^2}{2\mu_s}+\frac{p_c^2}{2\mu_m}+p_c\left(\overline{\chi}_s-\chi_{sN}+\overline{\chi}_m-\chi_{mN}\right)\right\}$$

其次，分析 SL 权力结构下的低碳供应链最优决策。根据制造商和供应商之间的博弈过程描述，可以采用逆向归纳法进行求解。给定供应商的批发价格和碳减排目标，制造商选择最优的零售价格和碳减排目标以最大化自身利润。此时，制造商的目标函数为

$$\max_{p,\Delta\chi_m}\int_0^{\infty}\mathrm{e}^{-\rho t}\left\{(p-w-e_m p_c)(a-bp)-\frac{1}{2}\mu_m\Delta\chi_m^2+p_c\left[\overline{\chi}_m-(\chi_{mN}-\Delta\chi_m)\right]\right\}\mathrm{d}t \quad (5\text{-}14)$$

可以得到，制造商的最优决策为 $p^{\mathrm{SL}}=\frac{a}{2b}+\frac{w+e_m p_c}{2}$，$\Delta\chi_m^{\mathrm{SL}}=\frac{p_c}{\mu_m}$。预料到制造商的反应函数，供应商的目标函数可以表示为

$$\max_{w,\Delta\chi_s}\int_0^{\infty}\mathrm{e}^{-\rho t}\left\{\frac{1}{2}w(a-bw)-\frac{1}{2}\mu_s\Delta\chi_s^2+p_c\left[\overline{\chi}_s-(\chi_{sN}-\Delta\chi_s)\right]\right\}\mathrm{d}t \quad (5\text{-}15)$$

进一步得到，在 SL 权力结构下供应商的最优决策为 $\breve{w}^{\mathrm{SL}*}=\frac{a}{2b}+\frac{e_s p_c-e_m p_c}{2}$，$\Delta\breve{\chi}_s^{\mathrm{SL}*}=\frac{p_c}{\mu_s}$。进而得到，制造商的最优决策为 $\breve{p}^{\mathrm{SL}*}=\frac{3a}{4b}+\frac{(e_s+e_m)p_c}{4}$，$\Delta\breve{\chi}_m^{\mathrm{SL}*}=\frac{p_c}{\mu_m}$。将上述最优决策代入式（5-14）和式（5-15），可得制造商和供应商的最优利润分别为

$$\breve{V}_m^{\mathrm{SL}*}=\frac{1}{\rho}\left\{\frac{\left[a-(e_s+e_m)bp_c\right]^2}{16b}+\frac{p_c^2}{2\mu_m}+p_c(\overline{\chi}_m-\chi_{mN})\right\}$$

$$\breve{V}_s^{\mathrm{SL}*}=\frac{1}{\rho}\left\{\frac{\left[a-(e_s+e_m)bp_c\right]^2}{8b}+\frac{p_c^2}{2\mu_s}+p_c(\overline{\chi}_s-\chi_{sN})\right\}$$

因此，低碳供应链整体的最优利润为

$$\breve{V}_T^{\mathrm{SL}*}=\frac{1}{\rho}\left\{\frac{3\left[a-\left(e_s+e_m\right)bp_c\right]^2}{16b}+\frac{p_c^2}{2\mu_s}+\frac{p_c^2}{2\mu_m}+p_c\left(\overline{\chi}_s-\chi_{sN}+\overline{\chi}_m-\chi_{mN}\right)\right\}$$

再次，分析 ML 权力结构下的低碳供应链最优决策。该证明过程与上述求解类似，因此这里予以省略。此时，可以得到供应商的最优决策为 $\breve{w}^{\mathrm{ML}*}=\dfrac{a+\left(3e_s-e_m\right)p_cb}{4b}$，$\Delta\breve{\chi}_s^{\mathrm{ML}*}=\dfrac{p_c}{\mu_s}$；制造商的最优决策为 $\breve{p}^{\mathrm{ML}*}=\dfrac{3a+\left(e_s+e_m\right)p_cb}{4b}$，$\Delta\breve{\chi}_m^{\mathrm{ML}*}=\dfrac{p_c}{\mu_m}$。进一步可得，制造商、供应商和低碳供应链整体的最优利润分别为 $\breve{V}_m^{\mathrm{ML}*}=\dfrac{(\rho+\beta)A}{8\delta}+\dfrac{p_c^2}{2\mu_m}-p_c\left(\overline{\chi}_m-\chi_{mN}\right)$，$\breve{V}_s^{\mathrm{ML}*}=\dfrac{1}{\rho}\left[\dfrac{(\rho+\beta)A}{16\delta}+\dfrac{p_c^2}{2\mu_s}+p_c\left(\overline{\chi}_s-\chi_{sN}\right)\right]$，$\breve{V}_T^{\mathrm{ML}*}=\breve{V}_s^{\mathrm{ML}*}+\breve{V}_m^{\mathrm{ML}*}$。

最后，分析 NA 权力结构下的低碳供应链最优决策。此时，可以得到供应商的最优决策为 $\breve{w}^{\mathrm{NA}*}=\dfrac{a+\left(2e_s-e_m\right)p_cb}{3b}$，$\Delta\breve{\chi}_s^{\mathrm{NA}*}=\dfrac{p_c}{\mu_s}$；制造商的最优决策为 $\breve{p}^{\mathrm{NA}*}=\dfrac{2a+\left(e_s+e_m\right)p_cb}{3b}$，$\Delta\breve{\chi}_m^{\mathrm{NA}*}=\dfrac{p_c}{\mu_m}$。进一步可得，制造商、供应商和低碳供应链整体的最优利润分别为 $\breve{V}_m^{\mathrm{NA}*}=\dfrac{(\rho+\beta)A}{9\delta}+\dfrac{p_c^2}{2\mu_m}+p_c\left(\overline{\chi}_m-\chi_{mN}\right)$，$\breve{V}_s^{\mathrm{NA}*}=\dfrac{1}{\rho}\left[\dfrac{(\rho+\beta)A}{9\delta}+\dfrac{p_c^2}{2\mu_s}+p_c\left(\overline{\chi}_s-\chi_{sN}\right)\right]$，$\breve{V}_T^{\mathrm{NA}*}=\breve{V}_s^{\mathrm{NA}*}+\breve{V}_m^{\mathrm{NA}*}$。

四、无碳交易政策影响时的低碳供应链微分博弈模型

这里，将进一步不考虑碳交易政策的影响，即 $p_c=0$，$\delta=0$。在此基础上分析低碳供应链的最优决策。

首先，分析集成低碳供应链的最优决策。此时，低碳供应链的 HJB 方程可以表示为

$$\rho\hat{V}_T^C=\max_{p,\Delta\chi_s,\Delta\chi_m}\left\{p(a-bp)(1+\delta G)-\frac{1}{2}\mu_s\Delta\chi_s^2-\frac{1}{2}\mu_m\Delta\chi_m^2+\frac{\partial\hat{V}_T^C}{\partial G}\left(\gamma_s\Delta\chi_s+\gamma_m\Delta\chi_m-\beta G\right)\right\}$$

通过类似的分析可以得到，集成低碳供应链的最优决策为 $\hat{p}^{C*}=\dfrac{a}{2b}$，

$\Delta\hat{\chi}_s^{C*}=\dfrac{a^2\delta\gamma_s}{4\mu_s b(\rho+\beta)}$，$\Delta\hat{\chi}_m^{C*}=\dfrac{a^2\delta\gamma_m}{4\mu_m b(\rho+\beta)}$。进一步得到集成低碳供应链的最优利润为$V_T^{C*}=\dfrac{A}{4}\hat{G}_\infty^C+\dfrac{1}{4\rho}\left(\dfrac{a^2}{b}+\dfrac{A^2\gamma_s^2}{8\mu_s}+\dfrac{A^2\gamma_m^2}{8\mu_m}\right)$

其次，分析 SL 权力结构下的低碳供应链最优决策。此时，供应商和制造商的 HJB 方程可以分别表示为

$$\rho\hat{V}_s^{\mathrm{SL}}=\max_{w,\Delta\chi_s}\left\{w(a-bp)(1+\delta G)-\frac{1}{2}\mu_s\Delta\chi_s^2+\frac{\partial\hat{V}_s^{\mathrm{SL}}}{\partial G}(\gamma_s\Delta\chi_s+\gamma_m\Delta\chi_m-\beta G)\right\}$$

$$\rho\hat{V}_m^{\mathrm{SL}}=\max_{p,\Delta\chi_m}\left\{(p-w)(a-bp)(1+\delta G)-\frac{1}{2}\mu_m\Delta\chi_m^2+\frac{\partial\hat{V}_m^{\mathrm{SL}}}{\partial G}(\gamma_s\Delta\chi_s+\gamma_m\Delta\chi_m-\beta G)\right\}$$

通过类似的分析可以得到，SL 权力结构下供应商的最优决策为$\hat{w}^{\mathrm{SL}*}=\dfrac{a}{2b}$，$\Delta\hat{\chi}_s^{\mathrm{SL}*}=\dfrac{p_c}{\mu_s}$。制造商的最优决策为$\hat{p}^{\mathrm{SL}*}=\dfrac{3a}{4b}$，$\Delta\hat{\chi}_m^{\mathrm{SL}*}=\dfrac{a^2\delta\gamma_m}{16\mu_m b(\rho+\beta)}$。进一步得到制造商和供应商的最优利润分别为

$$\hat{V}_m^{\mathrm{SL}*}=\frac{a^2\delta\hat{G}_\infty^i}{16b(\rho+\beta)}+\frac{1}{16\rho}\left[\frac{a^2}{b}+\frac{a^4\delta^2\gamma_s^2}{8\mu_s b^2(\rho+\beta)^2}+\frac{a^4\delta^2\gamma_m^2}{32\mu_m b^2(\rho+\beta)^2}\right]$$

$$\hat{V}_s^{\mathrm{SL}*}=\frac{a^4\delta^2}{64\beta b^2(\rho+\beta)^2}\left(\frac{\gamma_s^2}{\mu_s}+\frac{\gamma_m^2}{2\mu_m}\right)+\frac{1}{8\rho}\left[\frac{a^2}{b}+\frac{a^4\delta^2\gamma_s^2}{16b^2(\rho+\beta)^2\mu_s}+\frac{a^4\delta^2\gamma_m^2}{16b^2(\rho+\beta)^2\mu_m}\right]$$

低碳供应链整体的最优利润为$\hat{V}_T^{\mathrm{SL}*}=\hat{V}_m^{\mathrm{SL}*}+\hat{V}_s^{\mathrm{SL}*}$。

再次，分析 ML 权力结构下的低碳供应链最优决策。该证明过程与上述求解类似，因此这里予以省略。此时，可以得到供应商的最优决策为$\hat{w}^{\mathrm{ML}*}=\dfrac{a}{4b}$，$\Delta\hat{\chi}_s^{\mathrm{ML}*}=\dfrac{a^2\delta\gamma_s}{16\mu_s b(\rho+\beta)}$。制造商的最优决策为$\hat{p}^{\mathrm{ML}*}=\dfrac{3a}{4b}$，$\Delta\hat{\chi}_m^{\mathrm{ML}*}=\dfrac{a^2\delta\gamma_m}{8\mu_m b(\rho+\beta)}$。进一步得到制造商和供应商的最优利润分别为

$$\hat{V}_m^{\mathrm{ML}*}=\frac{a^2\delta\hat{G}_\infty^i}{8b(\rho+\beta)}+\frac{1}{8\rho}\left\{\frac{a^2}{b}+\frac{a^4\delta^2\gamma_s^2}{16\mu_s b^2(\rho+\beta)^2}+\frac{a^4\delta^2\gamma_m^2}{16\mu_m b^2(\rho+\beta)^2}\right\}$$

$$\hat{V}_s^{\mathrm{ML}*}=\frac{a^2\delta\hat{G}_\infty^i}{16b(\rho+\beta)}+\frac{1}{16\rho}\left\{\frac{a^2}{b}+\frac{a^4\delta^2\gamma_s^2}{32\mu_s b^2(\rho+\beta)^2}+\frac{a^4\delta^2\gamma_m^2}{8\mu_m b^2(\rho+\beta)^2}\right\}$$

低碳供应链整体的最优利润为$\hat{V}_T^{\mathrm{ML}*}=\hat{V}_m^{\mathrm{ML}*}+\hat{V}_s^{\mathrm{ML}*}$。

最后，分析 NA 权力结构下的低碳供应链最优决策。此时，可以得到供应商的最优决策为 $\hat{w}^{NA*}=\dfrac{a}{3b}$，$\Delta\hat{\chi}_s^{NA*}=\dfrac{a^2\delta\gamma_s}{9\mu_s b(\rho+\beta)}$。制造商的最优决策为 $\hat{p}^{NA*}=\dfrac{2a}{3b}$，$\Delta\hat{\chi}_m^{NA*}=\dfrac{a^2\delta\gamma_m}{9\mu_m b(\rho+\beta)}$。进一步得到制造商和供应商的最优利润分别为

$$\hat{V}_m^{NA*}=\frac{a^2\delta\hat{G}_\infty^i}{9b(\rho+\beta)}+\frac{1}{9\rho}\left[\frac{a^2}{b}+\frac{a^4\delta^2\gamma_s^2}{18\mu_m b^2(\rho+\beta)^2}+\frac{a^4\delta^2\gamma_m^2}{9\mu_s b^2(\rho+\beta)^2}\right]$$

$$\hat{V}_s^{NA*}=\frac{a^2\delta\hat{G}_\infty^i}{9b(\rho+\beta)}+\frac{1}{9\rho}\left[\frac{a^2}{b}+\frac{a^4\delta^2\gamma_s^2}{18\mu_s b^2(\rho+\beta)^2}+\frac{a^4\delta^2\gamma_m^2}{9\mu_m b^2(\rho+\beta)^2}\right]$$

低碳供应链整体的最优利润为 $\hat{V}_T^{NA*}=\hat{V}_m^{NA*}+\hat{V}_s^{NA*}$。

第三节　综合性分析

第二节重点分析了不同情形下低碳供应链成员企业的碳减排技术投入决策以及定价策略。本节针对低碳供应链的均衡决策和最优利润，通过灵敏度分析与对比分析的方式（相关命题的证明过程予以省略），研究消费者低碳偏好、碳交易政策、权力结构等不同因素对低碳供应链成员企业运营决策的影响，为相关企业在低碳经济背景下的持续发展提供重要的理论依据。

一、消费者低碳偏好的影响

本节重点分析消费者低碳偏好对供应链成员企业运营决策的影响。通过对比分析考虑消费者低碳偏好和不考虑消费者低碳偏好时的不同情形，得到了相关结论，具体如命题 5.1 所示。需要说明的是，$j=\mathrm{SL,ML,NA}$ 表示不同的权力结构。

【命题 5.1】 给定不同的权力结构，①对于供应商而言，$w^{j*}=\breve{w}^{j*}$，$\Delta\chi_s^{j*}>\Delta\breve{\chi}_s^{j*}$，$V_s^j>\breve{V}_s^j$；②对于制造商而言，$p^{j*}=\breve{p}^{j*}$，$\Delta\chi_m^{j*}>\Delta\breve{\chi}_m^{j*}$，$V_m^j>\breve{V}_m^j$。

命题 5.1 表明，无论消费者是否具有低碳偏好，始终有 $w^{j*}=\breve{w}^{j*}$，$p^{j*}=\breve{p}^{j*}$。当消费者具有低碳偏好时，可以有效激励供应链成员企业投入减排技术，以实现更高的碳减排目标，进而提升利润，即 $\Delta\chi_s^{j*}>\Delta\breve{\chi}_s^{j*}$，$\Delta\chi_m^{j*}>\Delta\breve{\chi}_m^{j*}$。这是因为，当消费者具有低碳偏好时，提高供应链成员企业的碳减排目标可以提高企业商誉，进而扩大市场需求，同时使企业的碳配额更富余（可以获得更高的碳交易收益）或者碳配额更少（可以降低碳交易成本）。

接下来，通过灵敏度分析研究消费者低碳偏好对低碳供应链的影响。反映消费者低碳偏好影响程度的关键参数包括碳减排目标对商誉的敏感系数 γ_i 和商誉

对市场需求的敏感系数 δ 。γ_i 或 δ 越高，则消费者低碳偏好的影响程度越大。

【命题 5.2】 $\dfrac{\partial\Delta\chi_s^{j*}}{\partial\delta}>0$ ，$\dfrac{\partial\Delta\chi_s^{j*}}{\partial\gamma_s}>0$ ；w^{j*} 和 p^{j*} 均与 δ 和 γ_m 无关；$\dfrac{\partial V_s^j}{\partial\delta}>0$ ，$\dfrac{\partial V_s^j}{\partial\gamma_s}>0$ 。

命题 5.2 进一步表明，消费者低碳偏好可以诱导供应商和制造商实施更高的碳减排目标，从而增加其利润。同时，供应商的最优批发价格和制造商的最优零售价格均不受消费者低碳偏好的影响，即消费者的低碳偏好影响程度较高时，低碳供应链成员企业不会提高产品价格。上述命题都表明，消费者具有低碳偏好意味着社会公众的环保意识不断加强，这有利于促进企业投入碳减排技术以实现有效碳减排，并且有利于环境保护。特别地，随着消费者低碳偏好的影响程度逐渐增加，这种促进作用越显著。

二、碳交易政策的影响

有效的碳减排技术投入可以使参与碳交易的企业获益。但是，在给定政府分配的碳配额情况下，如果企业的初始碳排放较高，或者没有先进的碳减排技术，则实际碳排放可能会超过碳配额，因此需要在碳交易市场中购买碳配额，从而产生相应的碳减排成本。这会给企业带来巨大的碳减排压力，也会降低企业的碳减排积极性。针对此，本节重点研究在碳交易政策下，供应链成员企业如何设定最优的碳减排目标，以及政府如何设定适当的碳配额，从而有效激励企业进行碳减排，实现可持续发展。

在分析过程中，本节得到了一些边界条件，在此基础上得到了命题 5.3～命题 5.6 的相关结论。给定特定的供应链权力结构 j ，θ^j 为关于 θ 的阈值，χ_{i1}^j 和 χ_{i2}^j 分别为面向供应链成员企业 i 的碳配额的阈值， p_{ci}^j 为面向供应链成员企业 i 的碳交易价格的阈值；其中， $0<\theta^j\leqslant 1$ ， $\underline{\chi}_{i2}^j>\underline{\chi}_{i1}^j>0$ ， $p_{ci}^j>0$ 。上述阈值的具体表达式见表 5-1。

表 5-1　阈值的符号及具体表达式

符号	具体表达式
χ_{i1}^j	满足 $V_i^j=0$ 时关于 $\bar{\chi}_i$ 的阈值（$i=s,m,T$; $j=C,SL,ML,NA$）
χ_{i2}^j	满足 $V_i^j=\hat{V}_i^j$ 时关于 $\bar{\chi}_i$ 的阈值（$i=s,m,T$; $j=C,SL,ML,NA$）
$\underline{\chi}_{i1}^j$	$\underline{\chi}_{i1}^j=\max\left(\chi_{i1}^j,0\right)$ ($i=s,m,T$; $j=C,SL,ML,NA$)
$\underline{\chi}_{i2}^j$	$\underline{\chi}_{i2}^j=\max\left(\chi_{i2}^j,0\right)$ ($i=s,m,T$; $j=C,SL,ML,NA$)
$\tilde{p}_{ci}^j$	满足 $\Delta\chi_i^{j*}=\Delta\hat{\chi}_i^{j*}$ 时关于 p_c 的阈值($i=s,m$; $j=SL,ML,NA$)

续表

符号	具体表达式
p_{ci}^{j}	$p_{ci}^{j}=\max\left(\tilde{p}_{ci}^{j},0\right)\ (i=s,m;\ j=\text{SL},\text{ML},\text{NA})$
θ^{j}	$\theta^{\text{SL}}=1$，$\theta^{\text{ML}}=\frac{1}{3}$，$\theta^{\text{NA}}=\frac{1}{2}$
p_{c1}	满足 $V_s^{\text{SL}}=V_s^{\text{NA}}$ 时关于 p_c 的阈值，且 $p_{c1}>0$
p_{c2}	满足 $V_m^{\text{ML}}=V_m^{\text{NA}}$ 时关于 p_c 的阈值，且 $p_{c2}>0$

【命题 5.3】 ①在集成低碳供应链中，当且仅当 $\overline{\chi}_T>\underline{\chi}_{T1}^{C}$ 时，碳交易政策的实施有利于决策者。②在分散低碳供应链中，给定不同权力结构：(a) 当且仅当 $\overline{\chi}_s>\underline{\chi}_{s1}^{j}$ 时，碳交易政策的实施有利于供应商；(b) 当且仅当 $\overline{\chi}_m>\underline{\chi}_{m1}^{j}$ 时，碳交易政策的实施有利于制造商。这里，始终有 $\underline{\chi}_{T1}^{C}<\underline{\chi}_{s1}^{j}+\underline{\chi}_{m1}^{j}$。

命题 5.3①表明，当政府对集成低碳供应链分配一个相对较高的碳配额（即 $\overline{\chi}_T>\underline{\chi}_{T1}^{C}$）时，碳交易政策的实施对集成低碳供应链而言是有利的。命题 5.3②揭示了在分散低碳供应链中，各成员企业可以在碳交易政策下获利的重要条件，具体如下：无论何种权力结构，当政府对供应链成员企业分配相对较高的碳配额（即 $\overline{\chi}_i>\underline{\chi}_{i1}^{j}$，$i=s,m$）时，供应链成员企业均可以通过参与碳交易市场而获利；反之，则可能遭受巨大的损失而停产。这一结果表明，过于严格的政府监管（即较低的碳配额）可能会给供应链成员企业带来巨大的碳减排压力和资金压力，从而使其难以生存，即产生负面作用。因此，政府必须合理分配碳配额，充分发挥碳交易政策在引导企业积极参与碳减排方面的作用，从而促进经济的低碳发展。

命题 5.3 还表明，不管在何种供应链权力结构下，面向集成低碳供应链的碳配额阈值低于分散低碳供应链的碳配额阈值（即 $\underline{\chi}_{T1}^{C}<\underline{\chi}_{s1}^{j}+\underline{\chi}_{m1}^{j}$），即集成低碳供应链在较低的碳配额下仍然可以获利。这意味着，在给定较低的碳配额情形下，只要供应链成员企业之间构建密切的合作关系并达到集成状态，即使某一成员企业因碳排放高或者碳减排技术相对落后而无利可图且必须停止生产时，另一成员企业可以通过较低的碳交易价格甚至免费提供其剩余碳配额的方式，促进供应链业务的顺利运作，从而优化低碳供应链性能。

接下来，本节重点通过比较分析，进一步研究碳交易政策对低碳供应链成员企业的最优决策和利润的影响，并得到命题 5.4。

【命题 5.4】 ①对于供应商而言，(a) 如果 $e_s\geqslant\theta^{j}e_m$，则 $w^{j*}\geqslant\hat{w}^{j*}$，否则，$w^{j*}<\hat{w}^{j*}$；(b) 如果 $p_c\geqslant p_{cs}^{j}$，则 $\Delta\chi_s^{j*}\geqslant\Delta\hat{\chi}_s^{j*}$，否则，$\Delta\chi_s^{j*}<\Delta\hat{\chi}_s^{j*}$；(c) 如果 $\overline{\chi}_s\geqslant\underline{\chi}_{s2}^{j}$，则 $V_s^{j*}\geqslant\hat{V}_s^{j*}$，否则，$V_s^{j*}<\hat{V}_s^{j*}$。②对于制造商而言，(a) $p^{j*}\geqslant\hat{p}^{j*}$ 始终成立；(b) 如果 $p_c\geqslant p_{cm}^{j}$，则 $\Delta\chi_m^{j*}\geqslant\Delta\hat{\chi}_m^{j*}$，否则，$\Delta\chi_m^{j*}<\Delta\hat{\chi}_m^{j*}$；(c) 如果 $\overline{\chi}_m\geqslant\underline{\chi}_{m2}^{j}$，

则 $V_m^{j*} \geqslant \hat{V}_m^{j*}$，否则，$V_m^{j*} < \hat{V}_m^{j*}$。

命题 5.4 表明，引入碳交易政策后，制造商会提高产品的零售价格；但供应商是否会提高批发价格，则取决于其单位产品碳排放与制造商单位产品碳排放之间的大小关系。如果供应商的单位产品碳排放高于一定比例的制造商单位产品碳排放，则供应商会提高批发价格，将成本部分转嫁给制造商以保障自身的获利能力，从而应对碳交易政策带来的挑战；否则，供应商会降低批发价格，主动承担制造商的碳减排成本压力，并鼓励制造商订购更多的原材料。这是因为，在碳交易政策下，较高的碳排放和较低的碳排放效率会使供应链成员企业产生额外成本。为了应对这种挑战，制造商可以向具有低碳偏好的消费者收取更高的零售价格，以抵消部分碳排放成本；对于供应商而言，则可以通过批发价格的调整以灵活应对这种挑战。

此外，在不同权力结构下，碳交易政策的实施能否有效激励供应链成员企业提高碳减排目标还取决于碳交易价格。碳交易价格越高，则供应链成员企业能够通过碳减排技术的投入实现碳减排，并在出售单位剩余碳配额的过程中获得的利润越高，或在购买单位碳配额的过程中支付的费用越高。因此，企业愿意提高碳减排目标，出售更多的剩余碳配额，或购买更少的碳配额。相反，碳交易价格越低，则供应链成员企业的碳减排投入回报越低，其更倾向于购买更多的碳配额或出售更少的剩余碳配额，即企业的碳减排积极性会大大降低。

上述分析还表明，当政府分配给企业的碳配额相对较高时，碳交易政策使供应链成员企业更有利可图；反之，则不利于供应链成员企业的可持续发展。本节进一步讨论碳配额对供应链成员企业最优策略和利润的影响，具体如命题 5.5 所示。

【命题 5.5】 ①对于供应商而言，(a) w^{j*} 和 $\Delta\chi_s^{j*}$ 均与 $\overline{\chi}_s$ 无关；(b) $\dfrac{\partial V_s^{j*}}{\partial \overline{\chi}_s} > 0$。②对于制造商而言，(a) p^{j*} 和 $\Delta\chi_m^{j*}$ 均与 $\overline{\chi}_m$ 无关；(b) $\dfrac{\partial V_m^{j*}}{\partial \overline{\chi}_m} > 0$。

命题 5.5 表明，在碳交易政策下，供应链成员企业的最优决策不受碳配额的影响。同时，供应链成员企业的利润随着碳配额的增加而增加。结合命题 5.4 的结论可知，政府可以通过实施碳交易政策来影响供应链成员企业的碳减排积极性。但是，政府无法通过调整碳配额来提高供应链成员企业的碳减排目标，其主要受到碳交易价格的影响。总体来看，碳交易政策对企业碳减排技术投入的促进作用主要有两方面：一是通过强制的碳配额分配方式来约束企业进行碳减排；二是通过柔性的碳交易市场来激励企业提高碳减排效率。

根据上述分析可知，宽松的政府监管（即相对较高的碳配额）可以改善低碳供应链性能，但可能导致碳交易市场上的碳配额供过于求，从而降低碳交易价格，这可能不利于有效激励企业进行碳减排技术的投入。但是，严格的政府监管（即相对较低的碳配额）也可能挫败企业的碳减排积极性。针对此，本节进一步分析碳配额对低碳供应链成员企业利润的影响，从而为政府的碳配额分配方案制定提供一定的建议，具体如命题 5.6 所示。

【命题 5.6】 ①对于供应商而言，(a) 当且仅当 $\bar{\chi}_s^j \geqslant \underline{\chi}_{s1}^j$ 时，$V_s^{j*} \geqslant 0$；(b) 当且仅当 $\bar{\chi}_s^j \geqslant \underline{\chi}_{s2}^j$ 时，$V_s^{j*} \geqslant \hat{V}_s^{j*}$。②对于制造商而言，(a) 当且仅当 $\bar{\chi}_m^j \geqslant \underline{\chi}_{m1}^j$ 时，$V_m^{j*} \geqslant 0$；(b) 当且仅当 $\bar{\chi}_m^j \geqslant \underline{\chi}_{m2}^j$ 时，$V_m^{j*} \geqslant \hat{V}_m^{j*}$。

命题 5.6 表明，只要政府分配的碳配额高于阈值，低碳供应链成员企业在碳交易政策下均有利可图。特别地，对于供应商（制造商）而言，存在着一个阈值 $\underline{\chi}_{s2}^j$（$\underline{\chi}_{m2}^j$），当政府分配的碳配额高于相应的阈值时，低碳供应链成员企业参与碳交易市场始终能够获得相对于其不参与碳交易市场时更高的利润。

三、权力结构的影响

本节主要通过比较不同权力结构下低碳供应链成员企业的最优决策和利润，进一步分析权力结构对低碳供应链运作决策的影响。

【命题 5.7】 ①对于供应商而言，有 $w^{\mathrm{SL}*} > w^{\mathrm{NA}*} > w^{\mathrm{ML}*}$，$\Delta\chi_s^{\mathrm{SL}*} > \Delta\chi_s^{\mathrm{NA}*} > \Delta\chi_s^{\mathrm{ML}*}$。②对于制造商而言，有 $p^{\mathrm{SL}*} = p^{\mathrm{ML}*} > p^{\mathrm{NA}*}$，$\Delta\chi_m^{\mathrm{ML}*} > \Delta\chi_m^{\mathrm{NA}*} > \Delta\chi_m^{\mathrm{SL}*}$。③对于低碳供应链整体而言，当 $\frac{\gamma_s}{\mu_s} \leqslant \frac{2\gamma_m}{7\mu_m}$ 时，有 $\Delta\chi_T^{C*} > \Delta\chi_T^{\mathrm{ML}*} \geqslant \Delta\chi_T^{\mathrm{NA}*} > \Delta\chi_T^{\mathrm{SL}*}$；当 $\frac{2\gamma_m}{7\mu_m} < \frac{\gamma_s}{\mu_s} < \frac{7\gamma_m}{2\mu_m}$ 时，有 $\Delta\chi_T^{C*} > \Delta\chi_T^{\mathrm{NA}*} > \max\left\{\Delta\chi_T^{\mathrm{SL}*}, \Delta\chi_T^{\mathrm{ML}*}\right\}$；当 $\frac{\gamma_s}{\mu_s} \geqslant \frac{7\gamma_m}{2\mu_m}$ 时，有 $\Delta\chi_T^{C*} > \Delta\chi_T^{\mathrm{SL}*} \geqslant \Delta\chi_T^{\mathrm{NA}*} > \Delta\chi_T^{\mathrm{ML}*}$。

命题 5.7 表明，低碳供应链成员企业的最优决策受供应链权力结构的重要影响。在 SL 权力结构下，供应商作为主导者具有较大的先动优势，因此其在该权力结构下选择最高的批发价格；而在 ML 权力结构下，供应商作为跟随者会选择最低的批发价格以争取与制造商的合作，因此有 $w^{\mathrm{SL}*} > w^{\mathrm{NA}*} > w^{\mathrm{ML}*}$。在不同的权力结构下，供应链成员企业的最优碳减排决策也不同。供应链成员企业的角色从跟随者转变为主导者的过程中，其碳减排目标会增加，即 $\Delta\chi_s^{\mathrm{SL}*} > \Delta\chi_s^{\mathrm{ML}*}$，$\Delta\chi_m^{\mathrm{ML}*} > \Delta\chi_m^{\mathrm{SL}*}$。特别地，始终有 $\Delta\chi_T^{C*} > \max\left\{\Delta\chi_T^{\mathrm{SL}*}, \Delta\chi_T^{\mathrm{ML}*}, \Delta\chi_T^{\mathrm{NA}*}\right\}$。这意味着，当所有供应链成员企业都以低碳供应链整体利润最大化为目标进行碳减排决策时，可以达到最高的碳减排目标。此外，制造商的定价决策与其是否具有先动优势无关，其在 NA 权力结构下选择的零售价格始终最低，即 $p^{\mathrm{SL}*} = p^{\mathrm{ML}*} > p^{\mathrm{NA}*}$。

接下来，重点分析碳交易政策对低碳供应链成员企业利润的影响。在提出命题 5.8 之前，首先令 $\Gamma=\dfrac{47(\rho+\beta)}{17(2\rho+\beta)}$，$Z=\dfrac{134b(\rho+\beta)^2\beta}{17a^2\delta^2(2\rho+\beta)}$。

【命题 5.8】 ①对于供应商而言，（a）当 $\dfrac{\gamma_s^2}{\mu_s}\geqslant\dfrac{\gamma_m^2\Gamma}{\mu_m}-Z$ 时，有 $V_s^{\mathrm{SL}*}\geqslant V_s^{\mathrm{NA}*}>V_s^{\mathrm{ML}*}$；（b）当 $\dfrac{\gamma_s^2}{\mu_s}<\dfrac{\gamma_m^2\Gamma}{\mu_m}-Z$ 时，存在唯一的 p_{c1}，若满足 $p_c\leqslant p_{c1}$，则 $V_s^{\mathrm{NA}*}\geqslant V_s^{\mathrm{SL}*}>V_s^{\mathrm{ML}*}$，否则，$V_s^{\mathrm{SL}*}>V_s^{\mathrm{NA}*}>V_s^{\mathrm{ML}*}$。②对于制造商而言，（a）当 $\dfrac{\gamma_m^2}{\mu_m}\geqslant\dfrac{\gamma_s^2\Gamma}{\mu_s}-Z$ 时，有 $V_m^{\mathrm{ML}*}\geqslant V_m^{\mathrm{NA}*}>V_m^{\mathrm{SL}*}$；（b）当 $\dfrac{\gamma_m^2}{\mu_m}<\dfrac{\gamma_s^2\Gamma}{\mu_s}-Z$ 时，存在唯一的 p_{c2}，若满足 $p_c\leqslant p_{c2}$，则 $V_m^{\mathrm{NA}*}\geqslant V_m^{\mathrm{ML}*}>V_m^{\mathrm{SL}*}$，否则，$V_m^{\mathrm{ML}*}>V_m^{\mathrm{NA}*}>V_m^{\mathrm{SL}*}$。③对于低碳供应链整体而言，$V_T^{C*}>V_T^{\mathrm{NA}*}>\max\left\{V_T^{\mathrm{SL}*},V_T^{\mathrm{ML}*}\right\}$ 始终成立。

命题 5.8 表明，在碳交易市场中，若碳交易价格相对较高，则供应商在 SL 权力结构下获得的利润最高（即当 $p_c>p_{c1}$ 时，$V_s^{\mathrm{SL}*}>V_s^{\mathrm{NA}*}>V_s^{\mathrm{ML}*}$），制造商在 ML 权力结构下获得的利润最高（即当 $p_c>p_{c2}$ 时，$V_m^{\mathrm{ML}*}>V_m^{\mathrm{NA}*}>V_m^{\mathrm{SL}*}$）。有趣的是，当碳交易价格相对较低时，在 NA 权力结构下，供应链成员企业同时获得最高利润（即当 $p_c<\min\left\{p_{c1},p_{c2}\right\}$ 和 $\dfrac{\gamma_m^2}{\mu_m\Gamma}+\dfrac{Z}{\Gamma}<\dfrac{\gamma_s^2}{\mu_s}<\dfrac{\gamma_m^2\Gamma}{\mu_m}-Z$ 时，$V_m^{\mathrm{NA}*}\geqslant\max\left\{V_m^{\mathrm{ML}*},V_m^{\mathrm{SL}*}\right\}$ 和 $V_s^{\mathrm{NA}*}\geqslant\max\left\{V_s^{\mathrm{ML}*},V_s^{\mathrm{SL}*}\right\}$）。此外，命题 5.8 表明，在 NA 权力结构下，低碳供应链整体的利润总是最高的。结合命题 5.7 可以推断得出，在 NA 权力结构下，低碳供应链整体有可能达到最高的碳减排水平（即当 $\dfrac{2\gamma_m}{7\mu_m}<\dfrac{\gamma_s}{\mu_s}<\dfrac{7\gamma_m}{2\mu_m}$ 时，$\Delta\chi_T^{\mathrm{NA}*}>\max\left\{\Delta\chi_T^{\mathrm{SL}*},\Delta\chi_T^{\mathrm{ML}*}\right\}$）。由此可知，在一定条件下，对等的权力结构可能最有利于低碳供应链的可持续发展。同时，$V_T^{C*}>\max\left\{V_T^{\mathrm{SL}*},V_T^{\mathrm{ML}*},V_T^{\mathrm{NA}*}\right\}$ 还表明，当所有供应链成员企业都以低碳供应链整体利润最大化为目标时，低碳供应链的整体性能可以进一步得到提升。

第四节　数值分析

本节通过数值分析来验证消费者低碳偏好、碳交易政策和供应链权力结构对低碳供应链运作决策的影响。

一、消费者低碳偏好的影响

根据前文的描述，δ 、γ_s 、γ_m 是反映消费者低碳偏好影响程度的关键参数。考虑到不同权力结构下消费者低碳偏好对低碳供应链成员企业利润的影响相似，本节以 NA 权力结构为例开展相关分析工作。为了保证分析结果的合理性，本节根据相关研究对基本参数的取值进行了设置（Ma et al.，2020）。本节设 $a = 32$ ，$b = 2$ ，$\rho = 0.12$ ，$\beta = 0.10$ ，$G_0 = 0$ ，$p_c = 3$ ，$\mu_s = 20$ ，$\mu_m = 16$ ，$\bar{\chi}_s = 15$ ，$\bar{\chi}_m = 15$ ，$e_{s0} = 0.20$ 。

如图 5-2（a）所示，低碳供应链成员企业的利润随着商誉对市场需求的影响程度的增加而增加。图 5-2（b）进一步表明，供应商（制造商）利润不仅随着碳减排目标对商誉的影响系数（γ_s）的增加而增加，而且随着制造商（供应商）碳减排目标对商誉的影响系数（γ_m）的增加而增加。这些结果直观地表明，消费者低碳偏好的程度越高，则低碳供应链成员企业获得的利润越高。

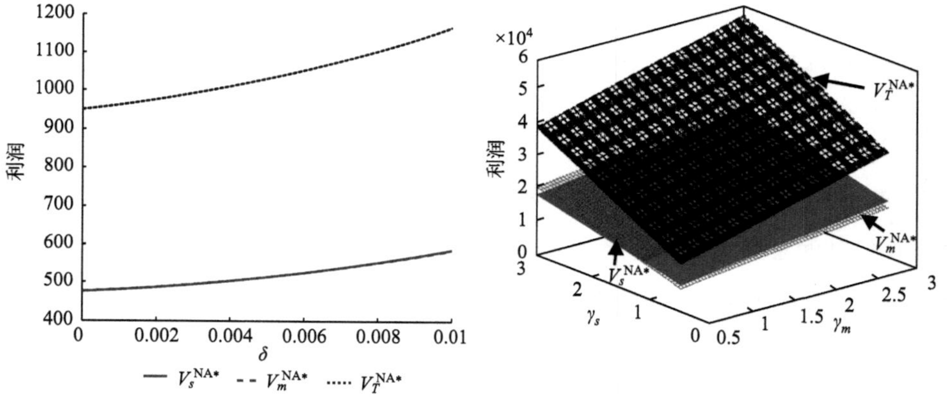

（a）δ对利润的影响（$\gamma_s=\gamma_m=2$）　　（b）γ_s和γ_m对利润的影响（δ=0.01）

图 5-2　消费者的低碳偏好对供应链成员企业利润的影响

二、碳交易政策的影响

碳交易政策主要包括两个关键因素——碳配额和碳交易价格。如命题 5.3～命题 5.5 所示，碳配额和碳交易价格在不同区间波动时，对低碳供应链成员企业利润的影响是不同的。本节设置如下参数：$a = 35$ ，$b = 2$ ，$\rho = 0.12$ ，$\beta = 0.1$ ，$G_0 = 0$ ，$\mu_s = 10$ ，$\mu_m = 8$ ，$\gamma_s = 2$ ，$\gamma_m = 3$ ，$\delta = 0.005$ ，$e_{s0} = 0.20$ ，$e_{m0} = 0.30$ ，$\chi_{sN} = 8$ ，$\chi_{mN} = 8$ 。同样，本节以 NA 权力结构为例开展相关分析。

如图 5-3 所示，随着碳配额的增加，低碳供应链成员企业的利润均不断增加。对于供应商而言，如果 $\overline{\chi}_s < 10.7$，则 $V_s^{\text{NA}*} < \hat{V}_s^{\text{NA}*}$；否则，$V_s^{\text{NA}*} \geqslant \hat{V}_s^{\text{NA}*}$。对于制造商而言，如果 $\overline{\chi}_m < 10.6$，则 $V_m^{\text{NA}*} < \hat{V}_m^{\text{NA}*}$；否则，$V_m^{\text{NA}*} \geqslant \hat{V}_m^{\text{NA}*}$。结果表明，给定较高的碳配额时，碳交易政策有利于低碳供应链成员企业的可持续发展；给定较低的碳配额时，碳交易政策将不利于低碳供应链成员企业的发展。

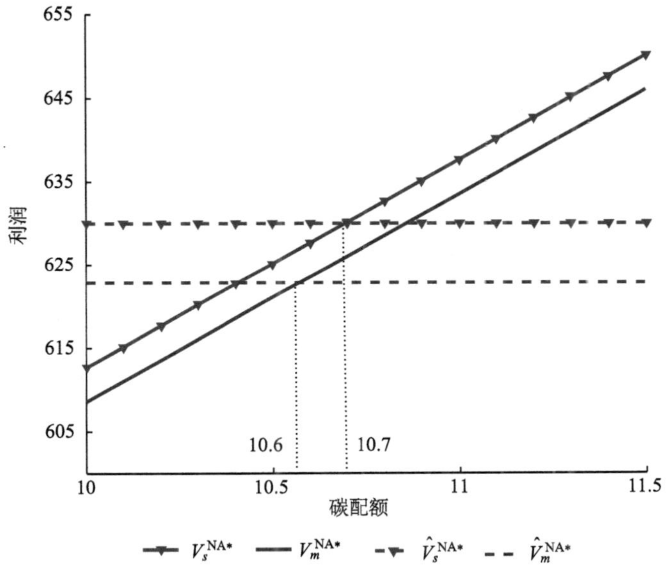

图 5-3　NA 权力结构下碳配额对低碳供应链利润的影响

本节还提出了一个特殊案例来说明碳交易政策下低碳供应链成员企业之间合作的重要性。如图 5-4（a）所示，当供应商碳配额过剩，制造商碳配额不足时，随着碳交易价格的提高，供应商的利润不断增加，但在 $p_c \in (20,39.2)$ 时，制造商的利润变为 0，甚至变为负数。此时，制造商会停止生产并且不再向供应商采购原材料。即在 $p_c \in (20,39.2)$ 时，供应商和制造商必须停止生产，即供应链不再运作，且两个成员没有获利（$V_s^{\text{NA}*} = V_m^{\text{NA}*} = V_T^{\text{NA}*} = 0$），具体如图 5-4（b）所示。此时，从供应链的视角出发，有一种解决方案来促进制造商订购原材料，并让低碳供应链恢复运作。即供应商将其剩余的碳配额免费分享给制造商，则在 $p_c \in (20,39.2)$ 时，供应商和制造商均可以获利，具体如图 5-5 所示。上述研究结果表明，在碳交易政策下，低碳供应链成员企业之间的碳减排合作可以提高低碳供应链的整体性能。

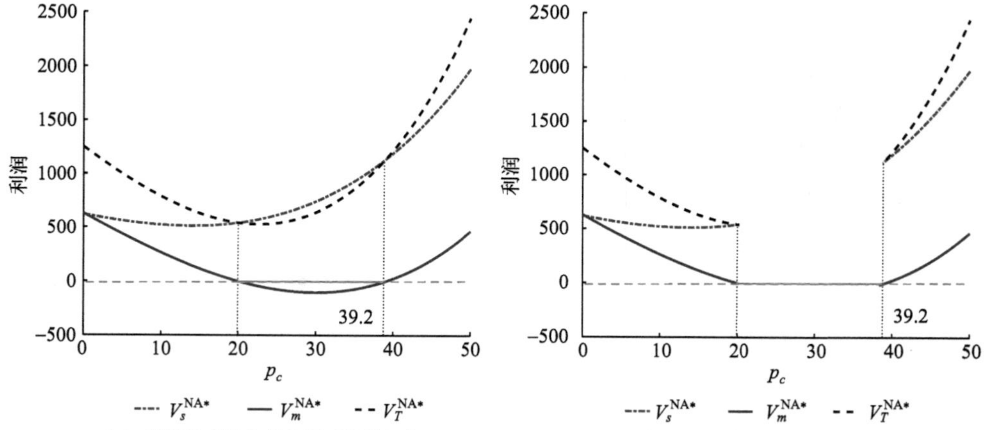

（a）低碳供应链获得负利时仍然运作　　（b）低碳供应链获得负利时停止运作

图 5-4　碳交易价格对低碳供应链成员企业利润的影响（$\bar{\chi}_s = 7$，$\bar{\chi}_m = 7$，$\bar{\chi}_T = 13$）

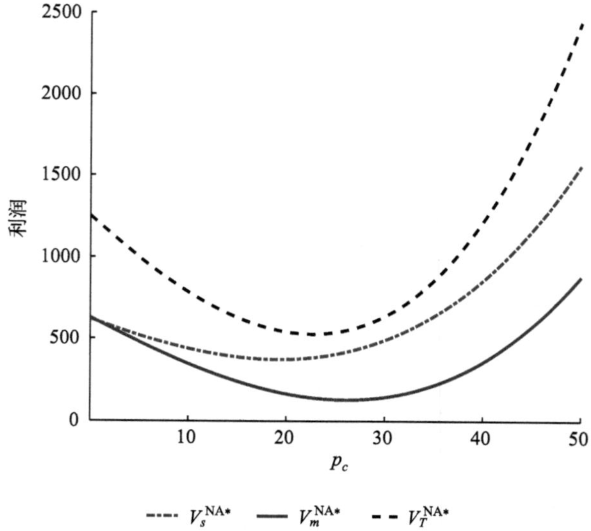

图 5-5　碳减排合作对低碳供应链成员企业利润的影响（$\bar{\chi}_s = 6$，$\bar{\chi}_m = 8$，$\bar{\chi}_T = 13$）

三、权力结构的影响

为了分析不同权力结构对低碳供应链成员企业的影响，设置如下基本参数：$a = 35$，$b = 2$，$\rho = 0.08$，$\beta = 0.10$，$G_0 = 0$，$\delta = 0.015$，$\chi_{sN} = 15$，$\chi_{mN} = 15$，$e_{s0} = 0.20$，$e_{m0} = 0.30$。命题 5.8 表明，$\frac{\gamma_s^2}{\mu_s}$ 和 $\frac{\gamma_m^2}{\mu_m}$ 之间的大小关系对不同权力结构下供应链成员企业的利润具有重要影响，因此本节讨论了如下三个条件。

①$\frac{\gamma_s^2}{\mu_s}>\frac{\gamma_m^2\Gamma}{\mu_m}-Z$：$\mu_s=30$，$\mu_m=20$，$\gamma_s=5.60$，$\gamma_m=4.50$；②$\frac{\gamma_m^2}{\mu_m\Gamma}+\frac{Z}{\Gamma}<\frac{\gamma_s^2}{\mu_s}<\frac{\gamma_m^2\Gamma}{\mu_m}-Z$：$\mu_s=30$，$\mu_m=20$，$\gamma_s=5.51$，$\gamma_m=4.50$；③$\frac{\gamma_s^2}{\mu_s}<\frac{\gamma_m^2}{\mu_m\Gamma}+\frac{Z}{\Gamma}$：$\mu_s=16$，$\mu_m=20$，$\gamma_s=4$，$\gamma_m=4.50$。

图 5-6 展示了权利结构对供应商利润的影响。根据图 5-6（a）可知，当$\frac{\gamma_s^2}{\mu_s}>\frac{\gamma_m^2\Gamma}{\mu_m}-Z$时，在 SL 权利结构下，供应商的利润最高。根据图 5-6（b）可知，当$\frac{\gamma_m^2}{\mu_m\Gamma}+\frac{Z}{\Gamma}\leqslant\frac{\gamma_s^2}{\mu_s}\leqslant\frac{\gamma_m^2\Gamma}{\mu_m}-Z$时，给定相对较高的碳交易价格，供应商在 SL 权力结构下的利润最高；否则，供应商在 NA 权力结构下的利润最高。图 5-6（c）显示了与图 5-6（b）相似的结果，但不同的是，图 5-6（b）中碳交易价格的阈值低于图 5-6（c）中的阈值。因此，相对于$\frac{\gamma_s^2}{\mu_s}<\frac{\gamma_m^2}{\mu_m\Gamma}+\frac{Z}{\Gamma}$的情形，满足$\frac{\gamma_m^2}{\mu_m\Gamma}+\frac{Z}{\Gamma}\leqslant\frac{\gamma_s^2}{\mu_s}\leqslant\frac{\gamma_m^2\Gamma}{\mu_m}-Z$时，供应商更有可能在 SL 权力结构下获得最高的利润。

图 5-7 展示了权力结构对制造商利润的影响。图 5-7（a）表明，当$\frac{\gamma_s^2}{\mu_s}>\frac{\gamma_m^2\Gamma}{\mu_m}-Z$时，给定相对较高的碳交易价格，制造商在 ML 权力结构下的利润最高；否则，制造商在 NA 权力结构下的利润最高。图 5-7（b）显示了与图 5-7（a）相似的结果，但不同的是图 5-7（b）中碳交易价格的阈值比图 5-7（a）中的阈值低。因此，

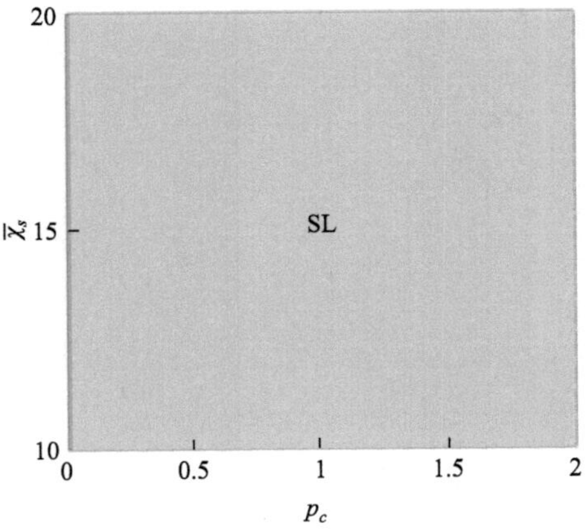

（a）$\frac{\gamma_s^2}{\mu_s}>\frac{\gamma_m^2\Gamma}{\mu_m}-Z$

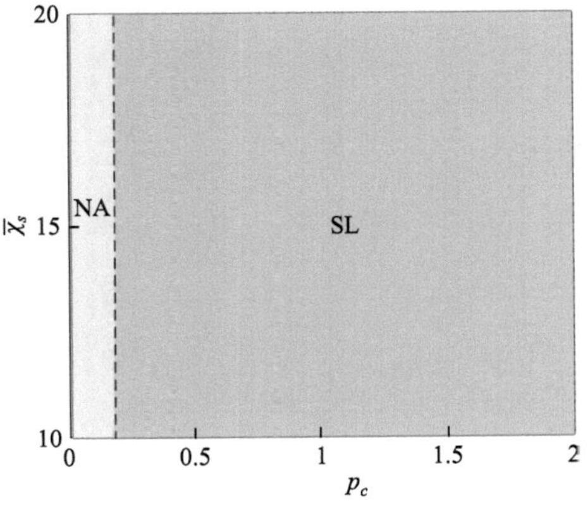

（b）$\frac{\gamma_m^2}{\mu_m\Gamma}+\frac{Z}{\Gamma}\leqslant\frac{\gamma_s^2}{\mu_s}\leqslant\frac{\gamma_m^2\Gamma}{\mu_m}-Z$

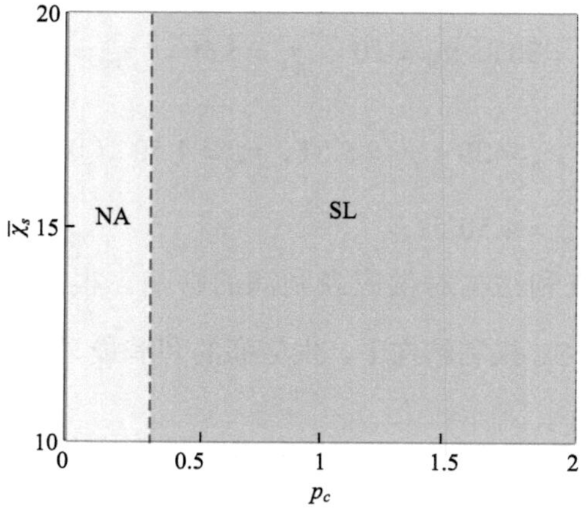

（c） $\frac{\gamma_s^2}{\mu_s} < \frac{\gamma_m^2}{\mu_m \Gamma} + \frac{Z}{\Gamma}$

图 5-6　给定不同条件时供应商获得最高利润的权力结构

相对于 $\frac{\gamma_s^2}{\mu_s} > \frac{\gamma_m^2 \Gamma}{\mu_m} - Z$ 的情形，满足 $\frac{\gamma_m^2}{\mu_m \Gamma} + \frac{Z}{\Gamma} \leqslant \frac{\gamma_s^2}{\mu_s} \leqslant \frac{\gamma_m^2 \Gamma}{\mu_m} - Z$ 时，制造商更有可能在 ML 权力结构下获得最高的利润。由图 5-7（c）可知，当 $\frac{\gamma_s^2}{\mu_s} < \frac{\gamma_m^2}{\mu_m \Gamma} + \frac{Z}{\Gamma}$ 时，制造商在 ML 权力结构下的利润最高。

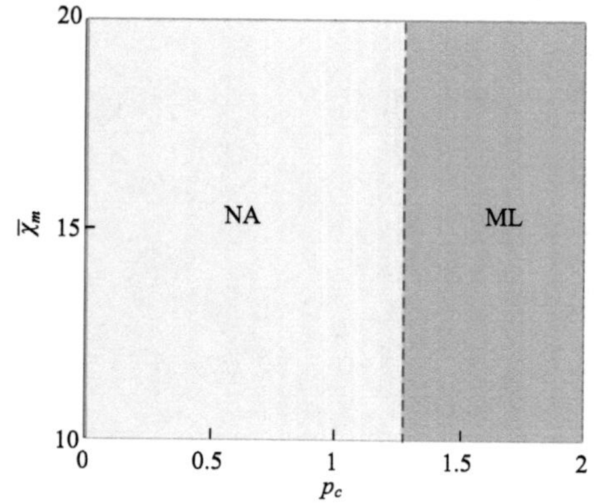

（a） $\frac{\gamma_s^2}{\mu_s} > \frac{\gamma_m^2 \Gamma}{\mu_m} - Z$

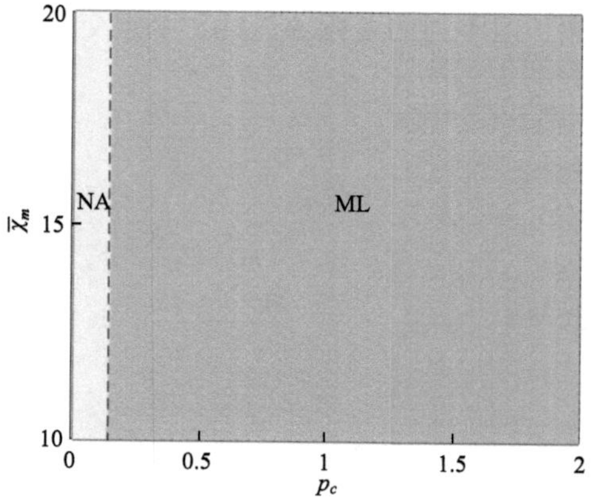

（b） $\frac{\gamma_m^2}{\mu_m \Gamma} + \frac{Z}{\Gamma} \leqslant \frac{\gamma_s^2}{\mu_s} \leqslant \frac{\gamma_m^2 \Gamma}{\mu_m} - Z$

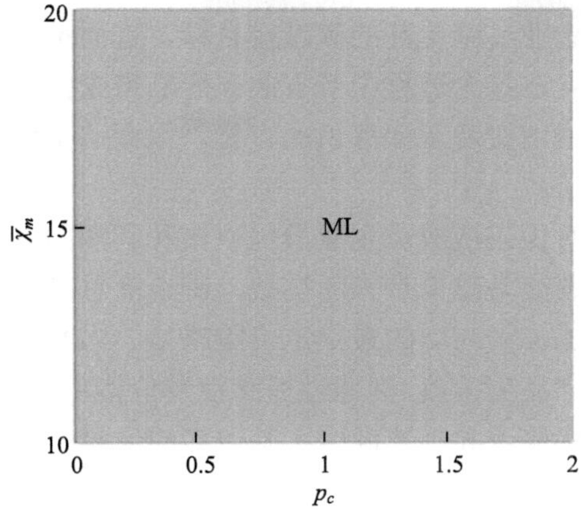

（c）$\frac{\gamma_s^2}{\mu_s} < \frac{\gamma_m^2}{\mu_m \Gamma} + \frac{Z}{\Gamma}$

图 5-7　给定不同条件时制造商获得最高利润的权力结构

此外，本节还分析了在 $\frac{\gamma_s^2}{\mu_s} > \frac{\gamma_m^2 \Gamma}{\mu_m} - Z$、$\frac{\gamma_m^2}{\mu_m \Gamma} + \frac{Z}{\Gamma} \leqslant \frac{\gamma_s^2}{\mu_s} \leqslant \frac{\gamma_m^2 \Gamma}{\mu_m} - Z$ 和 $\frac{\gamma_s^2}{\mu_s} < \frac{\gamma_m^2}{\mu_m \Gamma} + \frac{Z}{\Gamma}$ 三种不同条件下，低碳供应链整体利润最高的权力结构区间。通过研究发现，在 NA 权力结构下，低碳供应链整体的利润总是最高的。

以上结论为低碳供应链成员企业在不同碳交易价格下权力结构的选择提供了理论依据。结合图 5-6 和图 5-7 可知，当碳交易价格相对较高时，供应商更倾向于采用 SL 权力结构以获得最高的利润，但是制造商更倾向于采用 ML 权力结构以获得最高的利润。当碳交易价格相对较低时，供应商和制造商对权力结构的偏好取决于 $\frac{\gamma_s^2}{\mu_s}$ 和 $\frac{\gamma_m^2}{\mu_m}$ 之间的大小关系。根据图 5-6（b）和图 5-7（b）可知，满足 $\frac{\gamma_m^2}{\mu_m \Gamma} + \frac{Z}{\Gamma} \leqslant \frac{\gamma_s^2}{\mu_s} \leqslant \frac{\gamma_m^2 \Gamma}{\mu_m} - Z$ 时，如果碳交易价格相对较低，则存在一个使所有供应链成员企业均可以在 NA 权力结构下获得最高利润的区间。该结论表明，在一定条件下，对等的权力结构可能是供应链成员企业的最优选择，且能够使其达成一致协议。

综合上述分析，本章的研究结论如下。

（1）在碳交易政策下，消费者低碳偏好程度越高，可以激励供应链成员企业实施更高的碳减排目标，从而提升低碳供应链竞争力。同时，虽然供应链成员企业实施了更高的碳减排目标，但不会通过定价策略将增加的碳减排成本转移给消费者。此外，消费者低碳偏好有利于提高供应链成员企业的利润，这是因为消费者低碳偏好能够激励企业实施更高的碳减排目标，进而扩大市场需求，使企业获得更高的销售收益，且在这个过程中节省的碳配额带来的收益可以超过增加的碳减排成本。因此，加强消费者环保意识的宣传，强调购买低碳产品的重要性，是降低碳排放的有效办法。

（2）碳交易政策对供应链成员企业最优决策和利润的影响取决于多种因素的综合作用。为了应对碳交易政策带来的挑战，制造商总是会通过提高零售价格以应对碳减排成本的增加。供应商的最优定价策略是，当其单位产品碳排放高于一定比例的制造商单位产品碳排放，则通过提高批发价格将部分成本转嫁给制造商，否则通过降低批发价格来诱导制造商购买其更多的原材料。此外，如果碳交易价格相对较高，则供应链成员企业将提高碳减排目标；否则，将降低碳减排目标。

（3）给定不同的权力结构，低碳供应链成员企业的定价和碳减排决策均有所不同。供应商在 SL 权力结构下选择的批发价格和碳减排目标最高；制造商在 NA 权力结构下选择的零售价格最高，而在 ML 权力结构下选择的碳减排目标最高。研究还发现，当碳交易价格相对较高时，供应商（制造商）在 SL（ML）权力结构下的利润最高，其不能对权力结构达成一致协议；但是当碳交易价格相对较低时，低碳供应链成员企业在 NA 权力结构下均能够获得最高的利润，此时决策优先权并不是供应链成员企业实现利润最大化的必要条件，且他们可以对 NA 权力结构达成一致协议，并获得双赢。

第六章　供应链视角下企业绿色创新与信息共享研究

随着水资源污染和气候变暖等环境恶化问题在全世界蔓延，社会公众的环保意识逐渐增强。企业为了提升竞争力和获得良好的公众形象，越来越重视产品的绿色环保性。例如，京东方科技集团股份有限公司作为全球半导体显示龙头企业，一直致力于科技创新与绿色发展，目前已构建产品全生命周期碳足迹平台，在设计与制造过程中融入绿色理念，提高资源利用效率，利用回收材料，有效减少碳排放。同时，携手产业链上下游合作伙伴，共同推动显示产业全流程绿色减碳，加快绿色转型。①另外，美国科技巨头苹果公司除了驱动自身运营向碳中和转型之外，还引导68家在中国的主要生产合作伙伴承诺到2030年仅使用清洁能源生产苹果产品，以此增加更多的可再生能源来为其全球供应链供电，并积极投资研发下一代绿色技术②③。由此可见，绿色创新已经成为众多企业的共识，且影响范围已经扩展到产业链供应链范畴。

不可忽视的是，随着环保意识的增强，越来越多的消费者更愿意购买绿色产品，这进一步增强了产业链供应链生产绿色产品的驱动力。因此，为了响应政府部门的倡导，同时也为了满足消费者的绿色需求，从而获得更多的利润，越来越多的制造商开始在绿色研发方面积极投入，并专注于绿色产品的生产。针对此，本章将从供应链的视角出发，研究企业绿色创新的投入决策。

本章研究主要涉及绿色供应链博弈模型的构建与优化问题。近年来，众多学者从不同方面对此进行了深入研究，并取得了丰富的研究成果（Swami and Shah，2013；Song and Gao，2018；曹裕等，2019；Cai and Jiang，2023）。Swami和Shah（2013）针对由制造商和零售商组成的绿色供应链，对比分析了集中和分散情形下的决策方案，并设计两部定价契约来协调绿色供应链。Song和Gao（2018）在一个两级供应链中，分别构建了以零售商为主导的收益共享契约和讨价还价的收益共享契约来加强绿色供应链成员间的合作，并讨论了两种契约对产品绿色度、销售价格和成员利润的影响。江世英和李随成（2015）在考虑产品绿色度的基础上

---

①《坚持“科技创新+绿色发展”理念 京东方：打造三大技术策源地》，https://www.cs.com.cn/ssgs/gsxw/202412/t20241225_6463664.html[2024-12-25]。

②《Apple 承诺到 2030 年实现供应链和产品 100% 碳中和》，https://www.apple.com.cn/newsroom/2020/07/apple-commits-to-be-100-percent-carbon-neutral-for-its-supply-chain-and-products-by-2030/[2020-07-21]。

③Apple 2030: A plan as innovativeas our products. https://www.apple.com/environment/[2025-03-18]。

分析了不同权力结构下绿色供应链成员的最优决策方案，并在制造商主导的模型中引入收益共享契约来实现供应链的协调。Ghosh 和 Shah（2015）在绿色供应链中引入两种不同类型的契约——成本共担契约和讨价还价契约，研究了这两种不同类型契约对绿色水平以及供应链成员效用的影响。Xu 和 Xie（2016）构建了由制造商和零售商组成的两级闭环绿色供应链，分别在集中和分散决策情形下研究了供应链在经济效益、环保效益、社会效益方面的差异，并在分散决策情形下引入收益共享契约来实现供应链协调。高举红等（2015）在由零售商主导、制造商跟随的闭环供应链中，分析了产品绿色效应和销售努力效应对成员最优决策与利润的影响，并讨论了零售商的绿色营销策略和低价促销策略对供应链绩效的提升作用。曹裕等（2019）在由制造商主导、零售商追随的绿色供应链中分别研究了无政府补贴和单一补贴两种策略下的最优决策，该研究还进一步探讨了政府外部协调策略与供应链成员内部协调策略对绿色供应链决策的影响。冯颖等（2022）考虑制造商承担社会责任的情形，针对由零售商和绿色产品制造商组成的绿色供应链，研究了不同补贴机制对绿色供应链运作的影响。

本章主要内容还涉及供应链信息不对称问题。由于不同供应链成员在市场上承担的角色不同，他们之间还存在着信息获取能力方面的差异。在实际的供应链运作中，掌握信息的一方为获得更多的利润通常会保留私有需求信息或者传递虚假信息，所以供应链信息不对称的现象是普遍存在的。另外，由于零售商在供应链中处于更加靠近市场的位置，且在销售过程中能够积累相关的数据以及专业能力。因此，专家们普遍认为，在供应链中，相对于上游的制造商或供应商而言，零售商往往掌握着更多的需求信息（刘竞等，2021；Li et al.，2019）。目前，已有学者对供应链信息不对称的问题展开了研究。Xu 和 Xu（2022）构建了由一个生产企业和一个掌握私有需求信息的分销企业组成的二级低碳供应链，探讨了信息不对称对成员利润的影响并分析了生产企业的渠道入侵和碳减排策略。士明军等（2019）研究了需求信息不对称环境下绿色供应链的信息共享问题，并且发现零售商信息共享总是使制造商受益，而零售商是否愿意主动共享信息与绿色成本系数的大小有关。Xia 和 Niu（2021）构建了由致力于碳减排的制造商和致力于绿色营销的零售商组成的供应链，研究了制造商如何设计由批发价格和转移支付构成的契约清单来甄别零售商拥有的私有需求信息，并在此基础上研究了信息不对称如何影响企业履行环境责任。Shang 等（2016）分析了由两个相互竞争的制造商和一个掌握私有需求信息的零售商组成的供应链。该研究发现，零售商是否愿意进行信息共享取决于生产成本、制造商之间的竞争强度、信息付费合同的设计方案。Zhang 等（2019）假设零售商拥有私有需求信息，分别在制造商承担售后服务和零售商承担售后服务的情形下分析了零售商的信息共享策略，研究表明制造商承担售后服务时，零售商更愿意共享需求信息。刘竞等（2021）在不同权力结构下求解得到了掌握私有需求信息的零售商引入自有品牌前后的最优决策，且研究发现当零售商作为市场主导者时无论是否引入自有品牌，其掌握信息并不一定对自己有利。本章的信息不对称量化方式主要参考了 Pu 等（2020）的研究，他们假设市场需求不确定，并且只有零售商掌握私有需求信息，而制造商仅知道历史的平均需求，因而制造商会根据对零售商的信任度、历史需求平均值、零售商共享的信息这几个因素形成自己对需求信息的估值。但是在他们的研究中，并没有针对绿色供应链开展建模工作，也没有考虑供应链成员的风险规避态度。

以上研究大多假设供应链成员是风险中性的。然而，随着市场不确定性程度加剧，供应链关联企业对风险的感知越来越敏感。因此，在研究供应链管理问题时，越来越多的学者开始考虑供应链成员的风险规避态度。宋英华等（2021）构建了由一个风险规避供应商和一个风险规避且谎报信息的零售商组成的绿色供应链，研究了集中和分散情形下绿色供应链成员风险规避行为和零售商信息谎报行为对供应链决策的影响。李莉英等（2022）考虑碳限额与碳交易的背景，研究了作为主导者的风险中性供应商的批发价格定价决策和作为跟随者的风险规避制造商的最优订购与碳减排决策，研究发现制造商的风险规避程度越高，其订购策略越保守。柏庆国等（2019）基于均值-方差准则，分别构建了风险厌恶零售商主导和风险厌恶制造商主导的两种供应链模型，通过数值算例分析了制造商和零售商风险厌恶系数对供应链运营决策的影响。Gupta 和 Ivanov（2020）构建了由两个风险规避供应商和一个风险中性零售商组成的供应链，并基于均值-方差准则刻画了供应商的风险规避特性，分析了风险规避和需求不确定性对供应链绩效的影响。Li 等（2016）针对由风险中性供应商和风险规避零售商组成的供应链研究了零售商的风险规避行为对供应链成员决策的影响，并引入风险分担合同来实现供应链协调。曹宗宏等（2019）考虑到风险规避的制造商开通直销渠道时会面临需求不确定和资金短缺的情况，分别构建了零售商提前支付和银行借贷两个决策模型，分别得到了制造商的最优融资策略和渠道入侵策略。赖雪梅和聂佳佳（2022）针对由制造商为主导者、零售商与电商平台为追随者所组成的供应链，研究了制造商风险规避态度对其入驻电商平台模式的影响，研究发现当制造商风险规避程度较低时，其会选择以转销模式入驻电商平台，反之会选择以代销模式入驻。丁军飞等（2022）在风险中性和风险规避情形下研究了再制造企业的生产决策问题，重点讨论了风险规避行为对企业生产决策以及消费者剩余的影响。

通过对已有文献的梳理和总结，可以发现已经有大量学者对绿色供应链管理、信息不对称环境下的供应链管理，以及供应链成员的风险规避行为展开了研究。然而，在信息不对称环境下的绿色供应链管理领域仍然存在着研究空间。一个亟须解决的管理问题是，如何挖掘出绿色供应链成员风险规避态度与信任度对绿色供应链运营效率的作用机理。基于此，本章以绿色供应链为研究对象，考虑到市场需求受到零售价格以及产品绿色度的影响，进一步在需求信息不对称环境下构建了由一个绿色产品制造商和一个零售商组成的两级绿色供应链。首先，抓住产品绿色度及零售价格对市场需求影响的相对大小这一特性，分析了供应链成员风险规避系数波动对最优决策的影响；其次，分析信息不对称对绿色供应链成员最优效用的影响，并结合信任度这一参数分析了其对最优决策的影响；再次，对比分析了三种情形下各成员的最优决策和最优效用；最后，在三种情形下引入了成本共担契约来优化绿色供应链的性能。本章研究工作的主要创新点包括以下几个方面：①在信息不对称环境下，考虑绿色供应链成员具有风险规避行为，继而展开建模工作，适应了当前众多绿色供应链运行的实际情况；②对不同的决策情形进行了对比分析，由此获得的结论能够帮助绿色供应链成员更好地应对信息不对称与风险规避带来的挑战，同时也有利于支持绿色供应链成员找到更加合适的运行方案；③在决策者不同的风险规避情形下通过引入成本共担契约，实现了绿色供应链性能的帕累托改进，能够帮助绿色供应链找到恰当的合作机制，提升绿色供应链整体竞争力。

第一节　绿色供应链模型构建

考虑由一个制造商和一个零售商组成的两级绿色供应链，其中制造商作为绿色供应链的主导者，通过技术投入生产绿色产品并销售给零售商，零售商再将绿色产品销售至市场。为明确本章研究问题，做出如下基本假设。

（1）参考 Cai 等（2023），假设产品的市场需求函数为$D=a-bp+\gamma g+\xi$，其中，市场需求与产品绿色度g呈正相关，与零售价格p呈负相关。b为需求对零售价格的敏感系数；γ为消费者对产品绿色度的敏感系数；ξ是一个均值为 0，方差为σ^2的随机变量（Zhang et al.，2022b；许明辉和孙康泰，2020）。

（2）假设制造商为提高产品绿色度而支出的研发成本为$s=\dfrac{1}{2}kg^2$，其中，$k(k>0)$为绿色研发投入成本系数（夏西强等，2021；林志炳，2022）。

（3）假设制造商生产单位绿色产品的成本为c（不包括绿色研发投入的成本），零售商的销售成本为 0。根据实际情况，这里假设$p>w>c>0$。

（4）本章采用均值-方差法来衡量绿色供应链成员的风险规避效用（张芳等，2021；Zhang et al.，2022c）。当制造商风险规避时，其效用定义为$U_m=E(\pi_m)-\lambda_m\sqrt{\mathrm{Var}(\pi_m)}$，其中$\mathrm{Var}(\pi_m)=E\left[\pi_m-E(\pi_m)\right]^2$；$E(\cdot)$为期望值；$\mathrm{Var}(\cdot)$为方差；$\lambda_m(\lambda_m\geqslant 0)$为制造商的风险规避程度；$\pi_m$为制造商的随机利润；$\lambda_m=0$表示制造商风险中性，$\lambda_m>0$表示制造商风险规避，$\lambda_m$越大，制造商越风险规避。

同理，零售商风险规避时的效用定义为 $U_r = E(\pi_r) - \lambda_r \sqrt{\mathrm{Var}(\pi_r)}$，其中，$\mathrm{Var}(\pi_r) = E[\pi_r - E(\pi_r)]^2$；$\lambda_r(\lambda_r \geqslant 0)$ 为零售商的风险规避程度，λ_r 越大表示零售商越风险规避；π_r 为零售商的随机利润。

（5）假设市场需求是不确定的，历史平均需求信息为 $\bar{a}$，此为绿色供应链成员共同所知。因为零售商更接近消费市场，且市场存在一定的信息壁垒，故相对于制造商而言，零售商更容易掌握市场需求信息 a。因此，假设 a 为零售商的私有需求信息，除此之外其他信息均对称（Shang et al.，2016）。

（6）参考 Pu 等（2020）的研究，假设零售商会共享需求信息给制造商，但是由于市场需求不确定且双方信息不对称，出于最大化自身利益，零售商可能会扭曲真实的市场需求信息 a，并分享给制造商 a_r；制造商根据收到的 a_r，再根据历史平均需求信息 $\bar{a}$，形成对零售商的评估信任度 $T(0 \leqslant T \leqslant 1)$，最后综合得出需求信息 $a_m = a_r T + (1-T)\bar{a}$。因此零售商认为的市场需求为 $q_r = a - bp + \gamma g + \xi$，制造商认为的市场需求为 $q_m = a_m - bp + \gamma g + \xi = a_r T + (1-T)\bar{a} - bp + \gamma g + \xi$。

（7）假设制造商的生产能力不受约束，也就是说不存在缺货的情况。

（8）为保证解的有效性，假设 $b > \dfrac{\gamma^2}{2k}$。该约束条件要求 b 值相对较大、k 值相对较大，而 γ 值相对较小。这意味着，绿色产品的市场需求受到零售价格影响的程度相对比较大，而受到产品绿色度影响的程度相对较小。这样的假设条件非常符合当前众多绿色产品的实际情况，因此是一个相对比较宽松且合理的约束条件。

（9）本章用下标 $i \in \{1,2,3\}$ 分别表示以下三种情形：制造商和零售商均风险规避、制造商风险中性且零售商风险规避、制造商风险规避且零售商风险中性；下标 $j \in \{1,2\}$ 分别表示每种情形中信息对称和不对称的情况。这样，本章三种情形中产品批发价格、产品绿色度、产品零售价格分别表示为 w_{ij}、g_{ij}、p_{ij}。

用 Stackelberg 模型来描述绿色供应链上下游企业的博弈过程，其中制造商作为主导者，零售商作为追随者。博弈的具体过程为：第一阶段，制造商确定产品批发价格 w 和产品绿色度 g；第二阶段，零售商决定产品零售价格 p。在这种分散决策情形下，尽管零售商掌握着私有需求信息，但他并不一定会把真实的信息分享给制造商。基于以上设计，本章将分别考虑制造商和零售商均风险规避、制造商风险中性且零售商风险规避、制造商风险规避且零售商风险中性三种情形，并且每种情形下均讨论信息不对称给绿色供应链运行带来的影响。此外，在三种情形下，还引入成本共担契约来提升绿色供应链的性能。

第二节　考虑企业风险规避态度时的绿色供应链信息共享与运作决策

一、情形Ⅰ：制造商和零售商均风险规避

这里首先考虑信息对称环境下绿色供应链成员的决策问题。此时，绿色供应链中制造商和零售商的效用函数可以表示为

$$U_{m11}=(w-c)(a-bp+\gamma g)-\lambda_m(w-c)\sigma-\frac{1}{2}kg^2 \tag{6-1}$$

$$U_{r11}=(p-w)(a-bp+\gamma g)-\lambda_r(p-w)\sigma \tag{6-2}$$

针对以上问题，采用逆向归纳法进行分析，得到上述 Stackelberg 博弈的均衡解如命题 6.1 所示。

【命题 6.1】　制造商和零售商均风险规避且信息对称时，产品的最优批发价格、最优绿色度、最优零售价格分别为 $w_{11}^*=\frac{2k\left[a-bc+(\lambda_r-2\lambda_m)\sigma\right]}{4bk-\gamma^2}+c$、$g_{11}^*=\frac{\left[a-bc+(\lambda_r-2\lambda_m)\sigma\right]\gamma}{4bk-\gamma^2}$、$p_{11}^*=\frac{3k\left[a-bc+(\lambda_r-2\lambda_m)\sigma\right]}{4bk-\gamma^2}+\frac{(\lambda_m-\lambda_r)\sigma}{b}+c$。

证明：根据制造商和零售商的效用函数，可得 U_{r11} 关于 p 的二阶导为 $\frac{\partial^2 U_{r11}}{\partial p^2}=-2b<0$，可知 U_{r11} 是关于 p 的凹函数，令 $\frac{\partial U_{r11}}{\partial p}=0$ 可得 $p(w,g)=\frac{a+\gamma g+bw-\lambda_r\sigma}{2b}$。将 $p(w,g)$ 代入制造商的效用函数 U_{m11} 中，可以得到 U_{m11} 的海塞矩阵 $H_{11}(w,g)$，由海塞矩阵的一阶顺序主子式 $D_1=-b<0$，二阶顺序主子式 $D_2=2bk-\gamma^2>0$，可知海塞矩阵负定。对 U_{m11} 分别求解关于 w 和 g 的一阶导并令其等于 0，联立方程组 $\frac{\partial U_{m11}}{\partial w}=\frac{1}{2}\left[a+b(c-2w)+\gamma g-2\lambda_m\sigma+\lambda_r\sigma\right]=0$，$\frac{\partial U_{m11}}{\partial g}=\frac{1}{2}(w-c)\gamma-gk=0$。求得 w_{11}^* 和 g_{11}^* 后代入 $p(w,g)=\frac{a+\gamma g+bw-\lambda_r\sigma}{2b}$ 可得 p_{11}^*，命题 6.1 得证。把 w_{11}^*、g_{11}^*、p_{11}^* 代入制造商和零售商的效用函数，得到

$$U_{m11}^*=\frac{k\left[a-bc+(\lambda_r-2\lambda_m)\sigma\right]^2}{2\left(4bk-\gamma^2\right)}$$

$$U_{r11}^*=\frac{\left[bk(a-bc+2\lambda_m\sigma-3\lambda_r\sigma)+(\lambda_r-\lambda_m)\sigma\gamma^2\right]^2}{b\left(4bk-\gamma^2\right)}$$

证毕。

命题 6.1 得到了信息对称环境下绿色供应链成员的最优均衡解。进一步地，将上述最优解代入式（6-1）和式（6-2），可以得到制造商的最优效用 U_{m11}^* 和零售商的最优效用 U_{r11}^*。

接下来，考虑信息不对称环境下绿色供应链成员的决策问题。此时，制造商和零售商的效用函数可以表示为

$$U_{m12} = (w-c)(a_m - bp + \gamma g) - \lambda_m (w-c)\sigma - \frac{1}{2}kg^2 \tag{6-3}$$

$$U_{r12} = (p-w)(a - bp + \gamma g) - \lambda_r (p-w)\sigma \tag{6-4}$$

由于零售商掌握私有需求信息并且不会把真实的信息分享给制造商，当零售商分享给制造商的信息为 a_r 时，制造商根据对市场需求的综合评估（包括历史平均需求和信任度）形成自己对市场需求的判断为 a_m。根据上述制造商和零售商的效用函数，可以得到 U_{m12} 是关于 w 和 g 的联合凹函数。采用逆向归纳法，可以得到上述 Stackelberg 博弈的均衡解如命题 6.2 所示。

【命题 6.2】 制造商和零售商均风险规避且信息不对称时，产品的最优批发价格、最优绿色度、最优零售价格分别为

$$w_{12}^* = \frac{2k\left[a_m - bc + (\lambda_r - 2\lambda_m)\sigma\right]}{4bk - \gamma^2} + c, \quad g_{12}^* = \frac{\gamma\left[a_m - bc + (\lambda_r - 2\lambda_m)\sigma\right]}{4bk - \gamma^2}$$

$$p_{12}^* = \frac{3k\left[a_m - bc + (\lambda_r - 2\lambda_m)\sigma\right]}{4bk - \gamma^2} + \frac{a - a_m + 2\lambda_m\sigma - 2\lambda_r\sigma}{2b} + c$$

证明：类似于命题 6.1 的证明，可知 U_{r12} 是关于 p 的凹函数。令 $\frac{\partial U_{r12}}{\partial p} = 0$，可得 $p(w,g) = \frac{a + \gamma g + bw - \lambda_r\sigma}{2b}$。由于零售商扭曲了需求信息，故从制造商的视角来看，产品的零售价格应当为 $p_m = \frac{a_m + \gamma g + bw - \lambda_r\sigma}{2b}$。把 p_m 代入 U_{m12}，进而可以得到 U_{m12} 的海塞矩阵 $H_{12}(w,g)$，由海塞矩阵的一阶顺序主子式 $D_1 = -b < 0$，二阶顺序主子式 $D_2 = 2bk - \gamma^2 > 0$，可知海塞矩阵负定。联立方程组 $\frac{\partial U_{m12}}{\partial w} = 0$，$\frac{\partial U_{m12}}{\partial g} = 0$。求得 w_{12}^* 和 g_{12}^*，进一步得 p_{12}^*。证毕。

命题 6.2 得到了信息不对称环境下绿色供应链成员的最优均衡解，将均衡解代入式（6-3）和式（6-4），可以得到制造商的最优效用 U_{m12}^* 和零售商的最优效用 U_{r12}^*。

【推论 6.1】 当零售商和制造商均风险规避时，零售商和制造商的风险规避

程度在信息对称环境下对产品批发价格、产品绿色度、产品零售价格的影响趋势分别为$\frac{\partial w_{11}^*}{\partial \lambda_m}<0$，$\frac{\partial w_{11}^*}{\partial \lambda_r}>0$；$\frac{\partial g_{11}^*}{\partial \lambda_m}<0$，$\frac{\partial g_{11}^*}{\partial \lambda_r}>0$；$\frac{\partial p_{11}^*}{\partial \lambda_m}<0$。

零售商和制造商的风险规避系数在信息不对称环境下对产品批发价格、产品绿色度、产品零售价格的影响分别为$\frac{\partial w_{12}^*}{\partial \lambda_m}<0$，$\frac{\partial w_{12}^*}{\partial \lambda_r}>0$；$\frac{\partial g_{12}^*}{\partial \lambda_m}<0$，$\frac{\partial g_{12}^*}{\partial \lambda_r}>0$；$\frac{\partial p_{12}^*}{\partial \lambda_m}<0$。

当$b>\frac{\gamma^2}{k}$时，$\frac{\partial p_{11}^*}{\partial \lambda_r}<0$，$\frac{\partial p_{12}^*}{\partial \lambda_r}<0$；当$\frac{\gamma^2}{2k}<b\leqslant\frac{\gamma^2}{k}$时，$\frac{\partial p_{11}^*}{\partial \lambda_r}>0$，$\frac{\partial p_{12}^*}{\partial \lambda_r}>0$。

推论 6.1 表明，无论信息是否对称，当制造商和零售商均风险规避时：

（1）随着制造商风险规避程度的增加，产品批发价格、产品绿色度和产品零售价格均降低。这主要是因为通过观察制造商的效用函数，可以发现风险规避程度与批发价格存在着乘积关系，相对于一个较小的风险规避程度而言，在同一个批发价格下，较大的风险规避程度给制造商效用产生的负面影响更明显。因此，随着风险规避程度的增加，制造商为了实现最优的效用，会选择降低批发价格来获得相对稳定的市场需求量，以此减少由于较大风险规避程度产生的负面影响。批发价格的降低会使制造商单位产品的收益降低，在面临较高的绿色研发投入成本时，制造商会通过选择降低产品绿色度来维持一定的效用。零售商在面对产品绿色度和批发价格均降低的情况下，会选择降低产品的零售价格来刺激市场的需求，以此实现“薄利多销”的效果。

（2）随着零售商风险规避程度的增加，产品批发价格和产品绿色度均上升。这主要是因为随着零售商风险规避程度的增加，零售商对风险的敏感程度提高，此时制造商为了保护自身的利益会选择用更高的产品绿色度来驱动市场需求，并提高产品批发价格。

（3）随着零售商风险规避程度的增加，产品零售价格的变化则与产品绿色度及产品零售价格对市场需求影响的相对大小有关：当$b>\frac{\gamma^2}{k}$时，γ相对较小、k值相对较大、b值相对较大，这意味着产品绿色度对市场需求的影响相对较小，制造商通过提升产品绿色度实现市场需求大幅度提升的难度较大，而产品零售价格对市场需求的影响相对较大，以上两方面综合作用的结果驱动零售商随着自身风险规避程度的增加而降低产品零售价格，从而通过刺激市场需求的增加来最大化自身产品益；当$\frac{\gamma^2}{2k}<b\leqslant\frac{\gamma^2}{k}$时，产品绿色度对市场需求的影响相对较大，而产品零售价格对市场需求的影响相对较小，在制造商增加产品绿色度的背景下，零售

商能够适当提升产品零售价格，此时市场需求并不会因产品零售价格的提高而大幅度减少，因此零售商能够最大化其自身利益。

因此，当制造商和零售商均风险规避时，较高的零售商风险规避程度和较低的制造商风险规避程度对产品绿色度的提高是有利的。接下来考虑仅有一个成员风险规避的情形。

二、情形Ⅱ：制造商风险中性且零售商风险规避

这里首先考虑信息对称环境下绿色供应链成员的决策问题。此时，制造商和零售商的效用函数可以表示为

$$U_{m21}=(w-c)(a-bp+\gamma g)-\frac{1}{2}kg^2 \tag{6-5}$$

$$U_{r21}=(p-w)(a-bp+\gamma g)-\lambda_r(p-w)\sigma \tag{6-6}$$

对待上述问题，也可以采用逆向归纳法进行分析，得到 Stackelberg 博弈的均衡解 w_{21}^*、g_{21}^*、p_{21}^*。将上述均衡解代入式（6-5）和式（6-6），可以分别得到制造商的最优效用 U_{m21}^* 和零售商的最优效用 U_{r21}^*。

接下来考虑信息不对称环境下绿色供应链成员的决策问题。在此情况下，制造商和零售商的效用函数可以表示为

$$U_{m22}=(w-c)(a_m-bp+\gamma g)-\frac{1}{2}kg^2 \tag{6-7}$$

$$U_{r22}=(p-w)(a-bp+\gamma g)-\lambda_r(p-w)\sigma \tag{6-8}$$

采用逆向归纳法，可以得到上述 Stackelberg 博弈的均衡解 w_{22}^*、g_{22}^*、p_{22}^*。将上述均衡解代入式（6-7）和式（6-8），可以分别得到制造商的最优效用 U_{m22}^* 和零售商的最优效用 U_{r22}^*。

三、情形Ⅲ：制造商风险规避且零售商风险中性

这里首先考虑信息对称环境下绿色供应链成员的决策问题。此时，制造商和零售商的效用函数可以表示为

$$U_{m31}=(w-c)(a-bp+\gamma g)-\frac{1}{2}kg^2-\lambda_m(w-c)\sigma \tag{6-9}$$

$$U_{r31}=(p-w)(a-bp+\gamma g) \tag{6-10}$$

采用逆向归纳法，可以得到上述 Stackelberg 博弈的均衡解 w_{31}^*、g_{31}^*、p_{31}^*。将上述均衡解代入式（6-9）和式（6-10），可以分别得到制造商的最优效用 U_{m31}^* 和零售商的最优效用 U_{r31}^*。

接下来考虑信息不对称环境下绿色供应链成员的决策问题。此时，制造商和

零售商的效用函数可以表示为

$$U_{m32}=(w-c)(a_m-bp+\gamma g)-\frac{1}{2}kg^2-\lambda_m(w-c)\sigma \tag{6-11}$$

$$U_{r32}=(p-w)(a-bp+\gamma g) \tag{6-12}$$

采用逆向归纳法，可以得到上述 Stackelberg 博弈的均衡解 w_{32}^*、g_{32}^*、p_{32}^*。将上述均衡解代入式（6-11）和式（6-12），可以分别得到制造商的最优效用 U_{m32}^* 和零售商的最优效用 U_{r32}^*。

总结情形Ⅱ和情形Ⅲ求解得到的均衡解，其结果如表 6-1 所示。

表 6-1　情形Ⅱ和情形Ⅲ的均衡解

决策变量	情形Ⅱ且信息对称	情形Ⅲ且信息对称	情形Ⅱ且信息不对称	情形Ⅲ且信息不对称
产品批发价格	$\frac{2k(a-bc+\lambda_r\sigma)}{4bk-\gamma^2}+c$	$\frac{2k(a-bc-2\lambda_m\sigma)}{4bk-\gamma^2}+c$	$\frac{2k(a_m-bc+\lambda_r\sigma)}{4bk-\gamma^2}+c$	$\frac{2k(a_m-bc-2\lambda_m\sigma)}{4bk-\gamma^2}+c$
产品绿色度	$\frac{(a-bc+\lambda_r\sigma)\gamma}{4bk-\gamma^2}$	$\frac{(a-bc-2\lambda_m\sigma)\gamma}{4bk-\gamma^2}$	$\frac{(a_m-bc+\lambda_r\sigma)\gamma}{4bk-\gamma^2}$	$\frac{(a_m-bc-2\lambda_m\sigma)\gamma}{4bk-\gamma^2}$
产品零售价格	$\frac{3k(a-bc+\lambda_r\sigma)}{4bk-\gamma^2}-\frac{\lambda_r\sigma}{b}+c$	$\frac{3k(a-bc-2\lambda_m\sigma)}{4bk-\gamma^2}+\frac{\lambda_m\sigma}{b}+c$	$\frac{3k(a_m-bc+\lambda_r\sigma)}{4bk-\gamma^2}+\frac{a-a_m-2\lambda_r\sigma+2bc}{2b}$	$\frac{3k(a_m-bc-2\lambda_m\sigma)}{4bk-\gamma^2}+\frac{a-a_m+2\lambda_m\sigma}{2b}+c$

通过观察上述均衡解，可以发现无论信息是否对称，在情形Ⅱ中，随着零售商风险规避程度的增加，产品批发价格和产品绿色度上升，而产品零售价格的变化则与产品绿色度及产品零售价格对市场需求影响的相对大小有关；在情形Ⅲ中，随着制造商风险规避程度的增加，产品批发价格、产品绿色度、产品零售价格均降低。这样的结果类似于推论 6.1，即无论信息对称与否，仅有一个供应链成员风险规避时与两个供应链成员均风险规避时相比，均衡解与风险规避程度的波动趋势是一致的。

四、比较分析

上述分别讨论了在三种情形中，绿色供应链成员在信息对称和不对称环境下的最优决策。接下来针对每种情形，对比分析信息对称和不对称环境下绿色供应链成员的决策差异，剖析信息不对称对绿色供应链成员最优决策和效用的影响。这里假设制造商的生产成本总是相对较小，从而确保绿色供应链成员能够获得正的期望效用。此外，观察信息不对称环境下最优解表达式，假设 $a_m > B_1$（其中，$B_1=\max(bc-2\lambda_m\sigma, bc-\lambda_r\sigma, bc-(\lambda_r-2\lambda_m)\sigma)$），使信息不对称环境下绿色供应链成员能够获得一个正的最优解。

【命题 6.3】 对制造商而言，在三种情形中，信息不对称环境下制造商的效用均小于信息对称环境下制造商的效用。对零售商而言，在每种情形中，信息不对称对零售商效用的影响与制造商对需求的评估值有关：当 $a_m > a$ 时，信息不对称环境下零售商的效用小于信息对称环境下零售商的效用；当 $B_1 < a_m \leqslant a$ 时，信息不对称环境下零售商的效用大于信息对称环境下零售商的效用。

证明：对于制造商而言，

$$U_{m32}^* - U_{m31}^* = -\frac{k\left(a-a_m\right)^2}{2\left(4bk-\gamma^2\right)} \leqslant 0$$

$$U_{m22}^* - U_{m21}^* = -\frac{k\left(a-a_m\right)^2}{2\left(4bk-\gamma^2\right)} \leqslant 0$$

$$U_{m12}^* - U_{m11}^* = -\frac{k\left(a-a_m\right)^2}{2\left(4bk-\gamma^2\right)} \leqslant 0$$

对于零售商而言，

$$U_{r32}^* - U_{r31}^* = \frac{\left(a-a_m\right)\left(2bk-\gamma^2\right)\left[2bk\left(3a-2bc-a_m+4\lambda_m\sigma\right)+\left(a_m-a-4\lambda_m\sigma\right)\gamma^2\right]}{4b(4bk-\gamma^2)^2}$$

$$U_{r22}^* - U_{r21}^* = \frac{\left(a-a_m\right)\left(2bk-\gamma^2\right)\left[2bk\left(3a-2bc-a_m-6\lambda_r\sigma\right)+\left(a_m-a+4\lambda_r\sigma\right)\gamma^2\right]}{4b(4bk-\gamma^2)^2}$$

$$U_{r12}^* - U_{r11}^* = \frac{\left(a-a_m\right)\left(2bk-\gamma^2\right)\left\{\begin{matrix}2bk\left(3a-2bc-a_m+4\lambda_m\sigma-6\lambda_r\sigma\right)+\\ \left[a_m-a-4\left(\lambda_r-\lambda_m\right)\sigma\right]\gamma^2\end{matrix}\right\}}{4b(4bk-\gamma^2)^2}$$

考虑到假设生产成本相对较小且 $a_m > B_1$，可得

$$2bk\left(3a-2bc-a_m+4\lambda_m\sigma\right)+\left(a_m-a-4\lambda_m\sigma\right)\gamma^2 > 0$$

进一步可知，当 $a > a_m$ 时，$U_{r12}^* > U_{r11}^*$；当 $a \leqslant a_m$ 时，$U_{r12}^* \leqslant U_{r11}^*$，同理可证得其余两个式子也满足此条件。证毕。

在信息不对称环境下，对制造商来说，其在接收零售商分享的需求信息后，会同时利用历史平均值进行加权分析，而权重的大小与制造商对零售商的信任程度相关，从而得到需求评估值，这在一定程度上降低了信息失真程度。但这样的处理方式仍然很难让制造商获得真实的需求信息，故制造商不得不基于失真的需求信息来进行决策，这使制造商与零售商竞争时总是处于不利的位置，而零售商总是处于信息优势位置。故与信息对称环境下相比，制造商在信息不对称环境下

得到的均衡利润总是相对较小。由于三种情形下得到的解析结论一致，这里对情形Ⅰ进行数值分析以便更加直观地展示制造商的效用。图 6-1（a）显示了 $a_m \leqslant a$ 时制造商的效用，图 6-1（b）显示了 $a_m > a$ 时制造商的效用，这进一步说明了信息不对称环境下制造商的效用均小于信息对称环境下制造商的效用。

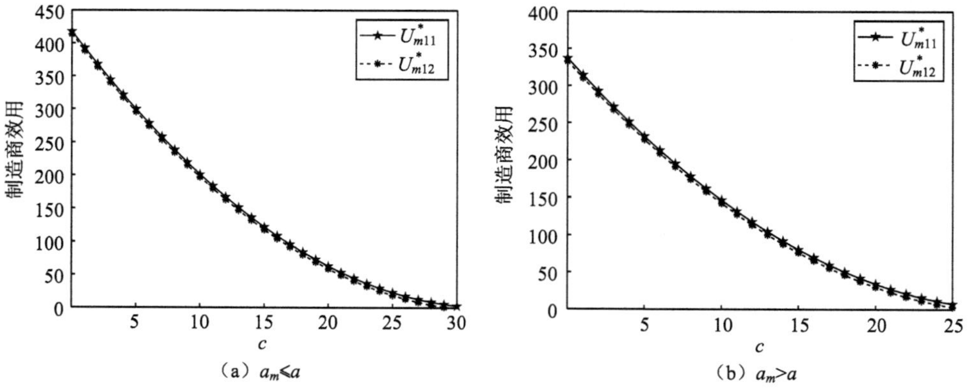

图 6-1　情形Ⅰ下制造商的效用

类似于 Sun 等（2019）的处理方法，这里结合数值分析来分析零售商效用的变化。由于三种情形下得到的解析结论一致，这里仅对情形Ⅰ进行数值分析来展示零售商效用的变化。图 6-2（a）显示了 $a_m \leqslant a$ 时零售商的效用，图 6-2（b）显示了 $a_m > a$ 时零售商的效用。上述结论是反直觉的，即当制造商对市场需求的评估值大于真实的市场需求时，信息不对称环境下零售商的效用小于信息对称环境下零售商的效用；当制造商对市场需求的评估值小于真实的市场需求时，信息不对称环境下零售商的效用大于信息对称环境下零售商的效用。该结论主要是基于以下原因：一方面，当制造商评估的市场需求大于真实需求时，信息不对称环境下制造商会选择较高的产品批发价格、产品绿色度，零售商也会选择较高的产品零售价格；另一方面，约束条件 $b > \dfrac{\gamma^2}{2k}$ 意味着产品零售价格对市场需求的影响相对较大，而产品绿色度对市场需求的影响相对较小，此时信息不对称环境下的实际需求较小，产品零售价格虽然提高了，但产品批发价格也相应提高了。通过计算发现信息不对称环境下零售商的边际效用小于信息对称环境下零售商的边际效用，因此信息不对称环境下零售商的效用小于信息对称环境下零售商的效用；同理，当制造商评估的市场需求小于实际需求时，此时信息不对称环境下的制造商会选择较低的产品批发价格、产品绿色度，零售商也会选择较低的产品零售价格，这种情况下，信息不对称环境下的实际需求高于信息对称环境下的实际需求，此时产品零售价格虽然降低了，但产品批发价格也降低了，通过计算发现信息不对

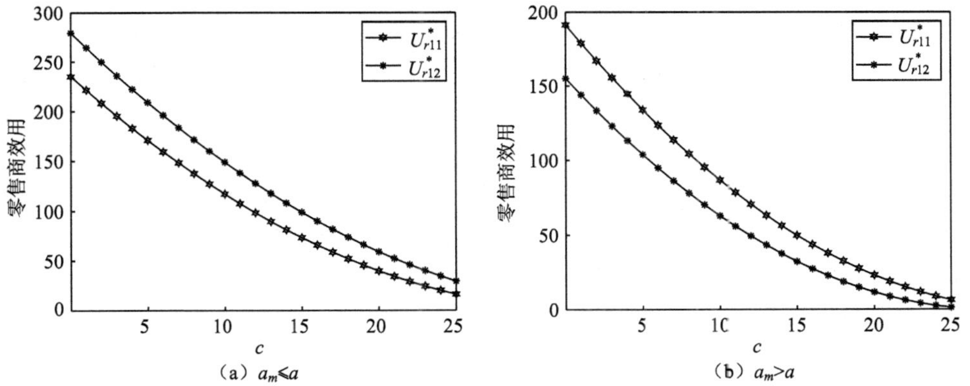

图 6-2　情形 I 下零售商的效用

称环境下零售商的边际效用大于信息对称环境下零售商的边际效用，因此信息不对称环境下零售商的效用大于信息对称环境下零售商的效用。

上述反直觉的结论揭示：如果产品零售价格对市场需求影响相对较大而产品绿色度对市场需求影响相对较小，并且制造商同时决定产品批发价格和产品绿色度，那么制造商对市场的乐观判断将不得不迫使掌握实际需求信息的零售商选择过高的产品零售价格，从而降低了其效用。虽然在实践中无法避免绿色供应链上下游企业之间存在的信息不对称现象，但下游的零售商应该收集更多的市场信息，在决策过程中考虑可能的阈值，避免因信息不对称造成绿色供应链成员“输-输”的局面。

【命题 6.4】　在信息不对称的环境下，当 $a_r-\bar{a}>0$ 时，三种情形下产品最优批发价格、产品最优绿色度、产品最优零售价格均随信任度 T 的增加而增加；当 $a_r-\bar{a}\leqslant 0$ 时，三种情形下产品最优批发价格、产品最优绿色度、产品最优零售价格均随信任度 T 增加而减小。

证明：$\dfrac{\mathrm{d}w_{12}^*}{\mathrm{d}T}=\dfrac{\mathrm{d}w_{22}^*}{\mathrm{d}T}=\dfrac{\mathrm{d}w_{32}^*}{\mathrm{d}T}=\dfrac{2k\left(a_r-\bar{a}\right)}{4bk-\gamma^2}$，$\dfrac{\mathrm{d}g_{12}^*}{\mathrm{d}T}=\dfrac{\mathrm{d}g_{22}^*}{\mathrm{d}T}=\dfrac{\mathrm{d}g_{32}^*}{\mathrm{d}T}=\dfrac{\left(a_r-\bar{a}\right)\gamma}{4bk-\gamma^2}$，$\dfrac{\mathrm{d}p_{12}^*}{\mathrm{d}T}=\dfrac{\mathrm{d}p_{22}^*}{\mathrm{d}T}=\dfrac{\mathrm{d}p_{32}^*}{\mathrm{d}T}=\dfrac{\left(a_r-\bar{a}\right)\left(2bk+\gamma^2\right)}{2b\left(4bk-\gamma^2\right)}$。当 $a_r-\bar{a}>0$ 时，$\dfrac{\mathrm{d}w_{12}^*}{\mathrm{d}T}=\dfrac{\mathrm{d}w_{22}^*}{\mathrm{d}T}=\dfrac{\mathrm{d}w_{32}^*}{\mathrm{d}T}>0$，$\dfrac{\mathrm{d}g_{12}^*}{\mathrm{d}T}=\dfrac{\mathrm{d}g_{22}^*}{\mathrm{d}T}=\dfrac{\mathrm{d}g_{32}^*}{\mathrm{d}T}>0$，$\dfrac{\mathrm{d}p_{12}^*}{\mathrm{d}T}=\dfrac{\mathrm{d}p_{22}^*}{\mathrm{d}T}=\dfrac{\mathrm{d}p_{32}^*}{\mathrm{d}T}>0$。证毕。

通过分析制造商对市场需求的评估函数可知，制造商对市场需求的评估值取决于零售商分享的信息值、信任度以及历史平均需求。当零售商分享的信息值大于历史平均需求时，此时制造商对市场需求持乐观态度，若制造商越信任零售商，则预期市场需求越高，这激励了制造商提高产品绿色度，而制造商为了获得更高的效用也会选择提高产品批发价格。零售商面对较高的产品绿色度和产品批发价格也会提升产品零售价格从而确保自身效用；当零售商分享的信息值小于历史平均需求时，随着信任度的提高，制造商对市场需求的预期将更为悲观，此时制造商会选择一个相对较低的产品批发价格来获得相对稳定的市场需求量，而较低的产品批发价格意味着制造商单位收益减少，同时为了避免较高的绿色研发投入成本给自身效用带来的负面影响，制造商还会选择一个相对较低的产品绿色度以此降低绿色研发成本，而零售商在面对产品批发价格和产品绿色度均降低的情况下会选择降低产品零售价格来驱动市场需求，从而实现“薄利多销”。

【命题 6.5】 无论信息是否对称，产品批发价格均衡解在三种情形下的大小为情形Ⅱ>情形Ⅰ>情形Ⅲ。产品绿色度均衡解在三种情形下的大小为情形Ⅱ>情形Ⅰ>情形Ⅲ。产品零售价格均衡解在三种情形下的大小为

（1）给定 $\frac{\lambda_r}{\lambda_m} \geqslant 2$：①若 $0<\gamma^2<\frac{bk(\lambda_r-2\lambda_m)}{\lambda_m+\lambda_r}$，则情形Ⅲ>情形Ⅱ>情形Ⅰ；②若 $\frac{bk(\lambda_r-2\lambda_m)}{\lambda_m+\lambda_r} \leqslant \gamma^2<bk$，则情形Ⅱ≥情形Ⅲ>情形Ⅰ；③若 $\gamma^2 \geqslant bk$，则情形Ⅱ>情形Ⅰ≥情形Ⅲ。

（2）给定 $0<\frac{\lambda_r}{\lambda_m}<2$：①若 $0<\gamma^2<bk$，则情形Ⅱ>情形Ⅲ>情形Ⅰ；②若 $\gamma^2 \geqslant bk$，则情形Ⅱ>情形Ⅰ>情形Ⅲ。

证明：以信息对称环境为例，首先分析产品批发价格，则有 $w_{11}^*-w_{31}^*=\frac{2k\lambda_r\sigma}{4bk-\gamma^2}>0$，$w_{11}^*-w_{21}^*=-\frac{4k\lambda_m\sigma}{4bk-\gamma^2}<0$，$w_{21}^*-w_{31}^*=\frac{2k\sigma(2\lambda_m+\lambda_r)}{4bk-\gamma^2}>0$。所以，有 $w_{21}^*>w_{11}^*>w_{31}^*$。同理，分析产品绿色度，有 $g_{11}^*-g_{31}^*=\frac{\lambda_r\gamma\sigma}{4bk-\gamma^2}>0$，$g_{11}^*-g_{21}^*=-\frac{2\lambda_m\gamma\sigma}{4bk-\gamma^2}<0$，$g_{21}^*-g_{31}^*=\frac{(2\lambda_m+\lambda_r)\gamma\sigma}{4bk-\gamma^2}>0$。所以，有 $g_{21}^*>g_{11}^*>g_{31}^*$。接下来分析产品零售价格，有 $p_{11}^*-p_{21}^*=-\frac{(2bk+\gamma^2)\lambda_m\sigma}{b(4bk-\gamma^2)}<0$，$p_{11}^*-p_{31}^*=\frac{(-bk+\gamma^2)\lambda_r\sigma}{b(4bk-\gamma^2)}$。所以，当 $\gamma^2 \geqslant bk$ 时，$p_{11}^* \geqslant p_{31}^*$；当 $0<\gamma^2<bk$ 时，$p_{11}^*<p_{31}^*$。另外，$p_{21}^*-p_{31}^*=\frac{\left[bk(2\lambda_m-\lambda_r)+\gamma^2(\lambda_m+\lambda_r)\right]\sigma}{b(4bk-\gamma^2)}$，当 $\frac{\lambda_r}{\lambda_m} \geqslant 2$ 时，若 $\gamma^2 \geqslant \frac{bk(\lambda_r-2\lambda_m)}{\lambda_m+\lambda_r}$，则 $p_{21}^* \geqslant p_{31}^*$；若 $0<\gamma^2<\frac{bk(\lambda_r-2\lambda_m)}{\lambda_m+\lambda_r}$，则 $p_{21}^*<p_{31}^*$。当 $\frac{\lambda_r}{\lambda_m}<2$，此时 $p_{21}^*>p_{31}^*$。信息不对称环

境下的证明过程类似，这里不再赘述。证毕。

命题 6.5 显示，产品批发价格和产品绿色度在零售商风险规避产品制造商风险中性情形下最高，在制造商风险规避且零售商风险中性情形下最低，在制造商和零售商均风险规避情形下处于适中的位置。不同于产品批发价格和产品绿色度均衡解在三种情形下稳定的大小关系，产品零售价格在信息对称或信息不对称环境下的相对大小关系要更加复杂，特别是制造商和零售商均风险规避不能保证产品零售价格总是处于居中位置，这在一定程度上反映出：绿色供应链中制造商应对零售商反应时决策的相对稳定性（主要体现在产品批发价格决策与产品绿色度决策），以及零售商应对市场挑战时决策的波动性（主要体现在产品零售价格决策）。

【命题 6.6】 ①信息对称环境下，三种情形中制造商的最优效用大小为 $U_{m21}^{*} > U_{m11}^{*} > U_{m31}^{*}$，三种情形中零售商的最优效用大小为 $U_{r31}^{*} > U_{r11}^{*} > U_{r21}^{*}$；②信息不对称环境下，三种情形中制造商的最优效用大小为 $U_{m22}^{*} > U_{m12}^{*} > U_{m32}^{*}$，三种情形中零售商的最优效用大小为 $U_{r32}^{*} > U_{r12}^{*} > U_{r22}^{*}$。

证明：证明过程类似于命题 6.5，这里予以省略。

命题 6.6 表明，三种情形下，无论信息是否对称，制造商的效用在情形Ⅱ下最高，情形Ⅰ次之，情形Ⅲ最低。为解释这一结论，首先关注这一事实，即当零售商和制造商的风险规避程度均为 0 时，三种情形下制造商的最优效用相等，这其实等价于绿色供应链成员均为风险中性时的特殊情形。其次，在其他参数保持不变的情况下：①随着制造商风险规避程度的增加，情形Ⅰ和情形Ⅲ下制造商会通过降低产品绿色度和产品批发价格的方式来应对，这导致以上两种情形下制造商的最优效用随其风险规避程度的增加而降低；②随着零售商风险规避程度的增加，情形Ⅰ和情形Ⅱ下制造商会通过提高产品绿色度的方式来驱动市场需求，同时也会通过提高产品批发价格的方式来获得更高的边际利润，使这两种情形下制造商的最优效用随着零售商风险规避程度的增加而增加。因此，如果制造商（零售商）是风险规避的，则在其他参数保持不变的情况下，制造商（零售商）风险规避程度的增加不利于（有利于）提升制造商的最优效用。在情形Ⅲ下，制造商仅受到制造商风险规避程度增加的负面影响；在情形Ⅱ下，制造商仅受到零售商风险规避程度增加的正面影响；在情形Ⅰ下，制造商受到两种风险规避程度的综合影响。这种综合作用的结果使制造商的最优效用在情形Ⅱ下最高，情形Ⅲ下最低，而在情形Ⅰ下处于适中的位置。图 6-3（a）直观地展现了在信息对称环境下，三种情形中制造商的最优效用随风险规避程度的变化趋势，信息不对称环境下的结论类似。

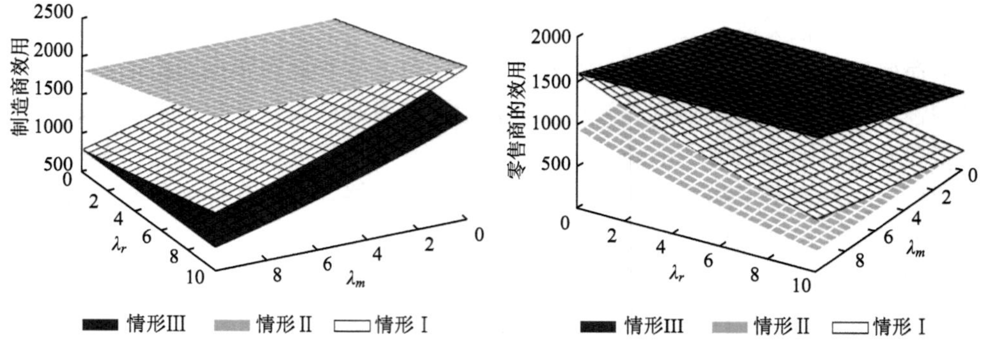

（a）制造商效用　　（b）零售商效用

图 6-3　信息对称环境下绿色供应链成员最优效用随风险规避程度的变化趋势

命题 6.6 还表明，三种情形下，无论信息是否对称，零售商的效用在情形III中最高，情形 I 次之，情形 II 最低。同样，首先可以观察到这样一个事实：当零售商和制造商的风险规避程度均为 0 时，三种情形下零售商的最优效用相等。其次，在其他参数保持不变的情况下：①在情形 I 和情形III下，随着制造商风险规避程度的增加，虽然产品绿色度均会降低，但零售商可以通过降低产品零售价格的方式来刺激市场需求。此外，这两种情形下产品批发价格也会随着制造商风险规避程度的增加而降低，这最终使情形 I 和情形III下零售商的最优效用均随着制造商风险规避程度的增加而增加。②不管产品零售价格与产品绿色度对市场需求影响的相对大小如何，产品绿色度和产品批发价格均随着零售商风险规避程度的增加而增加。产品零售价格对其风险规避程度的波动特性（是递增还是递减）跟产品零售价格与产品绿色度对市场需求影响的相对大小有关联（具体可参见推论 6.1）。零售商通过调节产品零售价格对其风险规避程度增加所做出的这种反应，尽管能够支持其获得尽可能多的收益，但是仍然不能改变一个结果，即零售商在情形 I 和情形 II 下的最优效用随其风险规避程度的增加而降低。因此，如果制造商（零售商）是风险规避的，则在其他参数保持不变的情况下，制造商（零售商）风险规避程度的增加有利于（不利于）提升零售商的最优效用。这种综合作用的结果使零售商的最优效用在情形III下最高，情形 II 下最低，而在情形 I 下处于适中的位置。结合数值分析，图 6-3（b）直观地展现了在信息对称环境下，三种情形中零售商的最优效用随风险规避程度的变化趋势，信息不对称环境下的结论类似。

命题 6.6 的结论具有重要的管理意义。对绿色供应链成员来说，无论信息是否对称，尽可能降低自己的风险规避程度，同时让供应链的另一成员增加风险规避程度是最有利的。这样的研究结论建议绿色供应链成员企业在绿色产品推广过程中，应该保持对供应链运营的风险中性态度，并引导其供应链合作企业进行风险规避，从而尽可能通过合理的决策方案来应对复杂运营环境带来的挑战。例如，服装行业的苏州楚星时尚纺织集团股份有限公司（以下简称楚星）是一家著名的里布制造商，其在绿色低碳转型过程中面临着较大的市场需求不确定性，且绿色产品往往表现出相对于普通产品更低的市场需求情况。楚星充分意识到绿色低碳转型是一种必然趋势，过度关注市场需求波动带来的风险将不利于其绿色低碳生产投入和生产销售计划的制定，进而对其绿色低碳转型进程造成负面影响。因此，在面临较大的市场需求波动时，楚星积极应对并坚持推广其绿色产品。云创设计（深圳）集团有限公司（以下简称云创设计）是一家服装制造商，在面临市场需求波动时，通过数据洞察部、数据分析部和供应链管理部等部门之间的高效协同，积极寻求应对策略来降低市场需求的不确定性。同时，云创设计还通过与供应商构建协同合作关系来应对市场需求不确定带来的冲击，策略性地调整库存策略来降低市场需求不确定带来的风险。可以说，企业有必要关注利润随机波动带来的风险，但一些情况下不应该过度关注这种风险。本章研究结论还显示，企业应适度控制其风险规避程度，尽可能在风险规避与效用获取中形成平衡。同时，如果供应链成员能够相互协同，在一定程度上持有恰当的风险规避态度，则对保持供应链性能的稳定性也具有重要意义。特别地，绿色供应链成员企业应该积极进行市场分析，降低市场需求不确定因素的影响，从而减少企业风险规避带来的负面影响。

第三节　面向绿色供应链的成本共担契约方案设计

在批发价契约下，制造商和零售商之间处于非合作关系，绿色供应链成员的决策目标均为实现自身利益的最大化，这导致了双重边际效应。为了加强绿色供应链成员之间的合作从而实现绿色供应链性能的提升，本章考虑在三种情形下分别引入基于成员之间协商的成本共担契约来协调绿色供应链。在该契约下，为激励制造商提高产品绿色度从而刺激市场需求，下游的零售商主动承担部分绿色研发投入成本，且成本共担比例τ满足$0\leqslant\tau\leqslant1$。在引入契约后，绿色供应链的决策流程描述如下：首先零售商决定成本共担比例τ，构成第一阶段博弈；其次制造商以自身利益最大化的目标来决定产品批发价格w和产品绿色度g，构成第二阶段博弈；最后零售商以自身利益最大化的目标决定产品零售价格p，构成第三阶段博弈。这里，用上标C来表示引入成本共担契约后的情况。

首先考虑特殊情形（情形Ⅱ）且信息对称环境下的决策问题，引入成本共担契约后，绿色供应链成员的效用函数变为

$$U_{m21}^{C}=(w-c)(a-bp+g\gamma)-\frac{1}{2}(1-\tau)kg^{2} \quad (6\text{-}13)$$

$$U_{r21}^{C}=(p-w)(a-bp+g\gamma)-\frac{1}{2}\tau kg^{2}-\lambda_{r}(p-w)\sigma \quad (6\text{-}14)$$

利用逆向归纳法，可以求得零售商选择的最优成本共担比例为 $\tau_{21}^{C*}=\dfrac{\gamma^{2}(a-bc+5\lambda_{r}\sigma)-16bk\lambda_{r}\sigma}{8bk(a-bc-\lambda_{r})}$。同时可得其他均衡解 g_{21}^{C*}、w_{21}^{C*}、p_{21}^{C*}。进一步地，将上述均衡解代入式（6-13）和式（6-14），可得制造商和零售商的最优效用 U_{m21}^{C*} 和 U_{r21}^{C*}。同理，可以求得情形Ⅱ信息不对称环境下的均衡决策 τ_{22}^{C*}、g_{22}^{C*}、w_{22}^{C*}、p_{22}^{C*}，以及相应的最优效用 U_{m22}^{C*} 和 U_{r22}^{C*}。

【推论 6.2】 当制造商风险中性且零售商风险规避同时引入成本共担契约时，信息对称环境下最优的成本共担比例与绿色研发投入成本系数、消费者对产品绿色度敏感系数、零售商的风险规避系数的关系为 $\dfrac{\partial\tau_{21}^{C*}}{\partial k}<0$，$\dfrac{\partial\tau_{21}^{C*}}{\partial\gamma}>0$，$\dfrac{\partial\tau_{21}^{C*}}{\partial\lambda_{r}}<0$。

信息不对称环境下最优的成本共担比例与绿色研发投入成本系数、消费者对产品绿色度敏感系数、零售商的风险规避程度的关系为 $\dfrac{\partial\tau_{22}^{C*}}{\partial k}<0$、$\dfrac{\partial\tau_{22}^{C*}}{\partial\gamma}>0$、$\dfrac{\partial\tau_{22}^{C*}}{\partial\lambda_{r}}<0$。

证明：信息对称环境下，由于 $\dfrac{\partial\tau_{21}^{C*}}{\partial k}=-\dfrac{\gamma^{2}(a-bc+5\lambda_{r}\sigma)}{8bk^{2}(a-bc-\lambda_{r}\sigma)}<0$，$\dfrac{\partial\tau_{21}^{C*}}{\partial\gamma}=\dfrac{\gamma(a-bc+5\lambda_{r}\sigma)}{4bk(a-bc-\lambda_{r}\sigma)}>0$，$\dfrac{\partial\tau_{21}^{C*}}{\partial\lambda_{r}}=\dfrac{(a-bc)(8bk-3\gamma^{2})\sigma}{4bk(a-bc-\lambda_{r}\sigma)^{2}}<0$。信息不对称环境下的证明类似。证毕。

推论 6.2 表明，无论信息是否对称，绿色研发投入成本系数越大，零售商选择的成本共担比例越低；并且当消费者对产品绿色度敏感系数较高时，零售商为了激励制造商提高产品绿色度以此来增加利润，会主动选择承担较大比例的绿色研发投入成本，且随着零售商风险规避程度的增大，零售商会降低成本共担比例以此来规避风险。

【命题 6.7】 当制造商风险中性且零售商风险规避时，信息对称环境下，$U_{r21}^{C*}>U_{r21}^{*}$；当 $0<\lambda_{r}<\dfrac{\gamma^{2}(a-bc)}{16bk\sigma-5\sigma\gamma^{2}}$ 时，$g_{21}^{C*}>g_{21}^{*}$，$U_{m21}^{C*}>U_{m21}^{*}$；当 $\lambda_{r}\geqslant\dfrac{\gamma^{2}(a-bc)}{16bk\sigma-5\sigma\gamma^{2}}$ 时，$g_{21}^{C*}\leqslant g_{21}^{*}$，$U_{m21}^{C*}\leqslant U_{m21}^{*}$。

信息不对称环境下，$U_{r22}^{C*} > U_{r22}^{*}$；当 $0 < \lambda_r < \dfrac{8bk(a-a_m)+\gamma^2(3a_m-2a-bc)}{16bk\sigma-5\sigma\gamma^2}$ 时，$g_{22}^{C*} > g_{22}^{*}$，$U_{m22}^{C*} > U_{m22}^{*}$；当 $\lambda_r \geqslant \dfrac{8bk(a-a_m)+\gamma^2(3a_m-2a-bc)}{16bk\sigma-5\sigma\gamma^2}$ 时，$g_{22}^{C*} \leqslant g_{22}^{*}$，$U_{m22}^{C*} \leqslant U_{m22}^{*}$。

命题 6.7 表明，在信息对称和信息不对称环境下，当零售商的风险规避程度 λ_r 小于特定阈值时，成本共担契约的引入可以提高产品绿色度和制造商的效用。这主要是因为当零售商的风险规避程度较小时，零售商愿意承担较大比例的绿色研发投入成本，这有利于激励制造商提高产品绿色度；得益于零售商承担绿色研发成本和产品绿色度的提高，制造商的效用也会因此提高。当零售商的风险规避程度较大时，其不愿意承担较大比例的绿色研发投入成本，这会削弱制造商绿色研发投入的积极性，造成产品绿色度的降低，同时也损害了制造商的效用。有趣的是，零售商的效用相对于未引入成本共担契约时均能有所提高，这是因为零售商总是能够基于自身利益最大化的目标来制定最优的成本共担比例 τ。综上，当零售商的风险规避程度 λ_r 小于某一阈值时，在信息对称和信息不对称环境下，成本共担契约均可以实现绿色供应链性能的帕累托改进。

类似于情形Ⅱ，可以求得情形Ⅲ中信息对称环境下最优的成本共担比例 τ_{31}^{C*}，同时可得其他均衡解为 g_{31}^{C*}、w_{31}^{C*}、p_{31}^{C*}。进一步可得成员的最优效用 U_{m31}^{C*}、U_{r31}^{C*}。同理，可以求得情形Ⅲ中信息不对称环境下成员的均衡决策 τ_{32}^{C*}、g_{32}^{C*}、w_{32}^{C*}、p_{32}^{C*}，以及相应的最优效用 U_{m32}^{C*}、U_{r32}^{C*}。

【推论 6.3】 当制造商风险规避且零售商风险中性同时引入成本共担契约时，信息对称环境下最优的成本共担比例与绿色研发投入成本系数、消费者对产品绿色度敏感系数、制造商的风险规避程度的关系为 $\dfrac{\partial \tau_{31}^{C*}}{\partial k} < 0$、$\dfrac{\partial \tau_{31}^{C*}}{\partial \gamma} > 0$、$\dfrac{\partial \tau_{31}^{C*}}{\partial \lambda_m} > 0$。

信息不对称环境下最优的成本共担比例与绿色研发投入成本系数、消费者对产品绿色度敏感系数、制造商的风险规避程度的关系为 $\dfrac{\partial \tau_{32}^{C*}}{\partial k} < 0$、$\dfrac{\partial \tau_{32}^{C*}}{\partial \gamma} > 0$、$\dfrac{\partial \tau_{32}^{C*}}{\partial \lambda_m} > 0$。

推论 6.3 表明，无论信息是否对称，绿色研发投入成本系数越大，零售商选择的最优成本共担比例就越低。这是因为绿色研发投入成本系数越大说明提高产品绿色度的效率越低，因此零售商倾向于避免承担过高的绿色研发投入成本。与此同时，当消费者对产品绿色度敏感系数较高时，零售商为了扩大销售以增加利润会主动承担较大比例的绿色研发投入成本。此外，随着制造商的风险规避程度增大，零售商承担的绿色研发投入成本也会增加，这有利于激励制造商提高产品绿色度。

【命题 6.8】 当制造商风险规避且零售商风险中性时，在信息对称环境下，对比引入成本共担契约和未引入成本共担契约时产品绿色度、制造商效用、零售商效用，有 $g_{31}^{C*} > g_{31}^{*}$，$U_{m31}^{C*} > U_{m31}^{*}$，$U_{r31}^{C*} > U_{r31}^{*}$。

在信息不对称环境下，对比引入成本共担契约和未引入成本共担契约时产品绿色度、制造商效用、零售商效用，有 $g_{32}^{C*} > g_{32}^{*}$，$U_{m32}^{C*} > U_{m32}^{*}$，$U_{r32}^{C*} > U_{r32}^{*}$。

命题 6.8 表明，当制造商风险规避且零售商风险中性时，无论信息是否对称，成本共担契约的引入均能提高产品绿色度，产品绿色度的提高导致总的绿色研发投入成本升高，这也意味着制造商和零售商总体上为提高产品绿色度付出了更大的成本。因此基于产品绿色度投资的视角，成本共担契约的引入有利于激励制造商提高产品绿色度。此外，制造商和零售商的效用相对于未引入成本共担契约时均有所提高。因此，在最优的成本共担比例下，成本共担契约的引入可以实现制造商和零售商效用的帕累托改进。

最后，考虑一般情形（情形Ⅰ）下的决策问题。类似于上述分析，可得信息对称环境下最优的成本共担比例 τ_{11}^{C*}，同时可得其他均衡解 g_{11}^{C*}、w_{11}^{C*}、p_{11}^{C*}，进一步可得成员的最优效用 U_{m11}^{C*}、U_{r11}^{C*}。

同理，可以求得情形Ⅰ信息不对称环境下成员的均衡决策 τ_{12}^{C*}、g_{12}^{C*}、w_{12}^{C*}、p_{12}^{C*}，以及相应的最优效用 U_{m12}^{C*}、U_{r12}^{C*}。

【推论 6.4】 当制造商和零售商均风险规避且引入成本共担契约时，信息对称环境下最优的成本共担比例与绿色研发投入成本系数、消费者对产品绿色度敏感系数、绿色供应链成员风险规避程度的关系为 $\frac{\partial \tau_{11}^{C*}}{\partial k} < 0$，$\frac{\partial \tau_{11}^{C*}}{\partial \gamma} > 0$，$\frac{\partial \tau_{11}^{C*}}{\partial \lambda_m} > 0$，$\frac{\partial \tau_{11}^{C*}}{\partial \lambda_r} < 0$。

信息不对称环境下最优的成本共担比例与绿色研发投入成本系数、消费者对产品绿色度敏感系数、绿色供应链成员风险规避程度的关系为 $\frac{\partial \tau_{12}^{C*}}{\partial k} < 0$，$\frac{\partial \tau_{12}^{C*}}{\partial \gamma} > 0$，$\frac{\partial \tau_{12}^{C*}}{\partial \lambda_m} > 0$，$\frac{\partial \tau_{12}^{C*}}{\partial \lambda_r} < 0$。

推论 6.4 表明，当制造商和零售商均风险规避时，无论信息是否对称，绿色研发投入成本系数越大，零售商选择的最优成本共担比例越低，消费者对产品绿色度敏感度系数越高，零售商承担的绿色研发投入成本越高。受制造商风险规避程度增大的影响，零售商承担的绿色研发投入成本比例逐渐增加。受零售商风险规避程度增大的影响，零售商承担的绿色研发投入成本比例逐渐降低。

【命题 6.9】 当制造商和零售商均风险规避时，信息对称环境下，$U_{r11}^{C*} > U_{r11}^{*}$；当 $0 < \lambda_r < \dfrac{\gamma^2(a-bc)+\lambda_m\sigma(16bk-6\gamma^2)}{16bk\sigma-5\sigma\gamma^2}$ 时，$g_{11}^{C*} > g_{11}^{*}$，$U_{m11}^{C*} > U_{m11}^{*}$；当 $\lambda_r \geqslant \dfrac{\gamma^2(a-bc)+\lambda_m\sigma(16bk-6\gamma^2)}{16bk\sigma-5\sigma\gamma^2}$ 时，$g_{11}^{C*} \leqslant g_{11}^{*}$，$U_{m11}^{C*} \leqslant U_{m11}^{*}$。

信息不对称环境下，$U_{r12}^{C*} > U_{r12}^{*}$；当 $0 < \lambda_r < \dfrac{2a(4bk-\gamma^2)-a_m(8bk-3\gamma^2)-bc\gamma^2+\lambda_m\sigma(16bk-6\gamma^2)}{16bk\sigma-5\sigma\gamma^2}$ 时，$g_{12}^{C*} > g_{12}^{*}$，$U_{m12}^{C*} > U_{m12}^{*}$；当 $\lambda_r \geqslant \dfrac{2a(4bk-\gamma^2)-a_m(8bk-3\gamma^2)-bc\gamma^2+\lambda_m\sigma(16bk-6\gamma^2)}{16bk\sigma-5\sigma\gamma^2}$ 时，$g_{12}^{C*} \leqslant g_{12}^{*}$，$U_{m12}^{C*} \leqslant U_{m12}^{*}$。

命题 6.9 表明，无论信息是否对称，当零售商的风险规避程度小于特定阈值时，成本共担契约的引入可以提高产品绿色度和制造商的效用。说明当零售商的风险规避程度小于某一阈值时，在信息对称和信息不对称环境下，成本共担契约均可以实现绿色供应链性能的帕累托改进。这样的结果也与命题 6.5 和命题 6.6 的结论相符合，即无论信息对称与否，两个供应链成员均风险规避时，与仅有一个供应链成员风险规避时相比，相关结论的性质随风险规避程度的波动趋势是一致的。

第四节　数 值 分 析

本章将通过数值分析更加直观地展现上述研究结论，参考熊峰等（2022）的参数设置，设定如下参数：$a=120$，$\bar{a}=100$，$b=1$，$c=2$，$\gamma=0.6$，$\lambda_m=2$，$\lambda_r=2$，$k=2$，$\sigma=2$，$T=0.7$。当其中某一参数为自变量时，将不再服从上述设定。

一、零售商分享的信息值和信任度的敏感性分析

首先分析零售商分享的需求信息 a_r 对绿色供应链成员效用的影响。由于三种不同风险规避的情形下 a_r 对绿色供应链成员效用的影响相同，因此仅针对制造商和零售商均风险规避的情形（情形 I）进行分析。

图 6-4 表明，当制造商对零售商分享的需求信息的信任度较低时（$T=0.3$），制造商的效用随零售商分享的需求信息增加而增加，零售商的效用随分享的需求

信息增加而减小；而当制造商对零售商分享的需求信息的信任度较高时（$T=0.7$），制造商的效用随零售商分享的需求信息先增加后减小，零售商的效用随分享的需求信息增加而减小。零售商分享的需求信息如何变化，制造商的效用始终低于其在信息对称环境下的效用；而当 $a_r > \frac{a-(1-T)\overline{a}}{T}$，即 $a_m > a$ 时，零售商在信息不对称环境下的效用小于其在信息对称环境下的效用。这也体现了命题 6.3 中的结论。

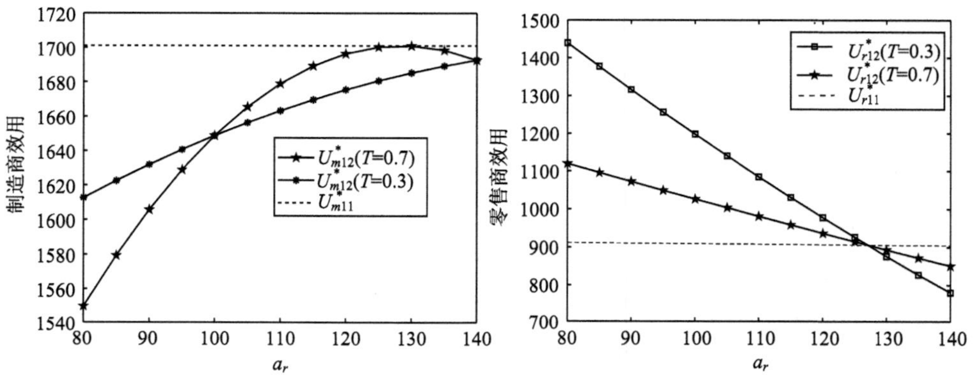

（a）制造商　　（b）零售商

图 6-4　零售商分享的需求信息值对绿色供应链成员效用的影响

接下来分析信任度 T 的影响。与上述分析类似，由于成员不同风险规避特性下信任度 T 对决策变量以及效用的影响相同，因此这里仅分析制造商和零售商均风险规避的情形下信任度 T 的影响。

图 6-5 表明，当制造商完全不相信零售商时（即 $T=0$ 时），无论零售商分享的需求信息 a_r 的值大小如何，绿色供应链成员的决策和效用均不受影响。数值分析进一步显示，当零售商分享的需求信息低于历史平均需求时，随着信任度 T 的提高，产品批发价格、产品绿色度、产品零售价格会逐渐减小。此时信任度越大，制造商对市场需求预测越悲观，为了能够获得相对稳定的市场需求，避免较高的绿色研发投入成本，制造商会选择降低产品批发价格和产品绿色度，而零售商为了自身利益也会降低产品零售价格；当零售商分享的市场需求信息大于历史平均需求信息时，随着信任度的不断增大，制造商对市场需求预期逐渐乐观，此时产品批发价格、产品绿色度、产品零售价格均会增加，说明乐观的市场需求评估会促使制造商提高产品绿色度和产品批发价格，而产品批发价格的提高又会传递给产品零售商，造成产品零售价格的提高。这进一步证明了命题 6.4 中的结论。

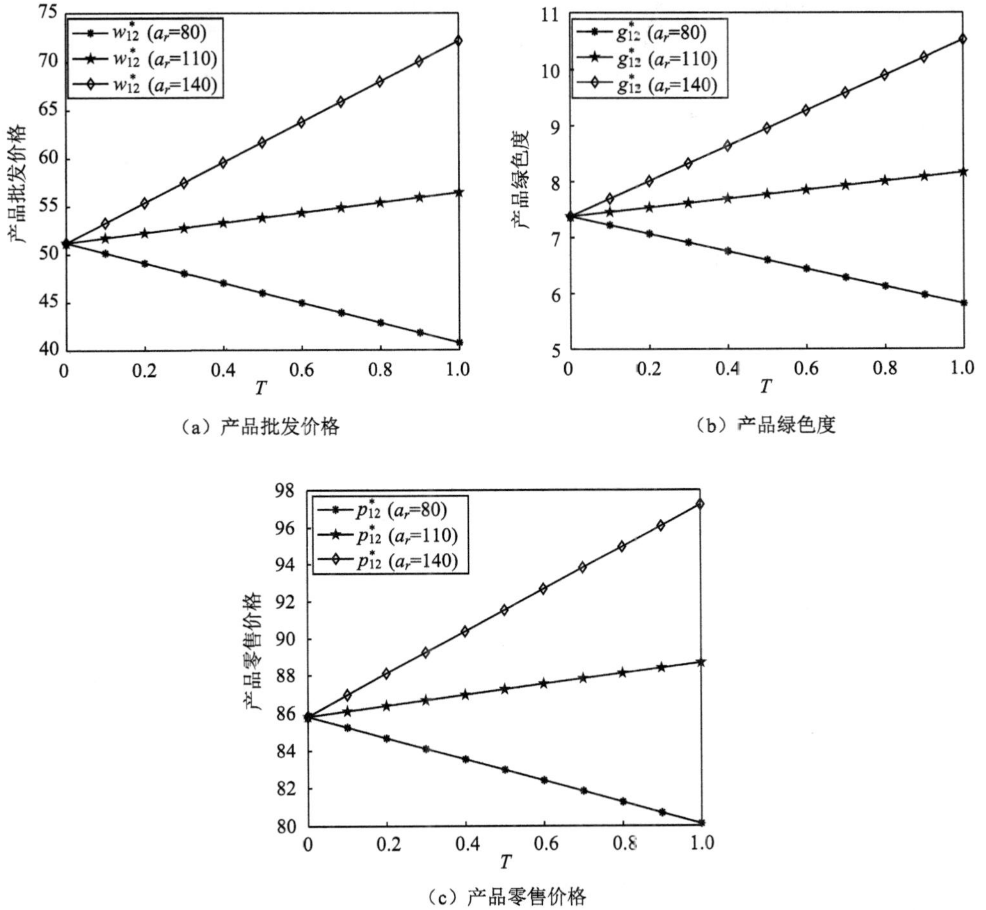

图 6-5　绿色供应链最优决策与 T 的关系

二、风险规避程度的影响

下面分析风险规避程度对绿色供应链决策以及成员效用的影响。由于风险规避程度在信息对称和信息不对称环境下对绿色供应链决策以及成员效用的影响是相同的，这里仅针对信息不对称环境进行分析。另外，由于两个供应链成员均风险规避时，与仅有一个供应链成员风险规避时相比，均衡解随风险规避程度的波动趋势是一致的，所以为了节省篇幅，这里仅分析情形Ⅰ。

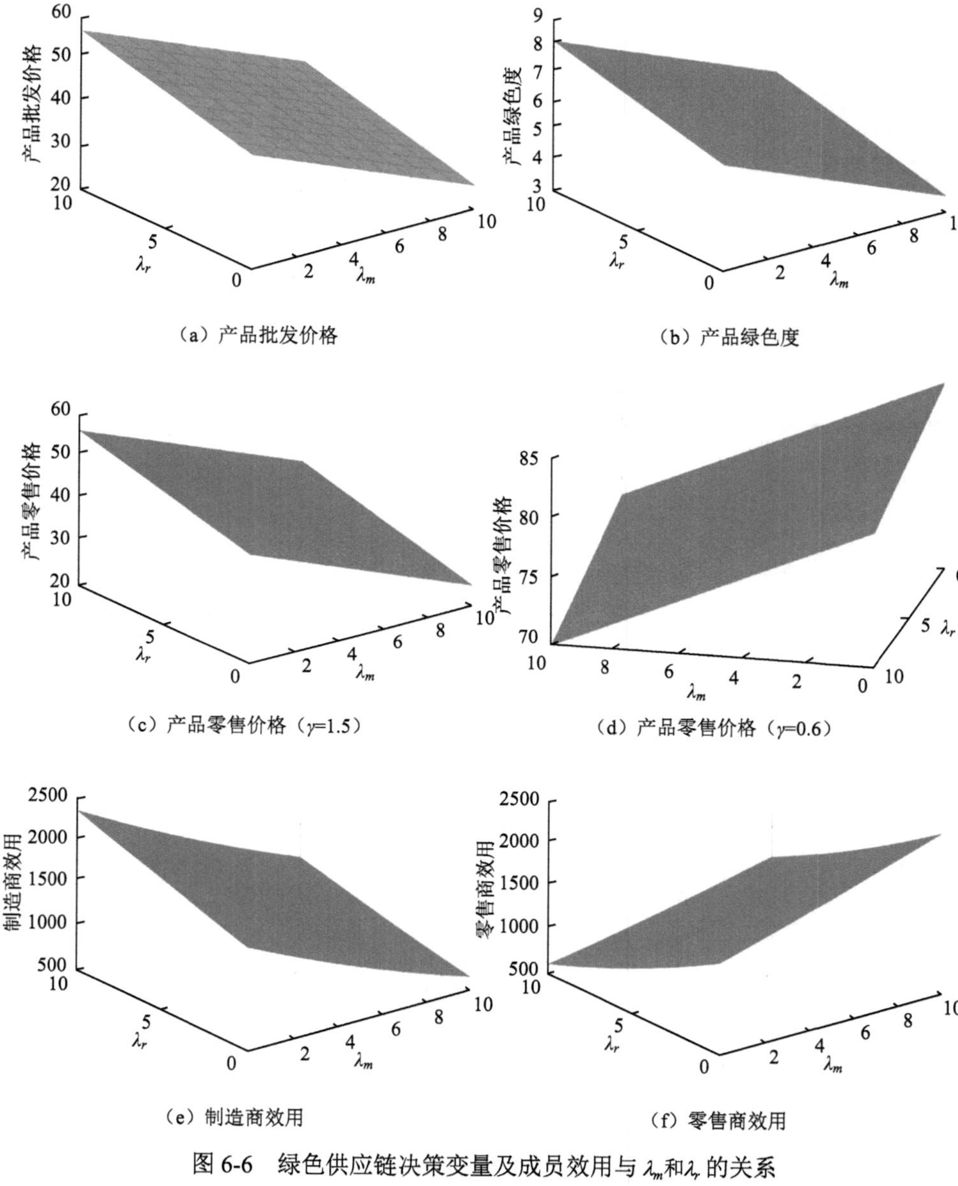

（a）产品批发价格　　（b）产品绿色度

（c）产品零售价格（γ=1.5）　　（d）产品零售价格（γ=0.6）

（e）制造商效用　　（f）零售商效用

图 6-6　绿色供应链决策变量及成员效用与 λ_m 和 λ_r 的关系

图 6-6 表明，随着制造商的风险规避程度越高，产品批发价格、产品绿色度、产品零售价格以及制造商效用越低，而零售商的效用越高。从前文的分析可知，制造商为了减少较大的风险规避程度带来的负面效应，会选择降低产品批发价格以便换取相对稳定的市场需求量，同时降低产品绿色度以减少绿色研发投入成本对效用的负面影响；而零售商面对产品批发价格和产品绿色度均降低时，会降低产品零售价格来驱动市场需求的提升。此外，在给定的参数下，还可以发现制造

商风险规避程度的增加降低了其自身效用，但增加了零售商的效用。零售商风险规避程度的增加会使产品绿色度和产品批发价格均上升，而产品零售价格的变化并非一成不变，当$\gamma = 0.6$时，产品零售价格对市场需求的影响相对较大，而产品绿色度对市场需求的影响相对较小，零售商会随着零售商风险规避程度的增加降低产品零售价格来刺激市场需求，从而确保自身收益稳定；当$\gamma = 1.5$时，产品零售价格对市场需求影响相对较小，而产品绿色度对市场需求影响相对较大，随着零售商风险规避程度的增加，其会选择提升产品零售价格来获得较高的效用。数值分析还显示，在给定的参数下，零售商风险规避程度的增加会降低其自身效用，但可以增加制造商的效用。

三、制造商和零售商均风险规避时引入成本共担契约前后的对比

由于两个供应链成员均风险规避时，与仅有一个供应链成员风险规避时相比，相关结论的性质随风险规避程度的波动趋势是一致的，因此数值分析仅针对两个供应链成员均风险规避的情形。首先采用数值分析来比较信息对称环境下引入成本共担契约前后，产品绿色度和供应链成员各自的效用。

图 6-7 表明，在给定的参数下，当制造商和零售商均风险规避时，在最优的成本共担比例下，成本共担契约的引入能否提高产品绿色度与零售商风险规避程度λ_r的大小有关。当$0 < \lambda_r \leqslant 2.68$时，成本共担契约的引入可以提高产品绿色度，因为此时零售商愿意承担较大比例的绿色研发投入成本，可以有效激励制造商提高产品绿色度；当$\lambda_r > 2.68$时，随着λ_r的增加，零售商为了规避风险从而选择逐渐减少承担的绿色研发投入成本，这削弱了制造商提高产品绿色度的积极性，因此成本共担契约的引入会降低产品绿色度。图 6-8（a）表明，在最优的成本共担

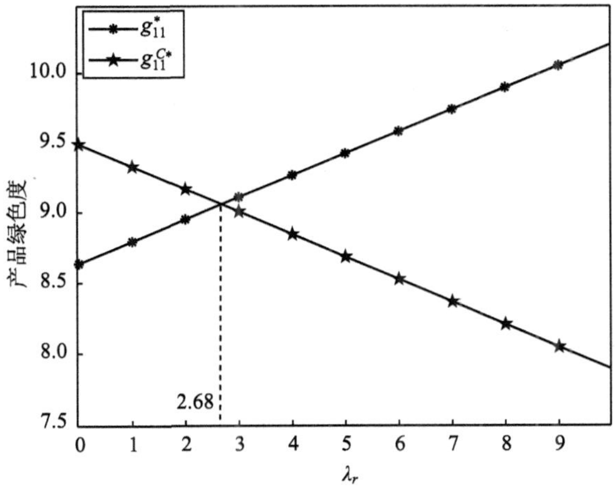

图 6-7　引入成本共担契约前后产品绿色度

比例下，成本共担契约的引入总是能够提高零售商的效用。这主要是因为零售商以自身利益最大化为目标决定最优的成本共担比例，因此成本共担契约的引入有利于零售商。图 6-8（b）表明，当$0<\lambda_r\leqslant 2.68$时，成本共担契约的引入提高了制造商的效用；当$\lambda_r>2.68$时，成本共担契约的引入会降低制造商的效用。综上，当$0<\lambda_r\leqslant 2.68$时，当制造商和零售商均为风险规避且信息对称时，成本共担契约的引入可以实现绿色供应链性能的帕累托改进。同理，信息不对称环境下的数值分析得到的结论与上述类似，这里不再赘述。

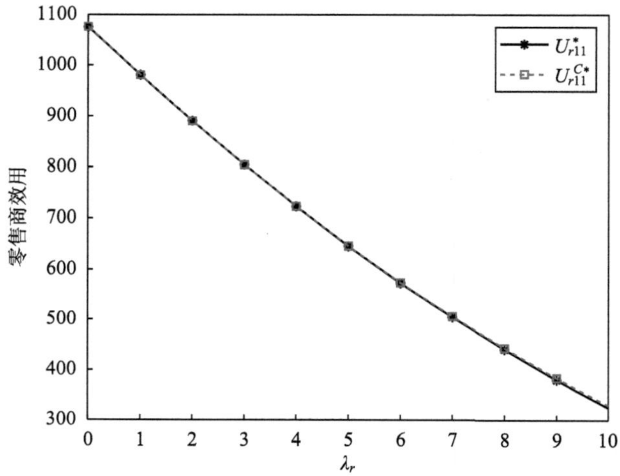

（a）零售商

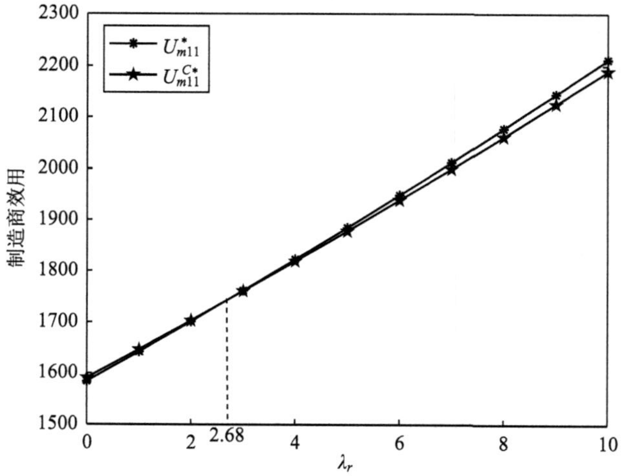

（b）制造商

图 6-8　引入成本共担契约前后供应链成员最优效用

综合上述分析，本章主要研究结论和启示如下。

在制造商和零售商的风险规避程度不断变化的过程中，产品批发价格、产品绿色度、产品零售价格会受到一定程度的影响。在三种情形下，无论信息是否对称，随着制造商风险规避程度的增加，产品批发价格、产品绿色度、产品零售价格均会降低；随着零售商风险规避程度的增加，产品批发价格和产品绿色度均会上升，然而产品零售价格的变化则与产品绿色度及产品零售价格对市场需求影响的相对大小有关，当产品绿色度对市场需求影响相对较小而产品零售价格对市场需求影响相对较大时，零售商风险规避程度的增加会导致产品零售价格降低，当产品绿色度对市场需求影响相对较大而产品零售价格对市场需求影响相对较小时，零售商风险规避程度的增加会导致产品零售价格升高。这启示零售商在决策时要密切关注产品绿色度和产品零售价格对市场需求影响的相对大小。

对比分析三种情形下绿色供应链的最优决策和成员最优效用。研究发现无论信息是否对称，产品批发价格和产品绿色度在三种情形下保持稳定的大小关系，而产品零售价格在三种情形下的大小关系则较为复杂。这也在一定程度上反映出绿色供应链中制造商应对零售商反应时决策的相对稳定性，以及零售商应对市场挑战时决策的波动性。另外，无论信息是否对称，制造商的效用在情形Ⅱ中最高，情形Ⅰ次之，情形Ⅲ最低。零售商的效用在情形Ⅲ中最高，情形Ⅰ次之，情形Ⅱ最低。这启示绿色供应链成员企业在绿色产品推广过程中，应该保持对供应链运营的风险中性态度，并引导其供应链合作企业进行风险规避，从而尽可能通过合理的决策方案来应对复杂运营环境带来的挑战。

在三种不同的情形下，信息不对称环境下制造商的效用均小于信息对称环境下制造商的效用，而信息不对称对零售商效用的影响与制造商评估的市场需求有关。当制造商评估的市场需求大于实际需求时，信息不对称环境下零售商的效用小于信息对称环境下零售商的效用；当制造商评估的市场需求小于实际需求时，信息不对称环境下零售商的效用大于信息对称环境下零售商的效用。这个反直觉的结论揭示：如果产品零售价格对市场需求影响相对较大而产品绿色度对市场需求影响相对较小，并且制造商同时决定产品批发价格和产品绿色度，那么制造商对市场的乐观判断将不得不迫使掌握实际需求的零售商选择过高的产品零售价格，从而降低了其效用。这也提醒绿色供应链成员企业应该加强合作，以此应对信息不对称带来的挑战。

此外，本章在三种不同的情形下引入成本共担契约来提升绿色供应链的性能。研究发现，无论信息是否对称，成本共担契约的引入均可以在特定的条件下实现绿色供应链的帕累托改进。特别地，在制造商风险规避且零售商风险中性下，成本共担契约的引入总是可以提高产品绿色度；而在另外两种情形下，当零售商风险规避程度小于某一阈值时，成本共担契约的引入可以提高产品绿色度。这说明绿色供应链上下游企业应该相互合作，零售商作为绿色供应链下游企业在掌握私有需求信息的情况下，应当主动承担一定比例的绿色研发投入成本，这样才能够有效地激励制造商提高产品绿色度，从而达到双赢的效果。

第三篇　典型重点产业链创新发展

本篇以磁性材料和集成电路为典型抓手，剖析重点产业链创新发展现状，并提出针对性的对策建议，助力经济高质量发展。首先，分析了磁性材料产业链创新发展现状，并以横店东磁为例，挖掘磁性材料产业链创新发展面临的挑战与问题，并提出对策建议。其次，从设计、制造、封装与测试、设备与材料这四个方面概述了集成电路产业链发展情况，并结合浙江省集成电路产业链创新发展的现状、面临的机遇与问题，提出了针对性的对策建议。

第七章　磁性材料产业链创新发展研究

磁性材料是一种重要的功能材料，也是新材料的典型代表。由于磁性材料具有独特的性质，由其制成的磁性元器件具有转换、传递、处理信息、存储能量、节约能源等功能，并广泛应用于能源、电信、通信、自动化控制等领域，在电力电子领域更是不可或缺。当前，磁性材料已经成为通信、IT（information technology，信息技术）、汽车、照明等行业中的重要基础材料，在我国新基建、智能制造、互联网+等国家战略实施中起着关键支撑作用。特别是随着如汽车电子、LED（light emitting diode，发光二极管）照明、EMC（electro magnetic compatibility，电磁兼容性）、4C［computer（计算机）、communication（通信）、consumer electronics（消费电子）、content（内容服务）］融合和第四代移动通信技术（fourth generation of mobile communications technology，4G）、第五代移动通信技术（fifth generation of mobile communications technology，5G）、智能电网、物联网、新能源汽车等新兴市场的不断开拓发展，将为中国磁性材料产业发展提供更多机遇。

第一节　磁性材料发展概述

一、全球磁性材料产业的发展概况

磁性材料作为重要的基础功能材料，对高端产业的发展起着重要的支撑作用，其在全球市场上的需求十分旺盛。根据资料，2022 年全球磁性材料市场规模达到 350.76 亿美元，预计到 2027 年，全球磁性材料市场规模将达到 922.83 亿元①。

目前，全球磁性材料产业已形成三级阶梯状竞争局面，各国磁性材料产业发展各具优势。其中，第一梯队是美国、日本、欧洲等发达国家和地区，在经济、技术、人才储备和市场份额上都占据着绝对优势；第二梯队是中国、韩国、俄罗斯等国家和地区，磁性材料产业正处于高速发展阶段；第三梯队是巴西、印度、南非等国家和地区。从全球范围来看，大型跨国公司凭借技术和资金优势不断释放潜能，它们通过加大研发投入、提升技术门槛等方式，在磁性材料产业中占据着主导地位。可以说，磁性材料的技术壁垒日趋明显。例如，日本 FDK 株式会社

① 《2024 年磁性材料行业发展现状、竞争格局及未来发展趋势与前景分析》，https://www.chinairn.com/hyzx/20241114/145235144.shtml[2024-11-14]。

是世界上最大的铁氧体软磁生产厂家；日本TDK株式会社（以下简称TDK）主营铁氧体，拥有80多年的实验技术经验；美国磁性材料公司（Magnetics）（以下简称美磁公司）是全球领先的提供磁粉芯、铁氧体磁芯和绕带磁芯开发、设计和制造的供应商；美国磁性分析公司（Magnetic Analysis Corp，MAC）是全球领先的一家提供无损检测技术的供应商，并逐步成为电磁、漏磁和超声检测系统的主要供应商。当前全球磁性材料产业重要企业及其主营业务梳理如表7-1所示。

表7-1　全球磁性材料产业重要企业及其主营业务

企业名称	主营业务
美磁公司	磁粉芯、铁氧体磁芯、绕带磁芯
美国磁性分析公司	涡流、电磁、漏磁和超声波检测技术系统研发、检测设备生产
TDK	磁性元件、磁性传感器、铁氧体磁铁、钕磁铁
日本FDK株式会社	镍氢电池、锂电池、锰钢电池等电池产品
日立金属株式会社	钕铁硼系列烧结磁石、稀土烧结磁石
韩国昌星株式会社	金属粉末、软磁粉芯、电磁兼容材料等
横店东磁	高性能磁瓦、微波炉磁钢、高温低损耗铁氧体软磁等
宁波韵升股份有限公司	烧结钕铁硼
天通控股股份有限公司	铁氧体软磁
北京中科三环高技术股份有限公司	烧结钕铁硼磁体、黏结钕铁硼磁体
德国VAC公司	软磁材料及冲压件、电感元件和磁芯、磁体和组件等

二、磁性材料领域主要国家的相关政策

近年来，世界各国政府高度重视磁性材料产业的发展，并纷纷出台相关的扶持政策。在第一梯队中，美国于2016年2月发布了第一份《国家制造业创新网络计划：战略规划》，明确了国家制造业创新建设及愿景、使命和目标，并提出要提升“美国制造”的竞争力，打造高效经济的本土制造能力等战略目标。同时，美国在年度报告中公布了7家牵头单位，其中涉及新材料或磁性材料的企业就有4家。由此可见，美国对新材料产业创新发展的重视程度。2020年4月，美国能源部宣布提供额度达1800万美元的基础研究资金，用于推动关键矿物和稀土元素的研究与开发。同年5月，美国能源部宣布向关键矿物与稀土元素研究领域增投3000万美元，重点资助下一代关键材料的提取、分离和处理技术创新。

为了减少对中国稀土等原材料的依赖，欧盟于2020年9月成立欧洲原材料联盟（European Raw Materials Alliance，ERMA），以构建完整的原材料供应链，助推欧盟数字化和绿色化转型升级。值得注意的是，ERMA启动了首个稀土产业集

群，以加强欧洲的稀土磁铁和电机供应链。2023 年，英国研究与创新署宣布向鼓励回收再利用稀土磁体的项目提供 660 万英镑，项目包括电动汽车磁铁的回收和再利用、使用机器学习技术设计稀土元素含量较低的高性能磁体、建立回收磁铁的循环供应链等，助力建立英国关键原材料供应链①。此外，日本计划采取 3 项具体措施，以加强和整备数据驱动型研究，确保磁性材料产业的可持续发展。

第二梯队相关国家也出台了系列政策来支持磁性材料产业的发展。其中，我国政府出台多项规划和专项行动通知，重点提及多个领域的产品和磁性材料产业及磁性材料应用关联。俄罗斯政府提出要在“科技发展”领域开发新材料制造关键技术，推动一批关键技术发展。韩国政府的基础科学挑战中，有一项是：以新材料等基础科学为基础，创造新的研究成果。

表 7-2 列出了不同国家和地区新材料产业的相关扶持政策。可以看出，全球范围内各国家和区域一体化组织均十分重视新材料的研发与生产，出台了相应的扶持政策，逐渐构建产业体系，并推动了全球新材料产业的创新发展。其中，磁性材料作为新材料的重要成员，在各国政府政策的大力支持下，很多关键技术得以突破，且不同地区形成了相应的产业发展态势。

表 7-2　不同国家和区域一体化组织的相关政策

国家和区域一体化组织	时间	政策文件
美国	2015 年	《美国国家创新战略》
	2016 年	《国家制造业创新网络计划：战略计划》
	2020 年	《材料研究前沿：十年调查》
欧盟	2013～2023 年	《石墨烯旗舰计划》
	2014～2020 年	《地平线 2020 计划》
日本	2011～2015 年	《第四期科学技术基本计划》
	2016～2020 年	《第五期科学技术基本计划》
	2020 年	《材料创新力强化战略》
德国	2016 年	《数字化战略 2025》
	2019 年	《国家工业战略 2030》
中国	2017 年	《新材料产业发展指南》
	2019 年	《产业结构调整指导目录》
	2021 年	《“十四五”原材料工业发展规划》

① 《英国投入 660 万英镑加强关键原材料供应链》，https://mp.weixin.qq.com/s/m9nNVLC4-XuSFckJdaDTlg [2023-09-18]。

续表

国家和区域一体化组织	时间	政策文件
中国	2022 年	《关于开展2021年度重点新材料首批次应用保险补偿机制试点工作的通知》
韩国	2009 年	《新增长动力规划及发展战略》
	2018～2022 年	《第四期科学技术基本计划》
	2020 年	《科学技术未来战略 2045》
俄罗斯	2015 年	《俄罗斯联邦至 2030 年科技发展预测》
	2021 年	《俄联邦至 2030 年增材制造发展战略》

三、我国磁性材料产业的发展现状

“十三五”期间，我国磁性材料产业得到进一步发展，创新成果不断涌现。磁性材料产业总产值由 2010 年的 300 亿元增长至 2020 年的 800 亿元左右。目前，我国磁性材料产业呈现出规模化、集中化的产业集群现象，并且在东部地区、中部地区、西部地区和东北地区的发展都各有侧重。

2018 年，我国从事磁性材料生产加工的企业大约有 1600 多家，年收入 10 亿元以上的企业大约有 10 家。表 7-3 列举了典型类型磁性材料企业的相关数据。其中，从事金属永磁类磁性材料的企业约 400 家，铁氧体永磁类磁性材料的企业约 340 家，铁氧体软磁类磁性材料的企业约 320 家，非晶软磁类磁性材料的企业约 70 家①。总体来看，磁性材料产业的重要企业主要集中在华东、华南、中部地区、华北京津地区。其中华东地区的企业数量大约占了全国磁性材料企业数量的 43%，华南地区占了 17%，中部地区占了 14%，华北京津地区占了 11%，具体如图 7-1 所示。

表 7-3　我国不同类型磁性材料的企业数量

分类	数量/家
金属永磁类	400
铁氧体永磁类	340
铁氧体软磁类	320
非晶软磁类	70

① 《关于“磁性材料”行业》，https://zhuanlan.zhihu.com/p/512021644[2022-05-10]。

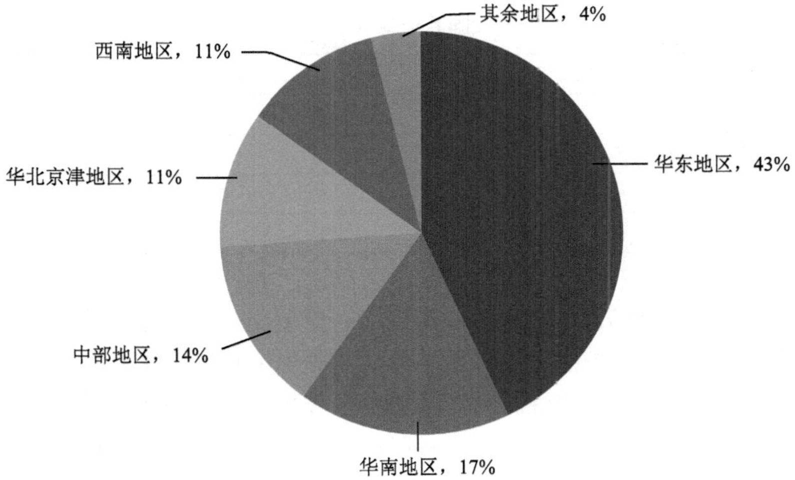

图 7-1　我国磁性材料相关企业的地域分布情况

2020 年，疫情的暴发导致很多产业受到了严重冲击，全球经济也受到了很大程度的影响。但是，我国磁性材料产业在这段时间呈现出了强劲的增长态势。2020 年，我国磁性材料产值高达 800 亿元，同比增长超过 5%。如图 7-2 所示，2017～2020 年，我国磁性材料产量稳步增长。并且，据中国电子材料行业协会磁性材料分会估计，未来几年内磁性材料的需求预计达到年均 10%以上的增长速度。这主要是得益于我国磁性材料产业的空间布局日趋合理，产业集群效应不断增强。特别是长三角、珠三角等地区新材料综合性产业集群优势突出，中部和西部地区一批特色鲜明的磁性材料产业基地已经初具规模。此外，我国磁性材料产业不断壮大的同时，部分磁性材料在国际上的地位也逐渐凸显。如表 7-4 所示，2021 年我国铁氧体永磁销售量约 80 万 t，铁氧体软磁销售量约 30 万 t，稀土永磁销售量约 20 万 t。

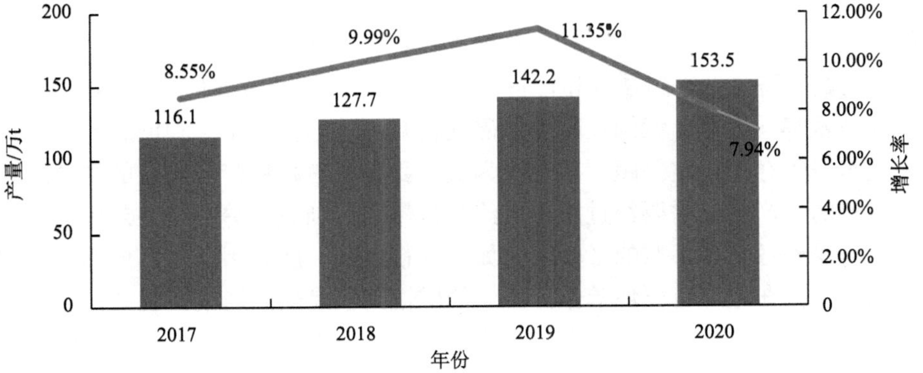

图 7-2　2017～2020 年我国磁性材料产业的产量

资料来源：灵动核心市场研究中心

表 7-4　2021 年我国若干重要磁性材料的销售情况

种类	数量/万 t
铁氧体永磁	80
铁氧体软磁	30
稀土永磁	20
其他磁体	3

随着我国磁性材料市场竞争日趋激烈，企业创新步伐持续加快。新基建的建设和发展，以及新一代信息技术和数字经济、轨道交通、节能环保和新能源等领域的快速发展，进一步为磁性材料产业的创新发展提供了市场基础。与此同时，这也对磁性材料的质量、性能、企业保障能力等方面提出了更高的要求。目前，虽然我国磁性材料领域相关企业众多，但产业集中度和规模均偏小、区域性产业集群和行业龙头企业不多等问题仍然十分突出。特别是一些中小微磁性材料企业，生产自动化、智能化和信息化程度仍然偏低，技术创新实力明显不足，知识产权储备缺乏，因此大多数集中在产业链中低端环节。此外，我国磁性材料产业链建设滞后，磁性材料生产线工艺设备、关键材料技术指标与日本、韩国相比也处于劣势，高性能的磁性产品开发能力不强，不能优先占领新应用领域。总体来看，磁性材料大部分领域的核心技术被美国、日本、德国掌控，关键零部件及设备仍需大量依赖进口。因此，提高产业链创新能力，突破瓶颈技术，降低关键材料对外依存度，是当前我国磁性材料产业亟须解决的重要难题。

四、我国磁性材料产业发展的壁垒

（一）技术壁垒

磁性材料制造综合了物理学、化学、电磁学、粉末冶金学等多个学科和领域的技术，具有技术集成度高、开发难度大等特点。特别是高性能磁性材料的研发和生产，更是需要先进的技术和设备支持，具体包括材料的制备技术、成型技术、热处理技术等。但是，我国在高性能磁性材料制造的技术水平和创新能力上与国际先进水平仍存在一定差距，这也成为制约我国磁性材料产业发展的重要因素。磁性材料的生产制造需要经过制粉、绝缘包覆和压制成型等多个工艺环节，性能指标极易受到各制备环节的影响。例如，制粉过程一般采用雾化，但球形度和粒度难以控制；在绝缘包覆环节中，粉体的磁性又极易受到影响。因此，磁性材料复杂的生产工艺流程和日益提升的品质需求对行业内企业的技术及研发能力提出了较高要求，只有拥有多年的研发和生产经验积累，以及雄厚的资金和人才支撑，企业才能生产出优质的磁性材料产品。但目前我国只有少数企业完全掌握了从制粉到粉芯的全过程工艺技术，磁性材料产业总体面临着较高的技术与工艺壁垒。

此外，在电子产品更新换代速度加快，以及新兴行业对高性能磁性元器件需求提升的背景下，磁性材料生产企业对原料配方、先进工艺路线的掌握，以及对生产过程的质量管控经验将成为规模化供应磁性材料的核心壁垒，新进入者通常缺乏多年的技术研发和生产经验积累，很难建立完整的核心技术体系，因此无法在短期内批量化生产出符合市场需求的产品。需要注意的是，优良的性能指标是磁性材料最终能够实现销售的关键因素。在磁性材料制造过程中，性能指标的影响因素可能出现在直接材料雾化成粉、绝缘包覆、压制成型、电感元件设计及生产等各环节。因此，磁性材料需要在各环节不断进行指标的实验、调试、优化、改进，才能最终生产出符合用户需求的产品。

（二）市场壁垒

磁性材料产业的市场壁垒主要体现在市场竞争和客户需求两个方面。磁性材料市场的竞争非常激烈，且全球范围内主要的磁性材料生产企业大部分集中在欧美、日本和中国等国家或地区。这些国家和地区的厂商发展历史较久远，凭借技术、品质和品牌等方面的优势，在磁性材料市场具备先发优势，拥有较高的市场份额，具体厂商包括 TDK、村田制作所、普思电子（Pulse Electronics）、帛汉股份（Bothhand）、台达（Delta）、光宝科技等。此外，客户对磁性材料的需求也在不断变化，这对产品的性能、质量、价格等方面提出了更高的要求，这使磁性材料产业的全球布局不断发生变化。20 世纪中期，全球磁性材料的生产和销售主要集中在欧美等发达国家和地区，但由于磁性材料多为手工加工而成，因此人工成本较高。20 世纪 60 年代，磁性材料产业逐步从欧美地区向日本、中国等国家或地区转移。20 世纪 90 年代，由于我国投资环境良好、人工成本低廉，全球磁性材料产业逐步向我国东南沿海地区转移。

相对来说，我国磁性材料制造起步较晚。20 世纪 90 年代至 21 世纪初期，我国企业主要依靠成本、服务等优势从事磁性材料的代工生产，竞争力较为有限。企业在满足客户需求的同时，还需要不断提高自身的技术水平和服务水平，才能在激烈的市场竞争中立于不败之地。近年来，随着我国磁性材料领域研发实力的不断提升，已经涌现出一批拥有自主品牌的规模化本土厂商，如东莞铭普光磁股份有限公司、深圳可立克科技股份有限公司、深圳市京泉华科技股份有限公司、广东美信科技股份有限公司等。同时，在全球电子制造业转移的背景下，我国已经成为磁性材料的主要研发和生产基地之一。今后，网络通信、汽车电子的技术升级换代将不断提高对磁性材料质量、性能、技术的要求，磁性材料厂商的技术创新能力、规模化生产能力、快速响应能力也将变得越来越重要，优势厂商将拥有较好的市场机遇，在行业中的比重将进一步提高。

（三）非标准化产品的定制化生产壁垒

磁性材料是下游电子元件的核心材料，其电磁性能和稳定性将会很大程度影响终端产品的性能。因此，下游电子元件生产厂商会对供应商选择建立较为严格的认证体系，对供应商的产品质量、技术水平、持续供货能力和售后服务进行长期考察。成为经认证的合格供应商后，还需要经历较长的业务磨合期以验证其具有稳定、可靠的持续服务能力，才能最终取得客户信任。因此，下游客户一旦选定供应商后，通常会保持相对稳定的合作关系。从产业链的视角来看，拥有稳定的供应商有助于磁性材料制造商以较低的价格和稳定的供应来获得产品，从而更加灵活地满足市场需求。同时，这也十分符合磁性材料的定制化市场需求。因为在磁性材料领域，相关产品往往需要根据不同的应用场景和客户需求进行定制化生产，这就要求企业具备较高的技术水平和生产能力，以及对市场和客户需求的及时响应能力。从这方面来讲，对规模较小、技术实力较弱的企业来说，可能会构成较大的生产壁垒。同时，定制化生产一般需要企业投入更多的研发和生产资源，从而增加了企业的成本和风险。

（四）资金壁垒

磁性材料属于资金密集型产业，需要企业在研发、生产、市场推广等方面投入大量的资金。同时，由于磁性材料产业市场竞争激烈，技术壁垒较高，企业往往需要承担较大的市场风险和技术风险。这使一些资金实力较弱的企业难以进入该领域或在扩大生产规模方面遇到很大的阻碍。特别地，高性能磁性材料的研发和生产需要更多的资金投入，这进一步提高了资金壁垒。

随着磁性材料应用领域的不断延伸，行业定制化趋势增强，行业内大型企业前期需要较高的固定资产和研发投入、具备较大的生产规模才能充分发挥规模经济效应，以降低产品生产成本，从而取得较强的市场竞争力。同时，从新产线建设到新产品经过市场和客户验证，新产能效益的最终形成往往需要 3～5 年的时间，这就要求企业有充足的流动资金来支持自身的日常运营和市场开拓。此外，企业还需要持续不断投入大量资金进行新技术、新产品的研发以保持技术的领先与产品的先进。因此，磁性材料产业具有较高的资金壁垒。

综上所述，我国磁性材料产业在发展中面临着很多壁垒，具体包括技术壁垒、市场壁垒、非标准化产品的定制化生产壁垒和资金壁垒等。为了推动我国磁性材料产业的健康发展，需要政府、企业和科研机构等多方主体的共同努力，加强技术创新和知识产权保护，提高产品质量和性能，从而满足日益增长的市场需求，进一步促进产业转型和升级。

第二节　磁性材料产业链创新发展现状分析

从产业链视角来看，磁性材料产业链上游是指原材料的开采、分离及冶炼，其中原材料包括纯铁、稀土金属、氧化铁、氧化镁等多种关键元素和化合物；中游是指软磁材料、永磁材料等磁性材料的生产加工；下游是指消费电子和基础工业等传统应用领域，以及新能源和节能环保、电力通信设备、军用航天等新兴应用领域。接下来，本节将针对上游、中游、下游三个环节，并选择不同领域中的关键产品为代表，进一步分析磁性材料产业链的创新发展现状。

一、磁性材料产业链上游发展现状

磁性材料产业链上游主要是生产各种磁性材料产品的稀土、铁矿、金属化合物等原材料。本节将以氧化铁、稀土、氧化镁这三类重要原材料为代表，深入分析上述原材料行业的发展情况。

（一）氧化铁行业的发展情况

氧化铁是磁性材料的重要原材料之一，在磁性材料产业的发展过程中起到了重要支撑作用。近年来，氧化铁行业保持稳定增长态势。据统计，2022 年全球氧化铁市场规模达到 24.28 亿美元。当前，我国已经成为氧化铁消费大国，且年销量在 50 万 t 左右，占据将近一半的市场份额。2022 年，我国氧化铁产量与销量均保持稳定增长。其中，铁红、铁黄和铁黑系列占据着主导地位。在满足国内需求的同时，我国氧化铁大量出口至世界各地，已经成为全球重要的氧化铁供应国家。此外，随着社会各界越来越重视环境保护，氧化铁行业也逐步向绿色低碳转型，且已经被列为战略性新兴产业。

从国内氧化铁供应情况来看，主要生产地分布在浙江、江苏、安徽、广西、湖南、河北、辽宁等地区。一方面，这些地区的企业掌握着先进的生产技术；另一方面，这些地区已经形成了一定程度的产业集群效应，产生了一批全国领先企业。具体的企业包括浙江华源应用新材料股份有限公司、江苏宇星科技有限公司、宜兴华谊一品着色科技有限公司、铜陵瑞莱科技有限公司、一帆生物科技集团有限公司、湖州优彩新材料股份有限公司、浙江德清美史乐颜料科技有限公司、广西海康科技有限公司、湖南德之聚新材料有限公司、合肥彰勋环保节能科技有限公司、湖南三环颜料有限公司、湖南燕山颜料有限公司、湖南冠一颜料有限公司、山西鹏州新材料有限公司、温县克岭化工有限责任公司、河北诚宇颜料集团、河北灿日化工有限公司、沈阳友谊化工制造有限公司、杭州富阳富申颜料有限公司等。总体看来，氧化铁行业重要企业的产量和销量呈现出稳步增长的态势。并且，近年来行业转型升级取得一定成效，产品质量不断提高，国际市场竞争力持续提升。

随着技术创新的持续推进，氧化铁行业研发技术、生产技术和工艺的不断提高将带来生产效率的提升、生产成本的降低，以及产品质量的改善。同时，我国近年来持续出台系列环保法规，推动产业可持续发展。氧化铁行业相关企业也会面临更加严格的环保标准，这也将推动相关企业在绿色生产和资源利用方面进行改进，从而促进经济高质量发展。

（二）稀土行业的发展情况

稀土被誉为“工业维生素”，是磁性材料的重要原材料之一，也是战略性新兴产业发展不可缺少的关键原材料之一。我国作为全球稀土储量最大的国家，也是第一大稀土生产国。2022 年，我国稀土产量为 21 万 t，居全球第一位。

据中国海关数据，2022 年我国稀土及其制品出口量达到 11.3 万 t，同比增长 4.8%，出口金额达到 57.09 亿美元，同比增长 51.4%。从出口品种来看，主要为稀土化合物，而稀土金属相对较少。2022 年，我国稀土配额指标分配给中国稀土集团有限公司（以下简称中国稀土）、中国北方稀土（集团）高科技股份有限公司（以下简称北方稀土）、厦门钨业股份有限公司（以下简称厦门钨业）、广东省稀土产业集团有限公司（以下简称广东稀土）。其中，在岩矿型稀土方面，北方稀土占据大部分份额，分配份额达到 14.165 万 t，占比 74.22%，其他三家企业合计配额共达 4.92 万 t，占比 25.78%；在离子型稀土方面，分配份额呈现以中国稀土为主，厦门钨业及广东稀土为辅的分配格局，并且中国稀土离子型稀土配额达到 1.301 万 t，占全部离子型稀土指标近 70%。

本节以北方稀土为例，对我国稀土领域典型企业进行分析。北方稀土主要生产经营稀土原料产品、稀土功能材料产品和部分稀土应用产品，生产的各类稀土产品共 11 个大类、50 余种、近千个规格。其中，稀土原料产品包括稀土盐类、稀土氧化物及稀土金属等；稀土功能材料产品包括稀土磁性材料、抛光材料、贮氢材料、发光材料、催化材料等；部分稀土应用产品则包括镍氢动力电池、稀土永磁磁共振仪、LED 灯珠等。

根据北方稀土 2024 年一季度财报，公司营业收入 57.62 亿元，总体产量和销量均很大。从公司的产能看出，在很多方面，北方稀土的产品位居世界前列。例如，截至 2021 年底，北方稀土冶炼分离产能 12 万 t/年，稀土金属产能 1.6 万 t/年，稀土原料产能位居全球第一。稀土功能材料中磁性材料 4.1 万 t/年，产能居全球第一；抛光材料产能 3.2 t/年，贮氢合金 8300 t/年，占据国内市场份额半数以上。在稀土应用产品领域，已建成年产 100 台稀土永磁磁共振成像仪生产基地，混合汽车用圆形镍氢动力电池 100 万只/年生产能力，LED 封装 60 亿颗/年①。

（三）氧化镁行业发展情况

氧化镁具有比刚度高、比强度高、阻尼减震性好、电磁屏蔽性和抗辐射能力强等优点，被誉为“21 世纪最具开发和应用潜力的绿色工程材料”。目前，氧化镁已经广泛应用于汽车、航空航天、节能、环保，以及电子、通信等战略性新兴产业。我国是全球生产镁化合物的主要国家之一，但目前国内的生产制造仍处于粗制初级产品阶段，不能满足经济高质量发展的需要。实际上，氧化镁在我国已有数十年的生产历史，产品的生产工艺已基本成熟可靠。近年来，随着氧化镁用途不断开发，其应用领域不断扩大，市场需求也不断上升。这在一定程度上刺激了我国氧化镁行业的创新发展。

近年来，我国氧化镁行业快速发展，下游需求持续增长。2022 年，我国氧化镁产能达 2264.5 万 t，同比增长 4%，产量为 2034.8 万 t，同比增长 4.8%；行业市场规模达到 252.14 亿元，同比增长 17.1%。其中，轻烧氧化镁的产能占比高达 99.4%，市场占比达到了 96.6%，但高纯氧化镁的产能仅占 0.6%，市场占比也仅为 3.4%。由此可以看出，虽然我国氧化镁行业发展快速，但是在高纯度产品生产方面仍然十分欠缺。同时，随着下游战略性新兴产业的快速发展，对高纯度氧化镁的需求也将更加迫切。因此，亟须推动我国氧化镁行业的发展，从而促进磁性材料产业链创新发展。

二、磁性材料产业链中游发展现状

（一）永磁材料

永磁材料是指经过一次磁化后，再去掉外磁场后仍能长时间保持较高剩磁的磁性材料。这类材料主要广泛应用于制造电机、发电机、扬声器、仪表等领域的磁体。当前，永磁材料的主要类型包括铝镍钴系永磁合金、铁铬钴系永磁合金、铁氧体永磁、稀土永磁材料和复合永磁材料等。其中，稀土永磁材料是目前永磁材料中最重要的一类，其中钕铁硼（NdFeB）永磁材料是目前性能最优、应用最广的永磁材料。其磁能极高、矫顽力大，能够广泛应用于新能源汽车、风力发电、电子信息等领域。接下来，本节将分别针对金属永磁材料、稀土永磁材料、铁氧体永磁材料这三种类型进行介绍。

①《稀土立法总量控制、禁止缅甸稀土进口、关闭莱纳斯》，https://guba.sina.com.cn/?bid=127&s=thread&tid=222310[2019-03-21]。

1. 金属永磁材料

金属永磁材料是以铁、镍、钴等重要元素组成的合金型永磁材料，主要有铝镍钴（AlNiCo）系和铁铬钴（FeCrCo）系两大类永磁合金。铝镍钴系永磁合金以铁、镍、铝元素为主要成分，且包含铜、钴、钛等元素，具有高剩磁感应强度和低温度系数，磁性稳定。铁铬钴系永磁合金以铁、铬、钴元素为主要成分，且包含钼和少量的钛、硅元素，其加工性能好，可进行冷热塑性变形，磁性类似于铝镍钴系永磁合金，并可通过塑性变形和热处理提高磁性能。总体而言，金属永磁材料主要用于制造各种截面小、形状复杂的小型磁体元件。

2. 稀土永磁材料

稀土永磁材料是指以稀土金属元素与过渡金属所形成的金属化合物为基础的永磁材料，具有很高的磁能积。至今，稀土永磁已经发展到第四代。第一代和第二代为钐钴永磁。第三代为钕铁硼永磁，其剩余磁感应强度、内禀矫顽力和最大磁能积比前者大，且具有不易碎、机械性能好、合金密度低等特性。其中，剩余磁感应强度较大说明电机的力矩大、负载转速高、空载和负载电流小；内禀矫顽力较大说明电机在不同环境下较为稳定，工作表现稳定可靠；最大磁能积较大说明产生磁场强度所需要的材料体积小。虽然钕铁硼永磁的居里温度较小，在高温下工作表现不佳，但其他三项性能均较优，是当之无愧的“磁王”。有研究表明，通过增加镝（Dy）能明显改善钕铁硼永磁的耐高温性能。因此，钕铁硼永磁十分有利于磁性元件的轻型化、薄型化、小型和超小型化发展，可以广泛应用于电机、医疗器械、玩具、包装、五金机械、航天航空等领域，也是当前各类稀土永磁材料中产量最高的。第四代为钐铁氮永磁材料，但目前尚未进入商业化生产阶段。

我国不仅是稀土永磁材料的最大生产国，也是稀土永磁材料的最大消耗国及净出口国。但是，我国稀土永磁材料行业仍然存在着大部分企业生产规模较小、产业集中度较低、企业两极分化严重等问题。例如，2021 年稀土永磁材料企业中，北京中科三环高技术股份有限公司（以下简称中科三环）产能最多，占比达 6.6%；其次分别为江西金力永磁科技股份有限公司、烟台正海磁性材料股份有限公司、浙江英洛华磁业有限公司（以下简称英洛华）、宁波韵升股份有限公司（以下简称宁波韵升）、安徽大地熊新材料股份有限公司，占比分别为 5.6%、4.0%、3.6%、2.8%、1.3%①。

①《2022 年中国稀土永磁材料行业产业链、发展现状及趋势分析，技术不断升级，应用领域不断拓宽，行业发展前景广阔》，https://www.huaon.com/channel/trend/892532.html[2023-05-08]。

3. 铁氧体永磁材料

铁氧体永磁又称硬磁铁氧体，是以氧化锶（SrO）或氧化钡（BaO）以及三氧化二铁（Fe_2O_3）为原料，通过粉末冶金工艺制造而成的。这种磁性材料具有宽磁滞回线、高内禀矫顽力、高剩磁、一经磁化即能保持恒定磁性的特性，且只须外部提供一次充磁能量，就能产生稳定的磁场，进而可以向外部持续提供磁能。铁氧体永磁具有电阻率高、稳定性好、耐环境变化强、原材料来源丰富、性价比高等优势，且不存在氧化问题。因此，铁氧体永磁已经被广泛应用于微特电机等诸多领域。

近年来，我国铁氧体永磁发展迅速。至2020年，已基本形成门类齐全、产学研配套的完整工业产业体系，并且建立了以江浙、广东、四川地区为主的永磁基地。在企业发展方面，涌现出中科三环、横店东磁、北矿磁材科技股份有限公司等一批集约化、规模化的上市企业，技术水平取得了长足的进步。当前，我国铁氧体永磁产品性能大幅度提高，产品的最大磁能积已达到近 5.4 MGOe，几乎对标于 TDK 的 FB12B 系列的产品①。

表 7-5 对不同类型的永磁材料参数进行了对比，并指出了其优缺点和主要的应用领域。

表 7-5　永磁材料性能对比

项目	铝镍钴	铁氧体永磁	钐钴永磁	钕铁硼
内禀矫顽力/kOe②	0.38～1.53	1.76～4.21	15.00～21.00	11.00～40.00
最大磁能积/MGOe③	1.40～13.20	0.17～5.40	24.00～33.00	33.00～50.00
剩磁感应强度/T	0.58～1.35	0.32～0.43	0.80～1.20	1.17～1.48
工作温度/℃	−250～550	−40～250	−250～525	−125～220
优点	温度稳定性、时间稳定性、耐腐蚀性高	资源丰富，价格低廉	工作温度高，耐腐蚀性好，磁性优于铝镍钴和铁氧体	磁能积高，机械力学性能好，可切削和钻孔
缺点	含有战略元素钴，性价比较低	磁性能较差，温度稳定性较差	含有战略元素钴，性价比较低	居里温度低、温度稳定性差，化学稳定性低
主要应用领域	仪表、电能表	大体积扬声器、电动工具、玩具、风扇电机等	军事及航天航空	VCM（voice coil motor，音圈电机），各种永磁电机、汽车 EPS（electric power steering，电动助力转向系统）、核磁共振成像

① 陈羽峰，徐斌，周玉娟，等. 2023. 永磁铁氧体材料发展现状与研究进展[J]. 磁性材料及器件，54(1): 108-118.

② 1 kOe≈79 577.5 A/m。

③ 1 MGOe≈7958 J/m³。

（二）软磁材料

软磁材料是指在外加磁场作用下容易被磁化，去掉磁场后剩磁很小或几乎没有的磁性材料，即易于磁化和退磁。典型的软磁材料包括纯铁和低碳钢、铁硅系合金、铁铝系合金、铁硅铝系合金、镍铁系合金、铁钴系合金以及铁氧体软磁等。总体而言，软磁材料具有低矫顽力和高磁导率的特点，能够满足不同领域对软磁性能的需求，且主要应用于制造变压器、电感器、继电器等电磁元件。

目前，铁氧体软磁生产主要集中在我国和日本。根据中国电子元件行业协会统计，2014～2020 年我国铁氧体软磁产量总体稳定，2020 年我国铁氧体软磁生产接近 21 万 t，占全球总量的 60%①。其中，深圳市铂科新材料股份有限公司（以下简称铂科新材）与东睦股份是我国软磁材料的主要生产企业，且自 2018 年以来进入迅速发展期。据统计，截至 2021 年上半年，铂科新材软磁材料营业收入为 3.1 亿元，同比增长 61.79%；2021 年上半年，东睦股份软磁材料收入为 2.4 亿元，同比增长 88.84%②。

随着软磁材料的发展及下游应用领域的扩大，我国软磁材料的发展迎来了新的机遇。特别是在高端装备制造领域，软磁材料的需求日益增大，未来行业发展前景广阔。但是，相对于电子元件发达国家和地区，我国软磁材料行业整体水平不高，缺乏国际领先的技术，自动化、智能化仍需要大力提升。

（三）其他磁性材料

除了永磁材料和软磁材料外，还有一些其他类型的磁性材料，如磁致伸缩材料、磁记录材料等。这些材料在特定的领域和应用中具有重要的作用。

其中，磁致伸缩材料是指在外加磁场作用下，材料的长度或体积会发生变化的材料。这类材料主要用于制造超声换能器、传感器等。磁记录材料则是用于记录信息的磁性材料，如磁带、磁盘等。这类材料在信息技术领域具有重要的作用，是实现信息存储和传输的关键材料之一。总之，磁性材料的中游涵盖了多种类型的磁性材料，每种材料都具有独特的性能和用途，为不同领域的应用提供了丰富的选择。

---

①《2023 年全球及中国软磁材料行业分析，高端装备制造领域对软磁材料需求日益增大》，https://www.huaon.com/channel/trend/870377.html[2023-02-18]。

②《中国软磁材料行业重点企业分析及投资战略规划报告》，https://zhuanlan.zhihu.com/p/531818266[2022-06-22]。

三、磁性材料产业链下游的需求分析

（一）通信设备对磁性材料的需求情况

在通信设备行业中，磁性材料主要用于制作微波器件、电感器、滤波器等关键元件。当前，随着5G、物联网等信息技术的快速发展，通信设备行业正迎来新的增长机遇。特别是全球范围内的手机、基站、交换机等高频、高速、大容量的通信设备需求持续增长，要求磁性材料具备饱和磁通密度大，适用于高功率密度变换装置，在较宽的频率、温度和湿度范围内具备良好的低功耗特性等一系列优良特性。可以说，磁性材料作为通信设备的原材料，在全球5G基站、数据中心建设的驱动下，将具有良好的市场前景，这进一步推动了磁性材料产业的技术进步和产业升级。

当前，我国通信设备行业发展得到了国家的大力支持。2018年12月，我国提出要加快5G商用步伐，加强人工智能、工业互联网、物联网等新型基础设施建设。至此，新基建的概念应运而生。实际上，新基建是数字化的基础设施，主要包括5G基建、特高压、城际高速铁路和城市轨道交通、新能源汽车充电桩、大数据中心、人工智能、工业互联网七大领域。其中，5G基建为关键投入。2020年3月我国提出，加快5G网络、数据中心等新型基础设施建设进度，加强新型基础设施建设，发展新一代信息网络，拓展5G应用，建设充电桩，推广新能源汽车，激发新消费需求、助力产业升级。2021年3月，《中华人民共和国国民经济和社会发展第十四个五年规划和2035年远景目标纲要》指出，要“加快5G网络规模化部署，用户普及率提高到56%，推广升级千兆光纤网络。前瞻布局6G网络技术储备。扩容骨干网互联节点，新设一批国际通信出入口，全面推进互联网协议第六版（IPv6）商用部署……加快构建全国一体化大数据中心体系……积极稳妥发展工业互联网和车联网……加快交通、能源、市政等传统基础设施数字化改造”[①]。

在政府大力支持和引导下，我国固定宽带和移动宽带双双进入千兆时代，即千兆固定宽带网络、5G千兆移动网络。5G具有高频、大容量、高速率、低延时、大规模设备连接、支持海量接入等特点。F5G（the 5th generation fixed networks）是第五代固定网络，以10 GPON（gigabit-capable passive optical network，千兆无源光网络）、Wi-Fi（wireless fidelity，无线保真）6等技术为代表。10 GPON技术是实现千兆宽带接入的关键，Wi-Fi 6是实现千兆宽带入户后的连接。10 GPON

① 《中华人民共和国国民经济和社会发展第十四个五年规划和2035年远景目标纲要》，http://www.npc.gov.cn/npc/c2/kgfb/202103/t20210313_310753.html[2021-03-13]。

在连接容量、带宽和用户体验三个方面均有飞跃式发展，上下行速率将高达对称 10 Gbps[①]，时延降低到 100 μs 以下。Wi-Fi 6 是目前最新的一代 Wi-Fi 标准，大大提高了无线传输速率，同时支持多设备通信，高效利用无线信道，提高密集信号下的网络稳定性。

总体而言，新基建是我国的重要发展战略，是服务国家网络强国战略的重要内容，是支撑数字经济高质量发展的客观需要，也是推动经济社会转型升级的有效路径。新基建的持续发力与新一代网络技术 5G、10 GPON、Wi-Fi 6 的快速普及，将推动通信网络基础设施的快速建设，会带来 5G 通信基站、路由器、交换机、服务器、机顶盒等网络通信设备大范围的升级换代，网络通信设备的采购量将显著增加，从而大幅增加对磁性材料的市场需求。

（二）新能源汽车对磁性材料的需求情况

新能源汽车产业的蓬勃发展给磁性材料带来了巨大的发展空间。磁性材料作为关键电子元器件的基础核心材料，已广泛应用于汽车电机、车体、车身底盘和信息部件的各方面，在汽车工业的发展中扮演着越来越重要的角色。据统计，汽车部件通常有 2 万个左右，其中磁性部件多达数千个。近年来，我国新能源汽车行业已经进入规模化快速发展的新阶段。新能源汽车销量从 2016 年的 50.7 万辆提高到 2021 年的 352.1 万辆，年均增长率达到 47.34%。无论从关键磁性材料未来的下游占比还是增长率来看，新能源汽车行业在促进磁性材料产业创新发展方面都处于举足轻重的地位。

特别是近年来，新能源汽车逐渐呈现出电动化、智能化的发展趋势，对磁性材料的需求不断提升。在电动化方面，主要围绕市场需求提高性价比、降本增效展开。磁性材料作为电动化不可或缺的一部分，在提高能效、降低成本方面具有重要作用。因此，一方面，需要磁性材料产业领域相关企业改进现有磁性材料的性能或是研发新一代磁性材料，提高饱和磁通密度、矫顽力、电阻率等关键指标，从而提高汽车能量的利用率，避免过多的能量损耗；另一方面，磁性材料制造的电感器、电子变压器很多都是定制化的，需要与客户沟通，从材料、工艺、机械生产化等方面探索降低成本的可能性。

在智能化方面，主要以电动化为基础，需要新能源汽车全车各关键设备能够根据车载处理器要求自行工作，因此微特电机等需求进一步增加。特别是车联网趋势下，对图像和信息采集、数据传输，数据即时处理等方面的要求会越来越高，因此对磁性材料的数量和性能要求也不断提高。

总体来看，在汽车行业中，磁性材料主要用于制造电机、传感器、音响等零

① 1 Gbps=125 MB/s。

部件。新能源汽车的发展对磁性材料的需求尤为突出，这是因为新能源汽车的电机和电池系统需要大量使用高性能的磁性材料。此外，汽车电动化、智能化水平的提高也增加了对磁性材料的需求，如电动助力转向系统、防抱死制动系统等都需要使用磁性材料。

（三）充电桩对磁性材料的需求情况

充电桩可以分为接触式充电桩和无接触式充电桩，接触式充电桩包括直流充电桩和交流充电桩，除了交流充电桩不需要用到磁性材料外，其他均涉及电能形式的转换，即充电桩可以视为大的变压器，而磁性材料是变压电感器的主要材料之一。据统计，磁性材料的成本占变压器等核心器件成本的15%以上，占充电桩成本的2.25%～3%。假设建设一台充电桩需要2万元，需要消耗500～600元的磁性材料，2022～2025年预计将为磁性材料带来82亿～98亿元的市场空间。充电桩的指数增长将为变压器以及使用的磁性材料带来较大的增长空间。

具体来讲，充电桩用到的变压器功率几百到几千瓦不等，且对功率、漏感、输入输出电压等均有严格要求，其中主要用到的磁性材料通常有铁氧体、金属软磁粉芯等，具体如表7-6所示。由于传统铁氧体功率损耗随温度变化较大，仅能在很窄的温度范围内实现低功耗，而充电桩大多处于室外露天环境下，环境温度范围较宽，因此合金软磁粉芯或低功耗铁氧体在充电桩应用上略有优势。

表7-6　充电桩中的磁性材料

充电桩零部件	磁性材料
输入共模EMI（electromagnetic interference，电磁干扰）扼流圈磁芯	高磁导MnZn（锰锌）铁氧体
输入差模EMI扼流圈磁芯	铁粉芯或FeSiAl（铁硅铝）金属磁粉芯
PFC（power factor correction，功率因数校正）电感器磁芯	低功耗MnZn铁氧体或FeSiAl等金属磁粉芯
DC-DC（direct current-direct current，直流-直流）变换电路相关变压器及电感器磁芯	低功耗MnZn铁氧体
输入平滑扼流圈磁芯	低功耗MnZn铁氧体或FeSiAl等金属磁粉芯
辅助变压器磁芯	低功耗MnZn铁氧体
磁偶感线圈磁芯（无线充电）	MnZn铁氧体

接下来，本章将估算今后充电桩领域磁性材料的需求量，具体如表7-7所示。充电桩的功率不同，其磁性材料的用量为0.5～2 kg，且至少用到20多种磁性材料。2021年，直流充电桩和交流充电桩的比例约在4∶6，但随着社会对快充的需求不断增加，预计直流充电桩占比将进一步提升。据测算，2025年中国新能源汽

车保有量将达到 4166 万辆，因此，本章进行如下假设：①车桩比逐年提升，直流充电桩和交流充电桩比例平均为 50%；②磁性材料用量平均为 1.2 kg/根；③随着快充要求的不断提高，合金软磁粉芯与高性能铁氧体的比例将从 3∶7 逐渐提升。综上，2025 年充电桩的磁性材料需求量将达到 1.14 万 t。

表 7-7　充电桩磁性材料需求量估计

项目	2021 年	2022 年	2023 年	2024 年	2025 年
销量/万 t	352	590	850	1130	1359
保有量/万辆	784	1305	2056	3027	4166
车桩比	0.33	0.42	0.43	0.43	0.45
充电桩保有量/万根	262	544	875	1316	1894
充电桩增量/万根	—	282	331	441	578
直流充电桩和交流充电桩比例	0.67	0.50	0.50	0.50	0.50
除交流充电桩外数量/万根	174	272	437	658	947
磁性材料用量/（kg/根）	1.20	1.20	1.20	1.20	1.20
合金软磁粉芯占比	30%	32%	34%	36%	38%
高性能铁氧体占比	70%	68%	66%	64%	62%
合金软磁粉芯需求量/kg	0.06	0.10	0.18	0.28	0.43
高性能铁氧体需求量/（kg/m^3）	0.15	0.22	0.35	0.51	0.70
充电桩磁性材料需求量/万 t	0.21	0.33	0.52	0.79	1.14

第八章　浙江省磁性材料产业链创新发展研究

第一节　浙江省磁性材料产业链现状分析

一、浙江省磁性材料发展概况

在“十三五”期间，中国磁性材料产业得到迅速发展，创新成果不断涌现。龙头企业和领军人才不断成长，整体实力大幅度提升，这有力支撑了国民经济发展和国防科技工业建设。2020 年，磁性材料产业总产值由 2010 年的 300 亿元增长至超过 800 亿元①。空间布局日趋合理，产业集群效应不断增强，长三角、珠三角等地区新材料综合性产业集群优势突出，中部和西部地区一批特色鲜明的磁性材料产业基地初具规模。2013～2018 年，我国铁氧体软磁材料产量整体呈增长趋势，且 2018 年我国铁氧体软磁产量约 23.92 万 t，约占全球的 80%②。

目前，我国磁性材料产业已经呈现出明显的规模、地域集中趋势，尤其是浙江省，作为磁性材料产业集聚区，也是国内第一大磁性材料生产省份。2019 年，浙江省分布磁性材料生产企业 300 余家，铁氧体永磁、软磁材料、钕铁硼永磁等三大系列有明显的竞争优势，总体产量全国占比大约 2/3、世界占比大约 1/2，具有产业规模大、生产企业多和种类齐全的特点。高端磁性材料研发实力强劲，代表高端磁性材料的钕铁硼永磁材料的产量和出口量占据了全国份额的“半壁江山”。首先，宁波市拥有 184 家磁性材料生产企业③，数百家配套企业。其次，截至 2014 年底，海宁市以磁性材料生产为主的电子信息产业企业已达 38 家，实现产值 20.89 亿元④，逐步形成了以软磁材料、电子变压器材料、电子陶瓷片生产为特色的磁性材料与磁性元器件产业体系。最后，东阳市作为磁性材料产量较大

---

①《我国磁性材料市场的基本情况》，http://chinasihan.com/news/cyzx/6531.html[2023-03-29]。

②《2019 年中国软磁材料行业发展现状与发展趋势分析：锰锌铁氧体占比最大》，https://xueqiu.com/8302426719/129775974?md5__1038=eqjxy7Dt7titD%2FD0D5KD%3DGODRC%3DG8RmUKKfeD[2019-07-17]。

③《浙江宁波磁性材料产能已占全国四成“中国磁都”如何打造强大“磁场”？》，https://www.cqrb.cn/guoji/2024-09-11/2021125_pc.html[2024-09-11]。

④《海宁软磁高新特色产业基地总结》，http://www.chinatorch.gov.cn/cyjd/feature12/201603/d7bb557b2f4245f8bfac0230ee4cba7f.shtml[2016-03-21]。

的地区、国家级磁性材料特色产业基地、国家级磁性材料科技兴贸创新基地和“中国磁都”，产业总体规模位居前列，且产业门类比较齐全、产业水平比较先进、龙头优势比较明显、配套体系比较完善、产业布局比较集中。在磁性器件及材料方面，横店东磁、天通控股股份有限公司（以下简称天通控股）作为国际知名磁性材料生产企业，在产学研方面的成果颇丰，是江浙一带磁性材料企业发展的典范。

2019 年 4 月，《浙江省加快新材料产业发展行动计划（2019－2022 年）》提出，“在大尺寸单晶硅片、超高纯金属溅射靶材、光学膜、钴新材料、稀土永磁材料、高纯电子化学材料等若干领域达到国内领先、国际先进水平……建成化工新材料、高性能纤维及复合材料、磁性材料、氟硅新材料和光学膜材料等若干具有全球竞争力的产业基地”①。

2021 年初，工业和信息化部公布了代表国内最高水准的 25 个先进制造业集群榜单，宁波磁性材料产业集群成功上榜。宁波磁性材料产业的快速发展，离不开政府、企业以及高校等科研机构的共同努力。目前，宁波磁性材料产量已超过全国总产量的 40%，聚集了全国约 22%的稀土永磁材料企业，云集了中国科学院宁波材料技术与工程研究所（以下简称宁波材料所）、中国兵器科学研究院宁波分院、宁波大学等高校科研机构。其中，宁波韵升是我国钕铁硼龙头企业之一，是我国主要的稀土永磁材料制造商之一。2021 年，其营业收入 37.54 亿元，净利润同比增长 191.55%。东阳市的横店东磁是国内磁性材料产业领军级企业，也是铁氧体磁性行业标准制定单位之一，1999 年，该公司被中国科学院、科技部授予高新技术企业称号，其在磁性材料产业内的实力非同一般。2019 年，浙江省磁性材料应用技术制造业创新中心在宁波举行揭牌仪式，由宁波材料所和横店东磁共同牵头，致力于构建磁性产业创新生态系统。该中心的创立旨在推动浙江省磁性材料产业发展，弥补产业技术短板。杭州桐庐磁性材料产业在中高端的产品研发、量产制造、场景应用、市场开发方面已形成显著优势。2020 年，杭州桐庐磁性材料产业研发投入占主营业务收入比重达 4%以上，高于杭州市平均水平。龙头企业杭州象限科技有限公司 2018～2020 年累计投入 5000 余万元，自主研发一系列组装生产设备。此外，海宁市天通控股是电子行业的上游企业，处于磁性产品的龙头地位，其在 2021 年净利润达 4.15 亿，同比增加 8.87%。表 8-1 展示了 2021 年浙江省主要磁性材料相关企业的营业收入情况。

① 《浙江省加快新材料产业发展行动计划（2019－2022 年）》，https://www.zj.gov.cn/art/2019/4/24/art_1229620716_2393781.html[2019-04-24]。

表 8-1　2021 年浙江省主要磁性材料企业的营业收入情况

企业	总部所在地区	营业收入/亿元
浙江华友钴业股份有限公司	桐乡市	353.2
横店东磁	东阳市	126.1
天通控股	海宁市	40.9
英洛华	东阳市	37.6
宁波韵升	宁波市	37.5
东睦股份	宁波市	35.9

二、浙江省磁性材料产业发展趋势

我国虽然是一个磁性材料的生产大国，总体产量占世界磁性材料总产量的80%以上，但还不是一个磁性材料的技术强国，尤其对于一些高品质的磁性材料，仍然面临“卡脖子”现象。如何解决这些磁性材料研发中的关键技术问题，需要从基本磁学原理入手。近年来，随着科学技术的发展，磁性材料在信息存储、传感器、隐身器件等方向有了新的应用前景。根据《浙江省新材料产业发展“十三五”规划》，高性能磁性材料主要研发有以下几个方向：高性能低功耗的功率铁氧体、新型高性能非晶纳米晶软磁材料、下一代高频稀土软磁材料、电磁屏蔽和吸波材料、复合软磁材料等软磁金属材料；低重稀土烧结钕铁硼、高性能纳米晶磁粉、耐高温烧结钕铁硼及钐钴永磁体、高耐蚀性稀土永磁材料、高丰度稀土新型永磁材料。本章从浙江省主要的几类磁性材料产业的研究方向进行简单介绍。

（一）稀土永磁材料产业现状

稀土永磁主要分为钐钴永磁和钕铁硼永磁，其中钐钴永磁的磁能积在 15 MGOe～30 MGOe，钕铁硼永磁的磁能积在 27 MGOe～50 MGOe，被称为“磁王”，是目前磁性最高的永磁材料。钐钴永磁按其结构特性分为 1∶5 型和 2∶17 型，1∶5 型钐钴永磁属于第一代稀土永磁，2:17 型属于第二代稀土永磁，钕铁硼永磁属于第三代稀土永磁。新的稀土过渡金属系和稀土铁氮系永磁合金材料已研制成功，有望成为新一代稀土永磁合金。钐钴永磁由于居里温度高，主要应用于军工技术等领域。但是，由于含有储量较少的稀土元素钐和战略金属钴，钐钴永磁的发展受到很大限制。当前，随着计算机、通信等产业的发展，稀土永磁，特别是钕铁硼永磁产业得到了飞速发展。

从我国钕铁硼永磁材料产业链来看，其上游为稀土矿开采、稀土冶炼行业，下游为消费电子产品、基础工业及新能源、节能环保产业等，主要应用于风力发电、新能源汽车、变频空调、消费电子、电梯直线电机、核磁共振成像仪等领域。

目前，烧结钕铁硼仍是我国产量最高、应用范围最广的稀土永磁材料。2019 年，中国烧结钕铁硼毛坯产量为 17 万 t，同比增长 9.7%，占国内稀土永磁材料产量的 94.3%；黏结钕铁硼产量为 0.79 t，同比增长 5%，占比 4.4%。

中国烧结钕铁硼产地遍及 13 个省区市。如图 8-1 所示，浙江省的烧结钕铁硼发展最快，其产量占全国总量的 47%。山西省由于得天独厚的自然条件，稀土资源富裕，具备低成本优势，正大力发展烧结钕铁硼的生产。总体来看，其烧结钕铁硼生产总量占全国产量的 22%。京津地区的烧结钕铁硼产量居第三，占全国的 12%。其余总量的 19%则分布在其他地区。由于烧结钕铁硼对环境（温度、湿度）极为敏感，浙江省产量虽大，但品质不高。一般而言，气候干燥的山西、甘肃、宁夏等地，用同样的工业设备生产磁体，其性能会优于南方。据初步统计，浙江省烧结钕铁硼产量较高的企业有宁波韵升、英洛华、横店东磁、杭州永磁集团有限公司（以下简称杭州永磁）、宁波永久磁业有限公司。自 1985 年以来，在国家主管部门及地方政府的支持和引导下，浙江省钕铁硼永磁材料产业取得了长足的发展。

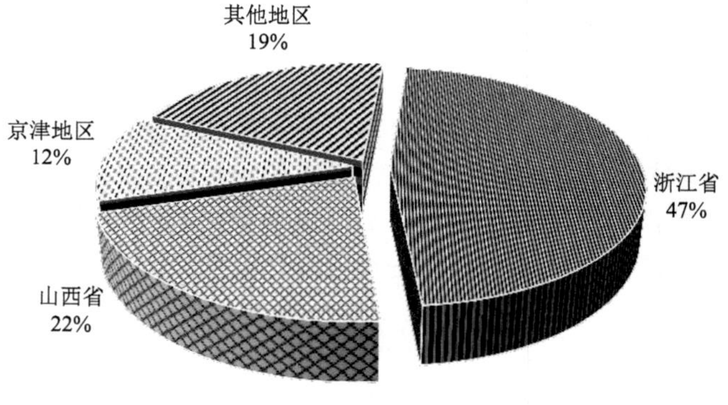

图 8-1　2019 年全国烧结钕铁硼产量分布

目前，我国大多数厂家只能生产磁能积 40 MGOe～44 MGOe、矫顽力 10 kOe 的磁体，只有 1/3 的生产厂家能稳定批量生产磁能积 40 MGOe～50 MGOe 的磁体。此外，国产磁体存在产品性能一致性较差的缺点，同一批次的性能波动很大，很难被自动化生产线的产品采用。近年来，我国钕铁硼制造技术进步显著。中科三环和宁波韵升等企业已经能工业化生产计算机 VCM 等高端应用磁体，并在世界市场中占有一定的份额。烟台正海磁性材料股份有限公司开发了无氧工艺工业化生产，生产出低氧高磁能积、高温度稳定性、高耐腐蚀性和高一致性的磁体，同时大幅度降低了稀土用量，既提高了磁体的性能，又节约了宝贵的稀土资源。通过研发和攻克晶界扩散和晶粒细化技术等稀土永磁生产新工艺，目前已经开发出具有较高综合性能（最大磁能积+内禀矫顽力大于 75）及较强高温稳定性（工作温度大于 200℃）的稀土磁体，可满足新能源汽车和风力发电等特殊环境的要求。近年来，为了满足家用玩具等特殊市场的需求，推动稀土资源综合利用，高丰度稀土镧（La）、铈（Ce）等混合稀土的应用得到了大力的发展。宁波材料所开展了双合金法和细晶烧结钕铁硼制备技术的研究，开发了系列无重稀土永磁材料，大大地降低了磁体的成本。

稀土永磁电机自身体积和重量较小，且能提高能量利用率，因此迅速在新能源汽车、高性能伺服电机等领域应用和推广，使烧结钕铁硼成为必不可少的核心材料。然而，这类电机的散热空间有限，工作温度可达 200℃，对永磁材料提出了更高的热稳定性要求。另外，烧结钕铁硼磁体的富钕相与硬磁性主相的电位差巨大，容易在腐蚀环境下形成原电池，将造成主相晶粒的脱落甚至粉化，导致烧结钕铁硼永磁在使用过程中会发生严重腐蚀而失效。针对这些问题，浙江大学严密教授领导的磁性材料创新团队，原创性地提出了晶界组织重构的技术思路，设计与合成新晶界相，取代传统生产工艺中自然形成的晶界富钕相，研发具有不同性能特点的新晶界相钕铁硼新材料；突破了新晶界相成分设计、基于新晶界相的合金烧结和热处理等关键技术，分别研发了高本征抗蚀性钕铁硼新材料和低重稀土高矫顽力钕铁硼新材料及其生产技术，并与合作企业英洛华、横店东磁共同创新和集成生产工艺的关键技术与装备，突破了低成本高性能钕铁硼核心生产技术，建立了高品质、高一致性烧结钕铁硼节能生产的成套技术。研发的新材料分别具有不同的性能特点，抗蚀性大幅提高，韧性明显改善，节约了宝贵的稀土资源，大幅降低了生产成本，打破了日本和美国对高端稀土永磁市场的垄断。研究成果“钕铁硼晶界组织重构及低成本高性能磁体生产关键技术”获 2013 年度国家技术发明二等奖。

目前，稀土永磁还存在着以下几个问题。①中高端稀土永磁材料产品的供给能力尚不能满足先进制造业的应用发展需要。日本钕铁硼生产企业数量少，却占据全球高性能钕铁硼近一半的市场份额；我国钕铁硼生产企业数量多，但年产量 1500 t 以下的企业占 70%，向中高端应用产业发展不足。我国部分稀土产业仍依赖海外高附加值产品，2018 年我国进口永磁体和速凝片的单价是出口价格的近 2 倍。②主要稀土磁性材料的核心技术尚不能满足日趋严峻的国际贸易竞争需要。烧结钕铁硼领域，日立金属株式会社（以下简称日立金属）在全球保有 600 多项专利，几乎垄断了从成分到生产全流程的所有专利；黏结钕铁硼领域，麦格昆磁长期垄断市场，2014 年持有专利到期后，中国企业才逐步进入快淬磁粉市场。从 2013～2022 年的专利申请趋势来看，我国每年都维持着高位申请，年均申请量 450 项以上，共计申请 5271 项。可以说，全球 72.64%的专利技术产出来自中国，其次为日本。③稀土资源的综合高效利用技术尚不能满足“绿水青山就是金山银山”的可持续发展需要。上游稀土开采方面，稀土矿的高效绿色开发面临困难；下游稀土应用方面，磁体表面电镀排污等清洁生产水平尚须提升。部分高丰度稀土供需不平衡，La、Ce 等富余元素大量积压，亟须加快资源综合利用技术的研发。此外，稀土回收也是实现稀土资源绿色循环利用的重要环节，目前我国稀土资源高效回收体系较发达国家仍有差距。

根据稀土永磁的几个发展问题，浙江省稀土永磁企业可以朝着如下几个方向发展。①低成本高性能稀土永磁的关键制备技术和成套装备。针对新能源汽车、风电等领域，发展多相合金、快速烧结、晶界重构和扩散、细粉抗氧化等超高矫顽力烧结钕铁硼的重稀土减量化技术；针对高能效微型精密电机等领域，发展无（低）重稀土的超细晶烧结钕铁硼及高性能各向异性黏结钕铁硼的应用技术；针对汽车 EPS 电机和机器人伺服电机领域，突破高矫顽力热压和热变形钕铁硼辐向磁环的连续化生产技术；针对常规方法无法制备的特殊结构，发展黏结稀土永磁的 3D 打印（three-dimensional printing）技术；发展适应海上风电等特殊环境的高耐蚀性钕铁硼和高强韧性钕铁硼；发展高剩磁纳米双相耦合磁粉、钐铁氮永磁、耐高温钐钴永磁等；自主研发并形成适应我国低成本高性能稀土永磁批量生产的系列装备，包括稀土永磁全自动生产装备、晶界扩散钕铁硼永磁材料制造装备、快淬磁粉制备装备、高效率连续式稀土永磁材料热压装备、连续式一次成型热压辐射磁钢制备装备、稀土永磁材料绿色涂层制备装备等。②高丰度稀土在稀土永磁材料中的应用技术。多主相高丰度稀土永磁的矫顽力机理和多尺度磁耦合效应、共伴生混合稀土永磁的可控制备技术和应用技术及针对高丰度稀土永磁的晶界调控技术。

（二）铁氧体永磁产业现状

铁氧体永磁主要有钡铁氧体和锶铁氧体，其电阻率高、矫顽力大，能有效地应用在大气隙磁路中，特别适用于小型发电机和电动机的磁体。铁氧体永磁具有来源丰富、工艺简单、成本低等特点，可替代铝镍钴磁体制造磁分离器、磁推轴承、扬声器、微波器件等。但其最大磁能积较低，温度稳定性差，质地较脆、易碎，不耐冲击，不宜做测量仪表及有精密要求的磁体器件。

我国的磁性材料工业已有超过 60 年的发展历史，基本形成了门类齐全、产学研配套的完整工业产业体系。目前，我国已经成为铁氧体永磁世界第一生产大国。图 8-2 展示了 2015～2019 年我国铁氧体永磁产量的趋势，且最低点出现在 2017 年，为 50.62 万 t；2018 年为 54.54 万 t，较 2017 年同比增加 8%；2019 年产量又有所下降。截至 2019 年底，我国铁氧体永磁产量（磁粉+磁体）达到 120 万 t，其中铁氧体永磁约为 52.81 万 t，占全球产量的 80%。截至 2022 年，全国从事铁氧体永磁生产的企业有 300 多家，但是目前产能集中度还比较低，前五大公司只占有30%的市场份额。绝大部分企业还处在规模小、产品质量差、产能小、同质化、技术水平低下的状态。

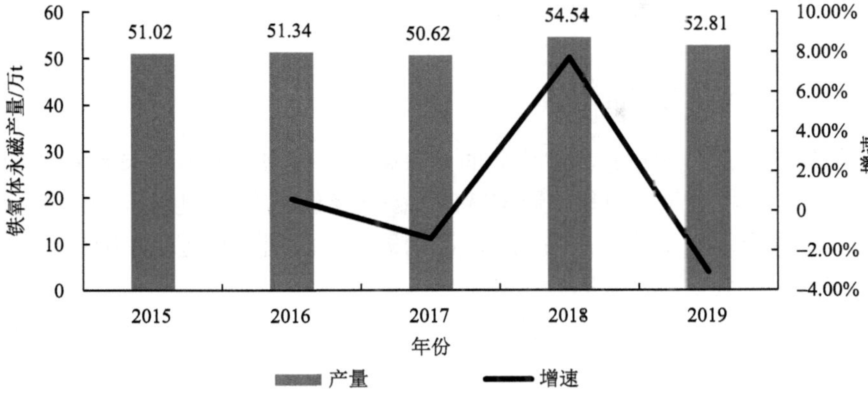

图8-2　2015～2019年我国铁氧体永磁产量

在激烈的市场竞争环境下，我国铁氧体永磁材料的生产已经呈现出明显的地域集中趋势，一些具有技术、管理和设备等优势的大型企业日益显示出强劲的竞争力。以浙江省东阳市为中心、横店东磁为代表的长三角铁氧体永磁生产基地，产量占全国的50%以上。我国铁氧体永磁材料行业正处在从自由竞争向垄断竞争过渡的阶段，行业集中度提高速度加快，铁氧体永磁生产核心企业将逐步形成。

国内企业面对发达国家铁氧体永磁材料生产企业向中国转移的冲击，国内铁氧体永磁材料生产企业的产品中、低档次多，技术含量较低，价格低廉，盈利较薄，缺少国际市场竞争力。目前，我国正在加强对高性能铁氧体永磁研发力度，致力于提高磁性产品性能档次、一致性、可靠性。目前，中国的铁氧体永磁行业发展迅猛，缩小了与发达国家的技术差距，国内部分企业已经开发出与TDK高端产品牌号相对应的产品，其中以横店东磁开发的DM 4350（对应TDK的FB9H牌号）和DM 4545（对应TDK的FB9牌号）已经量产。浙江省铁氧体永磁材料企业，应在牢牢把握国内市场的基础上，树立外向型企业发展观念，主动参与国际市场竞争，并在这个过程中提高自身水平，缩小与国际领先水平的差距，逐步进入良性循环。

浙江省以至全国的铁氧体永磁技术发展趋势有以下5个方面：①高性能铁氧体永磁材料开发，主要基于镧钴氧化物、镧锌氧化物（La-Co、La-Zn）等添加技术；②铁氧体永磁材料生产工艺开发，通过工艺优化，进一步提高现有产品的性能和一致性，主要通过优化配方、提高取向度、提高烧结密度、控制晶粒尺寸等技术提高磁体性能；③高性能铁氧体永磁材料产品研究，开发满足客户要求的产品，包括低温度系数、高温使用、高压强度、特殊性能参数等；④高性能干压各向异性磁体的开发；⑤高性能铁氧体永磁产品自动化生产技术开发目标——效能提升 30%，合格提高 10%，综合成本下降 5%～8%。针对市场发展趋势，铁氧化器件向高性能、小型化方向发展，且随着汽车领域和家用电器领域对铁氧化器件的市场需求不断增加，出口产品逐步向中高档方向发展。

（三）铁氧体软磁产业现状

铁氧体软磁是以 Fe_2O_3 为主成分的亚铁磁性氧化物，采用粉末冶金的方法生产。这种材料的特点是：饱和磁通密度低、磁导率低、居里温度低、中高频损低、成本低。实际上前三个特点是铁氧体软磁的缺点，限制了其适用范围；后两个特点是其优点，有利于其进入高频市场。

图 8-3 展示了我国铁氧体软磁产量逐年增长的趋势，其中 2019 年铁氧体软磁产量约 26 万 t，全球占比超过 60%。截至 2019 年，中国从事铁氧体软磁生产的企业有 200 多家，初具规模的企业有 100 多家。图 8-4 展示了铁氧体软磁生产企业的分布，主要集中在浙江和江苏等长江三角洲一带，约占全国铁氧体软磁企业

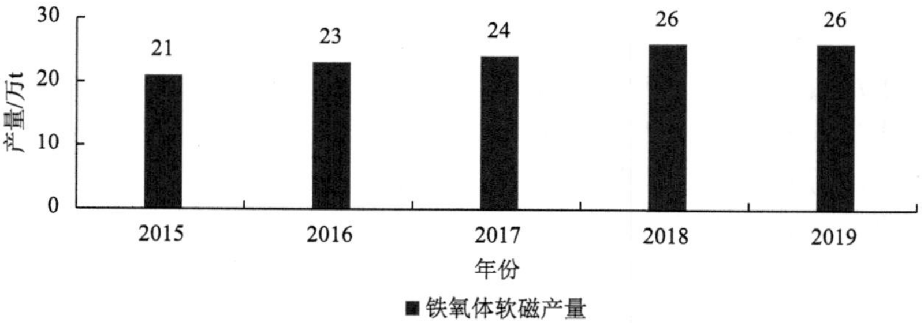

图 8-3　2015～2019 年我国铁氧体软磁产量

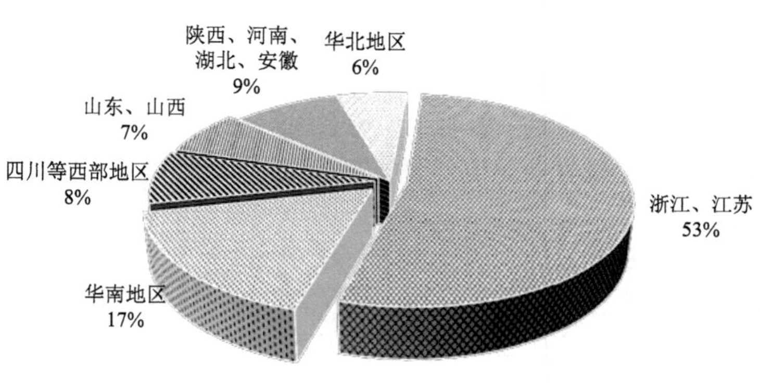

图 8-4　2019 年铁氧体软磁生产企业分布

数量的 53%；华南地区铁氧体软磁生产企业数量占全国铁氧体软磁企业数量的 17%；四川等西部地区铁氧体软磁生产企业数量占全国铁氧体软磁企业数量的 8%；山东、山西铁氧体软磁生产企业数量占全国铁氧体软磁企业数量的 7%；陕西、河南、湖北、安徽铁氧体软磁生产企业数量占全国铁氧体软磁企业数量的 9%；华北地区铁氧体软磁生产企业数量占全国铁氧体软磁企业数量的 6%。

目前，我国铁氧体软磁生产专用设备基本上已实现国产化。但与国外先进国家相比，还存在一定的差距。一是自动化程度较低，二是设备的稳定性和可靠性较差。从目前情况看，铁氧体软磁生产将从单机自动化向生产线系统自动化发展。清洁高效制粉（干法、湿法）、自动送料、自动分选（光电分选、智能分选）将逐步推广，国内已有不少公司正在研发建设自动化程度较高的生产线。在此基础上，将普遍要求铁氧体软磁产品的多参数（物理、机械、环境）测试实验认证，并推广磁性应用技术的仿真设计、实验认证。随着产品质量和生产效率要求的提高，迫切需要针对铁氧体软磁元件的高速检测和分选装备。然而，铁氧体软磁元件品种繁多，各种元件外形尺寸各异；而且需要对铁氧体软磁元件多个表面的尺寸、几何形状以及表面质量进行全面的检测，这将进一步提升对相关设备的要求。

近年来，浙江省铁氧体软磁企业积极对标国外领先企业，以不断提升技术，多数单位均以 TDK 产品为标准，在材料性能研究水平上向 TDK 靠齐。例如，横店东磁和海宁联丰磁业股份有限公司（以下简称海宁联丰磁业）的 NH2G 材料等相当于 TDK 的超低损耗功率铁氧体材料 PC47/6H45。天通控股 TP5 材料、横店东磁 DMR47、海宁联丰磁业 NH9 材料等都已经与 TDK 的 PC50 相当。此外，横店东磁针对中心工作频率可达 500 kHz 以上的第四代功率铁氧体材料，成功研发出 DMR50、DMR51 和 DMR52 材料，可分别适用于 500 kHz、1 MHz 和 3 MHz。针对 TDK 研发出的从室温延伸至 100℃的具有较低功耗的宽温低功耗材料 PC95，横店东磁也研发出宽温低功耗材料 DMR95。同时，海宁联丰磁业的 NH9 材料，在 130℃下功耗为 370 kW/m^3。

在国家和浙江省科学技术厅的持续支持与推动下，针对应用需求最大的锰锌与镍锌功率铁氧体，浙江大学与杭州电子科技大学、横店东磁进行了多年的产学研合作研究，突破了高频宽温低功耗铁氧体核心生产技术，解决了铁氧体软磁高频条件保持低功耗的问题，并实现了规模化生产和推广应用。通过产学研合作，上述高校和企业发明了锰锌和镍锌铁氧体多离子联合替代新技术，研发了高频宽温锰锌和镍锌功率铁氧体新配方。同时，突破了锰锌和镍锌块体铁氧体烧结等生产关键技术和薄片铁氧体流延生产关键技术，建立了块体和薄片高频宽温低功耗铁氧体成套生产工艺，并实现了规模化稳定生产。生产出的产品不仅应用于新能源汽车、高铁、手机等重要民用领域，还应用于我国航空航天和军事装备领域，为我国国民经济、国防建设和重大科学工程做出了重要贡献。

随着应用领域的拓展和材料研发工作的深化，一种求新、求全的理念逐步主导着国内铁氧体软磁材料的研发方向，不少多种特性兼备的新材料先后推向市场。当前，国内铁氧体软磁材料的研发方向主要有以下四个。①两高软磁材料：更高的饱和磁通密度，更高直流偏置特性。②两低软磁材料：更低的损耗，更低的总谐波失真系数（total harmonic distortion coefficient，THD）。③宽温、宽频软磁材料：更宽的使用频率和更广的温度范围。④小型化、环保和精细化工艺控制。

（四）金属磁粉芯产业现状

金属磁粉芯被称为“第四代软磁”材料，应用极为广泛，小到手机与电脑的中央处理器（central processing unit，CPU），大到太阳能逆变器、国防工程中的控制系统。与传统软磁相比，用这种新材料制成的软磁复合材料具有超导磁、低损耗、强度高、耐腐蚀等诸多特性。金属磁粉芯开发主要集中于电工用纯铁、硅钢片、铁镍合金、铁钴合金、铁铝合金等材料。这些材料特点如下：金属磁粉芯中有均匀分布的空隙，可使用于大直流电流；大电流下有较高直流叠加性能，低磁芯损耗、低噪声；低电磁干扰噪声、低发热。

目前在市场上金属磁粉芯性能较好、占有率较高的主要厂家有：美磁公司、CSC（Computer Sciences Corporation，计算机科学公司）、阿诺德以及国内的浙江东睦科达磁电有限公司（以下简称东睦科达）、横店东磁和武汉浩源磁材科技发展有限公司等。由于风能、太阳能、混合动力车和纯电动跑车以及云端服务器的快速发展，金属磁粉芯的形状、尺寸将更加多样，如罐形磁芯，因为具有良好的直流叠加特性、非常好的电磁屏蔽特性、极低的磁芯损耗、非常高的绕线窗口利用率，同时具备在大电流下不容易饱和等特性，是广泛应用在太阳能光伏、风电和可靠性电源、轨道交通等新型产业中的逆变器、滤波器、电抗器的核心元件，这使近几年金属磁粉芯市场快速增长。

目前，国内金属磁粉芯生产企业在规模上与国际领先企业存在一定差距。但在性能方面，浙江省金属磁粉芯企业的部分产品已经达到国际标准。例如，横店东磁可以批量生产的产品有铁镍钼 DM572160、铁硅铝 DS572125 等。东睦科达从 2000 年开始研发磁粉芯并规模化生产，经过 20 多年的发展，产品的性能和产量大大提升，目前公司拥有铁硅铝磁粉芯、硅铁磁粉芯、高磁通磁粉芯、铁镍钼磁粉芯、铁硅镍磁粉芯等全系列金属磁粉芯生产线，年产量为 4000 t，产品性能与 Micrometals（美克顿微金属）相当，具有很强的市场竞争力。除此之外，公司还研发出耐高温铁粉芯（HTC200 iron powder core），能够耐 200 ℃高温，是性价比非常高的产品。公司采用快速冷却方法制得铁基非晶薄膜带进行热处理，将其转变为纳米晶薄带；进一步粉碎得到纳米晶金属粉末，经过球磨、筛选，再通过压制成型和退火处理，制得高磁导率的纳米晶磁粉芯，这种磁粉芯具有稳定的磁导率、损耗值和直流偏置能力。

在实际应用中，电感绕组本体能直接“埋入”软磁粉末，经过机器压铸后即可“一体成型”，结构全封闭磁屏蔽，有利于降低电磁干扰，实现电感小型化、高精度性。与国际先进制备技术相比，国产金属磁粉芯的稳定性还有待提高，如何通过包覆技术，在保证粉体绝缘性的同时不影响磁性，是急需破解的难题。针对软磁复合材料功率损耗大、磁性能差、不耐高温的关键问题，浙江大学严密团队在多年研究的基础上，原创性地提出在软磁粉末基体表面原位生成高电阻率软磁壳层，降低涡流损耗并保持高磁性能的技术思路，发明了多软磁相核壳结构复合材料，且具有适用于不同磁粉的绝缘包覆技术，显著降低了功能损耗。浙江大学研究团队创新和改进了针对不同软磁合金的制粉技术，并与横店东磁、天通控股等密切合作，系统集成相关发明与关键技术，建立了低功耗高性能软磁复合材料生产线和成套生产工艺。

第二节　典型企业案例分析——横店东磁

横店东磁是浙江省内一家主要从事磁性材料系列产品、太阳能光伏系列产品和新能源电池等产品的研发、生产和销售的企业，是目前全球最大的铁氧体永磁生产企业、全球最大的软磁材料生产企业，也是获得国内领跑者证书的太阳能制造企业，全球主要的振动马达生产企业之一。截至 2021 年 12 月 31 日，公司磁性材料具有年产 20 万 t 铁氧体预烧料、16 万 t 铁氧体永磁、4 万 t 铁氧体软磁、2 万 t 塑磁的产能。2021 年，公司实现营业收入 126.07 亿元，较上年同期增长 55.54%，自营进出口贸易总额突破了 10 亿美元，收入、利润、自营进出口贸易总额均创下历史新高。近年来，横店东磁迅速发展，逐渐在国际磁性材料市场中崭露头角，且获得了一定的国际认可度。截至 2020 年底，在磁性材料领域，横店东磁主持或参与二十余项国际、国家、行业标准、团队标准、联盟标准的制定。

一、基于产业链视角的横店东磁发展现状分析

横店东磁是当今世界上规模最大、产品规格齐全、技术力量雄厚的铁氧体永磁生产企业，且完善的产业链是其发展壮大的重要支撑。本节以铁氧体永磁为例，来分析横店东磁的产业链发展现状。

铁氧体永磁是一种新型的非金属磁性材料，具有宽磁滞回线、高矫顽力、高剩磁的特性，且只需外部提供一次充磁能量，就能产生稳定的磁场，从而向外部持续提供磁能，铁氧体永磁已经广泛应用于汽车、变频家电等技术密集的高附加值精密微电机。铁氧体永磁产业链结构如图 8-5 所示，铁氧体永磁产业链上游是钢铁制造业，其主要原材料为铁鳞、铁红、碳酸锶、碳酸钡。其中，铁鳞、铁红

是上游钢铁生产过程中的副产品。铁氧体永磁产业链下游主要应用于汽车领域、计算机及办公设备领域、家电领域、电动玩具领域等。接下来，本节将重点剖析横店东磁的铁氧体永磁产业链，该公司在该产业链中的运作情况如下。

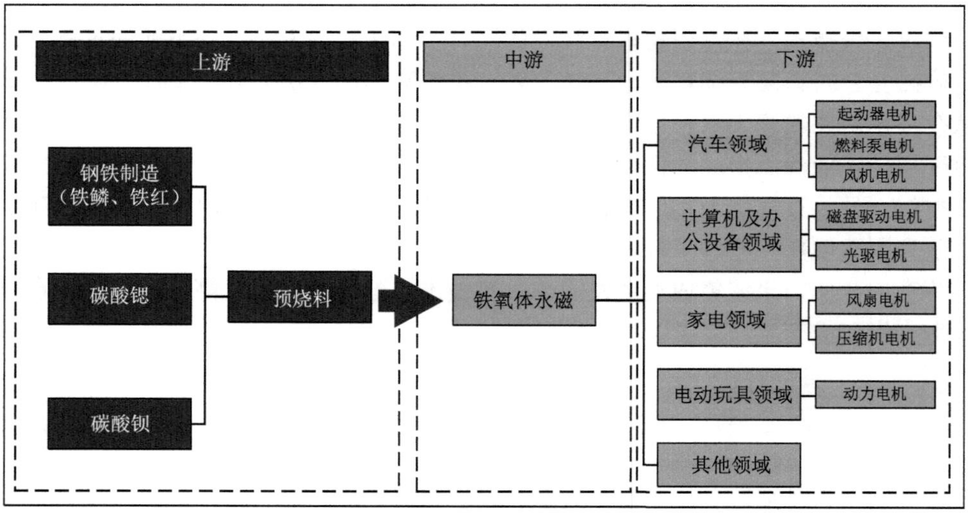

图 8-5　铁氧体永磁产业链结构

在产业链上游，横店东磁从供应商处采购原材料，然后根据配方做成预烧料，再将预烧料做成铁氧体永磁等磁性材料产品。在这一过程中，原材料的价格对铁氧体永磁生产成本具有重要影响。为了控制上游原材料价格波动对产品生产成本的影响，横店东磁主要采取以下几种方案来应对：首先，公司拥有专业的团队，对原材料的市场价格进行提前预判，在此基础上凭借资金优势，从战略上对主要产品的原材料进行战略储备以锁定价格，即降低原材料价格上涨带来的负面影响；其次，公司通过科学的方法对供应商进行评价与选择，并与核心供应商进行长期的战略合作，通过签订合作框架来稳定原材料的价格；最后，公司同时向多家供应商采购原材料，这使供应商之间保持一定的竞争关系，从而确保原材料的质量以及价格。2021 年，横店东磁磁性材料采购原材料金额约为 15.16 亿元，占营业成本 14.7%①。

在产业链下游，横店东磁主要根据客户的采购合同及订单需求，向客户提供相应的产品及售后服务。同时，公司采用“以销定产”的方式安排生产，这样可以防止过度生产造成的库存积压或生产不足导致的供应短缺。总体来看，2021 年

① 《横店东磁：2021 年年度报告》，http://vip.stock.finance.sina.com.cn/corp/view/vCB_AllBulletinDetail.php?gather=1&id=7878109[2022-03-11]。

横店东磁磁性材料营业收入约 42.69 亿元，占总营业收入 33.86%，同比增长 26.39%。公司突出的生产能力和产品质量赢得了众多全球 500 强企业或行业领先企业的信赖，如华为、特斯拉、罗伯特·博世有限公司、三星、松下、格力、美的等均为横店东磁的下游客户。

在研发方面，横店东磁投入了大量的成本，组建了专业的研发团队，建立了国家级企业博士后工作站、国家磁性材料技术中心等多个创新平台。同时，公司加大了与宁波材料所、电子科技大学等高等院校的产学研项目合作。通过这些举措，2021 年度横店东磁获得了第二十二届中国专利优秀奖、科技进步二等奖、浙江省标准创新贡献奖等荣誉，为产业链的上下协同、产品的更新换代做出了巨大贡献。

二、横店东磁的先进经验及存在的风险

（一）先进经验

首先，横店东磁投入大量的研发成本，通过外部引进和内部培养相结合的方式合理配置人才，拥有多个创新平台和产学研合作项目，且取得了重要的研究成果，在磁性材料专利数量方面也是遥遥领先。其次，横店东磁在磁性材料产业深耕四十多年，始终保持产品的技术领先，为公司赢得了众多国内外企业的信赖，公司的客户也从国内向全球化发展，获得了欧洲、日本、韩国、南美等国家和地区的优质客户。再次，横店东磁具有稳健经营和控制风险的能力，在经营规模持续增长的过程中，公司资产负债率始终保持在较低水平，偿债能力和抗风险水平优于行业平均水平。最后，在产业布局上，横店东磁一方面积极推进新项目、产能置换项目以及技改提升项目的落地，进一步提升公司的生产规模效应；另一方面持续投资自动化和数字化基础设施与设备建设，积极探索智能制造。特别是在数字经济时代，横店东磁新建的项目主要以数字化为导向，目的是提升公司的整体经营效率。

（二）存在的风险

首先，横店东磁在开辟项目上的投资比较大，如果不能及时开拓市场，新增产的产品将会变成库存，加大公司库存风险。特别是在当前经济环境下，外资企业外迁现象严重，公司的下游需求可能面临着缩减的风险。其次，原材料源头的供需失衡可能会造成采购价格波动或采购困难，公司若不加强与上游供应商的合作或者不采取措施积极应对，则可能面临达不到预期收益的风险。最后，市场竞争激烈，价格传导速度会有影响，再加上国际战争和竞争格局影响，横店东磁的下游领域，如家电和汽车领域都会受到影响，这会进一步激化磁性材料制造企业

之间的竞争关系。

（三）存在的不足

首先，产学研合作仍须加强。当前国内经济低迷，如何保持一定的研发能力，突破“卡脖子”技术，是横店东磁面临的首要问题，其中，与国内外高校和其他科研机构开展紧密的研发合作是一条重要途径。但是，横店东磁在这方面的合作仍然有待提升，不利于其快速突破关键技术难题。其次，与上下游产业之间的协同有待加强。磁性材料的生产和销售受到经济与社会环境影响，横店东磁虽然与上下游企业之间构建了一定的合作关系，但它们之间的协同运作仍然有待加强，这将有利于稳定原材料的供应以及产品的销量。

第三节　浙江省磁性材料产业链创新发展面临的挑战与问题

浙江省是磁性材料产业强省，产业空间布局已经较为成熟，形成了铝镍钴永磁、稀土永磁、铁氧体永磁、铁氧体软磁等系列永磁材料产品。特别是部分产品，其磁性能已经达到国际先进水平。但是，在新技术革命、中美贸易摩擦的大背景下，“十四五”期间，我国磁性材料产业高质量发展还面临着巨大的挑战。

一、浙江省磁性材料产业发展面临的机遇与挑战

（一）磁性材料在节能减排领域应用广泛

在“双碳”目标下，我国各行各业的企业均面临低碳转型的需要，为磁性材料的应用提供了空间。例如，高性能钕铁硼磁性材料在发电和新能源汽车等行业中的应用将有利于其节能减排。

在发电行业，风电具有零排放、制造成本相对较低、使用周期较长等优势，将是发电行业未来降低碳排放的重要发展方向之一。国家发展改革委、国家能源局等 9 部门联合印发《“十四五”可再生能源发展规划》中提出，2025 年，可再生能源年发电量达到 3.3 万亿 kW • h 左右，“十四五”期间可再生能源发电量增量在全社会用电量增量中的占比超过 50%，风电和太阳能发电量实现翻倍。根据国家能源局数据，2020 年风电新增装机量 7167 万 kW，同比大幅增长 178%，超过 2017～2019 年 3 年的合计量；2021 年风电装机容量约为 3.3 亿 kW，同比增长 16.6%。风力发电电机离不开磁性材料的支撑，其中的半直驱和直驱式交流永磁同步电机需要使用钕铁硼磁体，风力发电机作为新型电机又具有易于维护的特点，将逐步取代旧式发电机。因此，磁性材料在发电行业中的潜在市场规模可观，未来半直驱和直驱式交流永磁同步电机的市场占有率也将进一步提升。

近年来，我国新能源汽车市场快速增长。从图 8-6 可以看出，2019～2021 年我国新能源汽车产销数量增长了近 2 倍。尤其是从 2021 年开始，新能源汽车的销量已经远超于2020年全年的销量。2021年1～6月，新能源汽车产销分别完成121.5万辆和 120.6 万辆，同比均增长 2 倍。在“双碳”目标下，未来的新能源汽车市场将进入新一轮高速发展期，这样的市场规模以及市场前景也将成为未来磁性材料需求量的增量来源。例如，高性能钕铁硼永磁材料被应用于更轻、更小、更高效的新能源汽车永磁同步电机中。永磁同步电机气动性能更好、峰值效率更高、具有更好的可靠性，因此绝大部分新能源汽车的电机采用永磁同步电机。高性能钕铁硼永磁作为第三代永磁材料，具有优异的磁性性能，被用于制造永磁同步电机中的核心零部件——永磁转子。

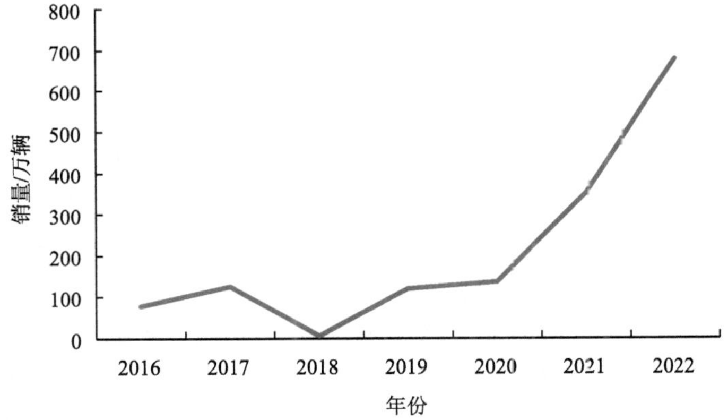

图 8-6　2016～2022 年我国新能源汽车销量

资料来源：《近 10 年中国新能源汽车销量》，https://mbd.baidu.com/newspage/data/dtlandingsuper?nid=dt_4598006887931667565&sourceFrom=search_a[2024-10-05]

（二）原材料价格波动明显，将增加磁性材料的生产与研发成本

2021 年以来，磁性材料受需求恢复、供应偏紧等多重因素综合影响，原材料价格持续快速上涨。对于磁性材料产业内的大企业来说，一方面其面向的客户也多是大型企业，常规合同都按年度签订；另一方面，部分关键原材料价格浮动。因此面对当前原材料上涨，部分风险由公司承担，部分风险由客户承担。但是，对于中小企业而言，难以承担起这样的风险，其受到的影响将会更大。以铁氧体永磁的原材料铁红、碳酸锶和碳酸钡为例，铁红价格由 2020 年初的 2300 元/t，上涨至 2021 年 7 月的 16 000 元/t。碳酸锶和碳酸钡的价格更是一路飙升，尤其是碳酸锶的价格。表 8-2 梳理了 2020～2022 年贵州红星发展股份有限公司公布的每季度销售均价，可以看出，2022 年第一季度价格仍然高位运行。

表 8-2　2020～2022 年碳酸锶和碳酸钡销售均价表

季度	碳酸锶销售均价/（元/t）	碳酸钡销售均价/（元/t）
2020 年第一季度	5 021.2	2 224.3
2020 年第二季度	5 105.1	2 054.4
2020 年第三季度	4 919.7	1 961.7
2020 年第四季度	5 024.9	2 025.0
2021 年第一季度	6 629.5	2 098.1
2021 年第二季度	9 458.5	2 295.2
2021 年第三季度	13 788.9	2 694.0
2021 年第四季度	13 072.4	2 957.5
2022 年第一季度	13 127.1	3 226.8

（三）磁性材料中小企业占比大，两极分化较为严重

近年来，浙江省磁性材料企业发展速度较快，新创办的企业数量较多，2021 年共有从事磁性材料相关的企业约 3000 多家，但只有少数大型磁性材料生产企业具有较强的市场竞争力。这些大企业资本雄厚，跨界经营增多，国际化步伐逐步加快，研发投入显著增加，竞争优势日益明显。实际上，中小企业仍然是浙江省磁性材料的主力军，也是浙江省经济发展过程中呈现出的特色模式。但是，当前全球经济增长乏力，我国经济增速放缓，给中小企业带来了巨大的挑战。例如，原材料价格的上涨，人力成本的攀升，很多中小企业没有足够的资金实力来克服这些困难。目前，很多中小企业缺乏技术实力，特别是一些生产低端磁性元件材料的微小企业普遍经营困难，利润低薄。

（四）本土能源、土地等要素资源供应紧张

产业的发展离不开配套资源的支持，但是浙江省在磁性材料原材料资源方面处于稀缺的状况。同时城市用地的紧缺导致企业扩张受阻，限制了磁性材料生产企业生产规模的壮大。以浙江省先进磁性材料产业集群——宁波磁性材料产业集群为例，宁波市缺少稀土资源，而一些稀土资源城市如包头市、赣州市的各类优惠政策帮助其产业加速崛起，优惠政策层出不穷，原材料价格低廉，生产成本的降低，引起了大批行业内企业的关注，并想要在这些城市落户建厂。一旦进行大规模的产能转移，将对宁波市产业集群的地位造成不小的冲击。同时，宁波市也存在缺少土地等配套资源，难以满足磁性材料企业的扩产需求，企业不得不在外地选址建厂生产，即外迁逐渐成为一种趋势。这样的经济流失导致宁波市磁性材料产业的上下游供应链不完整。另外，宁波市本地用工成本高，相比于前面

提到的资源城市，这也是挑战之一。用工紧缺已经成为宁波市重要议题，当地招工难，外地招工要满足员工的基本生活条件，导致宁波市磁性材料产业用工成本高居不下。

二、浙江省磁性材料产业发展面临的问题

（一）浙江省磁性材料产业创新生态系统比较薄弱

一是部分企业原始创新投入不足。以浙江省上市磁性材料公司宁波韵升、横店东磁、天通控股为例，并将其与国际上磁性材料公司 TDK 进行对比分析，研发费用及其与营业收入之比情况如表 8-3 所示。可以看出，浙江省几家重要上市公司虽然在国际磁性材料产业中占据着领先地位，但是在研发费用投入上仍有差距，而省内其他磁性材料企业差距更是遥远。在磁性材料产业中，研发费用的投入对突破技术瓶颈、增强产品性能、降低成本具有至关重要的作用。磁性材料从研发到产品试验、投入生产的时间跨度大、投入高、不确定性强，这导致企业对技术研发与源头创新的投入意愿较低，行业内总体创新水平不高，高端产品的研发以及市场化进展缓慢，产品挤压在中低端。以钕铁硼为例，日本高性能钕铁硼永磁材料产量占全球总产量的比例在 60%左右，而我国仅 30%左右。另外，一些领域的中高端产品的供给能力尚不能满足先进制造业的应用发展需要。

表 8-3　磁性材料企业研发费用及其与营业收入之比情况

企业名称	2021 年研发费用/亿元	研发费用占营业收入比例
宁波韵升	2.3	6.1%
天通控股	2.6	6.4%
横店东磁	6.0	4.8%
TDK	112.3	13.9%

资料来源：公司年报

二是创新传导机制有待完善。科研单位与企业之间，以及上下游企业之间协同创新较少。浙江省几家大型磁性材料公司在产学研方面做到了全省领先，起到了模范带头作用。例如，2013 年，宁波韵升与中国科学院院士、南京大学教授都有为共建院士工作站，在磁性材料研究领域领军人物的指引下，宁波韵升自主创新能力迅速提高，成为中国少数掌握稀土永磁材料全套装备制造的业界翘楚，跻身全球三大稀土永磁材料生产企业，并连续两年产值超过 10 亿元；杭州科德磁业有限公司先后与北京科技大学、兰州大学、北京工业大学建立产学研合作关系，在磁性材料表征分析及新技术、新工艺开发等方面进行合作；横店东磁与中国计

量大学展开合作，建立了浙江省磁性材料试验基地暨中国计量学院东磁研究院。天通控股与浙江大学等单位，针对应用需求最大的铁氧体软磁材料，进行了长期的产学研合作研究，突破了高频宽温低功耗铁氧体核心生产技术，实现了规模化生产和应用；英洛华与浙江大学、宁波材料所、钢铁研究总院等高校和科研机构合作建立研发中心，为企业新品的快速开发奠定坚实的基础。尽管当前有许多企业与高校和科研机构开展了产学研合作，但产业链与创新链之间的互相促进效应尚未显现，产学研间合作不够充分，特别是协同机制尚未形成。在产需对接、供应链协同、科技资源共享等方面还有很大提升空间。总体而言，同质化研究现象普遍，上下游没有形成对行业共性技术进行合力攻关的局面。

三是知识产权建设意识较为薄弱。自主研发走向市场应用的产品专利很少，独立知识产权的缺失导致浙江省在开拓高性能磁性材料市场方面受阻。表 8-4 梳理了浙江省内重要磁性材料企业的专利数量。相对于其他国家磁性材料企业的专利数量而言，浙江省企业的专利申请数量十分不足，这使浙江省企业在专利使用上付出了很大的代价。例如，日立金属在全球范围内共拥有 600 多项钕铁硼相关专利，为获得日立金属授权在国际市场销售钕铁硼，我国企业每年须缴纳高额专利使用费。

表 8-4　浙江省内磁性材料企业专利数量（2022 年）

企业名称	专利数量/件
横店东磁	1190
宁波韵升	288
天通控股	150
杭州永磁	131
宁波科宁达工业有限公司	114
英洛华	104
杭州象限科技有限公司	28

资料来源：中国知网、公司年报

四是创新服务系统运行效率有待提升。浙江省磁性材料产业创新成果从小试到中试、从实验室到市场的转化效率有待提升。具体表现为：行业内缺乏发现和挖掘早中期科研成果的风险资本；中介服务体系不健全，缺乏具有行业影响力的中介服务机构；缺少具有品牌效益的商务服务机构和非营利的行业协会。

（二）产业链共生发展的生态系统尚未形成

一方面，尚未形成一体化的产业链稳定供应格局。目前，浙江省磁性材料产业存在原材料供应不稳定、后加工能力较弱、缺少与下游企业对产品进行共同研发等问题，并且磁性材料生产企业普遍缺少与上游企业共同解决资源综合利用问题，也缺少与下游企业共同开发相关器件及应用问题，未能有效打通产业链和占据价值链中的制高点。另一方面，产业集群效应有待进一步提升。主要表现在产业集聚区之间的协同关系仍不够紧密，产业集聚区内同质化较为普遍，存在产品雷同、重复建设的现象。并且，要加强磁性材料与应用技术的全产业链发展。目前，浙江省磁性材料产业集群方面做得较好的是宁波磁性材料产业集群，该产业集群登上了工业和信息化部公布的国内最高水准的 25 个先进制造业集群榜单。2020 年，宁波市制定《宁波市稀土磁性材料产业集群高质量发展行动计划（2020—2022）》，推进落实重大项目和重点平台建设，稳步推进宁波市稀土磁性材料产业集群健康发展①。宁波市在发展产业集群过程中的主要特色如下：在产业集群建设方面，宁波市通过引进人才，聚集了海内外领域顶尖人才，以新型磁性材料研究、“卡脖子”技术开发和应用转化为主线，重视产业全链条的布局；在产业布局方面，北仑区、鄞州区、奉化区、慈溪市等区域成为中国科学院稀土磁性材料产业化基地，将钕铁硼永磁材料制造加工产业作为重点发展对象，促进宁波市稀土永磁产业集群发展；在产业基础方面，宁波市是中国钕铁硼稀土永磁材料产业化生产的发源地，经过 30 多年的发展，已经成为全球最重要的稀土磁性材料产业制造和应用基地之一，稀土磁性材料产量约占全国的三分之一。宁波市磁性材料产量已超过全国总产量的 40%，集聚了全国约 22%的稀土永磁材料企业。2021 年，宁波材料所“阻变存储器的电阻态精准调控及功能集成”获浙江省自然科学奖一等奖，企业和高校、科研机构的通力配合助力宁波市形成功能完备的磁性材料产业科技创新体系。

（三）面向应用的产品和服务能力严重不足

首先，磁性材料应用存在风险，磁性材料的生产企业需要得到产业链下游客户的认证才能与客户达成长期合作关系。但是，产业链下游客户认证周期较长，一般需要 3～5 年的时间。其次，企业需要具备一定的生产规模才能体现规模经济效应，进一步获得市场竞争力。但是，达到较大的生产规模就需要一次性投入很高的固定资产，对资金要求高。再次，磁性材料存在受标准制约大的特点，因此推广应用难度较大，这使浙江省面向应用的磁性材料投入意愿较低，更多聚焦在中间产品。最后，浙江省磁性材料企业对高技术应用领域的磁性产品开发能力不强，不能率先占领新应用领域。并且，应用于 5G、新能源、互联网、机器人等新基建领域的产品相对较少。

①《宁波市稀土磁性材料产业集群高质量发展行动计划（2020—2022）》，http://www.ningbo.gov.cn/art/2020/6/17/art_1229096009_3695072.html[2020-06-17]。

第四节　浙江省磁性材料产业链创新发展对策与建议

在国内国际双循环相互促进的新发展格局下，我国磁性材料产业发展需要不断改革创新，加快攻克重要领域“卡脖子”技术，有效突破产业瓶颈。根据上述分析可知，磁性材料对中国制造起着战略性的支撑作用。因此，亟须把握创新发展主动权，创造磁性材料产业新的增长极，提升磁性材料产业保障能力，使其成为浙江省共同富裕的内生动力。本节将从以下几方面提出浙江省磁性材料产业发展的对策与建议，为政府相关部门的决策提供理论依据。

一、创新磁性材料领域基础研究，谋划磁性材料产业发展

创新是经济发展的核心力量，具体包括：引进新产品、引用新技术、开辟新市场、控制原材料的新供应来源、实现企业的新组织等。在新一轮科技革命和产业变革中，科技创新的广度与深度显著加大和加深，速度与精度显著加快和加强，但是关键共性技术、前沿引领技术等一系列突破性技术创新仍然不够，严重阻碍着我国各产业的整体发展。其中，磁性材料面临着同样的问题，亟须创新材料领域的基础研究，攻克关键核心技术，加快实现产业的长远发展。

因此，本节从以下几方面提出创新磁性材料领域基础研究的具体对策建议。一是加强行业前沿技术研发。一方面，聚焦高性能磁性材料，围绕磁性材料产业链上的“卡脖子”问题，选择突破一批标志性技术，加强高性能低功耗的功率铁氧体、新型高性能非晶纳米晶软磁材料、下一代高频稀土软磁材料、电磁屏蔽和吸波材料、复合软磁材料等软磁金属材料生产技术研发，满足数字经济发展的需求；另一方面，加强面向无线充电领域、智能汽车电子、智能家电、智能机器人、5G 通信、抗电磁干扰等新兴高成长领域的应用型产品研发。二是着力构建以“高端、智能、绿色、服务”为方向的新型磁性材料制造业。把握行业和技术趋势，加强钕铁硼永磁等具有节能、高效优点的高性能磁性材料的研发，大力发展以低碳节能、绿色环保为主题的磁性材料技术，优化行业技术与产品结构，推动行业高质量发展。三是加强知识产权体系建设。对标国际先进公共服务水平，构建行业知识产权服务体系，依托产业结构创建市场化运作的知识产权信息服务平台，进一步完善知识产权质押融资体系。

二、提升上下游产业分工与协同功能，打造核心产业链

产业链协同能够促进各种产业发展要素的相互补给、高效整合和优化配置，有助于在产业发展过程中产生要素耦合效应、技术波及效应、产业关联效应和共生经济效应。因此，产业链协同发展是推动产业和地方经济发展的重要途径。产

业链协同发展一般表现为产业系统的各相关主体在时间、空间及功能上的互动演化或融合共生，是一个具有多层次、多因素和多尺度等权变特征的复杂系统。

在磁性材料产业的发展过程中，需要明确上下游企业的分工与协同，从而打造核心产业链。具体建议如下。一是推动产业跨界深入融合。一方面，促进磁性材料产业与纵向及横向产业的融合，通过与物理、信息、生物、能源等多学科、多产业的广泛交叉、渗透和融合，引发新的技术变革和产品创新。另一方面，磁性材料作为上游产业，应促进产业链中上下游企业之间形成利益共同体，提升产业集群的整体功能。产业集群是构建区域创新体系、提升产业竞争实力的重要路径，产业集群能够为产业内的企业提供便利条件，共同提升产业发展。二是通过培育核心企业推动产业垂直化分工。聚焦重点优势产业集群，围绕高性能铁氧体软磁材料、高性能稀土永磁材料等高端磁性材料领域，积极扶持培育一批具有国际竞争力的领军企业、单项冠军和隐形冠军企业。按照企业的相对优势承担相应的生产环节，促进产业各环节的细化和能力提升，促进垂直分工的细化与深化。三是打造核心产业链。产业链不仅是产业内上下游企业之间的纵向合作关系，也是制约关系，产业的经营受到上下游企业的制约，也需要上下游企业的支撑。企业关联越密切，产业链条越紧密，产业链协同发展就会越来越好。因此，需要利用好浙江省磁性材料重点企业在领域内的权威地位，以点带面发挥示范引领作用，带动产业链上下游企业协同发展。例如，发挥宁波稀土永磁、萧山铝镍钴磁性材料、东阳铁氧体永磁、海宁软磁产业优势，围绕重点领域，培育发展一系列“磁性材料及关键配套材料—磁体元件—应用型产品”核心产业链。

三、推动企业自主创新，加强产业链与创新链的融合发展

创新链是指由科学思想产生到科学技术商业化的一系列流程组成的链条，包括基础研究、技术研发、科学试验、成果转化和规模化生产等环节，具有基于市场需求、突出价值创造和增值、包含多个创新主体、目的在于创新资源整合等方面特征。产业链与创新链的融合发展可以进一步提高不同链条之间要素的整合能力，一方面针对产业链薄弱环节进行技术研发，发挥科技资源对产业链发展的支持作用；另一方面加速前沿技术创新成果产业化，发挥科技资源对产业转型升级的引领作用，从而实现两链相互促进，相互发展，提升产业链的现代化水平。

在浙江省磁性材料产业的发展过程中，应从以下几方面来推动企业自主创新，加强产业链与创新链的融合发展。一是促进核心企业自主创新能力。提升核心企业的要素能级，构建相应基础，产学研协同创新是协同与技术创新的融合成果，能够实现产业技术持续升级。在磁性材料产业中，产学研协同创新须趋于多样化、深度与广度都要不断扩展，加强企业与浙江大学、杭州电子科技大学等高校和科研机构的协同创新，加快开发出一批重大原创性成果，为产业可持续发展提供源

头动力。二是建设行业创新中心和创新平台。龙头企业应提升自身核心创新能力，以产业共性技术为基础，构建核心创新平台和创新中心。通过市场化运作，构建网络化协作模式，推动共性关键技术协同开发、转移扩散和商业应用。同时，积极引进国内外知名高校院所、头部企业来浙江省设立研发机构，持续加大对省内磁性材料领域重点高校和科研机构的支持，建设一批高水平行业创新中心和创新平台。三是推动核心企业的跨区域布局。鼓励进行跨区域协调发展，打破区划边界，提高产业聚集与关联度，促进城市间功能互补。跨区域布局可以获取新的外部资源优势，将企业延伸至要素资源集中的地方，推进区域内资源高效节约利用，推动产业集群的产业升级步伐。鼓励重点行业核心企业通过跨区域兼并重组，实施一批跨区域产业合作重大工程和重点项目，实现科研和生产资源的融合利用。此外，也可以通过跨区域发展加入当地的产业集群网络，将产业链做大做长，形成产业集群间的专业化分工，取长补短，优化区域产业结构，产业跨区域的互惠互利、协同发展，使有不同资源优势的区域都能取得正向发展，符合国家区域发展一体化战略。

四、鼓励和支持磁性材料产业发展模式创新

产业发展是指产业的产生、成长和进化的过程，既包含单个产业的进化过程，也包含产业与产业之间的关系，以及产业总体及经济活动的进化过程。产业发展是产业从低级向高级的不断演进，具有内在逻辑的客观过程。发展模式创新通常有两个目的：为企业活动的发展提供稳定性，以及通过创新所带来的灵活性来实现改变。

磁性材料发展至今，传统模式已经不再适用，特别是金融、信息等行业的发展，给磁性材料产业的发展带来了巨大的机遇与挑战。因此，本节提出以下对策与建议。一是推动金融服务创新。重点在于综合运用引导基金、政策支持等手段，引导金融机构构建面向从磁性材料基础技术研发到应用型产品商业化全过程、全覆盖的金融支持体系。二是促进商业模式创新。商业模式创新有利于打破行业壁垒，新的商业模式可以帮助企业快速获取价值，通过变革找到企业新的盈利模式和机会，促进企业进行商业模式创新，拓展产品价值增值空间。通过实行产品深度定制策略，推进企业向前后延伸交付产品过程，深化产业链上下游企业产品研发、生产和服务环节的全方位融合，构建以价值增值为纽带的产业生态链。三是推动企业数字化转型。传统的管理模式效率低、容易出错，管理流程较不标准，数据获取较不准确。人工智能、大数据、云计算、物联网等数字技术的普及以及丰富的数字资源所带来的数字化，为企业的发展带来了重要影响。浙江省大力推动数字化改革，数字化程度也是处于全国领先地位，在此基础上，企业通过数字化建设，实现生产过程网络化，生产组织柔性化，并且能够打通产业链上下游，

使用统一的平台进行业务协同。结合横店东磁的案例分析可知，横店东磁已经开始数字化转型多年，携手阿里巴巴集团对旗下工厂进行改造，提升了工作效率并且降低了产品质检误判率和漏检率。因此，企业应通过寻求科技手段、数字化信息化技术，不断提高自身的生产效率。在此过程中，联手数字科技公司为传统制造企业的数字化转型提供强有力的支撑，进一步推动新一代信息技术与实体经济深度融合。

五、构建支撑行业发展的人才体系

人力资源管理作为支撑企业快速发展的专业管理领域，其使命是成为企业发展的战略合作伙伴，为企业可持续发展提供动力和保障。在日益激烈的市场竞争中，企业首先要有一批核心人才作为支撑。持久的竞争优势来自持久的技术创新，人才是技术创新的基础，因此，企业必须加强核心人才管理，建立人才发展机制，建立人力资源开发体系，稳定人才供给，才能提高企业自身的竞争实力。

本节针对磁性材料产业中从事技术研发的人员，以及相关管理人员等都比较缺乏的问题提出相应的策略，构建支撑行业发展的人才体系。一是加强“高精尖缺”人才招引。加大人才引进力度，继续围绕高端磁性材料、关键装备和应用型产品等重点发展领域，不断吸引更多高级人才和专利人才。聚焦人才吸引体制机制创新和人才创新能力激发，提高人才引进代入，力争吸引到真正的人才，用好人才、留住人才。二是积极利用省外和国际智力资源。加强与发达国家和地区在磁性材料产业领域的交流合作，积极引进国际国内知名企业及机构在浙江省设立磁性材料研发中心与生产基地，支持省内企业设立境外研发机构。三是创新人才培养方式。打通企业—高校人才培养通道，鼓励高校根据动态反馈调整学生培养方案，让高校培养的高端人才更符合磁性材料产业需求，从而形成良性的动态循环。通过产学研融合模式，与地方高校和科研机构进行全方位的深度合作，如共建实验室、实习基地、教研基地，安排学生提前进入实践环节，根据企业目前所需要解决的问题进行共同研讨。在此过程中，学生通过深入行业内部了解行业对新人的要求、企业对新人的要求，有针对性地进行查漏补缺。学校通过这样的合作模式来培养学生，使学生成为企业所需要的真正人才。

第九章　集成电路产业链发展概述

集成电路作为信息技术产业的核心，是关系国民经济和社会发展的战略性、基础性、先导性产业，已经成为拉动电子工业迈向数字时代的强大引擎，也是国家综合竞争力的重要标志。当前，集成电路产业不仅是智能机器人研发与数字中国建设的重要基础，也是能源安全与碳中和的关键依靠，对现代社会经济发展和国家安全起着重要的保障作用。

从产业链的视角来看，集成电路的制造流程包括设计、制造、封装与测试这几个关键流程，且在整个过程中，需要大量的设备与材料支撑。因此，结合现有研究，本章将集成电路产业链概括为设计、制造、封装、测试四个核心环节，以及基础技术研发、集成电路设备、集成电路材料三个支撑环节，并囊括新能源汽车等多个下游应用领域。其中，设计环节包括规格定义、系统级设计、前端设计、后端设计四个方面；制造环节包括晶圆制造和芯片制造，晶圆制造主要包括原料提纯、拉单晶、切割、研磨、清洗五个方面，芯片制造主要包括晶圆刻号、清洗、氧化和扩散工艺、化学气相沉淀、物理气相沉淀、光刻工艺、刻蚀工艺、注入工艺、互联等步骤；封装环节则包括减薄、切割、注塑、高温固化、电镀等步骤；测试环节包括晶圆测试、封装测试、系统级测试等步骤。

从全球范围来看，20 世纪 50 年代末，美国德州仪器公司（以下简称德州仪器）率先研制出第一块集成电路，正式开启集成电路产业的发展史。但是，由于技术问题，集成电路产业发展并不迅速。直到 1960 年光刻工艺的出现，推动了全球范围内集成电路的研发。例如，美国仙童公司制造了第一块可使用的芯片；日本电气公司引进了国际商业机器公司（International Business Machines Corporation，IBM）技术专利，用以生产计数型计算机；韩国乐金（Lucky Goldstar，LG）研发了便携式晶体管收音机等。在 20 世纪 60 年代，集成电路封装向亚洲转移，中国、日本、韩国在集成电路研发领域发展迅速，最具影响力的企业有日本索尼和韩国乐金。在 20 世纪 70 年代，日本的集成电路产业短期内超越了美国。进入 20 世纪 70 年代，个人计算机诞生，乔布斯在这一时期创建了苹果，制造出了 Apple I。1978 年，步进光刻机问世。到了 20 世纪 80 年代，英特尔从动态随机存取存储器（dynamic random access memory，DRAM）市场转向微处理器市场。21 世纪，移动时代和智能时代逐渐到来，智能手机、智能汽车、人工智能的出现，对芯片质量和数量的要求急剧提高，集成电路领域众多企业纷纷崛起，其中最具影响力的有三星电子、英伟达等。

实际上，集成电路的发展离不开全球产业链的支撑。目前，集成电路产业链不同环节的主导者分布在不同国家和地区，且分布情况与各国家和地区的生产要素优势密切相关，具体如下：①设计、设备等研发密集型环节主要由欧美国家主导；②材料和晶圆制造等资本开支密集型环节主要由中国等主导；③封装与测试等资本开支和劳动密集型环节主要由中国主导。

需要说明的是，集成电路产业链每个环节都是一项系统性工程，本章将从设计、制造、封装与测试，以及设备与材料这几方面出发，对集成电路产业链的发展现状进行深入分析。

第一节　集成电路设计环节的发展现状

集成电路设计是指在一块较小的单晶硅片上集成许多晶体管及电阻、电容等元器件，并按照多层布线方法，组合成完整的电子电路过程。具体设计流程大致可以分为以下四个方面：规格定义、系统级设计、前端设计、后端设计。

设计是集成电路产业链最核心、优先度最高的环节，在整个产业链中大约占59%的价值量，具体分配情况为：电子设计自动化（electronic design automation，EDA）工具和IP授权业务占3%；逻辑芯片设计占30%，且以无晶圆厂（Fabless）半导体设计公司为主；存储芯片设计占9%；去中心化自治组织产品设计占17%，且以采用轻晶圆厂模式的厂商为主[①]。

截至2023年，集成电路设计环节主要集中在欧美、日本和韩国。具体分布情况如下：①欧美在设计环节占据绝对主导权，其中美国在EDA与IP核领域占72%的价值量，在逻辑芯片设计领域占67%，在芯片设计领域占比接近50%；②韩国在存储芯片设计领域占据58%的价值量，超过美国的28%。表9-1列出了全球范围内集成电路设计领域的重要企业及其设计内容。

表9-1　全球设计领域重要企业及其设计内容

企业	国家	成立时间	设计内容
英特尔	美国	1968年	酷睿Ultra处理器、人工智能计算芯片、第五代至强处理器、现场可编程门阵列（field programmable gate array，FPGA）设计工具等
英伟达	美国	1993年	图形和通信处理器、芯片
高通	美国	1985年	骁龙第五代移动通信技术调制解调器及射频系统、骁龙移动平台、移动热点、人工智能等
博通	美国	1991年	语音、视频及数据的宽频数字传输的高集成度芯片方案

① 资料来源：德邦证券《全球半导体产业研究框架与市场现状》。

续表

企业	国家	成立时间	设计内容
超威半导体	美国	1969 年	各种创新的微处理器［CPU、图形处理单元（graphic processing unit，GPU）、主板芯片组、电视卡芯片等］，提供闪存和低功率处理器解决方案
新思科技	美国	1986 年	为全球电子市场提供技术先进的集成电路设计与验证平台，致力于复杂的芯片系统开发
联发科技	中国	1997 年	物联网、专用集成电路（application specific integrated circuit，ASIC）、模拟集成电路
美满电子	美国	1995 年	混合信号和数字信号处理集成电路设计与开发
联咏科技股份有限公司	中国	1997 年	平面显示器驱动晶片、视讯及电视控制晶片、数位广播控制晶片、影像控制晶片、光储存多媒体晶片等
凌云逻辑	美国	1984 年	高精度模拟和数字信号处理元件，具备优秀功能集成和创新的复杂芯片设计
赛灵思	美国	1984 年	复杂可编程逻辑器件
戴乐格	美国	1981 年	设计、开发和制造电源控制集成电路，自适应智能数字电源控制技术
海思技术有限公司	中国	2004 年	芯片工程工艺、高性能电路设计、音视频处理算法、GPU、CPU、人工智能技术、通信技术
紫光展锐（上海）科技股份有限公司	中国	2018 年	移动通信基带芯片、人工智慧物联网（artificial intelligence of things，AIoT）芯片、射频前端芯片等

资料来源：根据网络资料整理所得

我国集成电路产业规模不断扩大，2013～2023 年的年均复合增速约为 18.4%，高于全球市场 6.5%的增速水平。根据中国半导体行业协会统计数据，2004 年我国集成电路产业整体规模约为 545 亿元，2010 年增加至 1440 亿元，2021 年同比增长 21.3%至 10 458 亿元，首次突破万亿规模。2024 年，上海韦尔半导体股份有限公司跻身全球集成电路设计企业前十强①。我国集成电路产业分布主要集中在深圳、上海、北京、杭州等地区，且高端芯片设计能力与国际先进水平的差距逐步缩小。但是，由于起步较晚，集成电路设计的核心技术、产业规模、龙头企业与发达国家仍有较大差距。

第二节　集成电路制造环节的发展现状

制造环节是集成电路产业链中最重要的一环，集成电路制造商竞争力是衡量

① 资料来源：集邦咨询。

国家信息科技发展水平的核心指标。制造环节需要通过一系列精密的工艺流程，将设计好的电路图转化为实际的芯片。根据整理数据可知，2023 年全球集成电路市场规模为 6196 亿美元①。表 9-2 列出了当前全球集成电路制造领域的重要企业及其主营业务。

表 9-2 全球集成电路制造领域重要企业及其主营业务

企业	国家	成立时间	主营业务
英特尔	美国	1968 年	集成电路记忆芯片制造
德州仪器	美国	1930 年	创新型数字信号处理与模拟电路方面的研究、制造和销售
SK 海力士	韩国	1983 年	12 in②集成电路芯片
美光科技	美国	1978 年	DRAM、NAND 闪存（NAND flash）存储器、互补金属氧化物半导体（complementary metal oxide semiconductor，CMOS）图像传感器、其他半导体组件以及存储器模块
格罗方德	美国	2009 年	半导体晶圆代工
三星电子	韩国	1969 年	芯片制造
中芯国际集成电路制造有限公司	中国	2000 年	芯片制造
上海华虹（集团）有限公司	中国	1996 年	特色芯片、8+12 in 集成电路
和舰芯片制造（苏州）股份有限公司	中国	2001 年	微处理器
北京赛微电子股份有限公司	中国	2008 年	微流体、微超声等
华润上华科技有限公司	中国	1997 年	代工生产微机电系统（micro-electro-mechanical system，MEMS）芯片、应用型专用集成电路
阿斯麦	荷兰	1984 年	半导体设备制造商，提供光刻机及相关服务
英飞凌	德国	1999 年	功率器、芯卡片
东京电子	日本	1963 年	半导体设备制造（涂胶显影设备）
意法半导体	瑞士	1987 年	芯片制造（分立器件、机顶盒芯片）
泛林集团	美国	1980 年	半导体设备制造（前端晶片处理）

资料来源：市场调研机构 Gartner（高德纳）

近年来，在国家政策的支持、技术进步以及消费电子、汽车电子、工业控制

① 资料来源：Fortune Business Insights（商业财富洞察）。

② 1 in=2.54 cm。

等下游市场需求的驱动下，我国集成电路产业市场规模稳定增长。2022 年，我国集成电路产业销售额为 12 006.1 亿元，同比增长 14.8%。由此可以看出，集成电路制造领域市场规模一直在持续扩大。这一方面得益于集成电路产业技术的不断突破，另一方面也得益于政府政策的大力支持。2023 年 8 月，工业和信息化部等印发的《新产业标准化领航工程实施方案（2023—2035 年）》提出，全面推进新兴产业标准体系建设，研制集成电路等电子信息标准；研制基础软件、工业软件、应用软件等软件标准，研制集成电路材料、专用设备与零部件等标准，制修订设计工具、接口规范、封装测试等标准，研制新型存储、处理器等高端芯片标准，开展人工智能芯片、车用芯片、消费电子用芯片等应用标准研究①。

第三节　集成电路封装与测试环节的发展现状

封装与测试在集成电路产业链中起着承上启下的作用，为芯片从开始设计到最后在不同领域中的应用起到了重要的连接作用。此外，很多企业同时从事集成电路的封装与测试业务，且这两个环节在一定程度上有着紧密的联系。

封装与测试是我国企业进入集成电路产业的重要切入点。经过多年的发展，我国封装与测试业销售额在集成电路产业中的占比不断增加，且封装与测试业增速远高于全球平均水平。根据观研报告网发布的《中国集成电路封测行业现状深度研究与投资前景分析报告（2024—2031 年）》，2023 年全球集成电路封装与测试市场规模约为 822 亿美元。表 9-3 列出了集成电路封装与测试领域的全球重要企业及其主营业务。

表 9-3　集成电路封装与测试领域全球重要企业及其主营业务

企业	国家	成立时间	主营业务
江苏长电科技股份有限公司	中国	1972 年	2.5D/3D 封装、先进引线键合技术
通富微电子股份有限公司	中国	1994 年	集成电路封装与测试技术
天水华天科技股份有限公司	中国	2003 年	集成电路封装与测试技术
苏州晶方半导体科技股份有限公司	中国	2005 年	高端芯片封装、主营影像传感芯片晶圆级封装
日月光集团	中国	1984 年	新型电子元器件

① 《新产业标准化领航工程实施方案（2023—2035 年）》，https://www.gov.cn/zhengce/zhengceku/202308/content_ 6899527.htm[2023-08-03]。

续表

企业	国家	成立时间	主营业务
深圳长城开发科技股份有限公司	中国	2005 年	存储领域的封装与测试
京元电子股份有限公司	中国	1987 年	晶圆测试
安靠科技	美国	1968 年	集成电路产品的封装与测试

资料来源：根据网络资料整理所得

我国封装与测试市场增速持续领先全球，市场规模由 2017 年的 1889 亿元增至 2021 年的 2763 亿元，年均复合增长率约为 9.9%。截至 2019 年，我国具有一定规模的封装与测试企业共有 87 家，其中本土企业或内资控股企业有 29 家，年生产能力 1464 亿块芯片。总体来看，封装与测试领域已形成较大规模，主要企业呈现外商独资、中外合资和内资三足鼎立的格局。

第四节　集成电路各环节关键设备与原材料的发展现状

集成电路需要大量的高精密仪器设备和原材料来支撑其设计、制造、封装与测试。据统计，设备和原材料在整个集成电路产业中分别占 12%和 5%的价值量[①]。纵观集成电路产业链，关键设备及配件包括：单晶炉截断机、滚磨机、切割机、倒角机、激光设备、研磨设备、单芯片多处理器（chip multiprocessors，CMP）设备、外延设备、清洗设备、氧化炉、烘干机、涂胶机光刻机、显影机、蚀刻机、去胶机、离子注入设备、扩散炉、化学气相沉积设备、物理气相沉积设备、贴膜机、打磨机、划片机、键合设备、贴片机、塑封设备、电镀设备、切筋成型机、检测设备、自动测试设备（automatic test equipment，ATE）、分选机、编带包装机、探针、测试插座、模具、静电吸盘等；关键原材料包括：硅晶圆片、光刻胶、显影液、电子特气、高纯化学品、靶材、石英玻璃、CMP 抛光液、CMP 抛光垫、研磨抛光耗材、清洗剂、塑封材料、胶粘剂、引线框架、集成电路载板、键合线、再生晶圆、晶圆载具、离型膜、胶带、塑料、弹性体、润滑剂、石墨、陶瓷等。

接下来，本节将重点梳理供应集成电路关键设备和原材料的全球重要企业，以及不同国家和地区的发展情况等。

一、关键设备发展现状

据相关机构统计，2022 年全球半导体设备销售额为 1076.5 亿美元，同比增长

① 资料来源：德邦证券《全球半导体产业研究框架与市场现状》。

4.9%。其中，中国销售额为282.7亿美元，同比下降4.6%；韩国销售额为215.1亿美元，同比下降13.9%；北美销售额为104.8亿美元，同比增长37.7%；日本销售额为83.5亿美元，同比增长7.0%；欧洲销售额为62.8亿美元，同比增长93.2%①。全球前十大集成电路设备厂商总市场呈现典型的寡头垄断格局。2024年，全球刻蚀设备市场前三家厂商合计市场份额占全球市场份额的90%以上。另外，根据观研报告网2021年的资料，全球薄膜沉积市场前五大供应商合计市场占有率近90%，而在2024年的统计中，全球半导体激光退火设备前三大厂商占有全球大约63%的份额②。表9-4列出了集成电路设备领域重要企业及其优势领域。可以看到，集成电路设备领域前十大企业主要分布在美国、日本、荷兰和新加坡，且这些大企业占据着绝大部分的市场份额。

表9-4　集成电路设备领域全球重要企业及其优势领域

企业	国家	成立时间	优势领域
应用材料	美国	1967年	集成电路、显示器、太阳能、卷对卷柔性镀膜、新兴技术与产品、自动化软件
阿斯麦	荷兰	1984年	光刻机、光刻模拟、光刻监测及配套服务
东京电子	日本	1963年	集成电路制造设备和平板显示器制造设备的研发与生产
泛林集团	美国	1980年	集成电路加工设备，如薄膜沉积、等离子体刻蚀、光刻胶剥离和晶片清洗工艺
爱德万	日本	1954年	系统型芯片（system on a chip，SoC）集成电路测试仪和存储集成电路测试仪
科磊	美国	1997年	为晶圆和分划板、集成电路封装、LED、功率器件、化合物集成电路器件、微电子机械系统、数据存储、平板和柔性面板显示器等提供解决方案
ASMPT公司	新加坡	1975年	集成电路装配及封装设备和表面贴装技术
泰瑞达	美国	1960年	自动测试设备
日立高新	日本	1964年	沉积、刻蚀、检测设备，以及封装贴片设备

资料来源：根据网络资料整理得到

① 《2023年全球半导体设备销售额预测及各国销售占比情况分析》，https://www.askci.com/news/chanye/20230908/1641222694162481285027 11.shtml[2023-09-08]。

② 《全球刻蚀设备市场竞争格局》，https://x.qianzhan.com/xcharts/detail/8a52c88605c71f0b.html[2024-10-27]；《全球薄膜沉积设备行业竞争分析：CVD及PVD领域垄断格局明显 中国厂商奋起直追》，https://market.chinabaogao.com/jixie/092A54Z42021.html[2021-09-26]；《2024年全球半导体激光退火设备行业产业链全面分析报告》，https://www.gelonghui. com/p/744372[2024-05-21]。

二、关键原材料发展现状

根据国际半导体产业协会公布的《半导体材料市场报告》，2022 年全球半导体材料销售额同比增长 8.9%，达到约 727 亿美元，超过了 2021 年创下的 668 亿美元的市场高点。

从各主要品类来看，2022 年全球晶圆制造材料和封装材料营业收入分别达到 447 亿美元和 280 亿美元，同比分别增长 10.5%和 6.3%。其中，以集成电路硅片、电子特气和光罩等在晶圆制造材料市场中的增长表现最为稳健。另外，有机基板的大幅增长带动了整个封装材料市场的发展。

国际半导体产业协会在其 2024 年发布的《材料市场数据订阅》（materials market data subscription，MMDS）中指出，2023 年全球半导体材料市场销售额从 2022 年创下的 727 亿美元的市场纪录下降 8.2%，至 667 亿美元。2023 年，晶圆制造材料销售额下降 7%，至 415 亿美元，封装材料销售额下降 10.1%，至 252 亿美元。硅、光刻胶及相关材料、湿化学品和 CMP 领域的晶圆制造材料市场降幅最大。有机衬底领域在封装材料市场降幅中占了很大部分比例。中国的销售额为 131 亿美元，继续实现同比增长 0.9%，在 2023 年排名第二。韩国的销售额为 106 亿美元，仍然是第三大消费地区。2023 年，除中国以外的所有地区都出现了个位数或两位数的高跌幅[①]。

① 《2023 年全球半导体材料市场销售额从 2022 年的历史高点下降》，https://www.semi.org.cn/site/semi/article/bf3cea6e99cf49a5abc171e266f20f64.html[2024-05-06]。

第十章　集成电路产业链创新发展先进经验

本章从集成电路的设计、制造、封装、测试这四个核心环节出发，对全球先进企业的技术创新发展现状进行分析，基于此提炼不同环节创新发展的先进经验，为后续浙江省集成电路产业链创新发展对策建议的提出奠定基础。

第一节　设计领域的技术变革

在设计领域，全球范围内的龙头企业包括英特尔、高通、博通、三星电子、英伟达、德州仪器、超威半导体、SK 海力士、新思科技等。其中，英特尔是集成电路产业和计算创新领域的全球领先厂商，且正在转型为一家以数据为中心的企业。当前，英特尔致力于推动人工智能、5G、智能边缘等转折性技术的创新和应用突破，驱动智能互联世界。英伟达是全球可编程图形处理技术领先企业，致力于研发能够提升个人及行业计算平台人机交互体验的产品。目前，英伟达的产品已被各种计算平台采用，具体包括专业工作站、数字内容创建系统、军用导航系统等。新思科技是全球 EDA 和半导体 IP 领域的龙头企业，2022 财年营业额超过 50 亿美元，拥有近 3400 项已批准专利。接下来，本节将重点从以下几个方面对全球集成电路设计领域的先进企业进行深入分析。

一、EDA 软件

新思科技、楷登电子、明导国际是 EDA 软件市场的三大巨头。根据公开资料，这三家企业在全球 EDA 市场的占比接近 80%。实际上，上述企业的垄断之势主要是因为其能提供完整的 EDA 工具，覆盖从前端设计、后端设计、仿真/验证直到流片的整套产品，形成设计的闭环。

其中，新思科技拥有最全面的产品线，为全球电子市场提供技术先进的芯片设计与验证平台。其优势产品在于数字芯片设计、逻辑综合等工具，如公司的逻辑综合工具、静态时序分析工具、物理验证工具等。楷登电子的产品涵盖了电子设计的整个流程，包括系统级设计、功能验证、集成电路综合及布局布线、物理验证、模拟混合信号及射频集成电路设计、全定制集成电路设计、硬件仿真建模等。明导国际拥有全面且先进的产品体系，为全球电子设计领域提供前沿的技术和解决方案。其在数字、模拟和混合信号芯片设计、验证及制造，以及电子系统设计等方面成果卓越。

二、存储芯片

存储芯片品类丰富，约占全球半导体市场规模的 30%。根据 WSTS（World Semiconductor Trade Statistics，世界半导体贸易统计组织）的数据可知，2021 年全球半导体市场规模为 5558.9 亿美元，其中存储芯片为 1538.4 亿美元，占比 27.67%。目前，存储芯片可分为只读存储器（read-only memory，ROM）、随机存取存储器（random access memory，RAM）、新型 RAM 等，且应用以 DRAM 和 NAND 闪存存储器为主，两者的合计占比约为 97%。

其中，DRAM 工艺进程已经演进至 10+ nm 也正在向 10 nm 逼近。业界命名 DRAM 前三代 10+ nm 制程分别为 1X（16 nm～19 nm）、1Y（14 nm～16 nm）、1Z（12 nm～14 nm）。全球知名企业如三星电子、SK 海力士、美光科技等在 2016～2017 年进入 1X 阶段，2018～2019 年进入 1Y 阶段，2020 年后进入了 1Z 阶段。NAND 的存储单元正在向三层存储单元、四层存储单元等高密度存储演进，其工艺进程相对缓慢。主流厂商基本实现从 2D NAND 到 3D NAND 的产品转换，其中三星电子研发进度最为领先。2018 年，三星电子、东芝、西部数据、美光科技、英特尔等厂商的 3D NAND 生产比重已超过 80%，美光科技甚至达到 90%。

三、电源芯片

全球先进的电源芯片公司如德州仪器、奥地利微电子、安森美等，均有着较强的实力和经验，且持续推出新的技术和产品，推动着电源芯片的发展。上述公司不仅拥有先进的制程技术，能够提供高电压、高效率和易于集成的电源芯片产品，也具备强大的研发能力和技术积累，能够提供全方位的电源管理解决方案。

其中，德州仪器的电源芯片品类多样，覆盖了多种电压和电流范围，适用于各种不同的应用场景。例如，直流转直流电源芯片、低压差线性稳压器电源芯片、电池管理芯片等，用于医疗设备、工业控制等领域的电源芯片，以及线性稳压器、开关稳压器、电池管理芯片等。这些产品不仅具有高效、稳定、可靠的特点，还具有低噪声、低功耗、低成本等优势。此外，德州仪器电源芯片可以根据客户需求进行定制化开发，即客户可以根据自己的应用需求，选择合适的芯片型号和规格，并对其进行特定的参数设置和优化，以满足其特定的应用需求。

奥地利微电子在电源芯片领域拥有先进的技术和创新能力，主要设计和制造高性能的模拟半导体产品，以创新的解决方案为客户解决难题。例如，其直流转直流电源升压转换器系列经过优化，具有高达 96%的超高效率以及极低的静态电流，高开关速度允许使用非常小的外部电感器。此外，直流转直流电源充电泵的工作效率高达 90%，这些优势使奥地利微电子的电源芯片产品在市场上具有较强的竞争力。

四、大数据处理芯片

英特尔在大数据处理芯片领域拥有丰富的产品线和技术实力。其中，至强可扩展处理器是一款针对大数据和 AI 工作负载优化的产品，具有高带宽内存和其他先进特性，如高扩展性、低延迟等，大幅提高了科学计算和 AI 工作负载的数据吞吐量。至强 D-1700/2700 是针对网络和边缘计算的处理器，主要面向高性能计算、网络和存储应用。至强 W-3175X 是针对工作站和工作负载优化的处理器，主要面向高性能计算、媒体处理和图形设计应用。这些产品都支持多种计算架构，包括 CPU、GPU、FPGA 和 ASIC，可以满足不同类型的大数据处理需求。同时，英特尔还通过收购和合作来增强其在大数据处理芯片领域的实力，如收购阿尔特拉以获取其 FPGA 的技术优势，与百度等公司合作开发针对特定应用的大数据处理芯片。

超威半导体在大数据处理芯片领域的发展水平较高，能够提供高性能、高扩展性的处理器产品和相关工具，可以满足不同类型的大数据处理需求。其中，超威半导体的 Instinct MI300 是下一代面向数据中心的加速处理器产品，采用 Chiplet（芯粒）设计，由 13 个小芯片整合而成，拥有 1460 亿个晶体管，超过了英特尔的 1000 亿晶体管的 Ponte Vecchio，成为超威半导体投入生产的最大芯片。超威半导体推出的多款面向大数据处理的应用处理器，能够提供高效的多核性能和缓存一致性，为大数据处理提供了强大的计算能力。此外，超威半导体还提供了一系列与大数据处理相关的工具和软件，以帮助开发者更轻松地部署和运行大数据处理工作负载。

五、高速接口芯片

高速接口芯片是一种广泛应用于电子设备的集成电路芯片，用于实现不同设备之间高速数据传输的接口，且通常包括多种接口标准：PCIE（peripheral component interconnect express，高速串行计算机扩展总线标准）、USB（universal serial bus，通用串行总线）、HDMI（high definition multimedia interface，高清多媒体接口）等，能够满足不同设备的数据传输需求。截至 2022 年，全球仅少数厂商量产 PCIE 交换机芯片，博通、微芯科技和祥硕科技三家共占全球约 58%份额。根据恒州博智数据，2021 年全球 PCIE 芯片销售额为 7.9 亿美元，预计 2028 年将达到 18 亿美元。因 PCIE 传输速率不断攀升，工作频率越来越高，不可避免带来了信号衰减问题，而 PCIE Retimer（重定时器）、Redriver（信号中继器）可有效解决信号衰减问题。截至 2024 年，在 PCIE Retimer 市场，谱瑞科技股份有限公司、Astera Labs、澜起科技三足鼎立。

针对 AI 服务器中 PCIE 带宽限制，以英伟达 NVLink 为代表的高速接口芯片应运而生。NVLink 迭代升级至第四代，单链可实现 50 GB/s 的双向带宽，单芯片可支持 18 链路，即 900 GB/s 的总双向带宽。多 GPU 间通信则采用 NVSwitch，第三代NVSwitch采用TSMC4N工艺，每个NVSwitch芯片上拥有64个NVLink 4.0端口。此外，NVLink、NVSwitch 也可实现服务器节点间的高速扩展性互联。通过在服务器外部增加一层 NVSwitch，NVLink 网络最多可连接 32 个服务器、256个 GPU，并提供 57.6 TB/s 的多对多带宽 CPU 与 DRAM 高速互联：内存接口芯片[RCD（registering clock driver，寄存器时钟驱动器）和数据缓冲器（data buffer，DB）]。目前，内存接口芯片三强争霸，澜起科技可为 DDR5（double data rate 5 synchronous dynamic random access memory，第五代双倍数据速率同步动态随机存取存储器）系列内存模组提供完整的内存接口及模组配套芯片解决方案，是目前全球可提供全套解决方案的两家公司之一。

六、MEMS 芯片

博通作为 MEMS 芯片领域的先进企业，于 2013 年开始快速增长，并主打射频类 MEMS 产品。特别是智能手机的快速普及，使射频类 MEMS 产品需求和价格直线攀升，大大促进了博通的发展。此外，意法半导体作为 IDM（integrated device manufacturer，集成设备制造商）企业，在 MEMS 芯片领域也深耕了 20 多年，旗下产品种类丰富，能够提供车载、工业、民用等领域多种 MEMS 产品。

第二节　制造领域的技术变革

本节重点从光刻机、涂胶显影设备、光刻胶、晶圆制造、功率半导体与集成电路制造这六个方面出发，对集成电路制造领域相关企业的发展进行深入剖析，梳理该领域的技术变革。

一、光刻机

光刻机系统包括照明光学模组、光学模组、投影光学模组、掩膜传输模组、掩膜板平台模组、晶圆传输模组、晶圆平台模组等部分，以及辅助配套的供能系统、冷却系统、软件操作平台系统等。当前，全球范围内制造领域的龙头企业包括阿斯麦、东京电子、应用材料等企业。

阿斯麦是全球最大的光刻机制造商，也是全球唯一能生产高端 EUV（extreme ultraviolet，极紫外）光刻机的厂商，在高端光刻机领域占比很高。阿斯麦的主营业务包括光刻机、量测系统和计算光刻系统三大部分，且主要营收来自光刻机。其中，光刻机主要包括 EUV 光刻机、浸入式深紫外光刻机和干式深紫外光刻机；量测系统主要用于测量半导体制造过程中的光学参数，帮助制造商在芯片制造过程中评估性能，有助于提高精度、性能，并进行质量控制；计算光刻系统是一款高级辅助仿真软件，帮助芯片制造商进行光刻模拟、光学模拟和物理模拟等多项仿真与分析，实现更精确的监测和控制。能够取得当前的企业地位，阿斯麦投入了大量的研发成本。例如，为了研发 EUV 系统，阿斯麦在近 20 年内投入了上百亿美元的研发费用。

在国内，上海微电子装备（集团）股份有限公司（以下简称上海微电子）是主要的光刻机设备制造商，其致力于半导体装备、泛半导体装备、高端智能装备的开发、设计、制造、销售及技术服务。目前，公司的设备已经广泛应用于集成电路前道、先进封装、平板显示器面板、MEMS、LED、功率器件等领域。

二、涂胶显影设备

涂胶显影设备是集成电路制造过程中十分重要的设备之一。涂胶显影设备分为：① Offline（离线）设备，该设备不与光刻机联机作业，主要分为前道抗反射层涂胶机与聚酰亚胺（polyimide，PI）涂胶显影机。前道抗反射层涂胶机主要用于前道制程光刻胶涂覆前，PI 涂胶显影机主要用于集成电路制造前道晶圆加工环节中的 PI 涂覆环节。② Inline（内联）设备。半导体光刻工艺根据曝光光源波长来分类，光源波长越短，光刻机分辨率越高，工艺制程越先进。根据半导体光刻工艺曝光光源波长，Inline 设备的工艺制程发展路径为 I-line（I 线）→KrF（氟化氪）→ArF（氟化氩）→ArFi（浸没式氟化氩）。目前来看，后道先进封装环节大多仅使用 Offline 设备；前道晶圆加工环节中，Offline 设备和 Inline 设备搭配使用，且对应工艺制程不同，设备配置也会不同，如表 10-1 所示。

表 10-1　涂胶显影设备

项目	第一代	第二代	第三代	第四代	第五代
种类	G-line	I-line	KrF	ArF	EUV
波长	436 nm	365 nm	248 nm	193 nm	13.5 nm
对应设备	接触式光刻机、接近式光刻机	接触式光刻机、接近式光刻机	扫描投影式光刻机	步进扫描投影光刻机、浸没式步进扫描投影光刻机	极紫外光刻机
制程节点	250 nm～800 nm	180 nm～250 nm	130 nm～180 nm	14 nm～130 nm	14 nm 及以下

资料来源：根据网络资料整理所得

从全球市场看，2023～2024 年，90%左右的涂胶显影设备由东京电子生产，主要生产企业还有日本迪恩士、德国苏斯、中国亿力鑫、韩国细美事等。根据 VLSI Research（美国领先的半导体行业市场研究公司，以下简称 VLSI）数据，2019 年全球集成电路制造前道晶圆加工领域中的涂胶显影设备市场主要被日本东京电子垄断，占比超过 91%；2020 年东京电子的涂胶显影设备市场约占全球市场的 87%。

在国内市场，2023～2024 年，东京电子涂胶显影设备市场占比超 80%，而国产前道涂胶显影设备主要的提供商只有沈阳芯源微电子设备股份有限公司（以下简称芯源微）。该公司是由中国科学院沈阳自动化研究所发起创建的国家高新技术企业，主要从事半导体生产设备的研发、生产、销售与服务。根据中国国际招标网信息，2016～2022 年芯源微的涂胶显影设备在上海华力集成电路制造有限公司、绍兴中芯集成电路制造股份有限公司（该公司已于 2023 年更名为芯联集成电路制造股份有限公司）、上海积塔半导体有限公司、芯恩（青岛）集成电路有限公司等晶圆厂获得批量招标采购，产品包括聚合物涂胶显影机、背面涂胶显影机、KrF 匀胶显影机、I-line 匀胶显影机等。目前，芯源微是国内少数拥有高端 Inline 设备量产制造能力的企业，开发了涂胶机、显影机、喷胶机、去胶机、湿法刻蚀机、单片清洗机等产品，并广泛应用于半导体生产、高端封装、MEMS、LED、有机发光半导体、3D-IC 硅通孔（through silicon via，TSV）技术、光伏等领域，2019 年市场占有率约 12%。表 10-2 展示了对芯源微涂胶显影设备的分析。

表 10-2　芯源微涂胶显影设备分析

型号	优势	应用领域
KS-FT200/300 前道 8/12 寸[①]涂胶显影机	堆叠式高产能架构，占地面积小；可与光刻机联机，满足工厂自动化核心单元模块	逻辑电路 功率器件 MEMS 系统级芯片
KS-C300 12 寸集束型涂胶显影机、KS-S300 12 寸星型涂胶显影机	适合超薄晶圆处理、显影、烘焙技术；产能高、占地面积小	高端封装
KS-S150 星型全自动涂胶显影机	占地小，稳定性高，操作与维护方便；光刻胶用量小	传感器芯片制造 功率芯片制造 LED 芯片制造
KS-M300 半自动机台	占地小、配置灵活；易于操作，界面友好	LED 高端封装 MEMS

资料来源：未来智库

三、光刻胶

光刻胶是通过紫外光、准分子激光、电子束、离子束、X 射线等光源的照射或辐射，溶解度发生变化的耐刻蚀材料，是光刻工艺最重要的耗材，其质量对光刻精度至关重要。表 10-3 列出了光刻胶的分类情况。

① 1 寸=3.33 厘米。

表 10-3　光刻胶分类

光刻胶分类	细分品种
半导体光刻胶	I-line 光刻胶、G-line 光刻胶、KrF 光刻胶、ArF 光刻胶
液晶显示器（liquid crystal displayer，LCD）光刻胶	彩色滤光片用彩色光刻胶及黑色光刻胶、LCD/TP（touch panel，触摸屏）衬垫用光刻胶、薄膜晶体管液晶显示器中 Array（thin film transistor-liquid crystal display array，薄膜晶体管液晶显示器阵列）用光刻胶
印制电路板（printed-circuit board，PCB）光刻胶	干膜光刻胶、湿膜光刻胶

资料来源：未来智库

实际上，光刻胶属于技术和资本密集型行业，全球供应市场高度集中，日本 JSR 等五家龙头企业占据全球 87%的市场份额。表 10-4 列出了全球范围内光刻胶企业的产品生产与研发情况。

表 10-4　光刻胶企业的产品生产与研发情况

公司	国家	TFT-LCD	I-line	KrF	ArF	EUV
日本合成橡胶公司	日本	量产	量产	量产	量产	研发
东京日化	日本	量产	量产	量产	量产	研发
陶氏公司	美国	量产	量产	量产	量产	研发
信越化学工业	日本			量产	量产	
富士电子	日本		量产	量产	量产	研发
佳友化工	日本	量产	量产	量产	量产	研发
安智电子材料	美国	量产	量产			
东进企业	韩国	量产	量产	量产	研发	
亿光电子	中国	量产	量产	量产	量产	
北京科华微电子材料有限公司	中国	量产	量产	量产	研发	
瑞红（苏州）电子化学品股份有限公司	中国	量产	量产	量产		

资料来源：根据网络资料整理所得

注：TFT 的全称为 thin film transistor（薄膜晶体管）

截至 2024 年，我国光刻胶主要集中在 PCB 光刻胶等中低端产品，PCB 光刻胶占比达到 94%；而半导体用 G-line、I-line 光刻胶自给率约为 10%，KrF 光刻胶自给率不足 5%，ArF 光刻胶基本依赖进口①。国产光刻胶以 PCB 光刻胶为主，半导体和 LCD 光刻胶自给率极低，原材料严重依赖进口。

① 资料来源：未来智库、中国半导体行业协会、中信建设证券研究发展部。

四、晶圆制造

晶圆制造的商业模式可以分为 IDM 和晶圆代工两种。在 IDM 模式下，厂商同时完成设计、制造、封装与测试环节，可以实现芯片设计和量产平台的同步推进。目前，随着制造工艺迈上更先进的技术节点，不断攀升的研发和建厂成本给 IDM 厂商带来了巨大的资金与运营压力。在晶圆代工模式下，设计、制造、封装与测试四个环节可以采取垂直分工的方式，由 Fabless 厂商、晶圆代工厂商和封装与测试厂商共同完成芯片生产。因此，晶圆代工厂商专注于晶圆代工领域，向全球承接委外订单可以充分利用其生产线，提升产能利用率，从而形成规模经济。此外，随着先进制程的推进，对于资本密集型、技术密集型的晶圆制造环节，晶圆代工模式的优势逐渐凸显，且呈现出全球晶圆制造环节以代工模式为主的趋势。根据资料，2013～2018 年全球晶圆制造市场中，纯晶圆代工厂商的销售额占比平均达到 86%①。

从全球范围来看，晶圆制造的领先企业主要有三星电子、英特尔、格罗方德半导体股份有限公司（以下简称格罗方德）等。其中，三星电子自 2005 年踏入晶圆代工业务以来，凭借尖端技术赋能更多行业板块。现如今，三星电子已在创新半导体制造领域沉淀了数十年的技术经验，可以为客户提供晶圆资料库、工艺设计包、设计方法学等解决方案。特别是在人工智能时代，三星电子晶圆代工计划基于全环绕栅极架构的先进制程技术，为满足客户在人工智能应用方面的需求提供强大支持。

英特尔主要从采取 IDM 模式，共有五个晶圆制造厂，且重点用于硅片制造。在 IDM 2.0 战略下，英特尔为了提高制造部门的生产能力并降低成本，创建了同时为外部代工客户和自身服务的内部代工模式。2023 年初，英特尔推出 Intel 4 工艺制程。与 Intel 7 相比，Intel 4 的面积微缩 2 倍左右，逻辑库性能更高，对 EUV 光刻技术的工艺进行了简化，同时专门针对高性能计算应用进行了优化。

格罗方德成立于 2009 年 3 月，是一家总部位于美国加州硅谷桑尼维尔市的晶圆代工厂商。目前，格罗方德已经成为全球最大的晶圆代工厂之一，在上海、北京都设立了研发中心。2017 年，格罗方德 12 in 晶圆成都制造基地项目，在成都正式签约并举行开工仪式，是全球首条 22 nm FD-SOI（fully depleted silicon-on-insulator，全耗尽型绝缘体上硅）先进工艺 12 in 晶圆代工生产线。2021 年格罗方德宣布与美国国防部建立战略合作伙伴关系，以提供安全可靠的半导体解决方案。

当前，中芯国际集成电路制造有限公司（以下简称中芯国际）已经成为世界

① 资料来源：未来智库。

较为领先的晶圆代工企业之一。根据 IC Insights 数据，2021 年中芯国际在全球纯晶圆代工行业位居第四，在中国企业中排名第一。2021 年，中芯国际销售晶圆数量 674.7 万片（等效 8 in 晶圆）。2022 年，中芯国际资本开支主要用于持续推进老厂扩建及三个新厂项目——北京、深圳、上海临港项目，均为 12 in 晶圆代工生产线项目，规划产能分别为 10 万片/月、4 万片/月、10 万片/月。目前，中芯国际的 12 in 晶圆产能相对饱满①。

华虹半导体有限公司（以下简称华虹公司）聚焦于非易失性存储器、功率器件、模拟和电源管理、逻辑和射频、图像传感器等特色工艺平台。公司在无锡高新技术产业开发区的 12 寸晶圆厂（华虹七厂），月产能 6.5 万片，是全球第一条 12 in 功率器件代工生产线。近年来，华虹公司长期立足于 55 nm 及以上的成熟制程，2023 年第 2 季度，华虹公司的 12 in 晶圆厂（90 nm～55 nm 工艺节点）和 3 座 8 in 晶圆厂（0.35 μm～90 nm 工艺节点）都保持满载运营②。

五、功率半导体

功率半导体主要分为功率器件、功率集成电路。其中，功率器件经历了近 70 年的发展历程。20 世纪 40 年代，功率器件以二极管为主，主要产品是肖特基二极管、快恢复二极管（fast recovery diode，FRD）等；1958 年，晶闸管问世，且兴盛于 20 世纪六七十年代。近 20 年来，各领域对功率器件的电压和频率要求越来越严格，金属-氧化物-半导体场效应晶体管（metal-oxide-semiconductor field effect transistor，MOSFET）和绝缘栅双极晶体管（insulated gate bipolar transistor，IGBT）逐渐成为主流，且多个 IGBT 可以集成为智能功率模块（intelligent power module，IPM）模块，用于大电流和大电压的环境。功率器件是电能转化的核心器件，主要应用在汽车和工业领域，且主要用于逆变、整流、变频和斩波电路的电能转化。功率集成电路是由功率半导体与驱动电路、电源管理芯片等集成而来的模块，主要应用在小电流和低电压的环境。

当前，英飞凌为功率半导体领域的全球领先企业之一，前身是西门子集团的半导体部门。在细分领域中，英飞凌市场份额遥遥领先，在功率 MOSFET、IGBT 单管、IGBT 模块市场份额占比较大。2020 年，英飞凌以总价约 90 亿欧元收购竞争对手美国赛普拉斯，成为汽车半导体行业第一。2022 年，英飞凌实现年营收 142.18 亿欧元，净利润 33.78 亿欧元，同比分别增长 29%和 63%，利润率达到 23.8%。目前，英飞凌约有 60%的营业收入来自功率半导体，而汽车电子事业部是英飞凌的重中之重。

意法半导体是由意大利的通标标准技术服务有限公司微电子公司和法国汤姆

① 资料来源：未来智库。

② 资料来源：未来智库。

逊公司半导体公司合并而成，是世界最大的半导体公司之一。意法半导体的制造工艺包括先进的 CMOS、混合信号、模拟和功率制造工艺。在先进的 CMOS 领域，意法半导体与 IBM 联盟合作开发制造工艺，包括 32 nm 和 22 nm CMOS 工艺开发、设计实现技术和针对 300 mm 晶圆制造的先进研究。意法半导体是世界领先的分立功率器件供应商之一，产品包含 MOSFET（包括运用创新的 MDmesh 第二代技术的器件）、双极晶体管、IGBT、肖特基二极管与 FRD、三端双向可控硅开关及保护器件。此外，意法半导体的专利（集成有源和无源器件）技术，允许在单个芯片中整合多个有源和无源元件。意法半导体和 IBM 还将利用位于法国 Crolles（克洛尔）的 300 mm 生产设施开发高附加值的 CMOS 衍生 SoC。

在国内，嘉兴斯达半导体股份有限公司一直以来致力于以 IGBT 为主的功率半导体芯片和模块的设计研发、生产及销售服务，目前已经成为国内功率半导体器件领域的领军企业。该公司主要产品为功率半导体元器件，具体包括 IGBT、MOSFET、IPM、FRD、碳化硅（silicon carbide，SiC）等。同时，公司成功研发了全系列 IGBT 芯片、FRD 芯片和 IGBT 模块，实现了进口替代。其中 IGBT 模块产品已被成功应用于新能源汽车、变频器、逆变焊机、不间断电源、光伏/风力发电、可缩放矢量图形、白色家电等领域。

华润微电子有限公司（以下简称华润微电子）是华润集团旗下负责微电子业务投资、发展和经营管理的高科技企业，其先后整合了华润华科电子有限公司、华润华晶微电子有限公司、无锡华润上华科技有限公司等半导体企业，并经过多年的发展已经成为中国本土具有重要影响力的综合性半导体企业。当前，华润微电子拥有芯片设计、晶圆制造、封装与测试等全产业链一体化经营能力，其产品聚焦于功率半导体、智能传感器与智能控制领域，并为客户提供丰富的半导体产品与系统解决方案。具体来说，公司的主营业务包括两大板块：产品与方案（IDM 模式，主要聚焦于功率半导体、智能传感器与智能控制领域）、制造与服务（代工模式，主要涉及晶圆制造、封装与测试和掩模制造）。目前，公司的产品重点应用于消费电子、工业控制、新能源、汽车电子等领域。与此同时，公司在布局第三代半导体产业，推进 SiC 器件产品产业化发展。

六、集成电路制造

先进制程芯片的制程技术是集成电路制造性能提升的关键，并且随着工艺制程的不断进步，半导体芯片的晶体管密度也在不断提高。三星电子的半导体部门可以生产各种存储芯片和逻辑芯片，其中包括 DRAM、NAND 闪存存储器和逻辑芯片。作为全球领先的半导体公司之一，三星电子生产的多种类型存储芯片、处理器和传感器，已被广泛应用于移动设备、消费类电子产品和物联网等领域。可以说，三星电子不断推动技术创新，引领着全球集成电路制造行业的发展。

联发科技是中国的一家芯片制造企业，专注于移动智能终端和消费电子产品的研发与制造，主要为全球手机制造商提供处理器和调制解调器等关键组件。联发科技凭借高性能、低功耗的芯片产品，在全球市场上取得了广泛的认可。当前，联发科技已经成为全球第四大无晶圆厂半导体公司，在移动终端、智能家居应用、无线连接技术及物联网产品等市场中位居领先地位，且一年约有 20 亿台搭载联发科技芯片的终端产品在全球各地上市。

中芯国际是中国最大的芯片制造公司，其制造工艺和技术已经达到世界领先水平，主要为国内外众多芯片设计公司提供制造服务。目前，中芯国际已经完成了 14 nm 芯片的小规模量产以及 7 nm 制程技术的研发，2024 年研发 5 nm 制程技术。并且，在北京、天津、上海等多个城市拥有芯片制造工厂和芯片封装与测试工厂，其芯片月产能已经超过 1 亿枚，总体呈稳步增长趋势。

第三节　封装与测试领域的技术变革

一、封装环节

封装环节是集成电路产业下游的重要一环，随着 AI、高性能计算、5G、车用、物联网等应用需求提升，半导体供应链持续扩张。根据 IDC（Internation Data Corporation，国际数据公司）的报告《半导体制造服务：2022 年全球半导体封装市场——供应商排名及动态观察》，2022 年，外包半导体组装和测试行业稳步增长，市场规模达 445 亿美元，年增长 5.1%。全球前十大封装与测试厂商中，中国 9 家、美国 1 家，合计市场占有率达 80.1%。其中，中国厂商包括日月光集团、力成科技股份有限公司、京元电子、颀邦半导体科技有限公司、南茂科技股份有限公司、硅格、长电科技、通富微电子股份有限公司（以下简称通富微电）、天水华天科技股份有限公司（以下简称华天科技）；美国厂商则以安靠为代表。此外，日月光集团占据市场份额 27.6%，安靠占 15.9%，长电科技占 11.3%，通富微电占 7.1%，力成占 6.4%，剩下 5 家占 11.8%，除了这 10 家以外的封装与测试厂商则占 19.9%。

日月光集团是半导体封装行业的龙头企业，且拥有日月光半导体制造股份有限公司和矽品精密工业股份有限公司这两家子公司。日月光集团涵盖高端、中端、低端各类封装技术，主要包括针脚插装、引线框封装等传统封装技术，以及基板级封装、晶圆级封装（wafer level package，WLP）以及系统级封装（system in package，SiP）等先进封装技术。

此外，我国长电科技是全球第三的半导体封装服务商，早期做的是传统的引线框架型封装——双列直插式封装（dual in-line package，DIP）、方型扁平式封装（quad flat package，QFP）。后来，随着输入输出引脚数增加，功耗急剧增大，于是开拓了插针网格阵列封装（pin grid array，PGA）、球栅阵列封装（ball grid array，BGA）。1992 年，长电科技开始做分立器件的封装。2003～2015 年，长电科技通过与新加坡封装企业的合作，正式进入集成电路产业的封装领域，并陆续拥有了 SiP、WLP、扇出型封装等技术。2019 年，长电科技跃居全球第三大集成电路封装与测试服务商，其主要产品、服务和技术已覆盖主流集成电路系统应用。2022 年以来，长电科技在 WLP、2.5D/3D 封装、高密度 SiP、Chiplet 等先进封装形式上取得了长足的进步。

二、测试环节

在集成电路测试领域，美国科磊作为全球领先企业，自成立以来先后收购了 10 余家半导体检测设备领域的企业，对半导体前道检测业务完成了全面布局，其产品贯穿前道工艺过程控制全流程。2021 年，科磊在前道量测领域的市场占有率达 52%，呈垄断地位。从财务指标来看，科磊 2022 财年总收入规模超过 92.12 亿美元，净利润规模超过 33.22 亿美元，毛利率长期稳定在 60%，净利率长期稳定在 25%左右。从研发费用来看，科磊每年将其营业额的 15%～20%用于研发，2021～2023 年研发费用分别为 0.93 亿美元、1.11 亿美元、1.30 亿美元。

爱德万于 1954 年在日本东京成立，目前已经成为全球最大的集成电路自动测试设备供应商之一，且在全球半导体后道测试设备的市占率超过 40%，稳居半导体后道测试设备全球龙头地位。2023 财年，爱德万测试的营收为 3240 亿日元，同比增长 32%，研发费用为 655 亿日元，占销售额的 13%。公司产品覆盖存储器、SoC 芯片、LCD 芯片、微控制单元（microcontroller unit，MCU）以及传感器等几乎所有芯片的测试。

在国内，深圳中科飞测科技股份有限公司（以下简称中科飞测）一直专注于集成电路检测和量测两大领域，通过在光学检测技术、大数据检测算法和自动化软件等领域的自主研发和不断创新，在半导体质量控制设备的关键核心技术上已经达到国内领先水平。截至 2023 年 6 月，中科飞测已经拥有国内外授权专利 388 项①。从业务来看，中科飞测已涵盖无图形晶圆缺陷检测、图形晶圆缺陷检测、三维形貌量测、薄膜膜厚量测（介质）和套刻精度量测等系列设备。此外，中科飞测还在积极研发纳米图形晶圆缺陷检测、晶圆金属薄膜量测等设备。

北京华峰测控技术股份有限公司（以下简称华峰测控）作为国内最早进入半导体测试设备行业的企业之一，聚焦于模拟和混合信号测试设备领域，在全球半

① 资料来源：东方财富网。

导体测试设备领域占额 1.8%，排名全球第七位。并且，华峰测控凭借产品的高性能、易操作和服务优势等特点，多次打破了国外厂商的垄断地位。从业务来看，华峰测控独立开发并推出 STS2000 系列、STS8200 系列、STS8300 系列等半导体测试系统产品，覆盖模拟、混合、分立器件、MOSFET 等多类别的测试。此外，公司在 SoC 类集成电路和大功率器件测试领域上具备技术储备。

第十一章　浙江省集成电路产业链创新发展研究

自1956年起，集成电路产业链创新发展已经上升到我国国家建设层面，其重要性不断凸显。直到1965年，上海元件五厂制作出小规模双极型集成电路产品，标志着我国集成电路产业开始起步。经过60年发展，我国集成电路产业发展已初具规模，且在基础研究、设备技术、人才培养等方面都有明显提升，市场规模也正在赶超全球先进国家和地区。但在发展过程中，也暴露出我国集成电路产业的许多问题，如产品的供给仍主要依靠进口，尤其是高端芯片，反映出我国集成电路产业链创新发展任重道远。与此同时，浙江省作为数字经济先行地区，在长期发展中积累了一定的资源，且在某些环节具备了一定的优势。如何充分发挥浙江省在集成电路领域中的创新能力，为我国集成电路产业链创新发展注入关键动能，是当前浙江省亟须解决的问题。为此，本章通过实地调研和资料整理，对浙江省集成电路产业链发展现状进行系统分析，并通过与国内外先进国家和地区相关领域的企业进行对比分析，明确今后浙江省集成电路产业链创新发展的定位与布局。

第一节　我国集成电路产业链发展情况

我国集成电路产业链创新发展历程中，相关政策不断完善，鼓励了技术创新，优化了市场结构，规范了市场行为，逐渐完善了产业布局，并在产业集群方面取得了显著成效。可以说，集成电路产业链创新发展离不开政府扶持政策和激励政策的推动作用。表11-1罗列了近年来我国政府出台的相关政策。

表11-1　推动集成电路产业链创新发展的国家政策

时间	印发部门	政策名称	促进集成电路产业发展的内容
2000年6月	国务院	《鼓励软件产业和集成电路产业发展的若干政策》	推动我国软件产业和集成电路产业的发展，增强信息产业创新能力和国际竞争力，带动传统产业改造和产品升级换代，进一步促进国民经济持续、快速、健康发展
2001年4月	国务院	《集成电路布图设计保护条例》	保护集成电路布图设计专有权，鼓励集成电路技术的创新，促进科学技术的发展
2001年9月	国家计委、财政部等	《集成电路卡应用和收费管理办法》	加强对集成电路卡应用的统筹规划和管理，规范集成电路卡应用和收费行为，为集成电路卡的推广应用创造良好的环境

续表

时间	印发部门	政策名称	促进集成电路产业发展的内容
2002 年 10 月	财政部与国家税务总局	《关于进一步鼓励软件产业和集成电路产业发展税收政策的通知》	鼓励软件产业和集成电路产业的进一步发展，对相关产业退税和免征，所退税款由企业用于扩大生产和研究开发集成电路产品
2003 年 11 月	国家税务总局与信息产业部	《集成电路设计企业及产品认定机构管理办法》	加强对从事集成电路设计企业及产品认定工作的有关机构的管理，规范其执业行为
2016 年 5 月	财政部、国家税务总局等	《关于软件和集成电路产业企业所得税优惠政策有关问题的通知》	切实加强优惠资格认定取消后的管理工作，在软件、集成电路企业享受优惠政策后，税务部门转请发展改革、工业和信息化部门进行核查。对经核查不符合软件、集成电路企业条件的，由税务部门追缴其已经享受的企业所得税优惠，并按照税收征管法的规定进行处理
2019 年 4 月	国家知识产权局	《集成电路布图设计审查与执法指南（试行）》	严格知识产权保护的决策部署，切实维护创新者、专有权人和社会公众的合法权益，加强集成电路布图设计专有权保护，提高集成电路布图设计审查、执法工作的效率与水平
2020 年 7 月	国务院	《新时期促进集成电路产业和软件产业高质量发展的若干政策》	进一步优化集成电路产业和软件产业发展环境，深化产业国际合作，提升产业创新能力和发展质量

资料来源：中国政府网

在政府政策引导下，大量资金涌入集成电路产业，激发了我国集成电路产业相关企业的活力和创造力，并带动了整个产业的快速发展，促使其进入新一轮的高速增长阶段。近年来，我国集成电路产业规模和影响力不断扩大。2010～2022 年我国集成电路产业销售收入及增速如图 11-1 所示，2010 年我国集成电路产业销售收入仅为 1440 亿元，2022 年增长至 10 254 亿元，是 2010 年的近 10 倍。即便如此，我国集成电路产品仍然难以自给自足。截至 2022 年，还需要进口 4155.79 亿美元的集成电路产品，占进口总值的 15.3%，也是我国第一大进口商品①。特别是，近年来美国、日本、荷兰等国家对我国集成电路产业的技术封锁，使我国集成电路产业陷入发展瓶颈，亟须提高自主创新能力，降低对外技术依赖。这也可以在图 11-1 中得到验证，从 2017 年开始，我国集成电路产业销售收入增速不断下降，2022 年增速只有 3.5%。

① 资料来源：中国半导体行业协会。

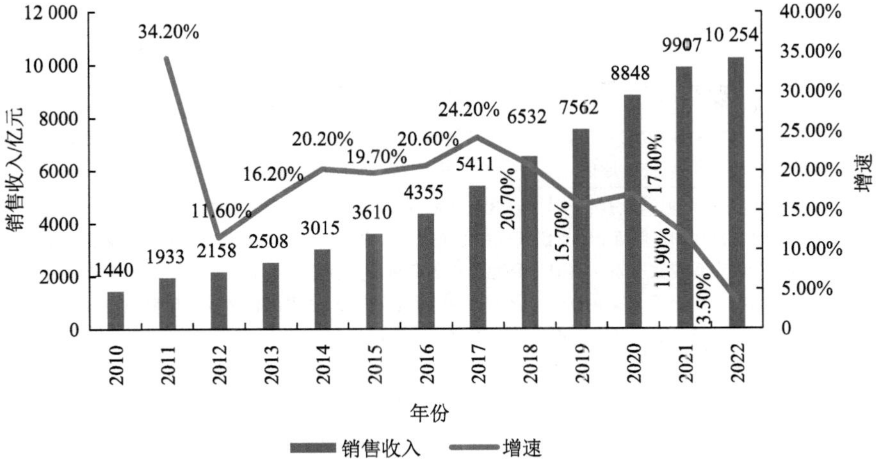

图 11-1 2010～2022 年我国集成电路产业销售收入及增速

在我国集成电路产业链创新发展过程中，涌现了一批致力于攻关集成电路领域关键技术的科研机构和代表性企业。并且，正是这些企业和科研机构的支持与联动，带动了集成电路产业链的持续发展。表 11-2 和表 11-3 分别列出了我国集成电路领域的科研机构和龙头企业。特别是科研机构的发展，为摆脱美国等部分国家对我国集成电路产业技术封控起到了巨大的作用。从全球范围来看，下列企业已经在其细分市场中占据了一定的份额。

表 11-2 集成电路产业主要科研机构

机构名称	简介
北京大学宽禁带半导体研究中心	由物理学院的III族氮化物半导体研究组、微腔物理和微结构光子学组和化学学院的固体化学材料研究组联合组建的跨学科研究中心。物理学院III族氮化物半导体研究组成功研制出氮化镓基蓝光、绿光和白光二极管，掌握了拥有自主知识产权的氮化镓基发光二极管制备的关键技术，在上海建立了北大蓝光公司并成为 863 计划产业化基地。中心已发展成为国内宽禁带集成电路的主要研究基地之一，在氮化镓基半导体材料生长、物理性质和光电子器件研制等方面做出了多项开创性工作
浙江大学杭州国际科创中心先进半导体研究院	拥有国际一流的大型仪器设备和超净实验室等研发设施，目前已获批浙江省宽禁带功率半导体材料与器件重点实验室，是国内唯一的全链条开放式宽禁带集成电路材料、器件及应用创新高能级科研平台
山东大学新一代半导体材料研究院	通过整合校内微电子、物理、化学、材料、机械、控制、信息等优势学科力量，瞄准集成电路材料技术未来发展方向，重点开展碳化硅、氮化镓、氧化镓、金刚石、氮化铝等新一代宽禁带、超宽禁带集成电路单晶材料及器件研究工作
复旦大学专用集成电路与系统国家重点实验室	依托复旦大学国家重点一级学科“电子科学与技术”，以及“微电子学与固体电子学”与“电路与系统”两个国家重点二级学科，聚焦高能效系统芯片及其核心 IP 设计，开展数字、射频与数模混合信号集成电路设计创新研究，同时进行新器件新工艺和纳米尺度集成电路设计方法学的研究

续表

机构名称	简介
江苏第三代半导体研究院有限公司	由江苏省、苏州市、苏州工业园区与第三代集成电路产业技术创新战略联盟和研究院核心运营团队共建的新型研发机构，以培育发展第三代半导体技术应用产业为目标，聚焦第三代集成电路在新型显示、5G通信、电力电子、环境与健康等领域的应用
中国科学院半导体研究所	是集半导体物理、材料、器件研究及其系统集成应用于一体的国家级集成电路科学技术的综合性研究机构，拥有两个国家级研究中心（国家光电子工艺中心、光电子器件国家工程研究中心）；三个国家重点实验室（集成电路超晶格国家重点实验室、集成光电子学国家重点联合实验室、表面物理国家重点实验室）；两个院级实验室（中心）（中国科学院集成电路材料科学重点实验室、中国科学院固态光电信息技术重点实验室）
中国科学院微电子研究所	是一所专门从事微电子领域研究与开发的研究机构，是中国科学院微电子技术的总体和中国科学院电子设计自动化中心的依托单位，主要研究方向为：①集成电路先导工艺与仪器装备技术；②集成电路与系统设计技术；③高性能器件与电路集成技术；④射频、微波器件与电路集成技术；⑤三维集成与系统封装技术；⑥新型纳米器件与集成技术；⑦物联网与传感器技术
中国电科芯片技术研究院	成体系布局数字集成电路、模拟集成电路、微声电子、半导体光电子、传感器等芯片技术发展，布局先进计算、5G通信、汽车电子、智慧文博、智能传感等产业板块发展，是强芯固基主力军，产业基础中坚力量。现有拥有15个国家级和省部级创新平台、1家上市公司、17家二级非上市控股公司，业务布局分布于长三角、京津冀、粤港澳大湾区、成渝双城经济圈等地区
中国电科产业基础研究院	是我国规模较大、技术力量雄厚、专业结构配套齐全的创新型、综合性半导体研究所，是我国半导体电子器件的排头兵和供应基地，先后在“载人航天”等多项国家重点工程中承担重点任务。专业方向为微电子、光电子、微电子机械系统、半导体高端传感器和光机电集成微系统五大领域和电子封装、材料及计量检测等基础支撑领域
中国电子科技集团公司第五十五研究所	有国内一流的科研生产设备和配套设施，具备雄厚的科研生产和技术开发实力，研发能力和产品水平处于国内领先、国际先进水平，是我国核心电子器件领域实现自主研发与原始创新的多专业并举的高科技、综合性大型研究所。主要专业方向包括固态功率器件与射频微系统、光电显示与探测等，涵盖了固态微波器件、微波毫米波模块电路、微机电系统、封装外壳与基板、平板显示与紫外真空器件等技术领域。民品主导产业为射频电子和功率电子两大产业，形成了半导体材料、芯片、模块产业链
国家第三代半导体技术创新中心	是由江苏省、苏州市、苏州工业园区共建的新型研发机构，2021年3月科技部函复批准“国家第三代半导体技术创新中心”建设。以培育发展第三代半导体技术应用产业为目标，聚焦第三代半导体在新型显示、5G 通信、电力电子、环境与健康等领域的应用，开展第三代半导体高质量材料制备技术、器件外延技术、芯片工艺技术、应用模块设计与集成技术、相关装备技术等关键共性技术研发和成果转移转化，建立覆盖第三代半导体全产业链条、全体系的创新平台

资料来源：根据网络资料整理所得

表 11-3　集成电路产业龙头企业

企业名称	详细介绍
海思技术有限公司	是一家芯片研发商，产品覆盖无线网络、固定网络、数字媒体等领域的芯片及解决方案，成功应用在全球100多个国家和地区；在数字媒体领域，已推出系统级芯片，具体包括网络监控芯片及解决方案、可视电话芯片及解决方案、广播电视芯片及解决方案和网络协定电视芯片及解决方案

续表

企业名称	详细介绍
中芯国际	是世界领先的集成电路晶圆代工企业之一，也是中国集成电路制造业领导者，拥有领先的工艺制造能力、产能优势、服务配套，拥有全球化的制造和服务基地，截至 2024 年，在上海、北京、天津、深圳建有三座 8 in 晶圆厂和四座 12 in 晶圆厂；在上海、北京、天津各有一座 12 in 晶圆厂在建中
北方华创科技集团股份有限公司	是目前国内集成电路高端工艺装备的先进企业，产品主要包括刻蚀、物理气相沉积、化学气相沉积等集成电路工艺装备
上海复旦微电子集团股份有限公司	是国内从事超大规模集成电路的设计、开发、生产（测试）和提供系统解决方案的专业公司，是国内成立最早、首家上市的股份制集成电路设计企业。现已建立健全安全与识别芯片、非挥发存储器、智能电表芯片、现场可编程门阵列和集成电路测试服务等产品线
紫光国微	是国内领先的集成电路设计上市公司之一，产品线齐全、技术实力强，是国内特种集成电路龙头企业。子公司紫光同芯是国内智能卡芯片龙头，促进紫光国微市场渗透率进一步提高；紫光同创是国内现场可编程门阵列领导者，产品性能已经达到行业顶尖的千万门级，打破了海外寡头垄断，未来在现场可编程门阵列国产化的进程中有望实现快速成长
长电科技	是全球领先的集成电路制造和技术服务提供商，提供全方位的芯片成品制造一站式服务，包括集成电路的系统集成、设计仿真、技术开发、产品认证、晶圆中测、晶圆级中道封装测试、系统级封装测试、芯片成品测试，并可向世界各地的半导体客户提供直运服务。通过高集成度的晶圆级封装、2.5D/3D 封装、系统级封装、高性能倒装芯片封装和先进的引线键合技术，长电科技的产品、服务和技术涵盖了主流集成电路系统应用，包括网络通信、移动终端、高性能计算、车载电子、大数据存储、人工智能与物联网、工业智造等领域
杭州士兰微电子股份有限公司	国内功率集成电路设计制造一体化龙头企业之一，公司投产国内 IDM 企业第一条 12 in 功率产线，深耕于功率集成电路板块，坚定走 IDM 之路。现已形成包括功率半导体器件、绝缘栅双极晶体管、二极管等在内的器件，包括混合集成功率器件、微控制单元、微电子机械系统在内的传感器，发光二极管芯片及外延片等业务板块，是国内产品线最为齐全的集成电路 IDM 企业

资料来源：根据网络资料整理所得

第二节　浙江省集成电路产业链发展情况

浙江省是我国集成电路产业布局重点区域，近年来在政府引领、科研机构技术攻关、企业市场化等力量助推下，逐渐形成了产业集群核心竞争力。本节重点分析浙江省集成电路产业地位、资源、技术创新和人才等方面的现状，为深入探讨浙江省集成电路产业链创新发展面临的问题和机遇，进而针对性地提出发展对策建议奠定基础。

一、产业支撑体系

浙江省充分发挥标准的引领作用，从行业标准规范体系建设入手，推动全省集成电路产业链创新发展。2022 年 12 月，浙江省经济和信息化厅（以下简称经信厅)、浙江省市场监督管理局印发的《浙江省集成电路产业链标准体系建设指南（2022 年版)》提出，要建设基础共性标准、产品标准、芯片设计标准、芯片制造标准、封装测试标准和应用标准，并给出了这些标准具体的建设要求①。

从产业基地建设来看，浙江省各地区依托自身优势领域，不断出台相关支持政策，逐步培育并形成集成电路产业基地。杭州确立了“市级统筹，各区兼顾”的集成电路产业链创新发展总体规划。宁波发布《关于加快推进集成电路产业发展的实施意见》后，陆续发布了包括《宁波市关于实施“246”万千亿级产业集群培育工程的意见》《宁波市制造业高质量发展“十四五”规划》《宁波市特色工艺集成电路产业链培育方案》《宁波市光学电子产业链培育方案》等在内的系列政策，进一步为集成电路产业链创新发展提供政策支持。绍兴的集成电路产业平台被列入浙江省首批“万亩千亿”新产业平台培育名单②，产业创新中心建设被写入《长江三角洲区域一体化发展规划纲要》。丽水经济开发区集成电路全链条产业已成功纳入省政府《关于促进集成电路产业健康发展的实施意见》，支撑丽水集成电路产业向更高层次发展，拓宽了其发展空间。目前，丽水正在谋划两个基地，一个是以杭州中欣晶圆半导体股份有限公司（以下简称中欣晶圆）和浙江晶睿电子科技有限公司（以下简称晶睿电子）为主的全国外延片生产制造基地，另一个是以同创（丽水）特种材料有限公司（以下简称同创特材）为主的电子级超高纯钽材料产业基地。可以说，浙江省不同城市之间的集成电路产业创新发展分工有序、协同共进，将赋能集成电路产业发挥优势领域，在全国乃至全球范围内获得竞争力。

从配套服务体系建设来看，浙江省集成电路产业规模不断扩大的同时，逐步形成了支撑产业链创新发展的综合服务体系及其服务延展的公共化应用。具体如下：一是在杭州、宁波和绍兴等地分别形成了设计专业化孵化器、人才综合培训体系平台，以及综合服务平台等拓展体系；二是所涉及服务包含了政策与技术配套服务支持、知识主导中介服务平台，以及人才专门培训体系、投融资服务等各类单项服务化平台；三是形成了包含浙江大学、杭州电子科技大学等高校在内的多主体创新体系；四是涵盖的产品包含了集成电路产品在设计研发、测试等多环节、多场景方面的融合性应用。

---

① 《浙江省集成电路产业链标准体系建设指南（2022 年版)》，https://jxt.zj.gov.cn/art/2023/1/11/art_1582899_24378.html[2023-01-11]。

② 《绍兴集成电路产业入围首批省级万亩千亿新产业平台培育名单》，https://zj.zjol.com.cn/news.html?id=1181995[2019-04-19]。

二、产业布局和产业规模

（一）产业布局

集成电路作为浙江省重点产业，近年来呈现出跨越式发展。特别是《浙江省高质量推进数字经济发展2022年工作要点》提出，要提升集成电路和软件产业能级，开展“芯机联动”对接，推进集成电路公共创新和服务平台建设，力争完成集成电路投资350亿元以上，实现集成电路及相关产业营收1800亿元。目前，浙江省重点布局以杭州、宁波、绍兴、嘉兴为中心的环杭州湾集成电路核心产业聚集区，辐射带动金华、衢州、丽水半导体支撑产业区和湖州特色产业基地。

杭州作为浙江省省会城市，在集成电路产业链创新发展过程中起到了重要的推动作用。杭州“十四五”规划中，杭州明确将集成电路产业定为未来主攻的“制造业九大标志性产业”之一。从当前的产业布局来看，高新区（滨江）依托杭州国家芯火双创基地，逐渐形成国内领先的“芯片—软件—整机—系统—信息服务”产业生态体系。实际上，杭州一直坚持“设计、制造双推动”的方针政策。自2018年起，杭州集成电路设计领域的销售规模一直稳居深圳、上海、北京之后，位列全国第四。同时，在集成电路制造领域的优势也不断提升。目前，杭州已拥有多条集成电路生产线，并在特色工艺集成电路制造方面形成了较强优势。此外，杭州在集成电路的封装、材料、设备等方面也已经具备一定规模，代表企业有杭州长川科技股份有限公司（以下简称长川科技）、大和热磁、浙江海纳半导体股份有限公司等。特别地，中欣晶圆已经成为国内代表性硅片制造企业。

宁波建成了国内唯一量产化的自主可控高压模拟及射频集成电路特种工艺生产线，并以特色工艺集成电路为切入点，逐步打通上下游产业链。目前，宁波集成电路产业的重点企业主要分布在北仑区、鄞州区、前湾新区等地，逐步形成了材料、设备、设计、制造、封装与测试等较为完整的集成电路产业链。具体来讲，在封装与测试领域，2023年甬矽电子（宁波）股份有限公司（以下简称甬矽电子）在大颗倒装芯片球栅格阵列、凸点制程及重布线领域取得突破，主要体现在高密度细间距倒装凸点制程互联芯片封装技术、高密度微凸点制程及重布线封装技术、应用于4G/5G通信的射频芯片/模组封装技术、混合SiP技术、多芯片封装技术、高焊线数球栅阵列封装技术、基于引线框的高密度/大尺寸的方形扁平无引脚（quad flat no-leads，QFN）封装技术这七大方面[①]。在光刻胶领域，江苏南大光电材料股份有限公司（以下简称南大光电）已经掌握了氟化氩干式和浸没式系列光

① 甬矽电子：http://www.forehope-elec.com。

刻胶产品的原材料制备、配胶、分析检测、应用验证等关键技术①。此外，浙江金瑞泓科技股份有限公司（以下简称金瑞泓）具备了 8 in 硅片大规模产业化能力，掌握了 12 in 硅片核心技术②。除此之外，宁波还聚集了一批包括宁波康强电子股份有限公司、宁波江丰电子材料股份有限公司等在内的集成电路材料企业。

嘉兴、绍兴、丽水等地区加速布局集成电路产业。《嘉兴市制造业高质量发展“十四五”规划》明确将重点培育集成电路、人工智能、航空航天等一批新兴产业。目前，嘉兴市集成电路产业主要依托南湖生命健康微电子产业生态园、中国（海宁）泛半导体产业园、嘉善经济技术开发区等载体，打通了集成电路设计、封装与测试、材料、装备等各环节，集聚了嘉兴斯达半导体股份有限公司、闻泰科技股份有限公司、博创科技股份有限公司、浙江赛思电子科技有限公司等一批集成电路上下游领域企业。

绍兴的集成电路产业发展重点聚焦集成电路设计—制造—封装—测试—设备及应用的全产业链，打造国内重要的集成电路产业高地和产城融合发展引领高地。其中，中芯绍兴项目是重点布局内容之一。2018 年 5 月，中芯集成电路制造（绍兴）项目正式开工，引进了一条芯片年出货 51 万片的 8 in 特色工艺集成电路制造生产线和一条模组年出货 19.95 亿颗的封装与测试生产线③。2020 年 11 月，中芯绍兴项目产能已达 4 万片/月，目前已成功完成晶圆设备链调试，实现了 8 in 晶圆的大规模量产，月产能已增至 7 万片，良品率达到 99%，可应用于智能汽车、智能家居家电的芯片制造④。

丽水集成电路全链条产业正在谋划两个基地。一是以中欣晶圆和晶睿电子为主的全国外延片生产制造基地，其中中欣晶圆是国内居首的能独立完成从 12 in 单晶、抛光到外延研发、生产的企业，也是国内规模最大的半导体大晶圆片生产商之一⑤。其中，晶睿电子主要从事半导体硅片的研发、生产和销售，是一家半导体硅片制造企业，主营业务为 4～12 in 高性能硅外延片、4～8 in 面向智能感知

---

① 《南大光电完成国家科技重大专项，芯片光刻胶已验收》，https://baijiahao.baidu.com/s?id=1706944427916999670&wfr=spider&for=pc[2021-08-02]。

② 《立昂微：技术行业领先 力求突破国际垄断》，https://baijiahao.baidu.com/s?id=1677948620121488989&wfr=spider&for=pc[2020-09-16]。

③ 《绍兴中芯 A 股 IPO：月产能 7 万片良率 99%，中芯国际为第二大股东》，https://baijiahao.baidu.com/s?id=1705170016558307978&wfr=spider&for=pc[2021-07-13]。

④ 《中芯绍兴月产能提升至 7 万片晶圆，良率超 99％》，https://new.qq.com/rain/a/20210706A02JD700[2021-07-06]。

⑤ 《创“芯”看“中欣”！丽水特色半导体“万亩千亿”新产业平台标志性项目“开工一年竣工投运”》，https://mp.weixin.qq.com/s?__biz=MjM5OTg1OTUxMg==&mid=2659359494&idx=1&sn=544ee6a558542111b8770991c9113ecd&chksm=bc433f518b34b647a1c33d410713738e3abda8a084b89369b96acf43efaeb14096d76e8e7ea6&scene=27[2022-12-01]。

系统应用的特种硅片、硅基氮化镓及 SiC 外延片的研发、制造和销售。二是以同创特材为主的电子级超高纯钽材料产业基地，主要进行高端电子级集成电路材料（8～12 in 晶圆片）切磨、抛光、外延等材料的研发、制造，以及第三代化合物集成电路外延片的生产。

（二）产业规模

浙江省以数字经济创新提质“一号发展工程”为引领，全面推动集成电路产业链创新发展。当前，浙江省初步建成具有国际竞争优势的集成电路产业集群，产业链布局不断完善，已形成涵盖设计、制造、封装与测试、设备、材料各领域较为完整的产业链，高端芯片设计、特色工艺制造、核心装备及零部件、关键材料等细分领域处于国内领先地位。2016～2021 年浙江省集成电路产量发展情况如表 11-4 所示，浙江省集成电路产量规模从 2016 年的 74.0 亿块，增长至 2021 年的 229.7 亿块，年均增长率 25.43%。根据图 11-2 可知，2015～2020 年，浙江省

表 11-4　2016～2021 年浙江省集成电路产量发展情况

年份	产量/亿块	同比增长
2016	74.0	16.7%
2017	79.9	8.0%
2018	65.4	−18.1%
2019	143.5	119.4%
2020	174.1	21.3%
2021	229.7	31.9%

资料来源：国家统计局

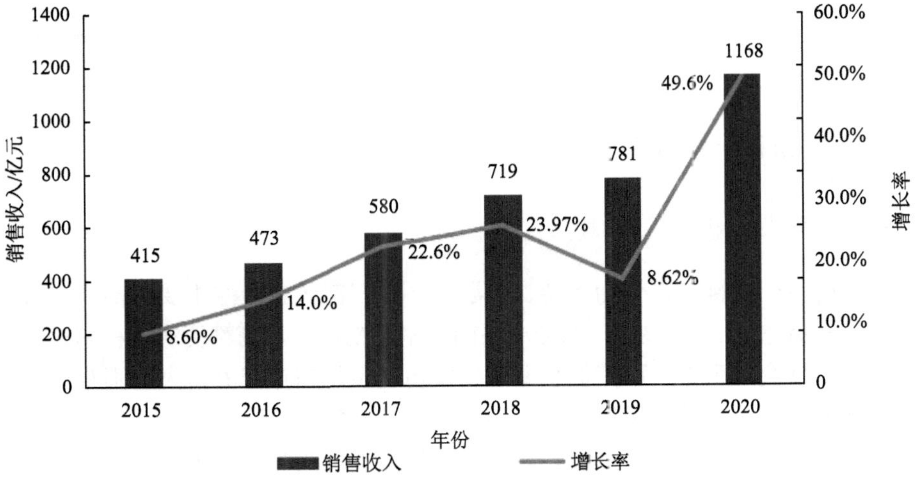

图 11-2　2015～2020 年浙江省集成电路产业销售收入情况

集成电路产业销售收入稳步增长，增幅高于我国集成电路产业总体情况，这在一定程度上说明了浙江省集成电路产业具有明显的区域优势。此外，浙江省半导体行业协会的统计资料显示，2020 年浙江省集成电路产业链上下游核心环节共有 650 余家企业，可以说当前浙江省集成电路产业在政府的大力支持下逐渐显现出规模。

近年来，设计、材料等领域已经成为浙江省集成电路产业链创新发展的支柱产业。图 11-2 显示，2020 年全省集成电路产业销售额为 1168 亿元人民币，同比增长 49.6%。此外，表 11-5 展示了 2019～2020 年浙江省集成电路产业不同领域的销售情况。其中，2020 年设计领域和材料领域销售额分别占浙江省集成电路产业总销售额的 30.05%和 28.25%。制造和封装与测试领域的销售额相对较少，2020 年销售额占浙江省集成电路产业总销售额的 13.27%，但是 2022 年的增长率为 32.22%。可以推断，近年来浙江省十分重视集成电路制造和封装与测试领域的扶持，包括芯联集成等集成电路制造企业也得到了快速发展。此外，国内封装与测试领域龙头企业长电科技的落户，将大力推动浙江省集成电路封装与测试领域的发展。此外，集成电路设备和光电器件等领域的销售额占比均较少。

表 11-5　2019～2020 年浙江省集成电路产业不同领域的销售情况

领域	2019 年		2020 年	
	销售额/亿元	增长率	销售额/亿元	增长率
设计领域	202.0	46.4%	386.0	91.1%
制造和封装与测试领域	112.0	3.7%	155.0	38.4%
材料领域	266.6	20.4%	330.0	23.8%
设备领域	68.3	−4.3%	89.0	30.3%
光电器件领域	48.4	5.8%	110.0	127.3%

资料来源：浙江省半导体行业协会

三、技术创新和研发资源

（一）技术创新

集成电路产业链可以分为上游、中游、下游三部分。上游主要包括原材料、生产设备、EDA 软件、IP 核等，部分产品的技术壁垒极高，高精度的材料和设备一般只掌握在个别企业手中，而其他企业若要模仿甚至超越存在着很大的困难。中游主要是指制造领域。半导体可以大致分为四类产品：集成电路、电子器件、分立器件和传感器。其中，集成电路是核心产业，其最终实现为芯片。下游则是指具体应用领域，包括汽车、电子、人工智能、新能源等社会经济诸多方面。总体来看，集成电路产业是比较典型的“金字塔”结构，且产业链涉及的关键技术主要集中在中游和上游。

当前，在包括 EDA 软件、IP 核在内的集成电路产业链上游领域，浙江省总体发展水平居全国第一梯队，且已经形成一定的先发优势和集群效应。特别是在高压高功率芯片、射频集成电路产业园区建设方面居于全国前列。从整体来看，已经拥有多个细分领域的精尖核心技术，如在高压高功率芯片、射频集成电路、LED 芯片、嵌入式 CPU、IP 核、固态存储控制、计算机接口控制器、光电集成电路等领域，技术水平处于国内领先，部分指标达到了国际先进水平。

集成电路产业链中游的制造、封装与测试领域，浙江省在应用于新能源和电动汽车等产品中的功率集成电路、MEMS 传感器和高精度模拟电路制造，以及包括先进化合物集成电路制造、先进封装、测试设备等方面，总体发展水平居全国第一梯队。在集成电路专用设备和零部件制造方面，浙江省整体发展处于全国先进水平。其中，浙江启尔机电技术有限公司、浙江晶盛机电股份有限公司（以下简称晶盛机电）、长川科技、杭州广立微电子股份有限公司（以下简称广立微）、杭州众硅电子科技有限公司（以下简称众硅科技）等企业已经成为光刻机浸液系统、材料制造装备、封装与测试设备、电性能测试设备、化学机械抛光设备等细分领域的行业龙头和关键力量。此外，浙江省在集成电路设备关键流控零部件领域，已经形成较为明显的产业特色，在超洁净液体流控零部件、超高纯气体流控零部件、真空零部件等细分领域也处于全国领先。

总体来看，浙江省集成电路产业已形成较强的技术创新能力，在集成电路设计、装备、材料、特种工艺晶圆制造和封装与测试等领域均处于全国先进水平，具有较强竞争优势。从技术创新来看，浙江省突破第三代集成电路芯片、专用设计软件（EDA 等）、专用设备与材料等技术，前瞻布局毫米波芯片、太赫兹芯片、云端一体芯片，打造国内重要的集成电路产业基地，重点布局以杭州、宁波、绍兴、嘉兴为中心的环杭州湾集成电路核心产业聚集区，辐射带动金华、衢州、丽水半导体支撑产业区和湖州特色产业基地。但是，浙江省集成电路产业总体水平仍与国际先进水平存在较大差距，研发创新力仍有待提升。

（二）研发资源

从技术潜力来看，浙江省科教实力雄厚且产业布局紧密，在集成电路各生产环节都拥有相应的企业。此外，还拥有诸多涉及该领域的高校、科研机构、实验室、创新平台、工业园区以及孵化园区，具体见表 11-6～表 11-8。

表 11-6　浙江省集成电路科研机构研发布局

科研机构	介绍
浙江大学微纳电子学院	通过打造若干创新实验室，支撑芯片设计、EDA 工具、器件及工艺、芯片封装与系统集成、测试与表征等方向研究，实现集成电路芯片与通信工程、信息安全、人工智能、生命科学等学科领域的交叉融合与创新，增强集成电路芯片与微纳电子领域关键技术攻关能力
杭州电子科技大学集成电路产业学院	利用学校集成电路科学与工程学科优势，构建产学研一体化人才培养体系，实施订单式人才培养管理模式，以集成电路设计与集成系统、电子信息工程、电子科学与技术为主设置本科专业课程，同时建设微纳加工、集成电路设计与测试三个科研共享平台
阿里巴巴达摩院	构建了全方位的人工智能基础能力，推出了业界领先的通义系列大模型，孵化出平头哥半导体有限公司等。继续聚焦中长期科学技术研究，重点布局人工智能、量子计算、集成电路等前沿领域
之江实验室	与中国科学院微电子所联合的研究团队在新型架构安全芯片领域取得重要进展，并不断成立与人工智能芯片有关的研究专项和开放与集成电路有关的研究课题
甬江实验室	聚焦高端金属与稀土永磁材料、先进半导体与器件、海洋新材料等领域，开展前沿基础研究。同时，聚焦关键基础材料、元器件（核心基础零部件）等领域，打造一批标志性产业链，加快创建国家制造业高质量发展试验区
浙江大学超大规模集成电路设计研究所	由我国集成电路领域知名专家严晓浪创建，依托嵌入式系统教育部工程中心、集成电路与基础软件研究院和集成电路设计与制造长三角协同创新中心等科研平台，聚焦数字/模拟集成电路设计领域的前沿探索和工程研究
中电海康集团有限公司	是一家以技术研究、产品开发、生产、销售和服务于一体的军民相结合的国家一类研究所，主要承担高性能数据采集记录、数据计算处理、网络存储、人工智能图像目标识别和智慧营区安防监控建设等业务，产品已广泛应用在情报侦察、预警探测、电子对抗、指挥控制、通信和反导等领域
浙江省大规模集成电路设计重点实验室	致力于第三代集成电路材料和器件产业共性技术、关键性技术和前瞻性技术的引进吸收与自主研究开发

资料来源：根据网络资料整理所得

表 11-7　浙江省集成电路平台研发布局

平台	介绍
浙江省半导体行业协会	由从事集成电路设计、制造、封装与测试及半导体器件、设备、材料和其他产业链配套等教学、科研、生产制造、公共服务平台及推广应用服务的企事业单位联合发起和自愿组织，为浙江省半导体产业企事业单位提供专业技术服务，并协助政府部门做好行业管理工作，推动浙江省半导体产业高质量发展
浙江省集成电路创新平台	聚焦集成电路“缺芯少核”技术难题，集聚政府、高校、产业各方力量，推动政、产、学、研、资深度融合，共同建设全国唯一的 12 in CMOS 集成电路芯片设计与制造成套工艺技术公共创新平台，打造具有产教融合鲜明特点、芯片设计和制造高度结合的浙江省集成电路技术创新中心

续表

平台	介绍
浙江省集成电路产业技术联盟	由从事集成电路设计、制造、封装与测试、装备、材料等方面技术研究、制造应用、整机产品等相关的产学研单位在完全自愿的基础上组成，促进浙江省集成电路产业的战略布局、技术创新、人才发展、产业生态等方面提升与发展
杭州国家芯火双创基地	以产业共性需求为牵引，以公共技术服务为核心，充分整合产业链资源，推动形成“芯片—软件—整机—系统—信息服务”的生态体系，推进我国集成电路关键核心技术的自主创新，引导电子信息产业向价值链高端发展

资料来源：根据网络资料整理所得

表 11-8　浙江省集成电路园区研发布局

园区	介绍
杭州集成电路设计产业园	是由原工业和信息化部和浙江省经信厅共同指导，杭州重点打造的首个集成电路产业集聚园区。重点引入国家、省市各级重点企业研究院、实验室及高校产学研中心，成为集成电路设计相关产业总部及研发基地
宁波微电子创新产业园	以中芯国际创新设计服务中心为核心，引入一批世界级的集成电路设计、系统设计、软件设计、芯片应用及封装与测试等企业，力争成为引领全国乃至全球集成电路产业创新发展的核心引擎
绍兴集成电路设计产业园	聚焦集成电路设计—制造—封装—测试—设备及应用全产业链发展，功能布局为“一心四园两区”。其中，一心是指创新设计中心；四园是指制造产业园、封装与测试产业园、装备材料产业园（综合保税区）、终端应用产业园；两区是指高新综合服务片区、袍江综合服务片区

资料来源：根据网络资料整理所得

值得一提的是，浙江大学超大规模集成电路设计研究所是由严晓浪教授于2000年创建的，依托嵌入式系统教育部工程中心、集成电路与基础软件研究院和集成电路设计与制造长三角协同创新中心等科研平台，聚焦于数字/模拟集成电路设计领域的前沿探索和工程研究。杭州电子科技大学和绍兴市政府正在联合兴建杭州电子科技大学集成电路产业学院，拟利用学校集成电路科学与工程学科优势，根据绍兴集成电路产业发展需求，构建产学研一体化人才培养体系，实施订单式人才培养管理模式，以集成电路设计与集成系统、电子信息工程、电子科学与技术为主设置本科专业课程，将研究生的研究方向明确聚焦于集成电路、智能传感、新型集成电路器件、装备电子、通信技术，同时拟建设微纳加工、集成电路设计与测试三个科研共享平台。该学院的建成将大大助力浙江省集成电路产业链的创新发展。

此外，宁波大学主要培养集成电路工程在职研究生在集成电路工程领域的前沿知识和实践动手能力，核心知识涉及集成电路设计、集成电路应用、嵌入式系统设计和应用等多门专业课程。研究方向包括：①集成电路设计，如集成电路基础、集成电路设计理论、方法、ASIC 设计方法；②集成电路应用，如通信、电信、家电等电子类等领域的集成电路芯片应用；③嵌入式系统设计和应用，如通信、电信、家电等电子类领域的嵌入式系统设计与集成电路芯片应用。之江实验室以“打造国家战略科技力量”为目标，充分融合顶尖高校与龙头企业创新优势，吸纳国内外优质创新资源形成创新网络。之江实验室与中国科学院计算所联合研究团队在新型架构安全芯片领域取得重要进展，并且不断成立与 AI 芯片、集成电路有关的研究课题。

第三节　浙江省集成电路产业相关企业的创新发展现状

一、设计领域企业创新发展情况

在浙江省，集成电路设计领域的领先企业有矽力杰、平头哥半导体有限公司（以下简称平头哥半导体）、杭州华澜微电子股份有限公司（以下简称华澜微）、杭州士兰微电子股份有限公司（以下简称士兰微）、杰华特微电子股份有限公司（以下简称杰华特）、杭州晶华微电子股份有限公司（以下简称晶华微电子）、爱芯元智半导体股份有限公司（以下简称爱芯元智）等。接下来，本节选择若干典型企业进行介绍，以此反映浙江省集成电路设计领域企业创新发展的概况。

（一）矽力杰：电源芯片领域重要企业

矽力杰成立于 2008 年，初期专注于存储芯片的研发与销售，而后进入电源芯片领域。随着市场的不断扩大和技术的不断进步，矽力杰不断取得重大突破。在工艺方面，矽力杰不断升级其 CMOS 工艺，使芯片的性能更高、功耗更低。在技术方面，矽力杰引入更多的智能化功能，如动态电源管理、快速充电等，以满足设备的高效运行和快速充电需求。在技术创新方面，矽力杰一直保持着敏锐的市场洞察力和技术研发能力。

总体来看，随着技术的日益成熟和市场需求的不断变化，矽力杰不断推出越来越多高性能的电源芯片产品。例如，针对 5G 基站的高效电源管理需求，推出了一系列高性能的电源管理芯片；针对新兴的物联网设备领域，提供了一系列小尺寸、低功耗及高度集成的电源管理芯片。上述高性能产品不仅赢得了客户的青睐，还进一步扩大了矽力杰在电源芯片市场上的影响力。

（二）平头哥半导体：大数据处理芯片领域重要企业

平头哥半导体成立于 2018 年 9 月，是由阿里巴巴达摩院的芯片团队与中天微系统有限公司合并而来，是阿里巴巴集团的全资半导体芯片业务企业。2019 年 7

月，平头哥半导体设计出第五代精简指令集计算机（reduced instruction set computing-V，RISC-V）处理器芯片玄铁 910，比当时业界最好的 RISC-V 处理器性能高 40%以上。随后，平头哥半导体又发布面向 AIoT 的一站式芯片设计平台——无剑 100 Open，提供了集芯片架构、基础软件、算法与开发工具于一体的整体解决方案。

当前，平头哥半导体从云和端两个方面进行软硬深度协同的技术创新，形成了三大业务板块：数据中心芯片业务、CPU IP 模块授权业务和 AIoT 芯片业务。同时，平头哥半导体陆续发布了业界领先的服务器处理器芯片、人工智能推理芯片，并提供高能效、高性价比的数据中心算力。

（三）华澜微：存储芯片领域重要企业

华澜微成立于 2011 年 7 月，是我国极少数拥有全系列数码存储控制器芯片的高科技公司。华澜微立足于自主 IP 的集成电路芯片技术，聚焦计算机总线接口、数据存储和数据安全核心技术，主要提供安全的存储控制芯片、存储模组、存储系统、行业大数据解决方案。2024 年，企业拥有的专利数量为 114 项。2020～2022 年，华澜微实现营业收入分别约为 4.35 亿元、5.95 亿元、6.04 亿元。

在存储芯片领域，华澜微不断实现自我突破。2012 年 12 月，研发出 S261（USB 接口存储控制器芯片）；2013 年 1 月，研发出固态硬盘（solid state disk，SSD）控制器芯片，被鉴定为“我国第一颗自主设计的多 CPU 架构的 SSD 控制器芯片”，这也是我国在硬盘技术领域的重大突破；同年，研发出我国第一颗自主 IP 的嵌入式多媒体卡系统芯片；2014 年，推出全球最高密度的 2.5 寸标准 SSD，当时容量已经达到 5 TB；2018 年 6 月，与紫光存储闪存芯片结合，实现了从控制器到存储颗粒的全国产化 SSD；2019 年，还与国际巨头国际商业机器公司合作，共同开发大数据存储系统的核心芯片——硬盘阵列控制器。

（四）士兰微：协同 IDM 模式下的 MEMS 芯片领域重要企业

士兰微成立于 1997 年 9 月，是专业从事集成电路芯片设计以及半导体微电子相关产品生产的高新技术企业。得益于中国电子信息产业的飞速发展，士兰微已成为国内规模最大的集成电路芯片 IDM 企业之一，其产品包括 MEMS 传感器、功率半导体、半导体化合物器件、功率驱动与控制系统、ASIC 产品及光电产品等。当前，士兰微的 MEMS 传感器主要包括三轴加速度计、六轴惯性测量单元、骨传导加速度计在内的消费级传感器，碰撞、震动检测传感器在内的车用传感器等。并且，2022 年 MEMS 加速度计市场份额在国产企业中排名第一，占据中国 MEMS 加速度计市场的 9%。

（五）爱芯元智：车规 AI 芯片领域重要企业

爱芯元智成立于 2019 年 5 月，致力于打造世界领先的人工智能感知与边缘计算芯片，服务智慧城市、智能驾驶、机器人以及 AR（augmented reality，增强现实）/VR（virtual reality，虚拟现实）等巨大的边缘和端侧设备市场。2019 年 5 月，爱芯元智自主研发面向推理加速的神经网络处理器 IP，2020 年，自主研发的第一颗高性能芯片 AX630A 用时 9 个月即实现流片；2022 年 3 月，爱芯元智 PreISP 芯片 AX170A 成功通过手机客户验收，并正式进入商用阶段；2023 年 3 月，爱芯元智正式推出第三代高算力、高能效比的 SoC 芯片——AX650N，这是继 AX620、AX630 系列后，爱芯元智推出的又一款高性能智能视觉芯片；2023 年 11 月，爱芯元智正式面向智能驾驶领域推出车载品牌——爱芯元速。当前，爱芯元智 M55、M76 系列芯片已经分别应用于内容管理系统、高级驾驶辅助系统一体机、单 SoC 行泊一体并行全时域控等领域。

二、制造领域企业创新发展情况

芯联集成成立于 2018 年，前身是中芯国际功率器件及 MEMS 事业部，在特色工艺领域已有多年的技术积累，其主营范围包括半导体（硅及各类化合物半导体）集成电路芯片制造、封装与测试、先进 WLP、电子元器件及光学元器件研发及制造、光刻掩膜版开发制造等。截至 2023 年底，公司拥有两条 8 in 产线以及一条 6 in SiC 产线，此外还具备封装与测试产线①。

目前，芯联集成是国内领先的具备车规级 IGBT 与 SiC 芯片及模组和数模混合高压模拟芯片生产能力的代工企业，拥有种类完整、技术先进的车规级高质量功率器件和功率集成电路研发及量产平台，也是国内重要的车规和高端工业控制芯片及模组制造基地。相对于传统代工厂只提供晶圆制造环节的代加工服务，芯联集成以晶圆代工为起点，分别向上延伸到设计服务，向下延伸到模组封装、应用验证和可靠性测试，可提供一站式芯片和模组的代工制造服务。

士兰微是国内规模最大的 IDM 企业之一。2017 年，士兰微 8 in 生产线正式投产，成为国内第一家拥有 8 in 生产线的民营 IDM 产品公司，且 IDM 模式包括设计、制造、封装与测试全产业链环节。2021 年底，12 in 特色工艺晶圆生产线月产能达到 4 万片，先进化合物半导体制造生产线月产能达到 7 万片②。此外，公司其他业务与晶圆制造具备较强的协同效应，技术上共同开发特色工艺平台，IPM 及其他功率模块封装环节与晶圆制造形成较好的配合，保证稳定的制造能力。

① 资料来源：未来智库。

② 资料来源：东方财富网。

杭州立昂微电子股份有限公司（以下简称立昂微）成立于2002年，是国内半导体硅片龙头、硅片领域为数不多的民企，主营业务包括半导体硅片、半导体功率器件、化合物半导体射频芯片，是国内少有的从硅片到芯片的一站式制造平台。2023年，公司在半导体硅片、分立器件芯片及分立器件成品方面拥有了自主产品，且在半导体硅片领域市场占有率为 9%左右。此外，公司涵盖半导体行业上游和下游多个生产环节，形成了一条相对完整的半导体产业链，有利于发挥产业链上游和下游整合的优势，贯通半导体硅片与功率器件的上游和下游产业链，使公司能够从原材料端开始进行质量控制与工艺优化，缩短研发验证周期，保障研发设计弹性，在保证盈利水平的同时抵御短期供需冲击。

金瑞泓成立于2000年6月，是我国较早一批从事集成电路用硅片制造的企业之一，8 in 抛光片和外延片在2009年就已经开始量产，还拥有减压充氮直拉硅单晶、微量参锗直拉硅单晶及重掺磷、硼、锑、砷单晶成套技术等多项自主 IP 的核心技术。此外，于2019年生产出拥有完全自主 IP 的12 in 硅单晶棒。当前，金瑞泓共有三个硅片生产基地，分别位于宁波、衢州、嘉兴，产品覆盖 6～12 in 半导体硅抛光片和硅外延片。

三、封装与测试领域企业创新发展情况

截至2024年，我国拥有1300多家封装企业，其中浙江100余家，具体包括甬矽电子、长川科技、杭州中安电子股份有限公司（以下简称中安电子）、杭州芯云半导体集团有限公司（以下简称芯云半导体）等。

甬矽电子作为浙江省封装与测试龙头企业，一直以来聚焦于集成电路先进封装与测试领域，主营业务包括集成电路封装与测试方案开发、不同种类集成电路芯片的封装加工和成品测试服务，以及与集成电路封装与测试相关的配套服务。甬矽电子全部产品均为中高端先进封装形式，封装产品主要包括高密度细间距倒装凸点芯片、SiP、QFN 封装、MEMS，下辖 9 种主要封装形式，共计超过 1900 个量产品种。2022年，公司已经掌握了 SiP 电磁屏蔽技术、芯片表面金属凸点制程技术，并开发了 7 nm 以下级别晶圆倒装封装工艺、高密度系统级封装技术、硅通孔技术等。

长川科技是浙江省集成电路测试设备的龙头企业之一，截至2024年拥有海内外专利700余项。2022年，营业总收入为25.77亿元，净利润为4.61亿元。从产业布局来看，长川科技全面布局后道+前道测试设备，产品体系比较完善。目前，长川科技在后道测试领域取得了重大突破，其产品包括测试机、分选机、探针台等，并于2019年收购新加坡集成电路封装检测设备制造公司 STI（Semiconductor Technologies & Instruments），成功踏入了前道量测领域。

中安电子成立于1999年，是国内电子元器件可靠性行业领先的测试设备供应

商与整体解决方案服务商。随着国内集成电路产业的发展，中安电子加大研发投入，在功率半导体器件、IGBT 模块可靠性测试以及 SoC、MCU、存储器等集成电路可靠性测试设备领域处于行业领先地位。总体来看，中安电子的产品和服务分为三个模块：第一是可靠性试验设备；第二是 ATE；第三是可靠性测试评价第三方实验室。

芯云半导体成立于 2020 年，致力于集成电路专用测试设备研发制造、定制化测试方案开发和全流程芯片测试服务。目前，已在杭州、诸暨等地建成了测试基地，是国内领先的独立第三方芯片量产测试企业。芯云半导体拥有国内领先的高端一站式量产测试解决方案和软硬件技术服务能力，测试项目包括晶圆测试、半导体成品测试、集成电路老化测试和系统级测试等，测试产品广泛涵盖中高端 SoC 芯片、射频芯片等。

第四节　浙江省集成电路产业链创新发展面临的机遇与问题

一、机遇分析

党中央在我国“十四五”规划中提出，培育先进制造业集群，推动集成电路、航空航天、船舶与海洋工程装备、机器人、先进轨道交通装备、先进电力装备、工程机械、高端数控机床、医药及医疗设备等产业创新发展；瞄准人工智能、量子信息、集成电路、生命健康、脑科学、生物育种、空天科技、深地深海等前沿领域，实施一批具有前瞻性、战略性的国家重大科技项目①。在国家政策引领下，浙江省出台了一系列配套政策方针，形成了适应浙江省集成电路产业创新发展的扶持政策。此外，随着工业 4.0 和智能制造的快速发展，集成电路产业链相关企业的设备智能化程度不断提升，降低了生产运作成本，还大大提高了生产效率。与此同时，集成电路相关技术与工艺日渐成熟，第三代半导体材料因其优良的性能突破了传统材料的限制，成为集成电路产业链创新发展的前沿科技。可以说，产业内部和外部的技术优势为集成电路产业突围积蓄力量。目前，我国集成电路的增长主要依赖智能手机等消费电子的需求，但这些需求逐渐饱和。今后，5G、无人驾驶等新技术变革，以及低碳经济、数字经济、平台经济等新时代经济发展的需求将为集成电路产业链创新发展创造新的机遇。

① 《中华人民共和国国民经济和社会发展第十四个五年规划和 2035 年远景目标纲要》，https://www.gov.cn/xinwen/2021-03/13/content_5592681.htm[2021-03-13]。

（一）低碳经济发展带来的新机遇

党的二十大报告提出，推动经济社会发展绿色化、低碳化是实现高质量发展的关键环节①。目前，低碳经济的发展已经成为社会共识，也是经济新常态背景下产业经济转型的重要趋势。在此背景下，浙江省以传统企业低碳转型、新兴产业培育做大为主线，坚持走绿色低碳引领产业高质量发展道路。

低碳经济发展过程中，需要不断创新节能环保技术与相应的产品，并促进能源结构的转型。具体产品和技术包括新能源汽车、光伏发电技术、数字型轨道交通等。可以说，上述新型产品与技术的发展需要集成电路的重要支撑，这进一步带动了集成电路产业链的创新发展。

例如，为了适应新能源汽车的发展需求，集成电路产业推出了包括传感器、驱动芯片、功率芯片在内的一系列创新型芯片产品，以满足新能源汽车电力系统的需求。此外，光伏、储能作为全球能源转型的主要驱动力，也承担了产业链降碳、减碳的绿色发展责任，而光伏、储能领域的减碳降本与集成电路产业的技术创新具有密切联系。这种联系具体体现为：拥有新型电芯以来，光伏、储能领域实现了电芯寿命长达 18 000 次，助力了全生命周期降本。根据上述例子可以看到，低碳经济的发展可以促进技术革新以及新能源的开发利用，进而为集成电路产业链创新发展带来新的机遇。

（二）数字经济发展带来的新机遇

数字经济是以数字化的知识和信息作为关键生产要素，以数字技术为核心驱动力，以现代信息网络为重要载体，并与实体经济深度融合，建立的新型经济形态。浙江省是国内最早制定数字经济发展政策并具体落实的省份。2022 年，浙江数字经济核心产业增加值达到 8977 亿元，比 2021 年增长 6.3%，占 GDP 的 11.6%，产业数字化指数连续 3 年位居全国第一②。

实际上，以数字技术为核心驱动力的数字经济发展离不开对数据的处理、计算和存储，这就需要先进的芯片来实现逻辑管理和高速运算功能。当然，随着大量数据的积累，如何存储数据本就是数字经济时代需要解决的难题之一。解决该问题可以通过存算一体芯片、新型混合信号计算芯片等来实现。此外，在社会经济数字化转型过程中，人工智能的应用已经渗透到各个领域。例如，在制造业中，人工智能促进了设备的智能化与工业流程的自动化。人工智能与医疗、金融、教

① 《习近平：高举中国特色社会主义伟大旗帜 为全面建设社会主义现代化国家而团结奋斗——在中国共产党第二十次全国代表大会上的报告》，http://www.qstheory.cn/yaowen/2022-10/25/c_1129079926.htm[2022-10-16]。

② 资料来源：浙江省统计局。

育等领域进行跨界融合，推动了这些产业的数字化转型。值得注意的是，集成电路已经广泛应用于构建和支持人工智能系统，促进设备更加智能高效。可以说，数字经济的发展离不开集成电路产业的支撑，且随着各种数字技术在不同领域中的深入应用，对芯片的性能要求将会越来越高，从而需要集成电路产业链不断创新发展，以适应数字经济的发展需求。

（三）平台经济发展带来的新机遇

云计算、大数据等数字技术以及数字化平台的广泛应用推动了平台经济的发展。平台经济是指以网络技术、数字技术为基础，以网络协同、开放平台支撑、数据驱动的经济活动单元为重要组成部分的新经济模式，主要包括生产服务平台、生活服务平台、科技创新平台、公共服务平台等不同类型。

浙江省平台经济发展迅速，规模领跑全国，且业态日趋多元，对区域经济的发展带动效应明显。2021 年，浙江省电商平台网络交易额达 9 万亿元，继续保持全国首位，浙江省网店的交易额超过 2.3 万亿元，位居全国第 2。2022 年，浙江省共有各类网络交易平台 310 个，平台上经营者数量超过 1100 万家，占全国总量的近半数，服务全球消费者达 9.6 亿人①。

实际上，平台经济快速发展的前提和基础是新技术组合的整体进步，主要包括集成电路、移动通信、互联网等技术。特别地，平台经济的发展需要规模巨大且呈指数级增长的存储器资源，而集成电路的发展为平台经济提供了坚实的硬件资源和存储资源。此外，借助雷达监测芯片，平台经济参与者的数字足迹能够被记录并快速处理，从而将产品供需精确匹配到个体，在满足消费者个性化和差异化需求的同时，不断激发、发掘用户的潜在购买欲望。综上，集成电路产业链的创新发展为平台经济的发展提供了强大的基础资源，平台经济的高速发展也为集成电路产业链创新发展提供了新的机遇。

二、主要问题分析

（一）产业基础有待提升

浙江省集成电路产业发展较为迅速，产业链建设已经较为完整，但是由于浙江省集成电路产业起步较晚，产业链中的制造和封装与测试环节仍然有很大的提升空间。例如，截至 2020 年底，江苏省拥有集成电路封装与测试企业约 128 家，但是浙江省仅拥有相关企业 34 家②。2022 年，中国封装与测试领域规模达 2995

① 资料来源：国家市场监督管理总局。

② 《本土封测企业排名》，https://www.163.com/dy/article/H8QM3LPU0511CRN2.html[2022-06-02]。

亿元，其中江苏省封装与测试龙头企业长电科技的营业收入为337.6亿元[①]，而浙江省封装与测试龙头企业长川科技的营业收入仅25.77亿元左右。由此可知，浙江省在集成电路封装与测试领域相对国内先进省份来说，仍存在着一定差距。值得关注的是，目前长电科技已经入驻浙江省绍兴市，在一定程度上将带动浙江省封装与测试行业的长足发展。

此外，随着我国集成电路产业规模不断扩大、产品种类不断丰富、创新水平逐渐提升，亟须建立完善的标准体系，以加快推动产业创新成果转化为国际标准话语权，从而支撑我国集成电路产业健康有序发展。目前，浙江省在集成电路产业标准体系建设方面具备了一定的基础，但总体来看仍然较为薄弱。近年来，浙江省内行业协会、重点企业仅参与了团体标准制定工作，而缺乏参与国际标准、行业标准等高能级标准（修）订的经验，这间接表明浙江省集成电路产业链创新发展能力和产业基础仍有待提升。

（二）产业链各环节均存在“卡脖子”问题

“十三五”时期，我国通过建立国家产业投资基金，加大金融支持力度，逐步推动集成电路产业链创新发展，并取得了较大成效。目前，浙江省集成电路产业总体实力处于全国前列，特别是设计、材料、特种工艺晶圆制造等领域均处于全国先进水平，具有较强的竞争优势。但包括浙江省在内，我国集成电路产业发展水平与全球先进国家和地区相比，仍然存在着很大差距，且产业链各环节均存在着“卡脖子”问题。要打破这一困境，唯一的出路就是要提升自主创新能力，攻克关键核心技术，助力集成电路融入全球产业链供应链。

例如，以EDA为集成电路产业链关键技术之一的设计软件工具，其国产替代进程备受关注。一方面，我国芯片制造核心工业软件与国际先进芯片制造核心工业软件的水平存在很大差距；另一方面，国内EDA生态链的完整性与供应链的自主性是我国芯片制造能否摆脱进口依赖的决定性因素。

总体而言，我国集成电路尚未形成完整的产品链和业务链体系。对于浙江省来说，目前缺少从前端设计、前端验证仿真，到后端设计、后端验证仿真，再到流片完整的产品线，其中设计模块更为缺乏。具体的技术制约主要体现在以下三个方面：①集成电路的材料方面技术水平落后较为明显，部分材料严重依赖进口是目前浙江省集成电路产业链创新发展面临的主要问题；②浙江省集成电路产业链相关企业的研发创新投入力度相对不足，产品的竞争力以及企业的获利能力均相对较弱；③特色工艺领域由于市场需求逐渐多元化而不再以制程作为单一评价

① 《华宇电子：主营业务板块毛利率全线下滑，市场占有率不足0.2%｜IPO观察》，http://news.sohu.com/a/708969963_116132[2023-08-04]。

标准，浙江省集成电路产业在特色工艺领域仍有待进一步实现协同设计、体系化生产和整合化的市场推广与商业应用。

（三）资源短缺现象较为严重

1. 原材料资源缺乏

作为我国集成电路产业链创新发展的重点省份之一，浙江省已经形成了较为完整的产业链，但相对于其他先进省份起步较晚。尽管已经有部分领域发展较好，但还是面临着资源缺乏的问题。特别地，浙江省集成电路材料领域发展在全国范围内较为领先，但是光刻胶、显影剂、超净高纯试剂，以及芯片设计领域所需要的硅等原材料均十分短缺。这从供应端限制了集成电路产业链创新发展。目前，浙江省集成电路产业链设备领域的总体规模不大，对相应的零部件市场拉动时间较短，因此集成电路设备的零部件配套能力较弱，且部分核心原材料仍然依赖进口，其技术指标、交货周期、价格等均不可控，一定程度上限制了集成电路设备制造商的发展。

2. 研发和企业资源短缺

集成电路产业属于资本密集型产业，需要不断投入资金来开展研发活动从而更新技术，提升产品性能。其中，研发创新能力是集成电路产业稳步发展的关键条件。对于浙江省集成电路产业而言，虽然拥有一定的研发资源，但相对其他先进地区来说仍然比较短缺，具体体现如下。

从集成电路科学与工程博士点来看，上海市共有 3 个博士点，具体包括上海交通大学、复旦大学、华东师范大学；江苏省共有 3 个博士点，具体为南京大学、东南大学、南京邮电大学；浙江省共有 2 个博士点，包括浙江大学、杭州电子科技大学。其中仅浙江大学为“双一流”高校，相对上海市和江苏省来说，学科的支撑力度比较薄弱。

从研究平台来看，截至 2024 年，江苏省拥有集成电路领域相关的省级工程研究中心约 14 家，具体为聚灿光电科技股份有限公司、江苏省第三代半导体研究院等。但是，浙江省仅拥有 3 家左右的集成电路省级工程研究中心。可以明显看出，浙江省研究平台的支撑力度十分欠缺，在支持浙江省集成电路产业链创新发展方面不如江苏省。

从集成电路企业来看，2024 年，上海市拥有包括紫光展锐（上海）科技有限公司、华大半导体有限公司、豪威科技集团等在内的大规模芯片设计公司约 56 家；封装与测试领域拥有包括日月光集团、上海凯虹科技电子有限公司、安靠封装测试（上海）有限公司等在内的企业约 38 家；集成电路设备制造商拥有包括中微半导体设备（上海）股份有限公司、盛美半导体设备（上海）股份有限公司、上海微电子等在内的企业共5家①。江苏省芯片设计企业共计约312家，其中10家芯片设计企业已经上市，如晶门科技（中国）有限公司等；封装与测试企业约有128家，如长电科技、通富微电、华天科技等；集成电路设备制造商约有5家，如苏州晶淼半导体设备有限公司、江苏英思特半导体科技有限公司等。但是，浙江省主要的芯片上市公司主要包括士兰微、芯联集成等在内的40余家；封装与测试企业主要包括甬矽电子、立昂微、宁波泰睿思微电子有限公司等在内的34家左右；集成电路设备主要企业则约有3家，具体是晶盛机电、长川科技、浙江先导精密机械有限公司等①。从上述分析可知，在集成电路产业链不同领域相关企业数量和规模方面，上海市和江苏省均具有较为明显的数量与规模优势。例如，上海市有多家全球领先的外资企业，江苏省的长电科技是全国封装与测试领域龙头企业。虽然浙江省在设计、封装与测试、设备等领域均有较好的发展，但是相对于上海市和江苏省来说还是存在着很大的不足，没有形成全国领先的龙头企业来引领浙江省集成电路产业链不同领域的创新发展。

（四）人才支撑体系有待完善

集成电路属于知识密集型产业，主要是因为技术研发需要大量高层次人才。工业和信息化部曾多次发文指出，人才短缺特别是高端人才团队的短缺是制约我国集成电路产业链创新发展的重要原因。浙江省集成电路产业存在技术人才数量不足的同时，还存在着专业人才对口就业率不高等问题。其中一部分原因是浙江省集成电路产业相关企业薪资水平不高，人才流失局面没有得到缓解。此外，集成电路、微电子、物理电子学等相关专业的人才培养模式与产业发展方向相结合的程度还不够，共同制约着人才供给水平，导致高端人才难以满足行业发展需求。总体而言，浙江省集成电路产业链发展存在着核心领域高层次技术人才短缺、相关学科专业人才培养不健全等问题。

1. 核心领域高层次技术人才短缺

实际上，浙江省乃至全国都存在着集成电路产业核心领域高层次人才和技术人员不足的问题，对集成电路的发展产生了很大的影响。截至2024年，在人才和学科发展政策支持下，集成电路产业的技术人才数量逐步提升，但是相关人才缺口仍然高达20万。除了研发人员的短缺，技术工人、技师、高水平生产操作人员短缺情况同样严峻，特别是操作工人短缺已经成为集成电路产业普遍存在的突出问题。

---

① 《北京、上海、深圳三大城市半导体产业链企业汇总》，https://zhuanlan.zhihu.com/p/648985616?utm_id=0 [2023-08-09]。

2. 相关学科专业人才培养不健全

随着浙江省集成电路产业链创新发展，其对相关专业人才的需求也快速增长，在这个过程中，集成电路领域支撑专业人才培养的短板也逐渐暴露出来。从浙江省学科布局来看，主要存在基础学科人才、应用学科人才、管理学科人才分配不均的问题。其中，基础理论学科主要包括数学、物理、化学等，应用学科包括集成电路科学与工程、软件工程、信息与通信工程等，管理学科主要包括工商管理、管理科学与工程等经管类学科。

2023 年浙江省、江苏省、上海市的集成电路领域相关人才对比分析如图 11-3 所示，2023 年浙江省高校管理学学术型博士招生人数 251 人，学术型硕士招生人数 979 人；基础理论学科（如法学、经济学、文学、理学）博士招生人数 903 人，硕士招生人数 4716 人；应用学科（如工学）招生人数为 1138 人。管理型人才较少，应用学科人才中软件工程、信息与通信工程等集成电路核心专业的人才数量的占比更少。对比江苏省与上海市来看，2023 年江苏省高校管理学学术型博士招生人数 407 人，学术型硕士招生人数 2093 人；基础理论学科（如法学、经济学、文学、理学）博士招生人数 2123 人，硕士招生人数 8314 人；应用学科（如工学）招生人数为 4381 人。上海市 2023 年高校管理学学术型博士招生人数 507 人，学术型硕士招生人数 1982 人；基础理论学科（如法学、经济学、文学、理学）博士招生人数 3340 人，硕士招生人数 8593 人；应用学科（如工学）招生人数为 3752 人。通过对比分析可以发现，浙江省集成电路领域人才不足，且人才支撑体系建设不完全。

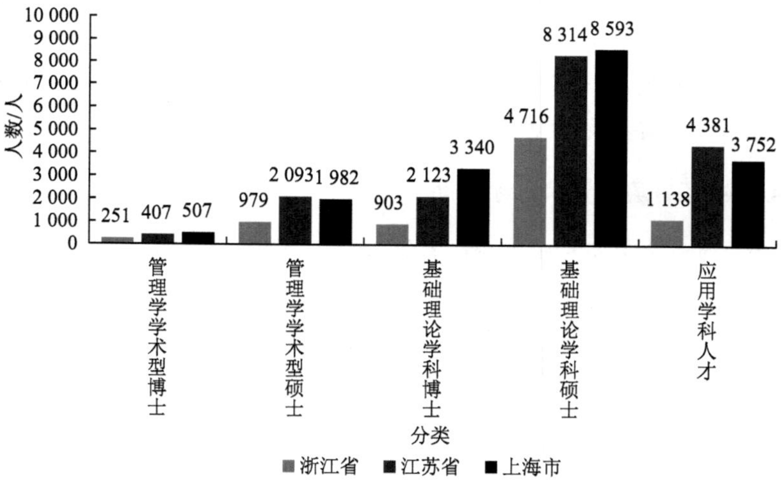

图 11-3　2023 年浙江省、江苏省、上海市的集成电路领域相关人才对比分析

资料来源：根据调研资料整理所得

第五节　浙江省集成电路产业链创新发展对策与建议

一、统筹协调内外部资源，主抓优势发展重点领域

一是结合浙江省集成电路产业优势领域及各地区重点发展方向，以杭州、宁波和绍兴为重点，优化区域布局，统筹协调集成电路产业链的综合发展，实现省内产业链互补互足，督促浙江省半导体行业协会以及集成电路产业相关职能部门、协会、企业和专家群策群力，共同制定符合浙江省集成电路产业链创新发展需要的未来规划，进一步加快集成电路产业的全面化布局。二是按照扬长避短、发挥优势，有所为、有所不为的原则，瞄准世界集成电路产业创新发展前沿，主动参与国家和长三角地区集成电路产业发展重大布局，优先发展以IDM为主的浙江省集成电路优势领域。三是成立集成电路封装与测试和制造方面的省级集成电路产业发展领导小组，同时成立由龙头企业、高校和科研院所的专家组成的集成电路专家咨询委员会，促进浙江省领域集成电路封装与测试和制造重点企业的协同发展，补齐省内集成电路产业链的短板，从而加快浙江省在存储、特种芯片应用等领域的发展，为集成电路产业突破技术壁垒与瓶颈提供有益的探索路径。进一步地，争取通过集成电路产业化、生态化、体系化的发展，在全国范围内拥有标准话语权，进而参与到国家的集成电路产业链标准体系建设工作中。

二、攻克关键核心技术，加快突破“卡脖子”难题

（一）坚持自主创新，突破“卡脖子”难题，提前部署前沿技术

一是针对目前各个“卡脖子”技术难点，建议由省科学技术厅、省经信厅等省级有关部门牵头，产业内各环节的龙头企业参与，开展新一轮重大科技专项攻关，实施一批集成电路产业重大工程和重点项目。集中浙江省优势资源，聚焦关键材料、关键设备、核心元器件等关键领域，加快成熟制造和特色工艺的自主可控力度，加快研制先进制程建设所需的核心设备，加快实施产业基础再造工程和重大技术装备攻关工程，加快突破“卡脖子”难题。二是针对未来前沿技术布局，加强探索应用超算中心、同步辐射光源等重大科技领域，助力加快打通关键技术“堵点”，提升研发效率。三是设立专项资金支持前沿技术开发，具体包括支持先进封装、第三代化合物半导体、存算一体、新型存储器芯片架构、光子芯片等新兴技术研究，争创浙江省集成电路产业发展新优势。

（二）加强技术创新联盟建设，搭建集成电路技术供需对接平台

一是建议由省科学技术厅牵头，依托浙江省集成电路创新平台，联合省内行业相关企业和专家学者组建集成电路技术创新联盟，探索技术难题攻关机制，尤其是在 EDA 软件研发、制造设备国产化代替等方面取得突破。二是建议支持由浙江大学、杭州电子科技大学、西湖大学、之江实验室等高校和研究机构以及行业龙头企业共建集成电路技术供需对接平台，对接市场需求，共享设备和技术，促进高校和企业之间的合作，形成“需求—研究—成果—转化—应用”一体化机制。三是加强与长三角地区同类产业的联动，探索长三角协同攻关机制，围绕集成电路产业创新联盟、技术平台等方面寻求合作交流，共同申报、参加国家级和区域级集成电路相关科研项目，推动集成电路技术创新和产业升级。

三、内育外引，完善人才培养体系

（一）产教融合，加快紧缺人才培养

通过多种渠道和方式，推动集成电路产业产学研一体化进程，促进产教融合体系建设。一是加强对省属高校强相关学科的建设，加大对集成电路科学与工程博士点建设的扶持。目前，浙江省属高校中只有杭州电子科技大学拥有集成电路科学与工程博士点，应用学科力量薄弱。省内各高校须加强计算机科学与技术、电子科学与技术、材料物理学、管理学等专业学科建设，提高专业人才的培育能力，从培养专业技术应用型人才、专业科研型人才、管理与技术交叉的复合型人才等角度，进一步完善人才培养体系。二是搭建与完善科研平台，加强高校与企业之间的联动。依托高校（特别是拥有集成电路科学与工程一级学科博士学位授予点的浙江大学与杭州电子科技大学）与数字化产业龙头企业[中芯国际集成电路制造有限公司、长电集成电路（绍兴）有限公司等]，增设人才中心、科研中心、联合攻关实验室，建立高校与实验平台的联合机制（如将杭州电子科技大学作为绍兴实验室依托单位，大力支持浙江大学杭州国际科创中心产教融合发展），打破传统产教分离壁垒，通过产学研合作补齐浙江省集成电路人才短板和产业创新短板。引导高校、科研院所与企业合作创新，支持龙头企业整合科研院所、高校力量，建立创新联合体和企业研究院等载体。三是开展订单式人才培养，实时贴近产业发展需求。针对处于不同发展阶段的人才，设立多元化的产学融合模式，促进企业的需求向人才培养领域延伸。具体而言，企业主导建立合作科研机构，并将自身的人才需求直接反馈给有培养能力的高校和研究院，从而有效促进尖端技术研发和专业人才培育，达到以产促学、以产促研的效果。

（二）加快人才引进，搭建人才梯队体系

浙江省应进一步制定更具力度的人才引进政策，充分发挥高端人才的领军作用，完善高层次人才梯队体系。一是建议由省人才市场管理办公室、经信厅、科技厅、人力资源和社会保障厅等省级有关部门成立专门机构，精准引进核心领域技术人才。借鉴其他省份先进经验，推动浙江省各市设立人才引进及服务机构，从全球引进集成电路领域的创新人才及团队；畅通与国内顶尖人才的对接渠道，积极赴长三角、京津冀等重点地区进行宣讲招聘；开辟高层次人才引进“绿色通道”与激励机制，吸引全国集成电路领域技术人才、产业人才、复合型人才与研发团队。二是打造集成电路专项人才项目。围绕“鲲鹏行动”等人才引进计划，不断吸引高水平集成电路人才落户浙江省，并为其提供相应的“一站式服务”项目，努力形成全国集成电路人才集聚区。三是结合产业内相关岗位的需求现状，开展人才梯队建设，建立既有顶尖技术人才、高级管理人才、成果转移转化人才、一线工程师，又有一线技术人员与产业匹配的完整人才链，支撑浙江省集成电路产业的创新发展。

（三）扩大科研机构建设，储备足够的资金和人才

一是浙江省拥有与集成电路产业相关专业的高校应该和集成电路科研机构以及平台加大合作，共同建设更高质量的研究平台，同时，浙江省也应该推动更多高校参与到集成电路的研究工作中或者建设以集成电路专业为主的新学院，如杭州电子科技大学集成电路产业学院，为浙江省集成电路技术创新提供充足的研究资源支持；二是充分发挥浙江省民营经济发达、民间资本充裕、市场机制灵活的优势，研究建立省市政府主导、企业和社会资本参与，多渠道筹措的省级集成电路产业发展基金，吸引更多的社会资本、产业基金和创投基金重点投向浙江省集成电路产业建设，为浙江省集成电路技术创新提供充足的资金支持；三是注重引进领军科学家和卓越工程师，同时把企业急需的工匠人才、一线技术工人也列入人才引进政策范围，打造具有国际水平的战略人才梯队，特别地，对集成电路重点领域的全球顶尖人才和团队，实行一事一议、特事特办，资助额度上不封顶，不惜重金千方百计加以引进。

四、加强投融资支持力度与产业政策扶持，营造良好营商环境

一是面向集成电路产业的金融服务体系构建。引导银行、保险等金融机构构建面向从基础技术研发到产品商业化全过程、全覆盖的金融支持体系。逐步增加风险投资机构的金融支持，如设立风险投资基金。同时，建议政府加大对风险投

资行业的监管力度，确保资金流入发展前景较好的集成电路企业。二是建议省科学技术厅联合经信厅、财政厅、国资委等省级有关部门，研究制定专项财政政策。结合浙江省集成电路产业发展现状和产业特点，制定针对性的产业扶持政策，如对“卡脖子”技术领域有重大突破的高校、科研机构和企业，给予资金支持。三是建议优化税收政策。针对集成电路产业，制定研发费用加计扣除政策清单，并编制相关政策指引，对企业进行专题政策宣讲，减轻企业资金压力。

第四篇 长三角地区产业链创新与学科建设协同发展

本篇重点研究了革新实验室、变革型领导对高校科研团队创新行为的影响，并从学科建设等维度出发，构建了地方高校核心竞争力指标生态位评估模型，并测算了浙江省属高校的核心竞争力水平，提出了推动地方高校竞争力提升的对策建议。进一步地，以长三角地区为例剖析了上海市、江苏省、浙江省、安徽省的产业布局与学科建设现状，并分析了学科建设与重点产业的匹配度；在此基础上，对长三角地区产业链创新发展政策进行了文本词频分析和查询分析，提出了面向长三角地区产业链与学科建设协同发展的对策与建议。

第十二章　基于学科建设的高校科研团队创新行为研究

高校重点学科的建设与科研团队的创新发展相辅相成。当前，众多高校的科研团队主要依托于重点学科和科研基地，并围绕国家战略发展需求，承担着国家和地方的重大科技任务。这在一定程度上实现了资源整合，提升了团队的创新行为，也产出了大量高水平的研究成果，为重点学科的建设提供了重要支撑。可以说，科研团队是集聚科研人才、产出科研成果的高地，也是高校科研工作的重要载体。科研团队创新行为的提升，有利于提高高校的科研水平及其服务国家和地方经济发展的能力，从而增强高校的综合竞争力。针对此，本章分别从革新实验室、变革型领导这两种因素出发，研究其对高校科研团队创新行为的影响。进一步基于专业与学科设置、教辅条件、师资力量、科学研究和国际合作这五类指标，对浙江省属高校的核心竞争力进行评价。

第一节　革新实验室与高校科研团队创新行为

工作场所学习概念最早起源于 20 世纪 90 年代的欧洲，尽管从理论基础、研究范式、研究方法及学科背景来看，工作场所学习与美国的“人力资源开发”大相径庭，但两者的关注焦点在本质上是一致的，都是聚焦“与工作相关的学习问题”研究，强调通过工作场所学习活动以提升员工的智力资本、工作能力与绩效水平，而在所有与工作相关的学习研究中，拓展性学习又是最新崛起、影响最大的新兴学习理论之一（Engeström，1987）。革新实验室是将这种全新学习理念应用于工作场所学习实践的基础模型。从实体上来说，革新实验室是一个嵌入在工作场所中，拥有众多干预工具，用于构建新型实践活动模式的微型试验场；从形式上来说，革新实验室是不同主体在同一真实空间中考察不同时间段的实践活动形式，并通过维果茨基“双重刺激”的方法激发新思想、催生新概念，形成新实践活动，进而促进个体发展、推动组织变革的一套形成性干预方法。这种新的学习方法在北欧已被广泛应用于工作场所学习实践领域，成为干预与引导组织（团队）学习及变革的一种新型学习模型。本章基于革新实验室在中国工作场所学习中的实践数据，剖析革新实验室的本质与内涵，以及其在中国特有文化中的应用模式和发展路径。

一、革新实验室的基础理论

（一）革新实验室理论模型

革新实验室是拓展性学习在实践中的具体应用，而拓展性学习是将一个简单的观念拓展成为一个复杂的活动目标或者形成一种新的实践形式(吴刚和洪建中，2012)。与传统学习不同，其核心不是为了获取客观知识，而是通过建构一种新的实践活动或新的概念以解决实践中的真实问题，且通过集体创新实现，嵌入在日常实践中的一个情境性生成过程。革新实验室不是事先人为设计好的，因此整个学习过程具有很强的自发性与不确定性。为了降低这种学习过程与结果的自发性及不确定性，就需要开发一种人为的干预工具以引导学习的进程与方向。于是在 20 世纪 90 年代中期，以 Engeström（恩格斯托姆）为代表的芬兰赫尔辛基大学的学者开发出一整套干预工具包，其统称为“革新实验室”，革新实验室原形布局如图 12-1 所示。

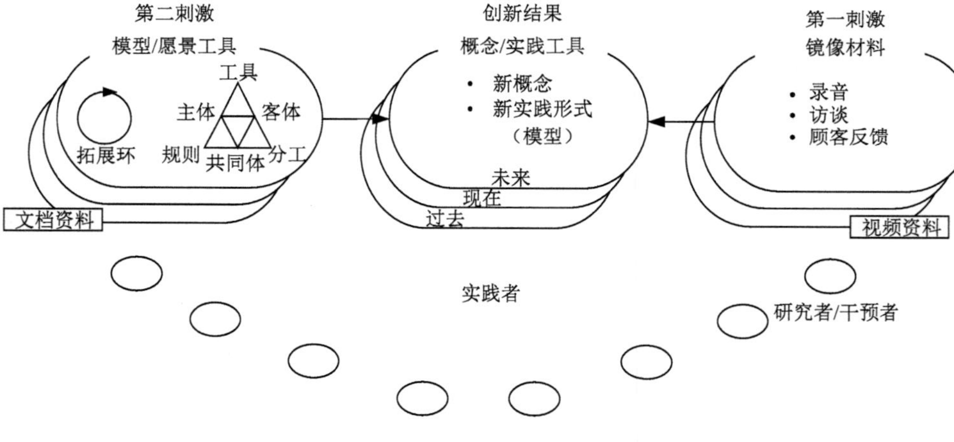

图 12-1　革新实验室原形布局

革新实验室模型的基本架构是由一个 3×3 界面构成的，分别代表 3 个不同层面的水平维度与垂直维度。其中，3 个水平维度分别为：①镜像材料层。在革新实验室内属于第一刺激物，主要表现为实践中面临的问题、困境、矛盾或关键事件的描述等。②模型/愿景工具层。在革新实验室内属于第二刺激物，是实践者在变革概念或活动过程中借助的中介工具，主要表现为一些已有概念、理论模型或其他人工制品，如拓展性学习周期图、活动理论三角模型等。③概念/实践工具层。革新实验室最终是要引导、催生一种新的实践活动以解决组织面临的困境，而实践活动的产生总是伴随概念的演化，概念/实践工具层本质上是实践者在第一刺激物与第二刺激物的作用下，借助集体的智慧获得一种可以突破组织现有困境的新概念或新实践形式。以上3个水平维度，从右到左，分别代表人的认知由具体到抽象、从局部到系统的3个不同水平。其中，最右边的“镜像材料”是组织面临的具体问题，最左边的“模型/愿景工具”是用于干预拓展性学习的理论工具，这两部分都是现有的，而中间的“概念/实践工具”是需要利用第一刺激物和第二刺激物来创新的，是用于解决实践问题的新概念或新工具。3个垂直维度则表示三个不同时间：过去、现在与未来，即采用历史观、发展观来分析事物的本质，追踪事物发展的历史，剖析事物发展的现状，预测事物发展的未来。

（二）革新实验室的核心思想

（1）革新实验室是拓展性学习应用于实践领域的一个工具包（toolkit）。因而，从实体上来说，革新实验室通常是嵌入在工作场所中，以一种半开放性方式建立起来的一种微型实验场，在这个微型实验场中存放有多种用于形成性干预的工具，而这些工具又都是用于引导、推动拓展性学习开展的必要“器材”。

（2）革新实验室是形成性干预思想在实践中的应用。所谓形成性干预是与线性干预相对应的，其否定了传统的线性干预所隐含的一个假设前提，即行为与结果之间存在线性因果关系，而是强调学习活动是一个开发性的生态系统，并非仅仅是一组因变量与自变量的简单列表，每一个学习过程都是一个全新的、充满未知与不确定性的过程，革新实验室一方面要承载拓展性学习过程的开放性与生态性，将其变成一种可操作化的工具；另一方面又需要遵循拓展性学习开放性与创新性思维，以一种引导而非控制的干预方式推进拓展性学习活动的开展。因此，革新实验室是形成性干预思想在实践中的具体应用。

（3）革新实验室是以实践驱动的工作活动变革与以概念驱动的认知活动变革的统一。人类的实践活动与认知活动总是交织在一起的，概念是人类在实践过程中，对事物的本质属性从感性具体认识上升到理性抽象认识，并把所感知事物的共同本质特点抽象出来，加以概括而形成，而新产生的概念又会成为人类的认知工具（中介工具）去指导人类从事新的实践活动。拓展性学习的本质就是要重构新的概念与实践活动，而作为拓展性学习在实践中的具体应用——革新实验室则承载着引导拓展性学习活动发展的进程，追踪概念的形成过程，干预实践活动的发展，包括从早期不稳定的意图、质疑开始到形成集体共识，再到建构概念模型，最后固化实践形式等一系列活动，从而实现以实践驱动的工作活动变革与以概念驱动的认知活动变革的统一（吴刚，2013）。

二、革新实验室在中国的实践

（一）研究目的

本节研究的直接目的是拟定通过革新实验室来变革科研创新团队（以下简称KY团队，也是调研的核心研究样本）科研合作模式（主要包含两个部分：一是联合申请科研项目；二是联合开展科研活动），进而改变团队传统的学习模式与知识分享途径，最终实现团队创新行为与持续发展生命力的提升。

本节研究的最终目的是探索革新实验室在中国本土的应用，为高校、企事业单位和其他各类社会组织构建一套适合于中国本土文化的工作场所学习基础模型。

（二）研究样本

过去，对知识的不同看法成为隐藏在学习与教育理念背后的基础，制约并影响着人们的学习认知，而适应当代发展的新专业知识已经脱离了传统意义上的客观、孤立的概念化知识，也不是建立在传统观念中稳定的个人知识和能力基础上，而是基于情境性、社会性与复杂性上所建构起来的一种对世界的解释性认知，其目的也是解决组织（团队）面临的自身挑战与满足系统重组的需要，多产生于跨边界、网络化的工作交流与协商合作的团队之间（吴刚和洪建中，2012）。

正是基于这种认知，本节选取了1个由来自不同单位、不同部门、不同背景成员组成的科研团队作为本次革新实验室研究活动的对象。该团队成立于2009年，是受浙江省教育厅资助，由地方高校依托管理科学工程一级学科而组建的学科型团队。2011年，团队部分骨干成员获得了浙江省社科基金的支持，在原有学科型团队的基础上又组建了一个由9人组成的KY团队。该团队以学术问题为纽带，以科技创新为目的，围绕各类重大科研项目和科学难题，开展学术科研活动。其目的是聚焦研究方向，凝聚各类人才，推动学科建设，提高科研能力，改变传统“各自为政”的科学研究组织模式。KY团队成员的构成及背景资料如表12-1所示。

表12-1　KY团队成员构成及背景资料

名字	性质	加入时间	职称	毕业院校	学位	研究方向
ZQ	带头人	2011年	教授	湖南大学	博士	科技管理与产业政策、协同创新管理
ZW	成员	2011年	教授	浙江大学	博士	技术创新管理
WL	成员	2011年	副教授	浙江大学	博士	科技政策与管理、高技术产业发展

续表

名字	性质	加入时间	职称	毕业院校	学位	研究方向
YW	成员	2011 年	副教授	南开大学	博士	技术经济与技术创新管理
FG	成员	2012 年	副教授	浙江大学	博士	企业网络与创新、信息技术与管理变革
WJ	成员	2012 年	讲师	同济大学	博士	技术创新管理
ZDP	成员	2012 年	讲师	西安交通大学	博士	企业研发与创新管理
YXY	成员	2013 年	讲师	中南大学	博士	创新网络、知识管理、协同创新管理
WDP	成员	2015 年	助教	合肥工业大学	博士	科研管理

KY 团队自 2011 年组建以来，从最初的以项目合作不断扩展到学术交流、知识共享和成果合作。成员之间在合作深度与广度方面不断延伸；在合作形式方面也从单向合作走向多元互动（图 12-2），从一开始的松散型走向半紧密型；在合作的成果方面也呈现出多样化（表 12-2）。然而，团队在发展过程中也面临很多问题，具体表现如下：①如何组建一个更加紧密型的科研创新团队？②如何不断吸纳新鲜血液以保持团队的旺盛生命力？③如何加强原有合作互动并不断优化现有合作模式来保证团队持续的学习与创新行为等。为此，本节拟通过革新实验室活动来提升团队学习能力、干预团队发展趋向、促进团队变革进程、化解团队发展困境。

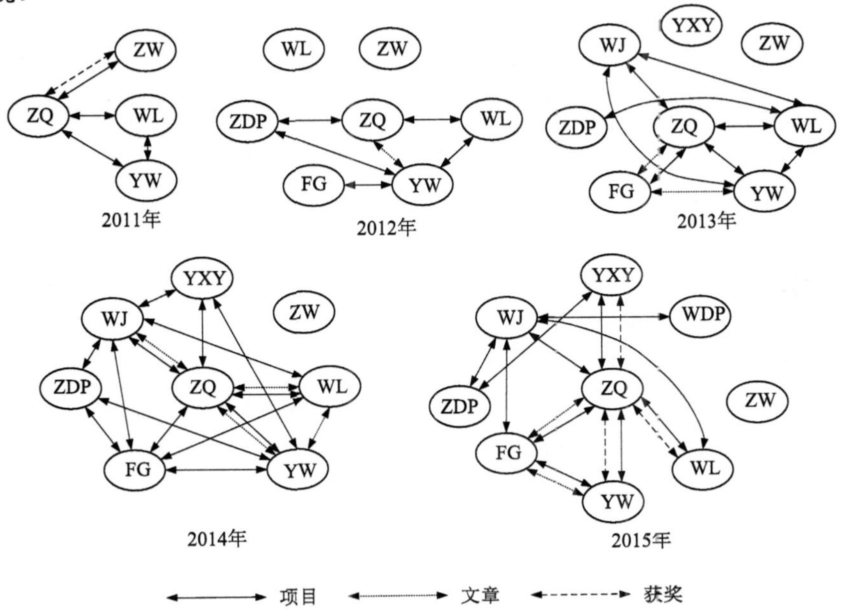

图 12-2　2011～2015 年 KY 团队成员之间的合作轨迹

表 12-2　KY 团队合作项目及成果统计表

类别	负责人	参与人	资助时间	类别	负责人	参与人	资助时间
项目 1	ZQ	ZW，WL，YW	2011 年	项目 15	ZDP	YW，FG	2014 年
项目 2	YW	ZQ	2011 年	项目 16	ZQ	YW，WL，FG，WJ，YXY	2014 年
项目 3	YW	ZQ，WL	2011 年	项目 17	WJ	ZQ，WL，FG，ZDP	2015 年
项目 4	YW	WL，FG，ZDP	2012 年	项目 18	ZQ	YW，WL，FG，YXY	2015 年
项目 5	ZDP	ZQ，YW	2012 年	文章 1	ZQ	YW	2012 年
项目 6	WL	YW	2012 年	文章 2	YW	FG	2013 年
项目 7	WL	ZQ，YW	2012 年	文章 3	ZQ	FG	2013 年
项目 8	WL	ZQ，YW，ZDP	2013 年	文章 4	WL	ZQ，YW	2014 年
项目 9	ZQ	YW，WJ	2013 年	文章 5	ZQ	YW	2014 年
项目 10	WJ	ZQ，YW，WL	2013 年	文章 6	ZQ	WL，YW	2014 年
项目 11	ZQ	FG，WL，WJ	2014 年	文章 7	WJ	ZQ	2014 年
项目 12	WJ	ZQ，WL，FG，ZDP	2014 年	文章 8	FG	ZQ，YW	2015 年
项目 13	YXY	ZQ，YW，WJ	2014 年	获奖 1		ZQ，ZW	2011 年
项目 14	FG	ZQ，YW，WL，ZDP	2014 年	获奖 2		ZQ，WL，YW，YXY	2015 年

（三）研究过程

作为一种形成性干预方法，革新实验室主要是由一组实践者（参与者）与研究者（干预者）组成，通过一系列的干预会议，依靠集体智慧以实现激发新思想、催生新概念，形成新实践活动，进而促进个体发展、推动组织（团队）变革。通常来说，一个成功的革新实验室流程应该是由一组连续的、紧凑的、集中的干预会议构成，最典型的干预会议一般持续 4 周～6 周，每周有 5～12 次会议，每次会议时间在 2 小时左右（吴刚和马颂歌，2015）。本次革新实验室的参与人员一共有 18 人，共分 4 类。其中，MXY 属于研究者（干预者）；LXZ、ZGG、CX 等三人属于内部专家；LYJ、FZY、HXP、LT、YX、LYB 等六人属于外部专家；ZQ、ZW、WL、YW、WJ、YXY、ZDP、WDP 等八人属于一般成员。这些来自不同背景、不同部门的参与者聚集到一起通过思想碰撞、经验分享，可以激发新理念，拓展新思维，产生新概念。

会议过程的设计基本遵循拓展性学习的流程，革新实验室是拓展性学习在实践中的应用，而拓展性学习的最终目标是一种“变革与创新”，这种变革与创新通常体现为 2 个层面与 7 个阶段。其中，2 个层面是指“概念层面”与“实践活动层面”的创新；7 个阶段是指一个完整的拓展性学习周期，通常包含质疑（questioning）、分析问题（analysis）、创建新模型（modeling）、检验/测试新模型（examining）、实施新模型（implementing）、反思（reflecting）、固化（consolidating）。需要强调的是，拓展性学习周期所包含的 7 个步骤在实践中并非一成不变的，且在大循环的每个阶段又包含一系列小周期循环，整个拓展性学习的循环周期是一个开放性的螺旋上升过程（吴刚，2013），如图 12-3 所示。本次革新实验室活动分为两个阶段，一是项目申请阶段，二是项目执行阶段。革新实验室活动历时 35 天，即从 2015 年 8 月 19 日至 2015 年 9 月 23 日，完成了拓展性学习的一个周期，实现了项目申请阶段的目标。具体过程如下。

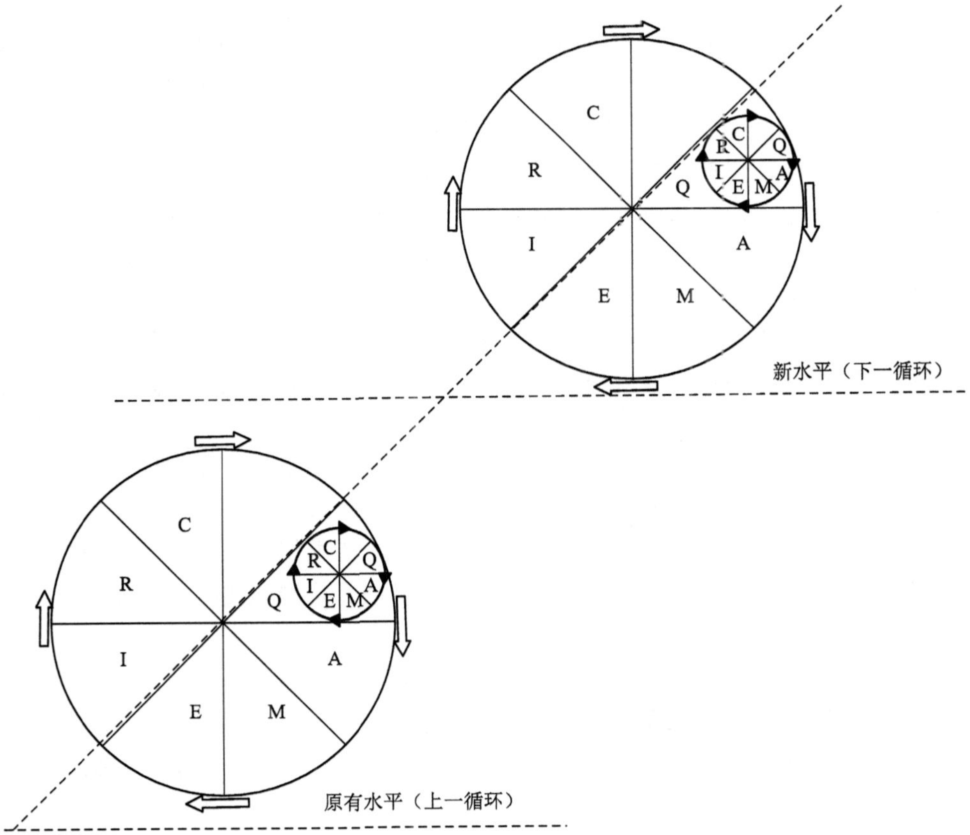

图 12-3　拓展性学习 QAMEIRC 循环周期

Q 表示 questioning；A 表示 analysis；M 表示 modeling；E 表示 examining；I 表示 implementing；R 表示 reflecting；C 表示 consolidating

（1）第一次会议：质疑。主要是对现有实践活动产生质疑，界定问题所在，确认变革需求。例如，KY 团队合作形式为什么多以项目合作为主？为什么合作产生的成果不多？为什么团队内部学习缺乏效果？为什么团队组建已经有较长时间成员之间还是半紧密的合作关系？如何完善团队之间的知识共享机制？本次会议成员讨论激烈，大大超过了原定 2 个小时的会议时间，通过不同思想的碰撞，最终团队成员一致认为当前团队发展遇到瓶颈，急需变革推动，这些问题具体表现为三个方面：从操作层面上看，KY 团队需要完善知识分享途径，提升学习能力；从制度层面来看，KY 团队需要改变已有合作模式；从战略层面来看，团队最终要实现促进个人发展、增强团队创新及持续发展能力。正是带着以上一系列问题开始了本次革新实验室活动。

（2）第二次会议：分析问题。采用历史分析法，分析问题产生的历史根源以及存在的矛盾，并寻求一种新的解决机制。通过多次头脑风暴，小组成员最终认定造成团队缺乏内在学习动力以及团队成员之间合作不够密切的主要原因有以下三个方面。一是现有高校的评价体制存在问题。具体表现为：①学校排行榜，使高校量化评价科研成果，以及根据对学校的排名贡献度来考核教师个人绩效。②职业晋升发展，将教师个人论文发表的数量以及项目经费多少与教师个人职业晋升联系到一起，使教师更关注署名权及个人项目经费多少等绩效。③学校年度考核，也是衡量个人绩效，而非团队业绩。④从内外部制度环境来看，当前的考核标准都是注重个人而不提倡团队的，因此科研合作共享流于形式，个人只关注自身研究领域，研究视野相对而言越来越狭窄。二是人文社科研究与自然科学研究基础条件不同，不需要重大基础条件平台建设，不需要重大设备采购。可能几个人做个实地调研，采用一定的科学方法论证分析就可以完成，有些甚至是个体也可完成，团队合作需求不迫切。三是缺乏重大项目的牵引。重大项目一般是要解决国家和地区经济发展中的重大问题，在项目执行过程中必然会推动团队成员的密切合作，不仅从项目设计之初就要深入介入，在组织论证和执行过程中更是要不断交流、合作才能顺利完成，所以重大科研项目是推动团队成员深度合作的重要抓手。

（3）第三次会议：创建新模型。以申请重大项目为契机主动设计团队合作，构建团队学习的新模式，拟定工作流程。具体实施步骤如下：步骤一，任务下达。提出选题，任务分工，明确成员各自承担的任务，给定完成任务期限，制定任务进程安排（7 天～10 天，视工作量而定）。步骤二，汇总任务。各自交流任务执行情况并进行深入讨论，形成修改意见，给定期限（三天）。步骤三，修改后文稿集体讨论，形成初始文稿，引入内部专家进行研讨，提出进一步修改意见，限定修改时间（改动较大需五天）。步骤四，修改后文稿讨论，形成一致意见，给定完稿时间。步骤五，引入外部专家对文稿进行论证，根据专家意见布置新的任务完善文稿，缩小参与人员，下达精准任务，有针对性地修改，限定修改时间（两天）。步骤六，对修改后文稿汇总集体讨论，任务达成度不高还须进一步修正（一天）。

步骤七，修改后文稿再次汇总到总负责人处，集体讨论，微调（半天），确定格式和完善文稿。步骤八，形成最终文稿，上报。

（四）研究反思

实际上，项目选题设计早在半年前就启动，选题设计和论证也花了 1 个月时间，在步骤一和步骤二之间也进行了多次会议讨论，讨论时间至少为半天，一般在一天以内。首先需要聚焦任务。其次要明确具体行动方案，每次任务都明确责任人。到步骤五时会形成精准的任务指派，可能一开始的任务承担人因执行效果不好或者知识不匹配会不再参与项目的下阶段工作，经过多次反复筛选后，最后团队会形成一支针对该项目的精干、高效的队伍。

经过一系列的变革会议，最终项目团队形成了一种新的工作流程，这是团队在某一时段的攻关行为，这段时间的团队集体学习和知识共享效果非常好，对团队成员而言，项目组织具有极强的挑战性，成员之间的分工非常明确，任务达成度非常高，每次会议讨论交流都非常激烈和深刻，成员成长速度迅速，但是这种短期行为如何常态化，这就涉及要固化现有学习模式，将这种团队学习模式制度化。但是这种制度化学习模式并非一成不变，而是随着工作任务（即活动客体）的变化不断发生变化，同时也会形成新的活动系统。

（五）研究结论

此次革新实验室活动组织非常有效，从项目申请书质量来看，终稿与初稿完全不可比，完美体现了科研项目论证的科学合理性。更为重要的是团队学习形式也发生了演化，团队学习的效果得到极大提升。但本次革新实验室活动只完成项目申请阶段任务（活动系统 1），随着项目的立项会进入一个新阶段（活动系统 2），即项目执行阶段，如图 12-4 所示。总结本次革新实验室的成果，可以归纳为以下几点。

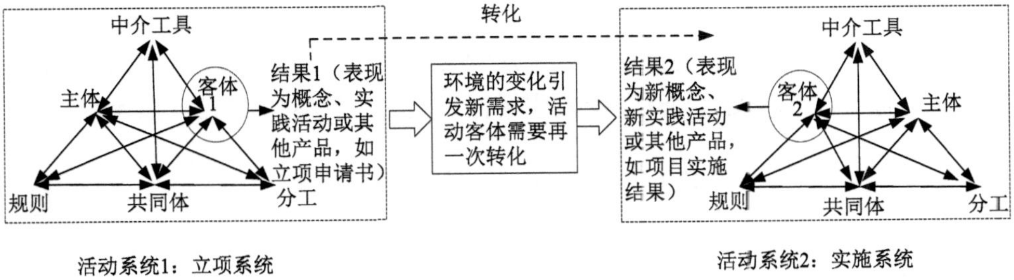

图 12-4　客体演化与活动系统转化的关系

1. 改变了传统团队合作模式

革新后团队合作模式在任务来源、项目组织、会议组织、论证次数以及是否形成新团队学习模式等方面都发生了显著变化。具体如表 12-3 所示。

表 12-3　革新前后团队合作模式的变化

类别维度	革新前团队合作模式	革新后团队合作模式
任务来源	上级通知下发	团队主动设计
项目组织	申请人自发组织	负责人组织团队研讨
管理部门	不介入项目讨论	介入项目讨论并全程跟踪
会议组织	偶尔组织团队成员研究	每一阶段都组织团队成员研讨
是否有外部专家	基本无	校内外同行广泛参与讨论和论证
论证次数	最多 3 次	至少 8 次
是否形成新团队学习模式	否	构建新团队学习的模型并完善

2. 提升了团队学习能力

传统模式中，团队成员由于受到现有高等教育评价体系以及人文社会学科科研活动自身特点的限制，每个人都以自我为中心，缺乏团队合作意识和有效知识分享途径，团队学习活动也多流于形式。本次革新实验室尽管受到参与人员的限制尚不能从外部评价制度层面解决相关问题，但是通过以理论指导为基础、以规范流程为导向、以解决具体问题为抓手、以革新实验室基模为工具整合资源、聚焦问题、深度对话、凝练共识与统一行动，不仅改变了团队传统的合作模式，而且还激发了成员参与的积极性，拓展了知识分享的途径，将以前的以个人学习为主的模式变成了团队集体学习的模式，极大提升了团队学习的能力。

3. 建构了新的团队学习活动模式

从学习主体、学习目的、学习过程及学习结果等方面来看，经过革新实验室变革以后的团队学习模式与变革前发生了很大变化。具体如表 12-4 所示。

表 12-4　变革前后团队学习活动模式比较

项目	变革前学习模式	变革后学习模式
学习主体	个体/集体中的个体	团队、集体
学习目的	每个成员有各自不同的目的，缺乏团队共识	有团队共同目标

续表

项目	变革前学习模式	变革后学习模式
学习过程	个人能力的垂直提升； 概念性或经验性知识的个体间传递过程； 客观知识的被动接受过程	团队创新行为的提升； 新的概念或实践活动的集体建构过程； 团队成员间的互动分享与知识创新过程
学习结果	个体行为的持久改变	团队实践活动的创新

第二节　变革型领导与高校科研团队创新行为

“十四五”时期，进一步落实国家创新驱动发展战略，激活科学工作者创新活力，是促进国家经济高质量发展、提高社会发展中的创新力和竞争力的关键保障，国家支持科研创新由此进入到更深的战略层面。因此，有必要进一步深入探究高校科研团队创新行为，深化科技人才体制机制改革，为进一步支持科研团队创新发展做出贡献。创新行为是高校科研团队实现创新成果的基础，而创新实践过程出现差错在所难免，当团队成员出现差错后会对内部氛围以及整体行为表现等产生影响。在不同类型领导下，团队对差错的处理态度具有显著差别，科研团队秉持积极的差错处理态度会帮助团队成员主动改善工作行为和对待工作差错；科研团队采取消极态度处理差错势必会导致团队成员对差错的担忧和躲避，从而扩大差错的消极后果。

通过文献整理发现，差错管理、差错认知等研究概念通常应用于医药学科、航空航天学科或关联学科等领域。近年来，差错管理逐渐凸显促进团队创新的重要作用，如何从差错处理角度改善高校科研团队创新行为已成为学者新的讨论热点。差错一般具有积极性与消极性两方面特征，众多管理实践表明，工作差错在破坏工作成果、降低工作效率的同时，往往还伴随着改善团队工作行为、提高团队创新行为的契机出现。本节聚焦于科研团队工作差错处理常态，展开对地方高校科研团队变革型领导、差错认知、团队创新行为之间的关系探究，并深入探讨差错认知四个子维度如何对团队创新行为产生影响，为科研团队管理和创新行为的提高提供借鉴。

一、理论分析与研究假设

（一）变革型领导与团队创新行为的关系

科研创新即完成对新领域的探索任务实现现有科研成果的突破以及更新科研方法等。在科研工作中，变革型领导通常鼓励团队进行创新性的工作，即团队负责人支持团队成员探索和运用创新行为以实现科研创新成果（陈晨等，2015）。随着研究的不断丰富，有关变革型领导与创新之间相互关系的研究逐渐增多，且研究结果主要是呈现出了变革型领导对创新的积极作用。变革型领导风格一直是学者的热点研究对象，研究表明其对团队创新具有积极意义。Burningham 和 West（1995）、Shin 和 Zhou（2003）、Wang 和 Rode（2010）、李永占（2018）等深入探讨了变革型领导风格对团队创新行为产生影响的内在机理与影响程度。在研究中，学者发现变革型领导通常更能对团队创新行为产生积极影响。从领导者魅力和感召力的角度来看，领导者能发挥个人魅力，可以使下级能够充分感知和信任他们，对组织产生认同，对整体目标完成充满信心，激发他们的工作热情；从个性化关怀和智力激发的角度来看，领导者能够充分关心和理解下级，关注并满足下级的需求，对他们提供关怀和支持，可以使员工的潜力得到发挥，创新性地解决团队运行过程中遇到的问题，有效提高员工的创新行为和创新成果。鉴于此，本节提出假设 H12-1。

H12-1：变革型领导与团队创新行为有正向关系。

（二）变革型领导与差错认知的关系

团队领导风格对塑造内部差错认知具有不可替代的作用。领导风格的不同会导致领导在面对成员错误时采取不同的处理态度和方式，具有变革型领导风格的团队更能包容团队中的错误，处理差错态度较为积极。Avolio 和 Bass（1995）指出，变革型领导可以为团队整体拓宽工作经验和学习的渠道，从而提高团队整体差错认知水平。从学习的角度来看，尹润锋（2012）认为团队的领导风格会对团队创新和团队感知产生重要作用，对于员工工作中的差错，领导者如果能够做到包容和理解，这将有利于整体创新氛围的产生。李忆和吴梳梅（2019）认为如果领导风格和差错管理氛围不匹配，则不能很好地提高员工的创新行为，领导风格会对整体差错认知产生影响。于淼等（2020）基于差错的两面性特征，分别通过收集知识型团队、企业团队相关信息展开研究，验证了变革型领导对团队保持良好的差错处理态度具有重要作用。结合上述分析，本节提出如下假设。

H12-2a：变革型领导与差错认知有正向关系。

H12-2b：变革型领导与差错能力有正向关系。

H12-2c：变革型领导与差错学习有正向关系。

H12-2d：变革型领导与差错沟通有正向关系。

H12-2e：变革型领导与差错思考有正向关系。

（三）差错认知与团队创新行为的关系

Edmondson（2002）认为如果团队能够帮助成员消除对差错直言不讳的恐惧，

就可以使团队成员实现表达自由，从而促进团队成员提出创新性的观点或新颖的想法，对创新行为产生影响。赵斌和徐璐（2018）、贾冀南等（2020）通过实证手段验证差错认知的四个子维度（差错能力、差错学习、差错沟通、差错思考）能分别从不同角度激发团队成员的创新行为。

在高校科研团队中，具备高差错能力的成员群体对差错处理能形成更高效的方式共识，为调整团队创新行为奠定基础；在正视差错必然出现的基础上，与同事等讨论差错有助于提高整个团队的创造性；通过对差错认知理论的学习，个体能主动将专业知识和技能进行吸收与理解，最终处理团队问题。在这个过程中，不仅能够促进培育团队创新行为，还能促进团队整体对工作差错氛围的反思和建设。据此，本节提出如下假设。

H12-3a：差错认知与团队创新行为有正向关系。

H12-3b：差错能力与团队创新行为有正向关系。

H12-3c：差错学习与团队创新行为有正向关系。

H12-3d：差错沟通与团队创新行为有正向关系。

H12-3e：差错思考与团队创新行为有正向关系。

（四）差错认知的中介作用

在变革型领导对团队创新行为的作用机制研究中，鲜有学者从差错认知的角度进行讨论。在团队运行过程中，差错不可避免，对差错的处理态度可能会为绩效与创新带来不同结果，差错认知在其中很可能发挥重要的中介效应。因此，从差错认知的角度来研究领导风格对创新行为的作用，尤其是针对高校科研团队进行相关实证研究十分有必要。例如，苗晓娜（2014）在研究中验证了员工创新行为受到变革型领导显著的积极影响，而差错取向在其中起到部分中介作用。尹奎等（2016）研究发现，变革型领导风格能够从多种角度（如心理授权、团队氛围等）对团队整体行为产生影响。

差错认知作为团队及成员心理活动和行为活动结合的因素，能够通过领导风格特征对团队行为产生影响，创新行为一般基于已有知识和突破性思维产生，当团队成员陷入思维定式时，对差错系统性学习与反思则能够有效填补这一创新行为缺口。变革型领导风格能够以鼓励员工大胆试错、展开差错学习、形成高容错度团队氛围在团队内加强员工的差错认知，以此提高团队创新行为。综上，本节提出如下假设。

H12-4：差错认知在变革型领导与团队创新行为之间起中介作用。

本节基于上述假设分析，构建的理论模型如图 12-5 所示。

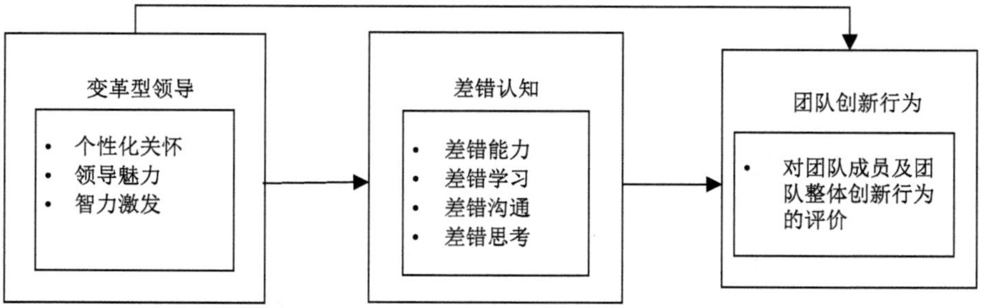

图 12-5 理论模型构建

二、实证分析

（一）样本选取与变量测量

本节主要以部分地方高校科研团队作为研究对象，样本包括来自浙江省、安徽省、江西省等省区市地方高校。问卷发放主要通过网络以及现场两种方式进行，共收集到 15 个科研团队，180 位成员的调查样本，经过筛选和剔除最终保留 159 个样本，问卷回收率是 88.33%。

研究变量测量问卷主要采用在相关实证分析中，国内外学者支持并得到验证的成熟量表作为参考基础，并依据高校科研团队情境及研究对象对题项表述进行简单调整。测量问卷主要包括两部分，其中，个人信息部分主要包括性别、年龄、团队类型等，旨在收集受访者个人差异性情况与所在团队的基本信息等；研究变量题项部分包括变革型领导题项（Bass，1985）、差错认知题项（Rybowiak et al.，1999）、团队创新行为题项（West and Anderson，1996）三个方面，各类题项均采用利克特量表形式收集受访者认同得分，并针对高校科研团队实际情况对参考问卷进行微调，以保证语法通顺、情境适配。

（二）数据分析及研究结果

1. 描述性统计

量表描述性统计结果如表 12-5 所示，根据统计结果可以看出科研团队成员的个体特征和科研团队基本特征（团队规模、团队性质等）基本符合现实情境，分布合理，一定程度上保证研究对象具有较高的横向比较意义。

表 12-5 量表描述性统计结具

序号	类别	具体选项及占比
1	性别	男，72.20%；女，27.80%
2	年龄	24 岁及以下，7.12%；25～30 岁，10.53%；31～35 岁，26.80%；36～40 岁，21.57%；41～45 岁，18.95%；46～50 岁，5.88%；51 岁及以上，9.15%
3	学历	本科，0.65%；硕士，45.10%；博士，37.91%；博士后，16.34%
4	专业	工学类，45.10%；经济类，18.30%；管理类，26.14%；理学类，8.50%；其他，1.96%
5	身份	普通成员，90.20%；团队负责人，9.80%
6	团队性质	文科团队，46.41%；理工团队，53.59%
7	团队规模	2～5 人，9.80%；6～10 人，48.37%；11～15 人，41.83%

2. 各量表信度和结构效度分析

在 SPSS 中打开标度里的可靠性分析，全部选中所须检验的题项，分别对各量表进行可靠性分析，通过 Cronbach's α（克龙巴赫 α）值检验量表信度，如表 12-6 所示。其中，变革型领导、差错认知、团队创新行为的 Cronbach's α 值分别为 0.87、0.86、0.88，均大于临界值 0.5，即认为所有测量变量的信度较好。

表 12-6 量表信度与结构效度分析结果

变量	总量表 Cronbach's α	KMO	显著性	自由度	累积贡献率
变革型领导	0.87	0.85	0.00	36	89.54%
差错认知	0.86	0.81	0.00	78	79.71%
团队创新行为	0.88	0.79	0.00	15	72.72%

从表 12-6 中还可以看出，变革型领导、差错认知、团队创新行为量表的 KMO 值均在 0.8 左右，显著性 P 值小于 0.001，这表明各量表具有良好的结构效度。通过 KMO 值和 Bartlett（巴特利特）检验判断变量可以进行因子分析。其中，各量表的累积贡献率如表 12-6 所示，方差解释率都在 70%以上，各量表解释力度良好。综上分析，各变量均有良好的结构效度。

通过量表探索性因子分析结果可知（表 12-7），变革型领导、差错认知、团队创新行为分别包括 4 个因子、4 个因子、1 个因子，表明各量表具有较好的区分效度。

表 12-7　量表的探索性因子分析

变量	因子个数	变量因子	题项数	解释方差率
变革型领导	4	因子 1	3	25.46%
		因子 2	3	24.12%
		因子 3	2	20.11%
		因子 4	3	19.85%
差错认知	4	因子 1	3	25.43%
		因子 2	3	23.12%
		因子 3	4	15.79%
		因子 4	3	15.37%
团队创新行为	1	因子 1	4	72.72%

3. 相关性分析

在进行回归分析前，本节首先对研究中各变量进行相关分析检验。通过 SPSS 26.0 软件进行相关分析，观察 Pearson（皮尔逊）相关系数结果。表 12-8 中的数据可以反映出自变量、因变量和中介变量之间有显著关系，其中，差错能力、差错学习、差错思考、差错沟通与变革型领导的相关系数分别为 0.63、0.73、0.64、0.71。结果说明，差错认知各子维度与变革型领导具有显著关系；变革型领导与团队创新行为（相关系数为 0.65，P 值小于 0.01 的显著性水平）具有正向且显著的相关关系，说明它们之间显著相关。差错认知各子维度（相关系数分别为 0.59、0.60、0.50、0.63，P 值小于 0.01 的显著性水平）与团队创新行为之间有较明显的相关性。以上结果表明，各变量之间存在着相关性关系且为正向相关，为后续的回归分析内容提供了前提条件。

表 12-8　变量得分均值与相关性分析结果

变量	均值	变革型领导	差错认知	差错能力	差错学习	差错思考	差错沟通	团队创新行为
变革型领导	3.93	1.00						
差错认知	3.98	0.78**	1.00					
差错能力	3.64	0.63**	0.77**	1.00				
差错学习	4.02	0.73**	0.91**	0.47*	1.00			
差错思考	4.12	0.64**	0.89**	0.41*	0.34*	1.00		
差错沟通	4.11	0.71**	0.86**	0.35*	0.50*	0.55*	1.00	
团队创新行为	3.70	0.65**	0.67**	0.59**	0.60**	0.50**	0.63**	1.00

**在 0.01 水平（双侧）显著相关，*在 0.05 水平（双侧）显著相关

同时，本节采用 Harman 单因子检测法进行共同方法偏差检验。经检测，数据的第一公因子的累积贡献率不到 50%，说明不存在严重的共同方法偏差。

4. 假设检验结果

为检验变量之间的关系，本节分别以变革型领导（TL）、差错认知的四个维度为自变量，以团队创新行为为因变量，构建回归模型 1 和回归模型 3；以变革型领导为自变量，以差错认知为因变量，构建回归模型 2。根据问卷回归分析结果可以得出有关各变量间的相关回归模型，模型表明变量间相关影响程度及影响趋势方向。

由表 12-9 可知，在回归模型 1 中，F 值为 135.48，调整后的 R^2 为 0.64，变革型领导（标准化系数 β=0.57，P<0.001）与团队创新行为在 0.001 水平上显著。这一结果表明，变革型领导越明显，团队创新行为程度越高。由表 12-10 可知，在回归模型 2 中，变革型领导与差错认知各维度变量的关系在 0.001 水平上显著，其中标准化系数 β 分别为 0.66、0.70、0.74、0.62，均大于 0.6。这一结果表明，变革型领导越明显，差错认知程度越高，变革型领导有利于差错认知的形成和发展。由表 12-11 可知，在回归模型 3 中，F 值为 174.09，调整后的 R^2 为 0.76，差错能力（标准化系数 β=0.21，P<0.01）、差错沟通（标准化系数 β=0.13，P<0.01）与团队创新行为在 0.01 水平上显著，差错学习（标准化系数 β=0.38，P<0.001）、差错思考（标准化系数 β=0.40，P<0.001）与团队创新行为在 0.001 水平上显著。这一结果表明，差错认知越明显，团队创新行为程度越高，差错认知越有利于团队创新行为。

表 12-9　变革型领导对团队创新行为的回归分析

模型	因子	非标准系数		标准化系数 β	显著性（P 值）	t	调整后 R^2	F 值
		β	标准差					
1	常量	1.88	0.46		<0.001	4.08	0.64	135.48
	TL	0.46	0.12	0.57	<0.001	3.99		

表 12-10　变革型领导对差错认知各维度的回归分析

模型	因子	非标准系数		标准化系数 β	显著性（P 值）	t	调整后 R^2	F 值
		β	标准差					
2	常量	0.86	0.47		<0.001	1.85	0.68	136.48
	TL	0.70	0.12	0.66	<0.001	6.04		
	常量	0.55	0.44		<0.001	1.23	0.71	162.51
	TL	0.87	0.11	0.70	<0.001	7.91		
	常量	1.20	0.47		<0.01	2.55	0.77	193.06

续表

模型	因子	非标准系数		标准化系数	显著性	t	调整后 R^2	F 值
		β	标准差	β	（P 值）			
2	TL	0.74	0.12	0.74	<0.001	6.25	0.77	193.06
	常量	1.16	0.40		<0.01	2.94	0.64	116.87
	TL	0.74	0.10	0.62	<0.001	7.54		

表 12-11　差错认知各维度对团队创新行为的回归分析

模型	因子		非标准系数		标准化系数	显著性	t	调整后 R^2	F 值
			β	标准差	β	（P 值）			
3	常量		4.14	0.95		<0.04	4.63	0.76	174.09
	差错认知	差错能力	0.25	0.13	0.21	<0.01	2.87		
		差错学习	0.45	0.13	0.38	<0.001	3.23		
		差错思考	0.64	0.15	0.40	<0.001	4.41		
		差错沟通	0.12	0.11	0.13	<0.01	2.12		

据以上分析，接受 H12-1、H12-2a、H12-3a。

同时，本节采用层次回归分析法检验差错认知的子维度起到的中介作用程度，回归分析结果如表 12-12 所示。将分析结果与表 12-9 的回归分析结果进行比较可知，当在变革型领导对团队创新行为回归分析模型中分别加入差错认知的四个子维度变量后，各值发生变化。具体而言，将差错能力加入自变量后，调整后 R^2 从 0.64 上升为 0.77，F 值从 135.48 变为 102.56，标准化系数 β 从 0.57 下降到 0.45，显著性 $P<0.001$；将差错学习加入自变量后，调整后 R^2 从 0.64 上升为 0.79，F 值从 135.48 变为 115.91，标准化系数 β 从 0.57 下降到 0.39，显著性 $P<0.001$；将差错思考加入自变量后，调整后 R^2 从 0.64 上升为 0.82，F 值从 135.48 变为 126.77，标准化系数 β 从 0.57 下降到 0.35，显著性 $P<0.001$；将差错沟通加入自变量后，调整后 R^2 从 0.64 上升为 0.77，F 值从 135.48 变为 91.34，标准化系数 β 从 0.57 下降到 0.48，显著性 $P<0.001$。因此，差错认知在变革型领导和团队创新行为之间起到中介作用，所以接受 H12-4。

表 12-12 差错认知子维度作为中介变量

项目	团队创新行为（标准化系数 β）	t	显著性（P 值）	调整后 R^2	N	F 值
加入差错能力再实验后	0.45	2.88	<0.001	0.77	153	102.56
加入差错学习再实验后	0.39	3.12	<0.001	0.79	153	115.91
加入差错思考再实验后	0.35	3.78	<0.001	0.82	153	126.77
加入差错沟通再实验后	0.48	2.42	<0.001	0.77	153	91.34

三、管理结论与启示

通过上述研究综述分析与数据分析结果得到如下研究结论。首先，变革型领导能够有效激发高校科研团队创新行为。由变革型领导题项得分均值为 3.93，可以发现，大多高校科研团队的领导风格更偏向于变革型领导。同时分析结果表明变革型领导能够解释的累积贡献率是 89.54%，也就是说团队能够产生创新行为是受到了变革型领导方式的影响，并且影响程度非常明显。说明这一领导风格通过在团队内营造良好的变革创新气氛从而影响团队整体行为导向，团队负责人帮助团队及成员养成敢于思考、勇于实践的工作习惯，团队成员秉持对现有科研成果不断展开突破性研究有利于科研目标达成的理念，进行探究式学习以提高团队创新行为的发展潜力。

其次，高校科研团队的差错认知水平影响团队创新行为。即团队差错认知水平的提高，能够在团队内部形成积极应对差错的气氛、提高团队积极处理差错的能力，在降低差错负面影响的同时不断汲取来自差错的经验，实现从反向角度改善科研工作，实现团队创新行为。差错认知及其子维度差错能力、差错学习、差错思考和差错沟通量表得分均值大于 3.50，表明在高校科研团队内差错认知水平普遍较高，且相较于差错处理能力而言，科研团队更重视针对差错展开的学习、思考与沟通环节，科研团队内部成员愿意并积极对已发生差错进行学习讨论，以期尽快解决差错并通过该差错来提高团队整体表现。同时根据以上数据分析可以发现，差错认知子维度与团队创新行为的回归系数值有所差别。因此，高校科研团队在通过提高差错认知水平改善创新行为的实践中，团队负责人需要根据团队特征和成员个体状况有的放矢，充分考虑知识分子的严谨治学态度和科学探究学术精神，酌情通过思考、学习、沟通与能力培养等方式提升团队创新行为。

最后，具备变革型领导风格的高校科研团队可以通过加强差错认知提升团队创新行为。通过数据分析发现，团队创新行为量表得分均值为 3.70，表明高校科研团队及团队成员比较重视团队创新行为的产生和培养、通过团队创新行为达成科研成果与实现科研创新等。同时在层次回归分析结果中发现，在变革型领导与团队创新行为中分别加入差错能力、差错学习、差错思考、差错沟通后，自变量与因变量间的标准化系数 β 有所下降，但仍保持显著性。说明在高校科研团队内，差错认知各子维度在变革型领导风格与团队创新行为之间具有部分中介作用。变革型领导通过领导魅力与个性化关怀对团队成员产生激励和影响，这种影响能够帮助科研团队形成较好的差错认知氛围，团队整体对差错持有反思和学习的态度，避免由于担心出现差错被责罚而产生的逃避心理状态，团队及成员积极面对差错、处理差错，不断纠正科研工作差错从而实现团队创新行为发展。

第三节　浙江省属高校核心竞争力评价

省属高校作为高等教育的重要组成部分，在人才培养、科学研究、文化传承和服务地方经济发展等方面发挥着重要作用。对省属高校核心竞争力进行测评，有助于发现其现有资源利用的效率和潜能，在资源有限的情况下提高资源的使用效率，更好地提升省属高校的发展潜力，增强其整体的竞争优势，为地方高等教育的发展提供了有力支撑。本节运用生态位适宜度理论对浙江省属高校核心竞争力进行测评研究，主要从生态位适宜度理论的视角研究浙江省属高校核心竞争力指标适宜度概况，设计相对适合浙江省属高校特点的指标体系并对浙江省属高校核心竞争力进行测量和评估，进而为浙江省属高校的决策提供更为清晰、直观的数据依据，使其认知到自身所处的现实生态位以及与最佳生态位的差距，有助于浙江省属高校采取有针对性的措施，不断提升核心竞争力。

一、评价指标体系构建

目前，中国权威的大学排行榜共 4 种，即武书连、深圳市网大教育服务有限公司、艾瑞深校友会网、武汉大学中国科学评价研究中心排行榜。在选取全国高校共性指标的基础上，这 4 种排行榜在数据选取与测算方面又有各自的指标体系。但不同区域高校的发展阶段和现状不同，部分指标并不适合地方高校的评价体系。因此，本节参照上述 4 种排名指标，并结合各地方的教育现实情况，构建地方高校核心竞争力评价指标体系（图 12-6），重点选取学科与专业设置、教辅条件、师资力量、科学研究及国际合作 5 个方面的指标进行测量。其中，科学研究方面，省级（含）以上科学技术奖数量取每所大学近三年所获得的国家科学技术奖及省科学技术奖总和的平均数，科研经费为各高校近两年实际获得的科研经费金额的均值；国际合作方面，由于大学交流的水平参差不齐，在校留学生的数量则更能反映一所高校对外界的吸引力，也是高校知名度、美誉度的良好反映，所以本节将其作为国际合作的二级指标。

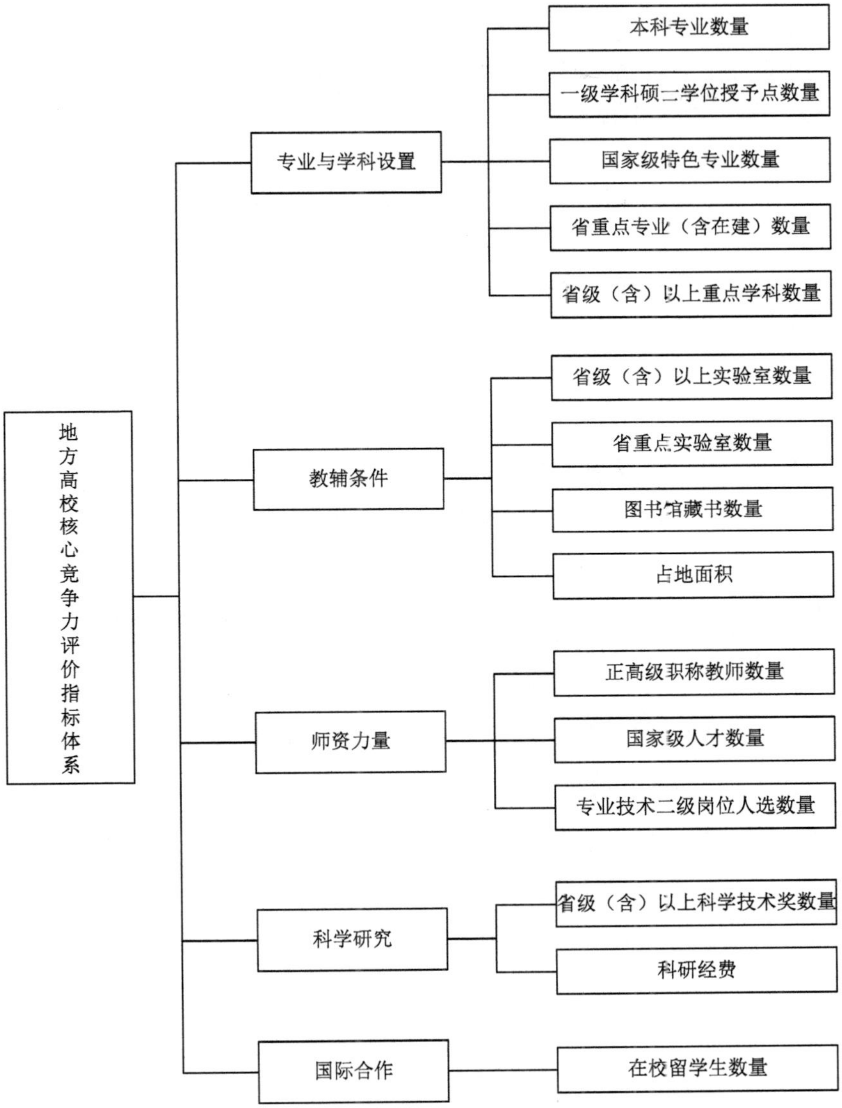

图 12-6　地方高校核心竞争力评价指标体系

当前，研究者构建了许多系统评价方法和模型，其中生态位评估模型是经典的评价模型之一。生态位评估模型通过扩展经典生态位适宜度理论的内涵，用数学抽象方法分析系统最佳生态位点与现实生态位点的贴近度，这对了解和掌握系统各要素的发展概况起着非常重要的作用。生态位评估模型的这一特征与高校核心竞争力适宜度评估的研究对象特征相一致。因此，本节选取生态位评估模型对地方高校竞争力的发展适宜度进行测度评估。

设有 m 所待测定的高校，$y_{ij}(i=1,2,\cdots,m;j=1,2,\cdots,n)$ 为第 i 所高校在生态因子 j 上的观测值。在实际研究中，由于各指标量纲不尽相同，而这些评价指标都为正指标，为了消除指标量纲的影响，简化模型计算，可以对数据进行无量纲处理：

$$y'_{ij}=\frac{y_{ij}}{y_{\max}} \tag{12-1}$$

其中，$y_{\max}$ 为 y_{ij} 中的最大值；无量纲化处理后，y'_{ij} 为第 i 所待测度高校在生态因子 j 上的现实生态位。进一步设 $y_{aj}(a=1,2,\cdots,m)$ 为第 j 个生态因子的最佳生态位，即

$$y_{aj}=\max(y'_{ij})\ \ (i=1,2,\cdots,m) \tag{12-2}$$

高校核心竞争力发展适宜度的测算可以通过如下模型得出：

$$P_i=\sum_{j=1}^{n}\gamma_j\frac{\min\{|y'_{ij}-y_{aj}|\}+\varepsilon\max\{|y'_{ij}-y_{aj}|\}}{|y'_{ij}-y_{aj}|+\varepsilon\max\{y'_{ij}-y_{aj}\}} \tag{12-3}$$

其中，P_i 为第 i 所高校核心竞争力的适宜度水平，其值越大，表示测度高校的生态位适宜度越高，越有利于提升高校的核心竞争力水平；γ_j 为第 j 个生态因子的权重，表示该因子对高校核心竞争力提升的影响程度；$\varepsilon(0\leqslant\varepsilon\leqslant1)$ 为模型参数，其值通常由 $P_i=0.5$ 估算出来。其中，y'_{ij} 与 y_{aj} 之间的距离为

$$\varphi_{ij}=|y'_{ij}-y_{aj}|\quad(i=1,2,\cdots,m;j=1,2,\cdots,n) \tag{12-4}$$

由此可知，最大距离和最小距离分别为

$$\varphi_{\max}=\max\{\varphi_{ij}\},\quad \varphi_{\min}=\min\{\varphi_{ij}\} \tag{12-5}$$

此时，可由 $P_i=0.5$ 估算 ε 值，即

$$\frac{\varphi_{\min}+\varepsilon\varphi_{\max}}{\overline{\varphi_{ij}}+\varepsilon\varphi_{\max}}=0.5 \tag{12-6}$$

$$\overline{\varphi_{ij}}=\frac{1}{mn}\sum_{i=1}^{m}\sum_{j=1}^{n}\varphi_{ij} \tag{12-7}$$

由式（12-6）可求出 ε 值。进一步设高校核心竞争力现实生态位为 $Y_t=(y_{t1},y_{t2},\cdots,y_{tm})$，最佳生态位为 $Y_a=(y_{a1},y_{a2},\cdots,y_{am})$，则可以得到进化动量表达式（12-8），进化动量反映的是评估对象生态位适宜度的提升空间。

$$Q_i=\sqrt{\frac{\sum_{t=1}^{n}|y_{ti}-y_{ai}|}{n}}\quad(i=1,2,\cdots,m) \tag{12-8}$$

二、浙江省属高校核心竞争力评价结果

（一）指标实测与数据来源

本节选取 7 所浙江省属高校作为比较对象，通过构建浙江省属高校核心竞争力评价指标体系来测量其生态位。统计数据主要来源于各学校主页的网站、浙江省高校科研师资学科报告以及相关期刊论文。为了保证数据的准确、有效，本节在高校二级网站中对具体项目进行确认。“专业与学科设置”中的本科专业数量、国家级特色专业数量以及省重点专业（含在建）和“教辅条件”中的图书馆藏书数量、占地面积都是源于 2012 年各高校更新的数据，专业技术二级岗位人选数量也采用 2012 年浙江省事业单位专业技术二级岗位的统计信息；由于一级学科硕士学位授予点数量、省级（含）以上重点学科数量、省级（含）以上实验室数量、省重点实验室数量以及正高级职称教师数量等指标具有较为系统的书面统计，为了保证比较标准的统一性，我们采用了 2009～2011 年浙江高校科研师资学科年度报告中的数据。对于省级（含）以上科学技术奖数量以及科研经费，单年度的数据难以反映一所高校真正实力，取其近 2～3 年的平均值。此外，由于统计口径不一致，部分指标数据如在校留学生数量更新至 2010 年度。国家级人才方面，采用长江学者特聘教授和讲座教授、国家杰出青年科学基金获得者、“新世纪百千万人才工程”国家级人选、教育部“新世纪优秀人才支持计划”入选者及浙江省特聘教授数量的总和来表示。

（二）评价结果分析

对相关指标按照 $y'_{ij}=\dfrac{y_{ij}}{y_{\max}}$ 的方式进行无量纲处理，可以得到浙江省属高校核心竞争力适宜度指标测算值，见表 12-13。

表 12-13　浙江省属高校核心竞争力指标适宜度测算值

指标		杭州电子科技大学	宁波大学	浙江工业大学	浙江工商大学	浙江师范大学	浙江理工大学	中国计量大学	最佳生态位
专业与学科设置	本科专业数量	0.74	1.00	0.88	0.81	0.85	0.78	0.67	1.00
	一级学科硕士学位授予点数量	0.54	0.79	1.00	0.54	0.96	0.71	0.29	1.00
	国家级特色专业数量	0.88	0.75	0.88	0.63	0.63	1.00	0.38	1.00
	省重点专业（含在建）数量	0.75	0.45	1.00	0.75	1.00	0.75	0.60	1.00
	省级（含）上重点学科数量	0.42	0.88	1.00	0.33	0.63	0.50	0.33	1.00
教辅条件	省级（含）以上实验室数量	1.00	0.56	0.67	0.11	0.11	0.22	0.11	1.00
	省重点实验室数量	0.33	0.44	1.00	0.44	0.33	0.67	0.44	1.00

续表

指标		杭州电子科技大学	宁波大学	浙江工业大学	浙江工商大学	浙江师范大学	浙江理工大学	中国计量大学	最佳生态位
教辅条件	图书馆藏书数量	0.56	0.46	1.00	0.50	0.74	0.43	0.31	1.00
	占地面积	0.61	0.84	0.97	0.59	1.00	0.64	0.48	1.00
师资力量	正高级职称教师数量	0.56	0.82	1.00	0.64	0.82	0.55	0.37	1.00
	国家级人才数量	0.50	0.83	1.00	0.25	0.63	0.67	0.25	1.00
	专业技术二级岗位人选数量	0.49	0.52	1.00	0.61	0.67	0.42	0.46	1.00
科学研究	省级（含）以上科学技术奖数量	0.40	0.56	1.00	0.38	0.19	0.44	0.31	1.00
	科研经费	0.47	0.56	1.00	0.41	0.30	0.54	0.37	1.00
国际合作	在校留学生数量	0.20	0.52	1.00	0.42	0.37	0.57	0.56	1.00

令$\gamma_1=\gamma_2=\cdots=\gamma_j=1/m$，$P_i=0.5$，利用表 12-13 的数值和式（12-2）～式（12-7）可求出：$\varphi_{\max}=1$，$\varphi_{\min}=0$，$\varepsilon=0.393$。

代入式（12-3）和式（12-8），可得

$$P_i=\sum_{j=1}^{15}\gamma_j\frac{0.393}{|y'_{ij}-y_{aj}|+0.393} \tag{12-9}$$

$$Q_i=\sqrt{\frac{\sum_{t=1}^{15}|y_{ti}=y_{ai}|}{15}}\quad(i=1,2,\cdots,7) \tag{12-10}$$

利用表 12-13 的数据和式（12-9）和式（12-10）可计算得出浙江省属高校核心竞争力的适宜度值和进化动量值，见表 12-14。

表 12-14　浙江省属高校核心竞争力的适宜度值和进化动量值

高校名称	测算排序	适宜度值	进化动量值
杭州电子科技大学	5	0.51	0.67
宁波大学	3	0.58	0.58
浙江工业大学	1	0.93	0.20
浙江工商大学	6	0.46	0.71
浙江师范大学	2	0.60	0.60
浙江理工大学	4	0.52	0.65
中国计量大学	7	0.39	0.80

根据以上数据，如果把浙江省属高校核心竞争力适宜度水平在 0.8 以上的定义为第一方阵，0.5～0.8 为第二方阵，0.5 以下为第三方阵，那么浙江工业大学属于第一方阵，宁波大学、浙江师范大学、浙江理工大学及杭州电子科技大学属于第二方阵，浙江工商大学及中国计量大学则属于第三方阵。根据表 12-13 和表 12-14 的评价结果，可以得出如下结论。

首先，在选取的 7 所浙江省属高校中，除浙江工业大学具有较大优势之外，其他高校的实力呈现出集中化的趋势。

其次，浙江工业大学在 15 项测度指标中有 11 项处于最佳生态位，宁波大学在本科专业数量指标上处于最佳生态位，浙江师范大学在省重点专业（含在建）数量指标上处于最佳生态位，杭州电子科技大学在省级（含）以上实验室数量指标上处于最佳生态位。浙江理工大学在国家级特色专业数量指标上处于最佳生态位，其他浙江省属高校由于历史积淀、教育投资、专业设置等原因在所有测度指标上都没有处于最佳生态位，且存在着一定的差距，因此排名相对靠后。

最后，浙江省属高校核心竞争力的适宜度水平反映的是高校竞争力的整体水平，但是没有否定个别得分较低的高校在某些指标上的优势。以杭州电子科技大学为例，其整体竞争力所处的生态位并不理想，竞争力适宜度值为 0.51，进化动量值则达到了 0.67，只能排在第二方阵，尤其是国际合作中的在校留学生数量指标排名最后，但是它的省级（含）以上实验室数量指标处在最佳生态位，国家级特色专业数量、省重点专业（含在建）数量指标位居前列，其他大部分指标也处于中游水平。总体来讲，杭州电子科技大学具备较好的发展基础。

根据以上测算结果，针对地方高校的发展，可以得到一些启示。首先，地方高校要挖掘自身的优势资源，使之得到充分利用以巩固自身在本领域的竞争力水平。例如，浙江工业大学不断加强在制药工程领域的区域服务能力，由其牵头成立的长三角绿色制药协同创新中心入选首批国家“2011 计划”协同创新中心。其次，对各高校自身具有较好发展基础的指标来说，要学习先进高校被证明行之有效的经验方法，以增强自身相关领域的核心竞争力。例如，在师资领域，可以用优厚的待遇吸引全国各地的优秀教师到本校任教，也可以选送教师到国内外知名院校交流学习，以引进和培养相结合的有效方式不断优化师资队伍。最后，对各高校自身的弱势指标而言，可以采用合作发展的方式，做到优势互补，共同利用优势资源，互惠互利共同提升。

第十三章　长三角地区重点产业布局及高校重点学科建设现状分析

2021年，长三角地区生产总值总额达27.6万亿元，占全国GDP总数的24.1%。作为公认的世界六大城市群之一，长三角地区是未来中国的主要经济增长极，也是全国产业集聚特征最明显的地区之一，有着产业高质量发展的厚实基础。位于江南核心区的长三角“三省一市”，即江苏省、安徽省、浙江省、上海市，拥有丰富的高等教育资源。在高校数量上，根据2021年教育部统计数据，全国共有2738所高校，其中上海市63所、江苏省167所、浙江省109所、安徽省120所，“三省一市”高校占全国高校总数的16.7%。2022年“三省一市”重点学科分布概况如表13-1所示。

表13-1　2022年“三省一市”重点学科分布概况

省区市	“双一流”建设学科数	博士点数量
上海市	64	305
江苏省	48	365
浙江省	23	154
安徽省	13	112
总计	148	966

资料来源：根据内部资料整理得到

第一节　上海市的产业布局与学科建设

一、上海市产业布局情况

“十四五”期间，上海市经济社会发展总目标是，到2025年，贯彻落实国家重大战略任务取得显著成果，城市数字化转型取得重大进展，国际经济、金融、贸易、航运和科技创新中心核心功能迈上新台阶，人民城市建设迈出新步伐，谱写出新时代“城市，让生活更美好”的新篇章。为了实现该目标，2021年6月，上海人民政府办公厅印发的《上海市战略性新兴产业和先导产业发展“十四五”规划》指出，重点打造以三大产业为核心的“9+X”战略性新兴产业和先导产业发展体系。其中，“9”个战略性新兴产业重点领域包括：集成电路、生物医药、人工智能等三大核心产业，以及新能源汽车、高端装备、航空航天、信息通信、新材料、新兴数字产业等六大重点产业。“X”是指前瞻布局一批面向未来的先导产业，重点布局光子芯片与器件、类脑智能等先导产业①。2022 年 9 月，上海市人民政府办公厅印发的《上海市推进高端制造业发展的若干措施》指出，拓展市场发展空间，促进新能源汽车、智能网联汽车等创新产品消费，支持生物医药创新药械应用，支持应用场景开放，在人工智能、5G、工业互联网等领域滚动发布应用场景创新重点任务②。同月，上海市人民政府印发的《上海打造未来产业创新高地 发展壮大未来产业集群行动方案》以“全力打造具有世界影响力的未来产业创新高地”为指导思想，提出了打造未来健康产业集群、未来智能产业集群、未来能源产业集群、未来空间产业集群、未来材料产业集群的发展目标。其中涉及生物安全、合成生物、基因和细胞治疗等生物医药产业，智能计算等人工智能产业，非硅基芯材料、脑机接口、6G 技术等先导产业③。《上海市助行业强主体稳增长的若干政策措施》提出，支持重点产业企业加快升级发展，支持绿色低碳、元宇宙、智能终端等新赛道加快布局发展④。2023 年 1 月印发的《上海市提信心扩需求稳增长促发展行动方案》提出，加快培育壮大新兴产业集群，加快发展集成电路、生物医药、人工智能三大产业，制订新一轮三大产业上海方案。实施数字经济、绿色低碳、元宇宙、智能终端等新赛道和未来健康、未来智能、未来能源、未来空间、未来材料等五大未来产业集群行动方案，支持智能网联汽车创新发展和示范应用⑤。2023 年 4 月，上海市人民政府办公厅印发的《上海市加大吸引和利用外资若干措施》提出，鼓励外资充分发挥资本和技术优势，围绕集成电路、生物医药、人工智能三大先导产业和电子信息、生命健康、汽车、高端装备、先进材料、时尚消费品六大重点产业以及新赛道产业和未来产业加大投资⑥。同月，上海市人民政府办公厅印发的《关于新时期强化投资促进加快建设现代化产

① 《上海市战略性新兴产业和先导产业发展“十四五”规划》，https://www.shanghai.gov.cn/cmsres/29/2933f6009f314869b3592b5d5e21ae6f/b84032dc9aad4cbaba6b94514147edfe.pdf[2021-06-24]。

② 《上海市推进高端制造业发展的若干措施》，https://www.shanghai.gov.cn/cmsres/f7/f7d12a73e1314f50bba4e82560f0daee/55fff668d4fb1d6476d901041c53671c.pdf[2022-09-30]。

③ 《上海打造未来产业创新高地 发展壮大未来产业集群行动方案》，https://www.shanghai.gov.cn/cmsres/17/17902300b7ff46b190c525a959e42640/f32532e5c1247b73e498bcc51558e2b1.pdf[2022-09-27]。

④ 《上海市助行业强主体稳增长的若干政策措施》，https://www.shanghai.gov.cn/cmsres/8d/8df13d5aa4af47e2b6bd38e00b75c7d5/b44649c5c50dbadee35140fe3f3807b6.pdf[2022-09-26]。

⑤ 《上海市提信心扩需求稳增长促发展行动方案》，https://www.shanghai.gov.cn/gwk/search/content/1c6b7736232d465ab0423c0e31110ac6[2023-01-28]。

⑥ 《上海市加大吸引和利用外资若干措施》，https://www.shanghai.gov.cn/hqsctz2/20240415/77dbedf94bad4faaa109ff03e0780f74.html[2023-04-03]。

业体系的政策措施》提出，聚力招引集成电路、生物医药、人工智能“三大先导产业”，布局发展智能终端、绿色低碳、数字经济、元宇宙“四个新赛道产业”①。次月，上海市人民政府办公厅印发的《上海市推动制造业高质量发展三年行动计划（2023—2025 年）》再次提出，制订新一轮三大先导产业发展方案，加快集成电路关键环节研发攻关，推动下一代技术创新融合发展；布局生物医药基因和细胞治疗、合成生物学等前沿领域，建设医企协同研究创新平台、产医融合创新基地；瞄准人工智能技术前沿，构建通用大模型，面向垂直领域发展产业生态，建设国际算法创新基地，加快人形机器人创新发展；打造电子信息、生命健康、汽车、高端装备 4 个万亿级产业集群，先进材料、时尚消费品 2 个五千亿级产业集群，在民用航空、高端船舶、高端医疗器械等细分领域培育一批千亿级产业，积极创建国家先进制造业和战略性新兴产业集群；布局新赛道和未来产业，落实“四个新赛道”“五大未来产业”行动方案②。《上海市吸引集聚企业研发机构 推进研发产业化的实施意见》提出，支持企业研发机构瞄准“3+6”重点产业、四大新赛道和五大未来产业关键领域开展技术攻关，布局若干市级战略性新兴产业重大项目和科技重大专项③。这些政策文件都紧扣三大核心、六大重点产业的发展，体现出越来越注重先导产业布局的趋势，包括光子芯片与器件、类脑智能等。这些产业被认为具有前瞻性和战略意义，有助于推动技术创新和经济转型。强调打造未来产业集群，如未来健康产业集群、未来智能产业集群、未来能源产业集群、未来空间产业集群和未来材料产业集群。这些集群的目标是在特定领域建立具有全球影响力的创新高地。以投资吸引、市场拓展、产学结合等多种方式响应“十四五”以来“3+6”产业政策的施行。

二、上海市高校重点学科建设现状

上海市高校在人才培养、基础研究、重大科技创新等方面发挥着关键作用，并对上海市产业的发展起着重要的支撑作用。目前，上海市高校重点学科建设在全国范围内处于领先地位，在长三角地区起着引领作用。在“双一流”建设方面，上海市 15 所高校，64 个学科进入第二轮“双一流”国家队。与上一轮建设相比，新增 1 所高校、7 个建设学科，包括复旦大学、同济大学、上海交通大学、华东师范大学 4 所高校的 49 个“双一流”学科，上海财经大学、上海外国语大学、华

---

① 《关于新时期强化投资促进加快建设现代化产业体系的政策措施》，https://www.shanghai.gov.cn/202310bgtwj/20230529/cdd7f6affdb94156b4144a5883c2f92e.html P259[20232-04-18]。

② 《上海市推动制造业高质量发展三年行动计划（2023—2025 年）》，https://www.shanghai.gov.cn/hqcyfz2/20230626/ad49fdee61f340ac95cb347fc201f91e.html[2023-05-18]。

③ 《上海市吸引集聚企业研发机构 推进研发产业化的实施意见》，https://www.shanghai.gov.cn/gwk/search/content/67e7df9bc9b44fc3a93b1d748fa6bb6b[2023-05-12]。

东理工大学、东华大学、上海大学5所高校的8个“双一流”学科，上海科技大学、海军军医大学、上海海洋大学、上海中医药大学、上海体育学院、上海音乐学院6所市属高校的7个“双一流”学科。此外，在全国第四轮学科评估中，上海市共有350个学科上榜，A档学科共计91个，B档学科共计160个，C档学科共计99个。A档学科数位列全国第二名，仅次于北京市。在学科博士点建设方面，持续优化院校设置和学科专业结构，博士学位点增至305个，2013～2022年累计培养毕业的博士生5.4万人，重点行业领域人才供给能力显著提升。

三、上海市重点学科建设对重点产业发展的支撑情况概述

上海市在高校重点学科建设方面取得了显著成绩，特别是在“双一流”学科建设方面，处于长三角地区“三省一市”领先地位，且重点学科在高校之间的分布情况体现出了一定的层次结构，而在同一层次上的高校之间学科实力比较均匀，且各高校具有自己的特色学科，整体上形成了良好的竞争合作关系。以复旦大学、上海交通大学、同济大学、上海财经大学为代表，高校整体学科建设水平较高，学科布局各有侧重点，且资源分布均匀，能够为地区产业经济发展提供强有力的创新动力和人才支持，为实现上海市“十四五”期间的总目标提供了强有力的智力和技术支撑。

2021年7月，上海市人民政府印发的《上海市教育发展“十四五”规划》提出，面对“科技创新和产业转型的紧迫态势，要求教育支撑经济社会发展的能级显著增强……上海教育要主动适应科技革命和产业变革带来的新变化，加快优化学科专业布局、创新人才培养方式、提升创新策源能力……围绕集成电路、生物医药、人工智能三大核心产业及其他重点产业领域开展高质量的产学研协同创新，力争在共性关键技术、前沿引领技术、现代工程技术、颠覆性技术创新等方面取得重大突破”①。2023年4月，上海市发展和改革委员会印发的《支持临港新片区加大先行先试探索 深化产教融合城市建设若干措施》指出，开展人才培育创新专项，围绕临港新片区“4+2+2”前沿产业体系，支持重点企业和高校打造卓越工程师学院，开展工程硕士、工程博士等人才培育创新专项，有关招生计划直接投放到项目；引导校企共建导师团队、课程内容，开展关键技术攻关，做实校企密切联动的产教融合培养模式；对于承担卓越工程师等培养任务的项目，由管委会联合相关部门通过技术攻关、成果转化、产业转型升级等重大项目和课题加强引导，并做好人才事业提升和生活配套保障等②。提升产教融合能级水平，通过更新产业导向的

① 《上海市教育发展“十四五”规划》，https://www.shanghai.gov.cn/gwk/search/content/3eb4bdfdfe014bbda40ff119743b74f0 [2021-08-03]。

② 《支持临港新片区加大先行先试探索 深化产教融合城市建设若干措施》，https://www.shanghai.gov.cn/nw12344/20230428/9e178b6bd58d4af396913228d31177f5.html[2023-04-28]。

教育内容、信息与资源共享机制和政策支持，实现向产业界输送高素质产业人才和技术创新与产业升级的目标。2023 年 5 月，上海市发展和改革委员会等印发的《上海市吸引集聚企业研发机构 推进研发产业化的实施意见》指出，提升产学研用融合水平，以应用为牵引，支持企业研发机构与高校、科研院所等协作融通，共建联合实验室、联合创新中心、博士后科研工作站，建立科研攻关、技术标准研制和研发产业化联动机制；鼓励高校和科研院所的实验室、大型仪器设备、科技数据、图书文献等科技资源与企业研发机构的中试验证平台等双向开放①。以推进研发产业化，来加强高校学科建设对产业发展的支撑和开拓功能。

上海市重点学科布局也存在着一些短板。例如，针对航空航天领域，上海市高校的学科水平还有较大的提升空间。目前，上海市高校在航空航天领域缺少“双一流”建设学科，只有两个一级学科博士授予点且在第四轮学科评估中只有上海交通大学取得了 C+的成绩，这与上海市航空航天领域对高端人才的需求存在着一定的差距。此外，对于未来产业和先导产业的发展需求，上海市也正在进行创新性和前瞻性的学科建设与布局调整。例如，2023 年 6 月，上海市科学技术委员会印发的《上海市“元宇宙”关键技术攻关行动方案（2023—2025 年）》提出，立足全球视野，用好本市人才支持措施，引聚一批元宇宙人才，引导高校、科研院所、企业等加大青年元宇宙人才培养力度，支持青年人才挑大梁、当主角；支持符合条件的本市高校聚焦重点产业领域自主设置相关二级学科或交叉学科，构建行业企业与高校共同参与、覆盖专业硕士与专业博士的人才培养模式，培养紧缺急需人才②。

第二节　江苏省的产业布局与学科建设

一、江苏省产业布局情况

根据江苏省人民政府印发的《江苏省国民经济和社会发展第十四个五年规划和二〇三五年远景目标纲要》和江苏省人民政府办公厅印发的《江苏省“十四五”科技创新规划》，江苏省在“十四五”期间将大力实施创新驱动发展战略，加快建设科技强省，打造具有全球影响力的产业科技创新中心③。为此，江苏省提出要

① 《上海市吸引集聚企业研发机构 推进研发产业化的实施意见》，https://www.shanghai.gov.cn/gwk/search/content/67e7df9bc9b44fc3a93b1d748fa6bb6b[2023-05-12]。

② 《上海市“元宇宙”关键技术攻关行动方案（2023—2025 年）》，https://www.shanghai.gov.cn/nw12344/20230614/0a29ac4569954f09a1fa8a8642ca0b88.html[2023-06-13]。

③ 《江苏省“十四五”科技创新规划》，http://www.jiangsu.gov.cn/art/2021/9/15/art_46144_10014555.html[2021-09-02]。

从两个方面来促进高新技术产业创新发展。一是在壮大提升一大高新技术支柱产业集群领域，立足江苏省高新技术产业发展已经形成的规模优势、配套优势，顺应产业数字化、网络化、智能化、绿色化发展趋势，着力推进集成电路、新型显示、生物医药、先进材料、高端装备、智能电网、新能源、节能环保、新能源汽车、高端软件等十大高新技术支柱产业壮大提升，加快迈进全球产业价值链的中高端。二是在培育发展十大高新技术新兴产业集群领域，聚焦正处于萌芽期、成长期的高新技术领域，推动前瞻性技术和新兴技术的产业化规模化，重点培育发展人工智能、量子信息、区块链与大数据、第三代半导体、未来网络通信、下一代物联网、先进碳材料、纳米新材料、智能制造、航空航天与深海深地等十大高新技术新兴产业集群，构筑产业引领型发展新优势。2022 年 12 月，江苏省人民政府办公厅印发的《江苏省生产性服务业十年倍增计划实施方案》提出，加快推进数字产业化，深入实施工业互联网创新工程和“5G+工业互联网”融合发展工程，积极培育智能汽车、智能家居、智能新零售、智能服务机器人等人工智能创新产品和服务，支持南京国家人工智能创新应用先导区和苏州国家新一代人工智能创新发展试验区建设，加快培育全省“人工智能科技创新走廊”和产业集群；加快推进生产性服务业数字化转型，推广云计算、大数据、人工智能、虚拟仿真、区块链等技术在咨询、信用、知识产权、广告等服务业领域的应用，稳妥有序推进数字货币、元宇宙等新模式新业态健康发展；加快突破新一代信息技术、新材料、先进制造、生物医药、新能源等产业关键核心技术①。2023 年 1 月，江苏省人民政府办公厅印发的《江苏省专精特新企业培育三年行动计划（2023—2025 年）》指出，以推动专精特新企业高质量发展为主题，以提升创新能力和专业化水平为目标，聚焦 16 个先进制造业集群和 50 条重点产业链建设，实施梯度培育、创新引领、强基固链、服务赋能，推动专精特新企业成长为自主创新的策源地、强链补链的主力军、自主品牌企业的领头雁、经济增长的稳定器；聚焦新能源汽车、动力电池、纺织服装等重点产业链，支持各地探索建设细分领域旗舰平台企业②。次月，江苏省人民政府办公厅印发的《关于推动战略性新兴产业融合集群发展的实施方案》提出，打造生物医药产业集群、智能制造装备产业集群等 5 个具有国际竞争力的战略性新兴产业集群，建设人工智能产业集群、物联网产业集群、高端软件及信息服务产业集群等 10 个国内领先的战略性新兴产业集群，培育未来网络通信产业集群、第三代半导体产业集群、前沿新材料产业集群

---

①《江苏省生产性服务业十年倍增计划实施方案》，http://www.jiangsu.gov.cn/art/2023/2/8/art_64797_10744854.html[2023-02-08]。

②《江苏省专精特新企业培育三年行动计划（2023－2025 年）》，https://www.jiangsu.gov.cn/art/2023/2/6/art_46144_10738345.html [2023-01-20]。

等 10 个引领突破的未来产业集群①。2023 年 6 月，江苏省人民政府办公厅印发的《关于支持江苏省产业技术研究院改革发展若干政策措施》也再次强调加快培育战略性新兴产业②。以上政策演变体现出江苏省产业发展重点由高新技术支柱产业向高新技术新兴产业倾斜的趋势，强调创新驱动发展，致力于建设科技强省和产业科技创新中心。通过加强高新技术支柱产业和新兴产业的发展，推动前沿技术的产业化规模化，以提升产业链的中高端水平。注重产业集群发展，通过集群效应，促进产业内企业间的协同创新和资源优化配置，以提高整体产业竞争力。同时，还体现了江苏省未来突破关键核心技术的政策趋势，未来的政策可能进一步加大对关键核心技术的研发和突破力度，旨在推动江苏省在高新技术领域的自主创新能力。

二、江苏省高校重点学科建设现状

在长三角“三省一市”中，江苏省高校学科建设水平较高。2022 年，全省 16 所高校入选国家“双一流”建设高校，48 个学科成为国家“双一流”建设学科，包括南京大学、东南大学 2 所高校的 30 个“双一流”学科，苏州大学、河海大学、南京航空航天大学、中国药科大学、中国矿业大学、南京理工大学、江南大学、南京农业大学、南京师范大学 9 所高校的 13 个“双一流”学科，南京医科大学、南京邮电大学、南京中医药大学、南京信息工程大学、南京林业大学 5 所省属高校的 5 个“双一流”学科。此外，688 个专业入选国家一流本科专业建设点，数量均位居全国前列。在全国第四轮学科评估中，江苏省 31 所高校的 466 个一级学科入围，入围学科总数居全国第二。江苏省高校中，进入 A+档的学科有 23 个，占全国总数的 10.95%，位列全国第三。A–以上学科共计 80 个，B–至 B+的学科共计 204 个，C–至 C+的学科共计 182 个。在博士点建设方面，江苏省表现同样出色，全省共计 334 个一级学科博士学位授予点，以及 31 个博士专业学位点。整体学科类型覆盖广泛，学科布局较为均衡。

三、江苏省重点学科建设对重点产业发展的支撑情况概述

江苏省的高校学科建设水平较高，以南京大学和东南大学为主要代表，全省 16 所高校入选国家“双一流”建设高校，数量位居全国前列。其中，共有 48 个学科为国家“双一流”建设学科，学科类型覆盖广泛，学科布局较为均衡，能够

① 《关于推动战略性新兴产业融合集群发展的实施方案》，http://www.jiangsu.gov.cn/art/2023/2/24/art_46144_10766859.html[2023-02-16]。

② 《关于支持江苏省产业技术研究院改革发展若干政策措施》，http://www.jiangsu.gov.cn/art/2023/6/29/art_46144_10937150.html[2023-06-26]。

为江苏省的重点产业和支柱产业发展提供有力的人才支撑与创新动力支持。2021年12月，江苏省人民政府办公厅印发的《江苏省“十四五”教育发展规划》提出江苏省“十四五”教育发展的主要任务之一是“推动高等教育内涵式发展……推进高水平大学建设。贯彻落实国家统筹推进世界一流大学和一流学科建设总体方案，持续实施江苏高水平大学建设工程……扎实推进‘双一流’建设支持计划，对进入国家‘双一流’建设行列的江苏高校给予相应的经费支持和政策支持，支持一流大学建设高校在多个领域建设一流学科，全面提升综合实力和国际竞争力；支持一流学科建设高校围绕主干学科，强化办学特色，建设一流学科。到2025年，争取新增至少1—2所高校进入国家双一流建设行列”①。同时政策文件中也强调了学科建设对产业发展的支撑作用，提出，“促进应用型本科高质量发展。推进一流应用型本科高校建设，重点建设一批有品牌专业支撑、产教紧密融合的省级重点产业学院，选聘一批本科高校产业教授……加快经济社会发展重点领域急需紧缺人才培养，加大战略性新兴产业人才培养力度……提升高校科学研究与创新服务能力。充分发挥高校基础研究主力军、应用研究重要方面军、高新技术产业化生力军和重大科技问题突破的策源地作用，不断提高科技创新能力和服务国家科技战略水平，为实现高水平科技自立自强提供强大支撑。深入实施高等学校基础研究珠峰计划，支持有关高校组建重大科技创新平台，自主选题开展基础科学研究，以多种方式参与各类先导产业示范区、先导产业研究院及企业研发平台建设。支持南京大学、东南大学、南京农业大学等高校建设国家重大科技基础设施。支持高校面向世界科技前沿、国家和区域发展重大战略需求以及关键‘卡脖子’问题，确定科技创新方向和重点，鼓励高校突破学科、专业和院系壁垒，集聚优质科技资源，提高承担国家重大科研项目的能力，形成一批标志性科研成果”。2023年2月，江苏省人民政府办公厅印发的《关于推动战略性新兴产业融合集群发展的实施方案》聚焦全省战略性新兴产业发展和“51010”集群建设重大需求，主动适应产业多学科融合发展趋势，组织实施基础研究计划，鼓励引导高校院所优化学科及专业设置，探索“政府+高校+企业”长期合作开展基础研究新模式②。力争通过高校院所的学科建设及调整，适应产业重点发展方向，聚力实施重大工程攻关项目。

① 《江苏省“十四五”教育发展规划》，http://www.jiangsu.gov.cn/art/2022/1/18/art_84418_10320272.html[2022-01-18]。

② 《关于推动战略性新兴产业融合集群发展的实施方案》，http://www.js.gov.cn/art/2023/2/24/art_84418_10766860.html[2023-02-24]。

第三节　浙江省的产业布局与学科建设

一、浙江省产业布局情况

2020年，经信厅印发的《浙江省重点产业技术联盟培育实施方案》以“八八战略”为总纲，围绕“415”产业集群和国家重大发展战略需求，聚焦浙江省重点打造的包括数字安防、集成电路、网络通信、智能计算、生物医药、炼化一体化与新材料、节能与新能源汽车、智能装备、智能家居、现代纺织等在内的十大标志性产业链，以及包括新一代信息技术、生物、高端装备制造、新材料、新能源、节能环保、数字创意等在内的战略性新兴产业和包括航空航天、人工智能、区块链、柔性电子、量子信息、北斗导航、生物工程、前沿新材料等在内的未来产业，组建产业技术联盟[①]。2021年4月，浙江省发展和改革委员会、浙江省财政厅印发的《浙江省财政“十四五”规划》强调“更好发挥现代财税体制在资源配置、财力保障和宏观调控等方面的基础作用”，提出“全省科技投入年均增长15%，支持打造‘互联网+’、生命健康、新材料三大科创高地。加强基础研究投入，推动关键核心技术、卡脖子技术攻关……支持推进实施传统制造业改造提升2.0版，创建国家传统制造业改造升级示范区，积极培育先进制造业集群，推动制造业高质量发展，建设全球先进制造业基地，加快培育‘八大万亿产业’和‘万亩千亿’新产业平台及未来产业先导区”[②]。同年6月，浙江省人民政府印发的《浙江省科技创新发展“十四五”规划》指出，“到2025年，三大科创高地建设加速推进，基本建成国际一流的‘互联网+’科创高地，初步建成国际一流的生命健康和新材料科创高地……科技创新走在全国前列，初步建成高水平创新型省份，实现重要指标‘六倍增六提升’，支撑引领高质量发展和共同富裕示范区建设取得积极进展”[③]。与此同时，浙江省还着力发展“八大万亿产业”。2017年浙江省《政府工作报告》提出，大力发展信息、环保、健康、旅游、时尚、金融、高端装备制造业和文化产业，推进各产业融合互动、业态创新，加快形成以八大万亿产业为支柱的产业体系[④]。2021年7月，《浙江省全球先进制造业基地建设“十四五”规划》提出“到2025年，全省制造业比重保持基本稳定，发展生态更具活

① 《浙江省重点产业技术联盟培育实施方案》，https://jxt.zj.gov.cn/art/2020/12/10/art_1582899_22458.html[2020-12-10]。

② 《浙江省财政“十四五”规划》，https://fzggw.zj.gov.cn/art/2021/5/8/art_1229123366_2283945.html[2021-05-08]。

③ 《浙江省科技创新发展“十四五”规划》，https://www.zj.gov.cn/art/2021/6/23/art_1229620644_2402260.html[2021-06-23]。

④ 《2017年目标任务与重点》，https://www.zj.gov.cn/art/2017/4/13/art_1546426_22505605.html[2017-04-13]。

力，数字化、高端化、绿色化发展处于全国领先地位，重点标志性产业链韧性、根植性和国际竞争力持续增强，形成一批世界级领军企业、单项冠军企业、知名品牌、核心自主知识产权和国际标准，全球先进制造业基地建设取得重大进展”的发展目标①。2022 年 1 月，浙江省人民政府印发的《浙江省人民政府关于进一步加强招商引资工作的指导意见》提出，“明确重点招商方向。围绕推动传统产业高端化、智能化、绿色化，大力招引汽车及零部件、现代纺织和服装等领域技术创新项目；聚焦做优做强战略性新兴产业，打造‘互联网+’、生命健康、新材料三大科创高地，建设海洋强省，推动实现碳达峰碳中和目标，大力招引信息技术、生物技术、高端装备、新能源及智能汽车、绿色环保、航空航天等产业链‘链主型’项目；聚焦培育新增长点，大力招引第三代半导体、类脑芯片、柔性电子、量子信息、物联网等未来产业关键环节项目”②。2023 年 1 月，浙江省人民政府印发的《浙江省“415X”先进制造业集群建设行动方案（2023—2027 年）》指出，加快构建以“415X”先进制造业集群为主体的现代化产业体系，打造全球先进制造业基地，为“两个先行”夯实物质基础；到 2025 年，全球先进制造业基地建设取得重大进展，由 4 个世界级先进产业群、15 个“浙江制造”省级特色产业集群和一批高成长性“新星”产业群等构成的“415X”先进制造业集群体系基本形成③。并在次月的《浙江省“315”科技创新体系建设工程实施方案（2023—2027 年）》再次指出，“提升‘415X’先进制造业集群能级，加快建设‘万亩千亿’新产业平台。大力发展战略性新兴产业，培育发展未来产业”④。以上政策紧紧围绕建成三大科创高地的长期目标和 2017 年浙江省《政府工作报告》提出的八大万亿产业新口号，并在浙江省制造业实现了跨越式发展的同时，提出培育“415X”先进制造业集群，打造浙江省特色现代化产业体系。此外，浙江省对战略性新兴产业的重视程度日渐加强。

二、浙江省高校重点学科建设现状

2022 年，浙江省高校拥有国家一级重点学科 14 个、二级学科 23 个。在一级学科博士学位授予点建设方面，浙江省高校拥有 137 个一级学科博士学位授予点，

---

① 《浙江省全球先进制造业基地建设“十四五”规划》，https://zj87.jxt.zj.gov.cn/zlzq/web/views/article/news/detail.html?id=84683[2021-07-02]。

② 《浙江省人民政府关于进一步加强招商引资工作的指导意见》，https://www.zj.gov.cn/art/2022/2/7/art_1229019364_2392194.html[2022-02-07]。

③ 《浙江省“415X”先进制造业集群建设行动方案（2023—2027 年）》，https://www.zj.gov.cn/art/2023/1/21/art_1229721683_2471290.html[2023-01-21]。

④ 《浙江省“315”科技创新体系建设工程实施方案（2023—2027 年）》，https://kjc.zjhu.edu.cn/_upload/article/files/3c/2a/0d6bf0614066971780034fe77eaf/c2e090f8-3957-43d8-aa19-1fe2c309aa69.pdf[2023-02-12]。

以及 17 个博士专业学位点。在首轮“双一流”评选中，浙江省 20 个学科入围，位居全国第五。在全国第四轮学科评估中，浙江 A+、A 学科分别有 11 个和 44 个，位列全国第四和第五。在第二轮“双一流”评选中，浙江省共有 3 所高校的 23 个学科入选“双一流”建设学科，包括浙江大学的 21 个“双一流”学科；宁波大学、中国美术学院 2 所省属高校的 2 个“双一流”学科。浙江省第二轮“双一流”学科数量比第一轮增加了 3 个，增长比例为 15%，其中新增学科全部来自浙江大学。与上海市和江苏省相比，浙江省在入选的高校数量和学科数量上均比较单薄，而且存在着只有浙江大学重点学科建设比较强劲的问题，没有形成良好的高校生态。

三、浙江省重点学科建设对重点产业发展的支撑情况概述

总体而言，浙江省的重点学科建设稍弱于上海市和江苏省。虽然浙江大学在“双一流”学科的建设中取得了优异的成绩，共入选 23 个学科，居于长三角地区高校的首位，但浙江省其他高校的学科实力仍须继续提升。特别是面临三大科创高地和八大万亿产业发展需求，浙江省高校重点学科建设仍然存在着不足之处。部分产业发展已经得到了重点学科的有力支撑，如“互联网+”科创领域。但是，还有很多产业的发展需要更大力度的学科发展支撑，如生命健康和新材料等。2020 年 12 月，经信厅印发的《浙江省重点产业技术联盟培育实施方案》中提出，围绕“415”产业集群和十大标志性产业链，每年布局建设一批重点产业技术联盟，充分发挥企业、高校、科研院所在研发创新、成果产业化、人才培育等方面的互补优势，构建产业创新生态，集聚创新资源要素、攻克关键核心技术、促进创新成果转化应用，力争到 2025 年实现重点领域全覆盖，为打好产业基础高级化、产业链现代化攻坚战提供动能，助力全球先进制造业基地建设①。该方案强调了高校在产业发展中作为重要的一环，可以为产业提供前沿技术和解决方案，推动产业不断进行技术升级和创新，有助于推动产业创新生态的构建。2021 年 6 月，浙江省人民政府印发的《浙江省科技创新发展“十四五”规划》提出，“支持浙江大学加快顶尖、高峰学科等学科群建设，支持西湖大学创新体制机制、提升国际竞争力，打造国家重大战略科技力量。支持省重点建设高校创建‘双一流’大学，支持各地引进培育一批学科水平国际一流的大院名校、共建创新载体，建设关键共性技术研发基地。聚焦聚力做强特色学科，推动数学、物理等基础学科和数字经济、生物医药、新材料等相关学科建设，支持中国美术学院、宁波大学等省重点建设高校建设世界一流学科，鼓励省重点建设高校冲刺国家‘双一流’或 A+学

① 《浙江省重点产业技术联盟培育实施方案》，https://jxt.zj.gov.cn/art/2020/12/10/art_1582899_22458.html[2020-12-10]。

科。坚持人才培养、科技创新、学科建设‘三位一体’，推进科教融合、产教融合，支持行业特色高校面向地方需求开展应用技术研究。支持科研院所深化改革，加强基础研究与应用基础研究能力建设。到2025年，高水平大学数量达到12所，50个以上学科（领域、方向）达到国家一流学科建设标准，80个以上学科进入基本科学指标数据库（ESI）学科前1%，若干学科进入世界一流学科行列”①。2023年2月印发的《浙江省“315”科技创新体系建设工程实施方案（2023—2027年）》指出，“大力实施高等院校‘双一流196工程’，支持浙江大学建设世界一流的综合型、研究型、创新型大学，支持西湖大学建设世界一流的新型研究型大学，在全省建成一批教育、科技、产业高效协同的高水平大学，推动更多省属高校跻身国内一流、世界一流。重点加强‘登峰学科’建设，完善高水平学科专业建设体系。加强基础科学研究，实施基础研究行动方案，推进高校院所开展有组织的科研，加强数理力学、量子信息、脑科学等领域基础研究和应用基础研究，布局建设一批数学、物理、化学等基础学科研究中心”②。

第四节 安徽省的产业布局与学科建设

一、安徽省产业布局情况

2021年4月，安徽省人民政府印发的《安徽省人民政府关于促进全省高新技术产业开发区高质量发展的实施意见》提出，“大力培育发展新兴产业。瞄准新一代信息技术、人工智能、新材料、节能环保、新能源汽车和智能网联汽车、高端装备制造、智能家电、生命健康、绿色食品、数字创意等战略重点领域……积极探索和创新适合新技术、新产品、新业态、新模式发展的管理方式，推动数字经济、平台经济、智能经济和分享经济持续壮大发展，引领新旧动能转换”③。“十四五”期间，安徽经济社会发展总目标是，坚定地朝着经济强、百姓富、生态美的新阶段现代化美好安徽进军。在塑造科技创新策源新优势方面，2022年1月印发的《安徽省“十四五”科技创新规划》提出，到2025年安徽将初步建成全国具有重要影响力的科技创新策源地和创新型省份。为此，安徽省将组建十大新兴产业综合性产业创新中心，围绕新一代信息技术、新能源汽车和智能网联汽车、数

① 《浙江省科技创新发展“十四五”规划》，https://kjt.zj.gov.cn/art/2021/6/23/art_1229247517_4670157.html[2021-06-23]。

② 《浙江省“315”科技创新体系建设工程实施方案（2023—2027年）》，https://kjc.zjhu.edu.cn/_upload/article/files/3c/2a/0d6bf0614066971780034fe77eaf/c2e090f8-3957-43d8-aa19-1fe2c309aa69.pdf[2023-02-12]。

③ 《安徽省人民政府关于促进全省高新技术产业开发区高质量发展的实施意见》，https://www.ah.gov.cn/szf/zfgb/553994951.html[2021-06-03]。

字创意、高端装备制造、新能源和节能环保、绿色食品、生命健康、智能家电、新材料、人工智能等十大新兴产业领域，充分发挥创新优势，构建技术支撑体系，增强十大新兴产业核心竞争力，推动十大新兴产业高质量发展，构建一批各具特色、优势互补、结构合理的战略性新兴产业增长引擎，为构建新兴产业集聚地筑势赋能①。2023 年 6 月，安徽省科学技术厅印发的《安徽省产业创新研究院建设行动实施方案（试行）》提出了“省产业创新研究院聚焦十大新兴产业和我省重点发展的未来产业以及建设‘科大硅谷’等创新资源集聚区”的目标；“支持省产业创新研究院聚焦全省十大新兴产业和未来产业培育发展及传统产业升级创新需求”“加快构建以省产业创新研究院为引领的技术创新平台体系”，满足省重点产业创新发展需求②。综上可见，安徽省注重提升十大新兴产业技术创新能力，推动十大新兴产业高质量发展，力争构建一批各具特色、优势互补、结构合理的战略性新兴产业增长引擎，为构建新兴产业集聚地筑势赋能。

二、安徽省高校重点学科建设现状

安徽省在重点学科建设方面稍显不足，共有 3 所高校 13 个学科入选“双一流”建设学科，包括中国科学技术大学的 11 个“双一流”学科；安徽大学、合肥工业大学 2 所高校的 2 个“双一流”学科。与浙江省类似，安徽省在重点学科建设方面体现出中国科学技术大学一家独大，其他高校一流学科缺乏的特征。并且，相对于浙江大学而言，中国科学技术大学的“双一流”建设学科数量也略逊一筹，安徽省总体水平在“三省一市”中最低。在全国第四轮学科评估中，安徽省高校共有 148 个一级学科入围，其中进入 A+档的学科有 23 个，A−以上学科共计 16 个，B−至 B+的学科共计 60 个，C−至 C+的学科共计 72 个。在博士点建设方面，2022 年，安徽省共计 101 个一级学科博士学位授予点，以及 11 个博士专业学位点。

三、安徽省重点学科建设对重点产业发展的支撑情况概述

安徽省高校学科建设实力明显较弱，当前只有 13 个“双一流”建设学科，相对于江苏省、上海市、浙江省而言，支撑重点产业的学科建设水平不足。具体体现如下。一是安徽省“双一流”建设学科总体数量少，只有上海市“双一流”建设学科数量的五分之一，江苏省“双一流”建设学科数量的不到三分之一；二是学科资源分布不均，中国科学技术大学在安徽省内一家独大，其他省内高校的学

① 《安徽省“十四五”科技创新规划》，https://www.ah.gov.cn/public/1681/554112231.html[2022-02-22]。

② 《安徽省产业创新研究院建设行动实施方案（试行）》，https://www.ah.gov.cn/szf/zfgb/564243251.html[2023-06-19]。

科实力还不足以支撑重点产业的发展。此外，在绿色食品、数字创意、生命健康产业领域中的学科实力尤为欠缺。总体来看，安徽省高校不仅“双一流”建设学科缺少，一级学科博士学位授予点数量也较少。安徽省近年来陆续出台政策文件来引导学科建设对重点产业发展的支撑。2021 年 4 月，安徽省人民政府印发的《安徽省人民政府关于促进全省高新技术产业开发区高质量发展的实施意见》指出，“支持国内外科研院所、高等学校及其领军人物在高新区设立拥有核心技术、配置核心科研团队的独立研发机构、分支机构、科学家工作站、实验室等。支持高等学校在高新区设立博士后科研流动站，支持高等学校与高新区企业共建研究生联合培养基地和协同创新联盟，联合开展关键核心技术和共性技术研发攻关。支持高新区以骨干企业为主体，联合高等学校、科研院所建设市场化运行的高水平实验设施、创新基地”①。2022 年 2 月，安徽省人民政府办公厅印发的《安徽省“十四五”科技创新规划》提到“建设高水平大学和科研机构。持续推进‘双一流’建设，支持中国科学技术大学办成中国特色、世界一流大学，合肥工业大学和安徽大学等高校建设一批世界一流学科。发展高水平研究型大学，加大基础学科和新兴交叉学科支持力度。推进科研院所分类改革，推进新型研发机构体制机制创新，探索基础研究发展新模式。推动知名高校和科研机构与安徽科教资源的融合，引进知名高校和科研机构来皖设立分支机构，建立研发中心。支持高校积极建设专业学院，支持中国科学技术大学、合肥工业大学建设示范性微电子学院，中国科学技术大学建设未来技术学院，安徽大学建设未来学院。鼓励社会力量单独设立或联合设立非营利性高水平科研机构开展基础研究”②。2022 年 6 月，安徽省人民政府印发的《深化高校学科专业结构改革服务产业创新发展实施方案（2022—2025 年）》提出深化高校学科专业结构改革的目标，“到 2025 年，高等教育布局结构更加合理，符合条件的高校向应用型深度转型，高校区域功能定位与产业布局匹配度大幅提升。跨界融合、科教融合、产教融合、校企合作更加紧密，学科专业结构更加适应科技创新和新兴产业发展需要，原始创新和关键核心技术攻关能力明显增强，科技成果转化效率大幅提升，人才链、产业链、供应链、创新链、资金链、政策链等‘多链协同’的产业生态基本形成。教育对外合作开放步伐显著加快，全方位开放新格局基本形成”。同时，提出了“优化高校类型结构”“持续推进‘双一流’建设”“分类建设高水平大学”“建立‘1+10+1’战略合作联盟”“提升高校学科水平”“加快高峰学科建设”“加强基础学科建设”“优化应

① 《安徽省人民政府关于促进全省高新技术产业开发区高质量发展的实施意见》，https://www.ah.gov.cn/szf/zfgb/553994951.html[2021-06-03]。

② 《安徽省“十四五”科技创新规划》，https://www.ah.gov.cn/public/1681/554112231.html[2022-02-22]。

用学科布局”“强化新兴交叉学科建设”“扶强特色学科”的主要任务[①]。2022 年 10 月，安徽省科学技术厅和安徽省教育厅印发的《安徽省联合共建学科重点实验室实施方案（试行）》为深化科技创新体制机制改革，加快推进科技成果转化应用体系建设，大力促进基础研究、应用研究、技术创新和产业发展贯通、创新链与产业链融合发展，破解学科建设与产业发展不匹配、产学研深度融合不够的深层次矛盾，提出依托安徽省相关重点企业与高校院所联合共建的联合实验室，以“企业出题—高校院所与企业联合攻关解题—成果与资源双方共享”的开放合作建设模式，实行开放的运行管理机制[②]。

① 《深化高校学科专业结构改革服务产业创新发展实施方案（2022—2025 年）》，https://www.ah.gov.cn/public/1681/554198031.html[2022-07-18]。

② 《安徽省联合共建学科重点实验室实施方案（试行）》，http://kjt.ah.gov.cn/public/21671/121280541.html [2022-10-26]。

第十四章　长三角地区学科建设与重点产业匹配度分析

第一节　学科建设与重点产业布局的匹配概况

一、上海市

针对上海市"十四五"期间要重点打造的"9+X"战略性新兴产业和先导产业发展体系，本章针对具体产业的发展需求，梳理上海市高校中相应的强相关学科、支撑学科和基础学科建设情况，来判断学科建设对产业发展的支撑作用，并分析需要进一步加强建设的学科。针对集成电路、生物医药、人工智能等三大核心产业，新能源汽车、高端装备、航空航天、信息通信、新材料、新兴数字产业等六大重点产业，以及光子芯片与器件、类脑智能等先导产业进行详细分析。

在集成电路产业方面，如图 14-1 所示，2022 年，上海市高校拥有 3 个集成电路科学与工程一级学科博士学位授予点、4 个电子科学与技术一级学科博士学位授予点、2 个光学工程一级学科博士学位授予点、4 个电子信息一级学科博士学位授予点、4 个电气工程一级学科博士学位授予点等强相关学科；拥有 8 个工商管理一级学科博士学位授予点、9 个管理科学与工程一级学科博士学位授予点等支撑学科；拥有 7 个物理学一级学科博士学位授予点、8 个化学一级学科博士学位授予点、9 个数学一级学科博士学位授予点等基础学科。总体看来，基础学科和支撑学科配置较高，强相关学科布局比较完善，但整体数量还可以进一步提升。

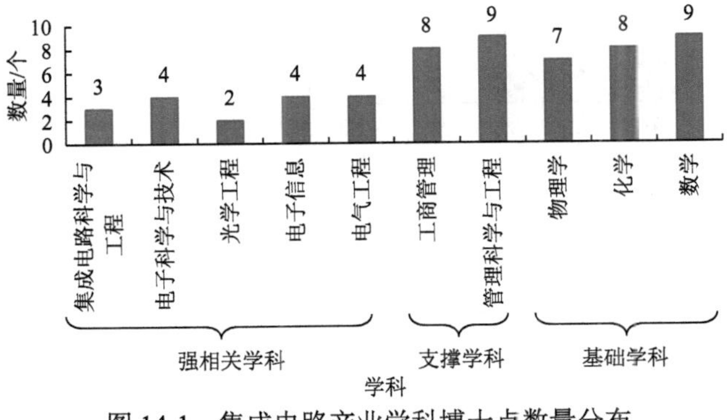

图 14-1　集成电路产业学科博士点数量分布

在生物医药产业方面，如图 14-2 所示，上海市高校拥有 2 个生物工程一级学科博士学位授予点、3 个生物医学工程一级学科博士学位授予点、4 个药学一级学科博士学位授予点、2 个生物与医药一级学科博士学位授予点、2 个中药学一级学科博士学位授予点等强相关学科；拥有 9 个生物学一级学科博士学位授予点、8 个化学一级学科博士学位授予点等密切相关的基础学科；以及 8 个应用经济学一级学科博士学位授予点、8 个工商管理一级学科博士学位授予点和 9 个管理科学与工程一级学科博士学位授予点等支撑学科。总体看来，从基础学科、强相关学科到支撑学科，形成了强有力生物医药产业发展的学科体系。

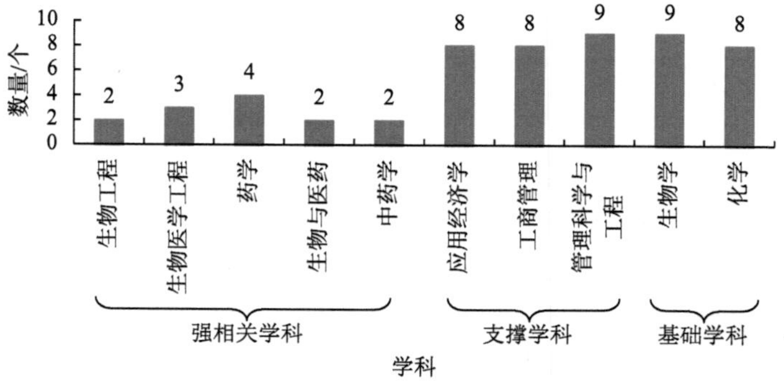

图 14-2　生物医药产业学科博士点数量分布

在人工智能产业方面，如图 14-3 所示，上海市高校拥有 6 个计算机科学与技术一级学科博士学位授予点、6 个控制科学与工程一级学科博士学位授予点、4 个电子信息一级学科博士学位授予点、2 个软件工程一级学科博士学位授予点，还拥有 7 个物理学一级学科博士学位授予点和 9 个数学一级学科博士学位授予点。整体学科建设实力较高，但存在着明显的短板，即没有密切相关的智能科学与技术一级学科博士学位授予点。这也是今后上海市高校学科建设需要重点关注的方向。

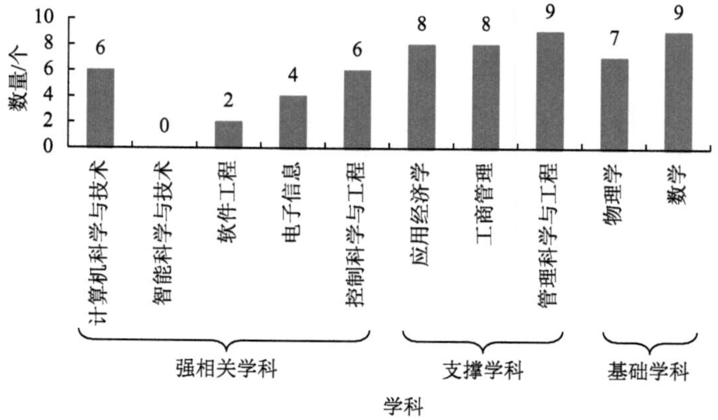

图 14-3　人工智能产业学科博士点数量分布

在新能源汽车产业方面，如图 14-4 所示，上海市高校重点学科整体布局比较完善，各学科数量分布比较均衡，拥有 6 个机械工程一级学科博士学位授予点和 3 个机械博士专业学位点。特别是针对新能源汽车发展需要的动力工程及工程热物理、能源动力等方面，均有较高水平的学科博士点，总体水平较高。

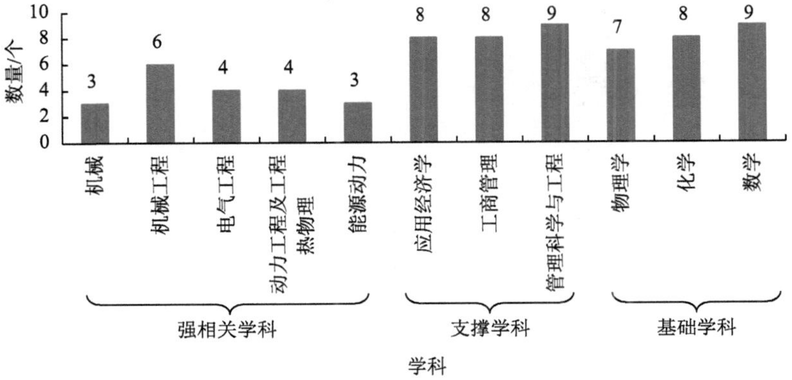

图 14-4　新能源汽车产业学科博士点数量分布

在高端装备产业和航空航天产业方面，上海市在相关科学建设中已经取得一定成绩，但是相对于上海市重点产业的发展需求，仍然存在着很多不足。图 14-5 显示了支持高端装备产业发展的学科博士点数量分布情况。由此可知，在密切相关的学科建设方面，已经有 2 个船舶与海洋工程一级学科博士学位授予点。图 14-6 展示了航空航天产业学科博士点数量，其中也有 3 个航空宇航科学与技术一级学科博士学位授予点，以及 4 个动力工程及工程热物理一级学科博士学位授予点。总体来看，面向这两个产业发展的学科体系还需要进一步丰富，特别是航空航天产业的学科建设。

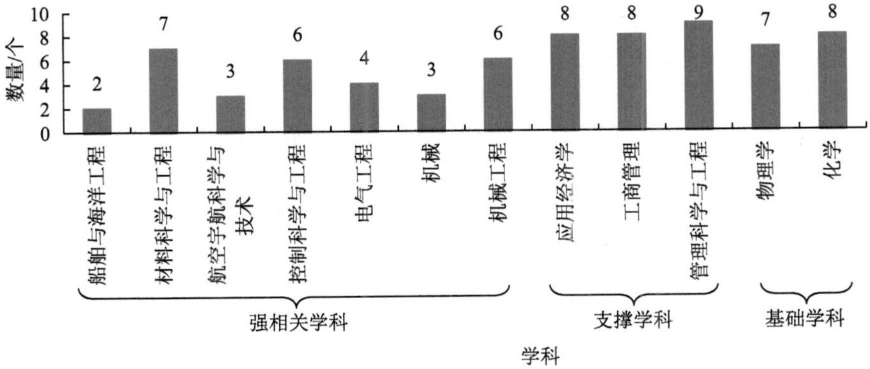

图 14-5　高端装备产业学科博士点数量分布

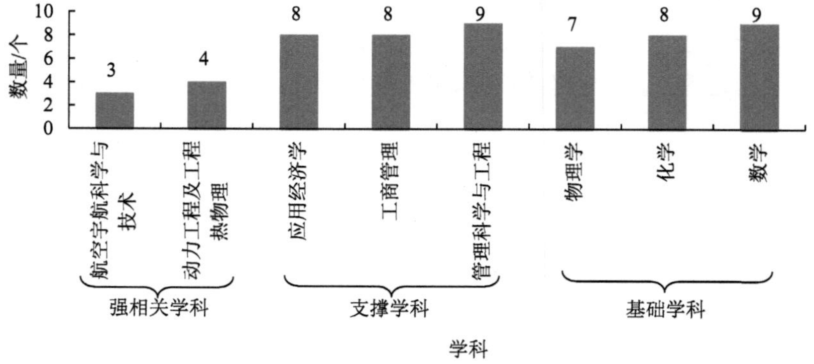

图 14-6　航空航天产业学科博士点数量分布

在信息通信产业方面，如图 14-7 所示，上海市高校目前拥有信息与通信工程、电子信息、计算机科学与技术等一级学科博士学位授予点，资源丰富且分布均匀，其他支撑学科和基础学科发展强劲，能够有效促进信息通信产业重点领域的发展。

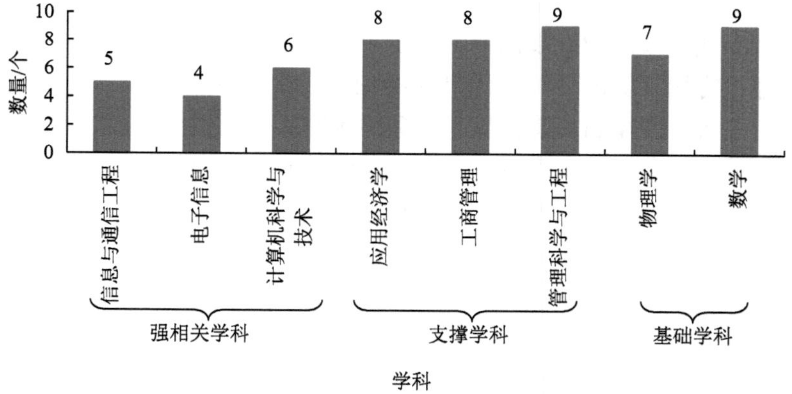

图 14-7　信息通信产业学科博士点数量分布

在新材料产业方面，如图 14-8 所示，目前上海市高校共拥有 7 个材料科学与工程一级学科博士学位授予点、5 个材料与化工博士专业学位点，整体学科实力强劲。

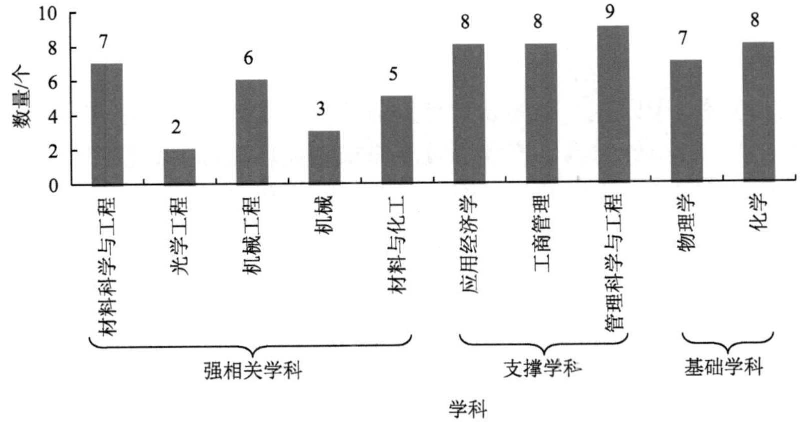

图 14-8　新材料产业学科博士点数量分布

在新兴数字产业方面，如图 14-9 所示，上海市高校拥有计算机科学与技术、软件工程等一级学科博士学位授予点、电子信息博士专业学位点，学科布局完善。

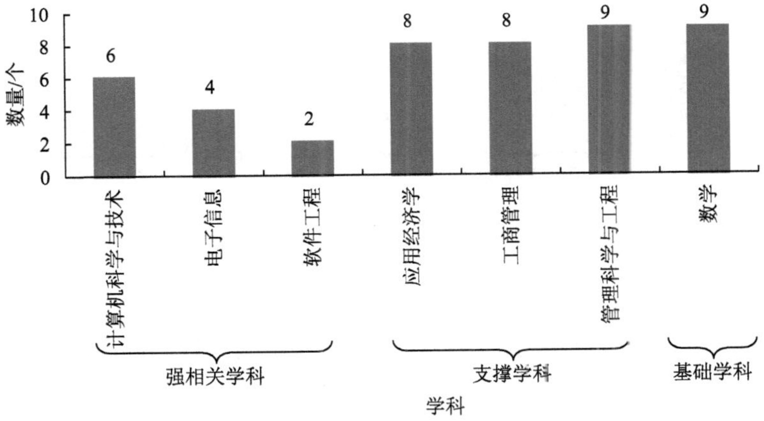

图 14-9　新兴数字产业学科博士点数量分布

综合上述分析可知，上海市高校的重点学科布局比较完善，支撑学科和基础学科有较强的学科实力，能够适应其“十四五”期间的重点产业发展需求。在学科资源丰富的情况下，存在着帮扶长三角地区其他省区市的可能性。通过学科博士点数量分布来看，上海市高校在信息通信产业、新能源汽车产业、新材料产业中的强相关学科博士点较多，目前学科发展建设水平较高，并且能够为产业发展提供高质量的人才培养。在新兴数字产业、生物医药产业、信息通信产业、航空航天产业等领域还需要加大强相关学科的建设力度，虽然目前相关产业的布局较为完善，但是博士点数量较少，在产业发展的人才培养方面还存在不足。

二、江苏省

针对江苏省“十四五”期间要重点打造的十大高新技术支柱产业和十大高新技术新兴产业，本节针对具体产业的发展需求，梳理江苏省高校中相应的强相关学科、支撑学科和基础学科建设情况，以此判断学科建设对重点产业发展的支撑作用，并分析需要进一步加强建设的学科。

在集成电路产业方面，根据图 14-10 可知，江苏省高校拥有 3 个集成电路科学与工程、4 个电子科学与技术、7 个光学工程、5 个电气工程等一级学科博士学位授予点，还拥有 8 个物理学和 11 个数学一级学科博士学位授予点。整体学科布局较全面，支撑学科和基础学科方面的布局也较完善。

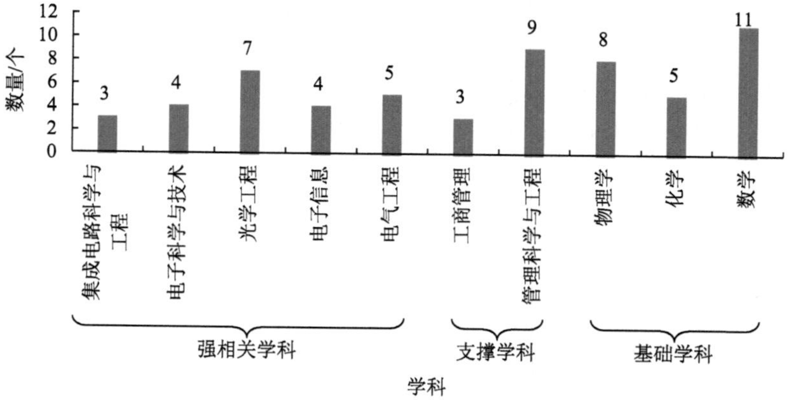

图 14-10　集成电路产业学科博士点数量分布

在新型显示产业方面，如图 14-11 所示，江苏省高校拥有 9 个材料科学与工程和 7 个光学工程一级学科博士学位授予点，学科实力较强，且学科整体布局比较完善，各学科数量分布较均匀。

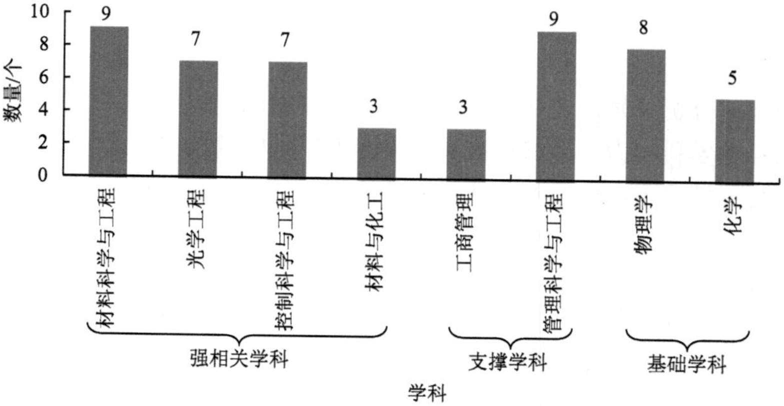

图 14-11　新型显示产业学科博士点数量分布

在生物医药产业方面，如图 14-12 所示，江苏省高校虽然学科布局较全面，但是一级学科博士学位授予点数量不多。特别是在生物工程、生物医学工程一级学科建设方面，都只拥有 1 个一级学科博士点，需要加大建设力度。

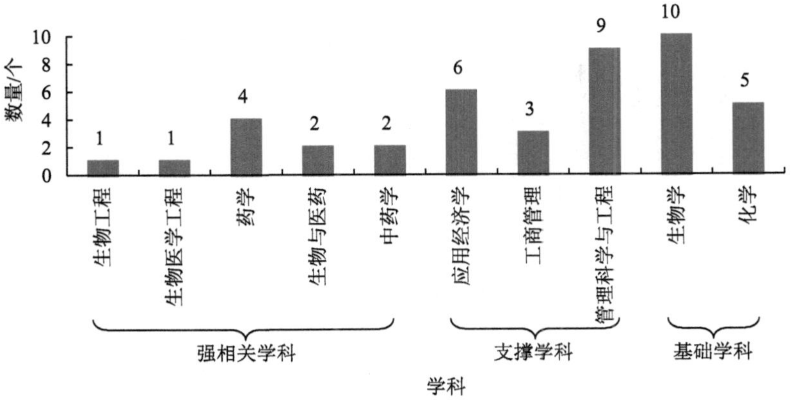

图 14-12　生物医药产业学科博士点数量分布

在先进材料产业方面，主要依托材料科学与工程、材料与化工学科。如图 14-13 所示，江苏省高校拥有 9 个材料科学与工程、3 个材料与化工一级学科博士学位授予点；在基础学科方面，拥有 8 个物理学和 5 个化学一级学科博士学位授予点，整体学科实力强劲，学科布局较为合理。

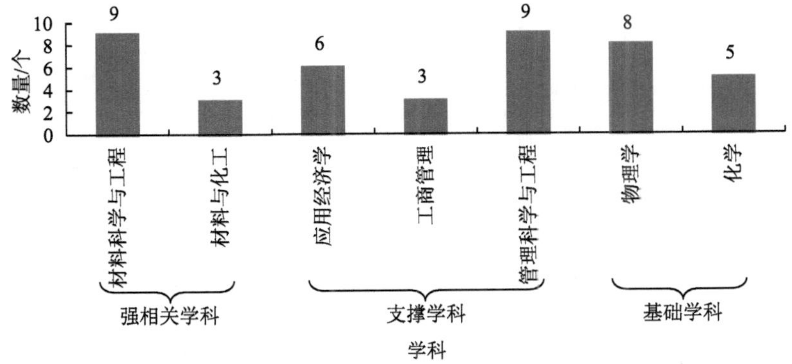

图 14-13　先进材料产业学科博士点数量分布

在高端装备产业方面，涉及航空装备、深海装备等。江苏省高校在这方面的学科布局较全面，但是学科实力较薄弱。如图 14-14 所示，江苏省只有 1 个船舶与海洋工程学科博士点、2 个航空宇航科学与技术学科博士点，在这两个学科博士点建设方面还须加强力度。

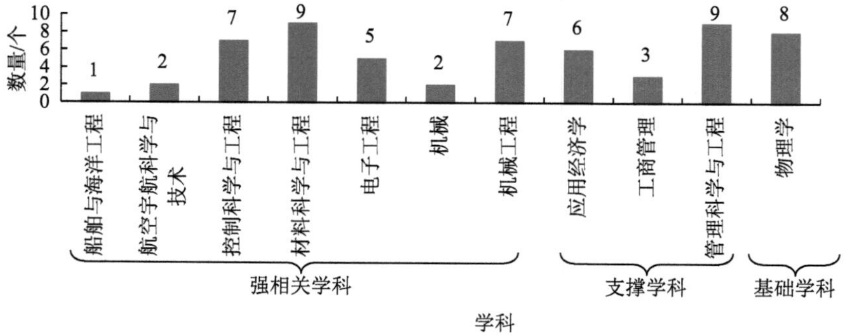

图 14-14　高端装备产业学科博士点数量分布

在智能电网产业方面，主要依托电气工程、信息与通信工程两个一级学科。如图 14-15 所示，江苏省高校拥有 10 个信息与通信工程和 5 个电气工程一级学科博士学位授予点，从强相关学科到基础学科，学科布局全面且学科实力强劲，能够有力支撑产业发展。

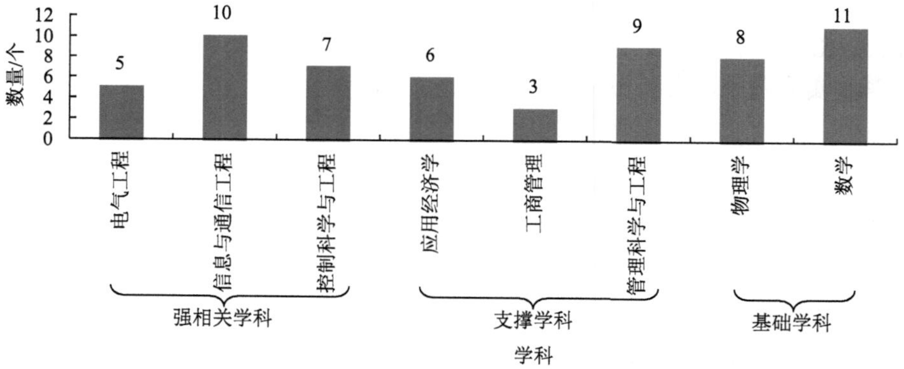

图 14-15　智能电网产业学科博士点数量分布

在新能源产业方面，如图 14-16 所示，江苏省高校拥有 5 个动力工程及工程热物理一级学科博士学位授予点。但是缺少核科学与技术的一级学科博士学位授予点，能源动力专业学科博士点的数量也较少，在该产业领域内需要加大对相关一级学科博士学位授予点的建设力度。

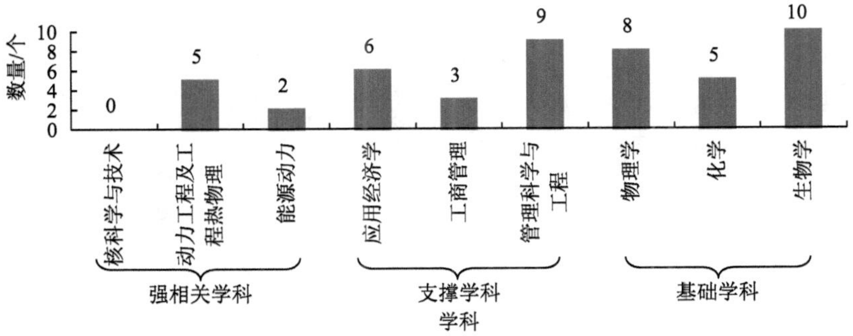

图 14-16　新能源产业学科博士点数量分布

在节能环保产业方面，如图 14-17 所示，江苏省高校拥有 9 个环境科学与工程一级学科博士学位授予点、4 个生态学一级学科博士学位授予点、10 个生物学一级学科博士学位授予点，学科实力强劲，学科布局较合理，能够为节能环保产业输送高端人才。

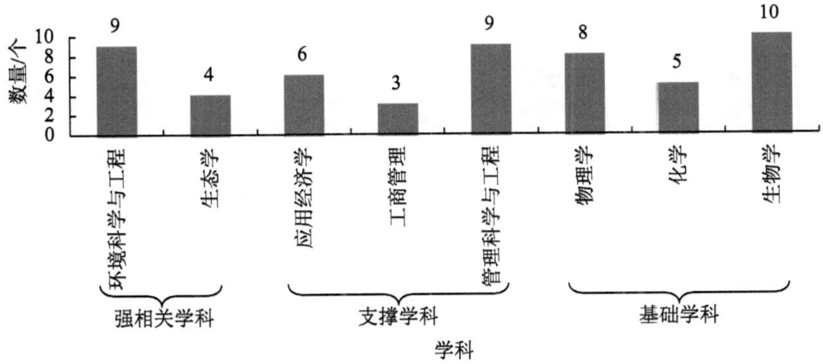

图 14-17　节能环保产业学科博士点数量分布

在新能源汽车产业方面，如图 14-18 所示，江苏省高校学科布局较全面，拥有 7 个机械工程一级学科博士学位授予点、5 个电气工程一级学科博士学位授予点、5 个动力工程及工程热物理一级学科博士学位授予点以及 2 个机械博士专业学位授权点。学科实力较好，基础学科配置较高。

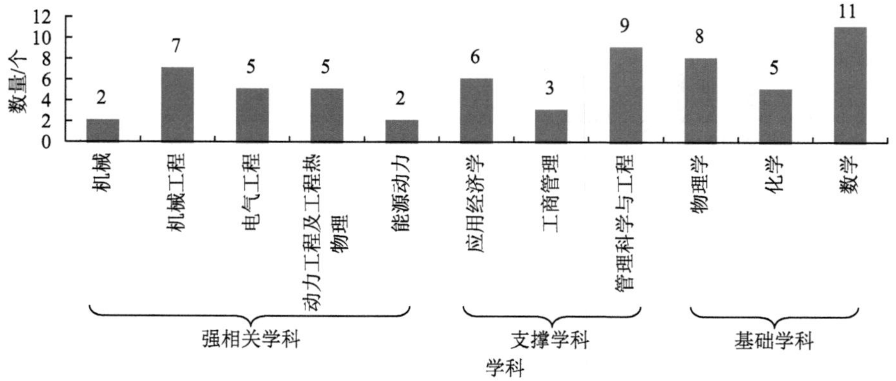

图 14-18 新能源汽车产业学科博士点数量分布

在高端软件产业方面，江苏省高校拥有 9 个计算机科学与技术、8 个软件工程一级学科博士学位授予点以及 4 个电子信息博士专业学位授权点。具体如图 14-19 所示，整体学科建设实力较高，学科布局也较完善。

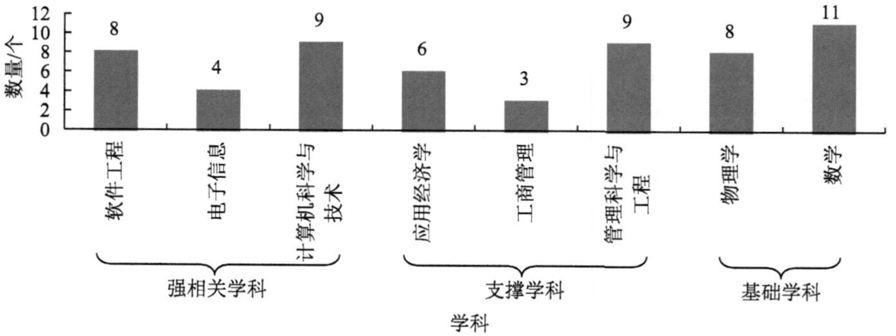

图 14-19 高端软件产业学科博士点数量分布

在人工智能产业方面，主要依托软件工程、计算机科学与技术以及智能科学与技术学科等强相关学科。如图 14-20 所示，江苏省高校拥有 8 个软件工程一级学科博士学位授予点、9 个计算机科学与技术一级学科博士学位授予点、7 个控制科学与工程一级学科博士学位授予点以及 4 个电子信息博士专业学位授权点。总体而言，学科布局全面且学科博士点数量多，具有强劲的学科支撑。

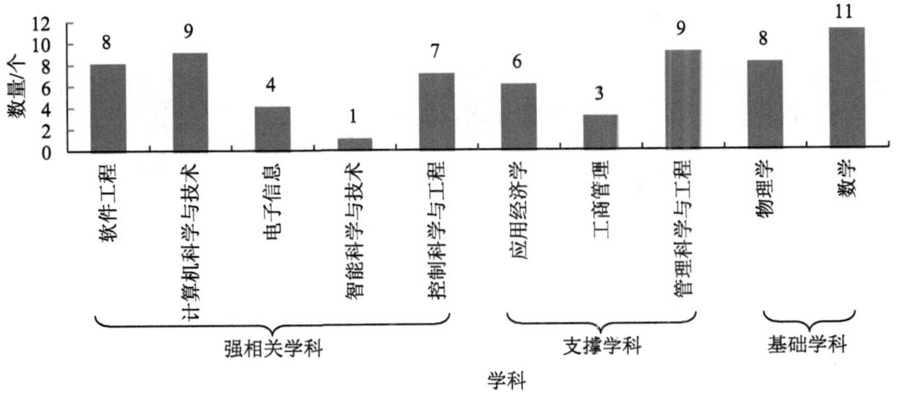

图 14-20　人工智能产业学科博士点数量分布

在量子信息产业方面，如图 14-21 所示，江苏省高校拥有 9 个计算机科学与技术一级学科博士学位授予点、4 个电子科学与技术一级学科博士学位授予点、4 个电子信息博士专业学位授权点。强相关学科实力强劲，基础学科建设水平高，可以有力支撑产业的快速发展。

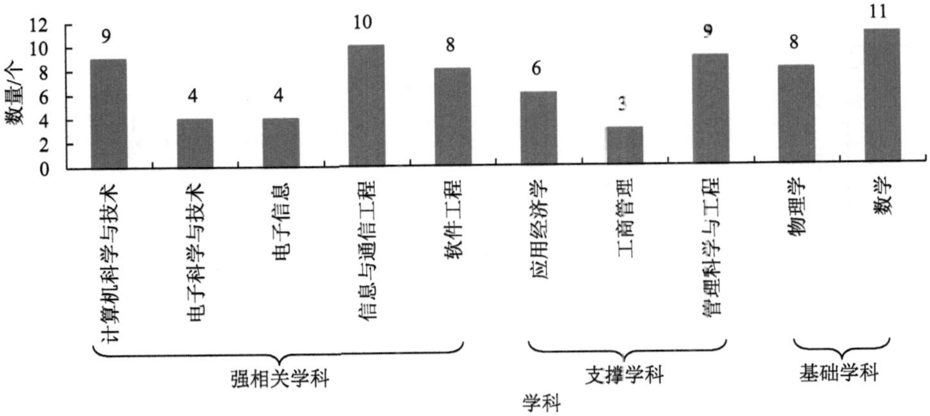

图 14-21　量子信息产业学科博士点数量分布

在区块链与大数据产业方面，需要依托电子信息、计算机科学与技术等强相关学科。如图 14-22 所示，江苏省高校拥有 9 个计算机科学与技术一级学科博士学位授予点、4 个电子科学与技术一级学科博士学位授予点、4 个电子信息博士专业学位授权点。总体来看，学科分布均匀，学科实力强劲。

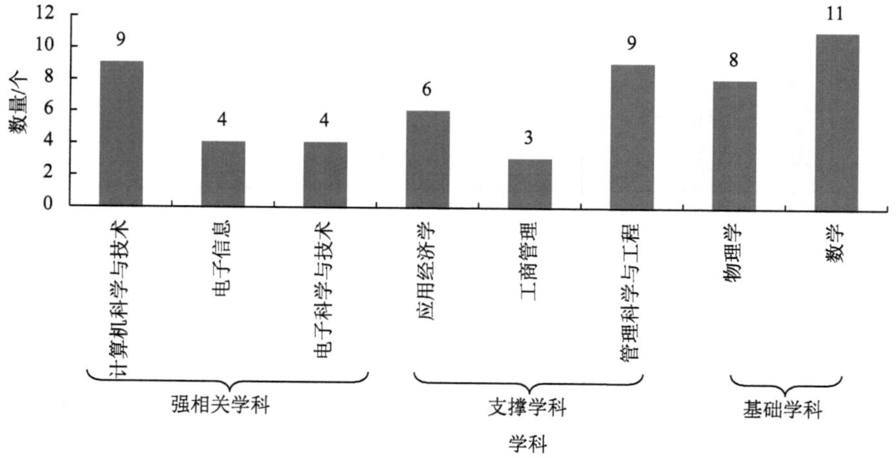

图 14-22 区块链与大数据产业学科博士点数量分布

在第三代半导体产业方面，江苏省高校学科资源丰富。如图 14-23 所示，江苏省高校拥有 9 个材料科学与工程一级学科博士学位授予点、4 个电子科学与技术一级学科博士学位授予点、7 个光学工程一级学科博士学位授予点、3 个集成电路科学与工程一级学科博士学位授予点，以及 3 个材料与化工和 4 个电子信息专业博士学位点。目前，江苏省面向该产业的学科建设水平较高，学科布局较完善，可以满足产业发展的人才需求。

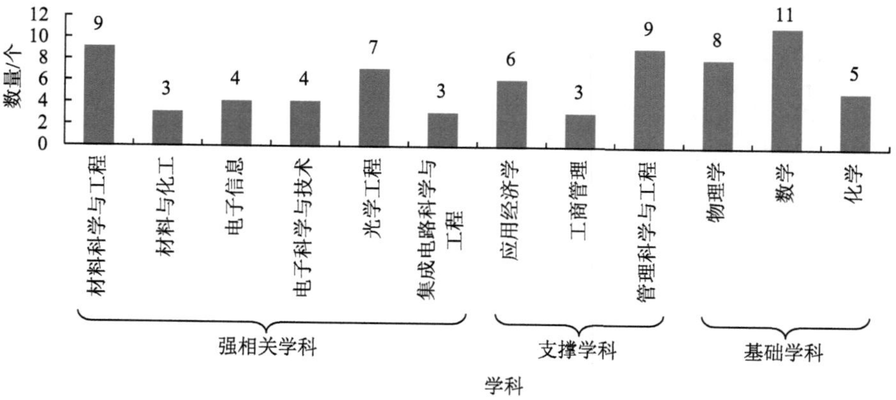

图 14-23 第三代半导体产业学科博士点数量分布

在未来网络通信产业方面，需要依托信息与通信工程等学科。如图 14-24 所示，江苏省高校拥有 10 个信息与通信工程一级学科博士学位授予点、4 个电子科学与技术一级学科博士学位授予点以及 4 个电子信息博士专业学位授权点。总体而言，学科博士点数量多，能够满足产业高端人才的输送。

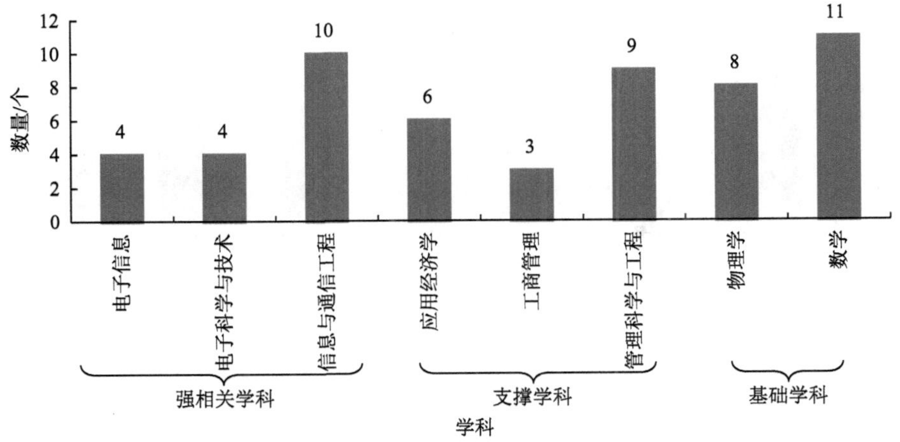

图 14-24　未来网络通信产业学科博士点数量分布

在下一代物联网产业方面，江苏省高校学科布局完善，博士点数量多。如图 14-25 所示，江苏省高校拥有 9 个计算机科学与技术、10 个信息与通信工程一级学科博士学位授予点、4 个电子科学与技术一级学科博士学位授予点以及 4 个电子信息博士专业学位授权点。

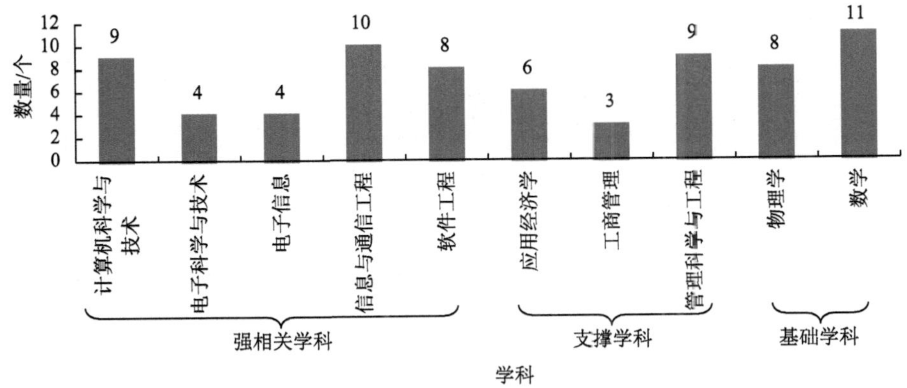

图 14-25　下一代物联网产业学科博士点数量分布

在先进碳材料产业和纳米新材料产业方面，主要依托材料科学与工程等学科。如图 14-26 所示，江苏省高校拥有 9 个材料科学与工程一级学科博士学位授予点以及 3 个材料与化工专业博士学位点。但是，如图 14-27 所示，江苏省高校缺少与纳米新材料产业密切相关的纳米科学与工程一级学科博士学位授予点，在这方面须加大学科建设力度。

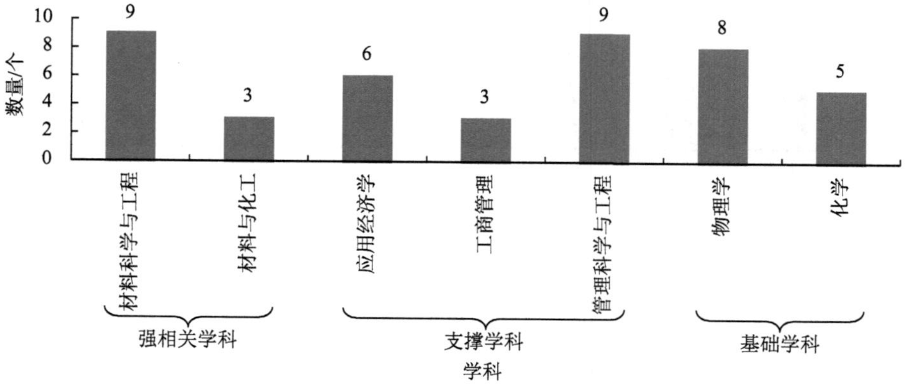

图 14-26　先进碳材料产业学科博士点数量分布

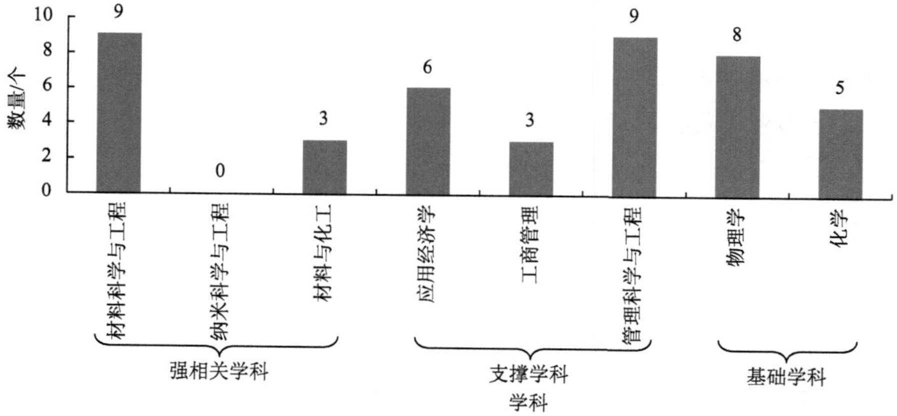

图 14-27　纳米新材料产业学科博士点数量分布

在智能制造产业方面，江苏省高校学科分布均匀，博士点数量较多。如图 14-28 所示，江苏省高校拥有 1 个智能科学与技术一级学科博士学位授予点、7 个控制科学与工程一级学科博士学位授予点、4 个电子科学与技术一级学科博士学位授予点、7 个机械工程一级学科博士学位授予点以及 2 个机械博士专业学位授权点。总体来看，学科布局较完善且学科实力强劲。

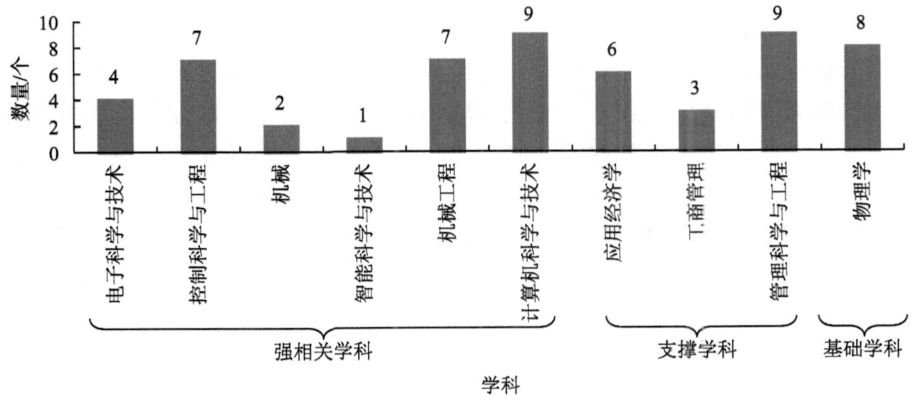

图 14-28　智能制造产业学科博士点数量分布

在航空航天与深海深地产业方面，江苏省高校虽然在学科布局上较全面，但是各学科博士点数量少。如图 14-29 所示，江苏省高校拥有 1 个海洋科学一级学科博士学位授予点、7 个机械工程一级学科博士学位授予点、1 个船舶与海洋工程一级学科博士学位授予点、2 个航空宇航科学与技术一级学科博士学位授予点以及 2 个机械博士专业学位授权点。强相关学科中的船舶与海洋工程和航空宇航科学与技术这两个一级学科博士学位授予点数量较少，须加强学科建设力度。

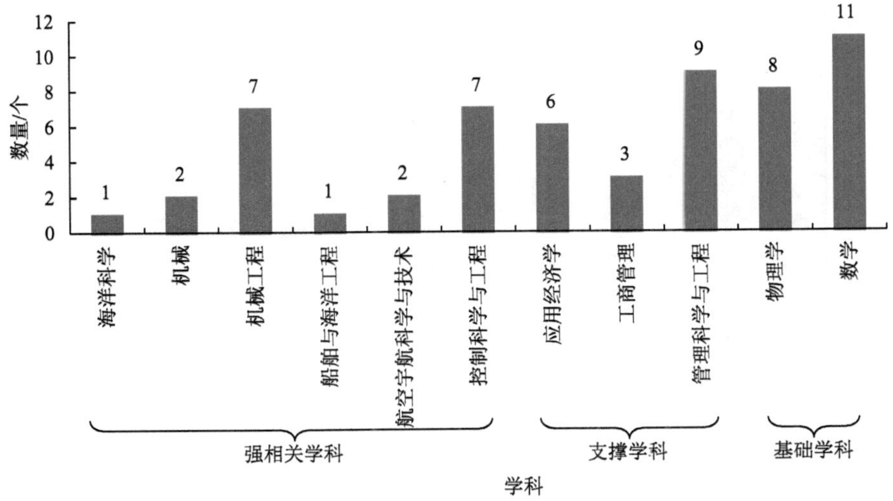

图 14-29　航空航天与深海深地产业学科博士点数量分布

综合上述分析可知，江苏省重点学科布局比较完善，基础学科建设水平高。通过学科博士点数量分布来看，江苏省高校能够在较多的重点产业中给予人才和智力支撑，其强相关学科博士点建设已经达到较高水平，如集成电路产业、新型显示产业、先进材料产业、智能电网产业、节能环保产业、新能源汽车产业、高端软件产业、人工智能产业、量子信息产业、区块链与大数据产业、第三代半导体产业、未来网络通信产业、下一代物联网产业、智能制造产业等，而少部分产业还需要加大强相关学科的建设力度，生物医药产业、高端装备产业、新能源产业、先进碳材料产业、纳米新材料产业、航空航天与深海深地产业。其强相关学科博士点数量较少，如航空航天与深海深地产业中的海洋科学，船舶与海洋工程等学科的博士点数量只有一个，难以满足产业发展的人才需求，还需要加快布局强相关学科。

三、浙江省

针对浙江省“十四五”期间要重点打造的三大科创高地产业以及已经在发展的八大万亿产业，本节针对具体产业的发展需求，梳理浙江省高校中相应的强相关学科、支撑学科和基础学科建设情况，以此判断学科建设对产业发展的支撑作用，并分析需要进一步加强建设的学科。

在“互联网+”科创高地方面，浙江省学科布局完善，但是博士点数量较少，且存在着短板。如图 14-30 所示，全省共有 20 个相关的一级学科博士学位授予点，包括电子科学与技术、计算机科学与技术、控制科学与工程、软件工程、信息与通信工程、集成电路科学与工程等，以及 4 个电子信息专业学位博士点。但是，目前还没有智能科学与技术的一级学科博士学位授予点。

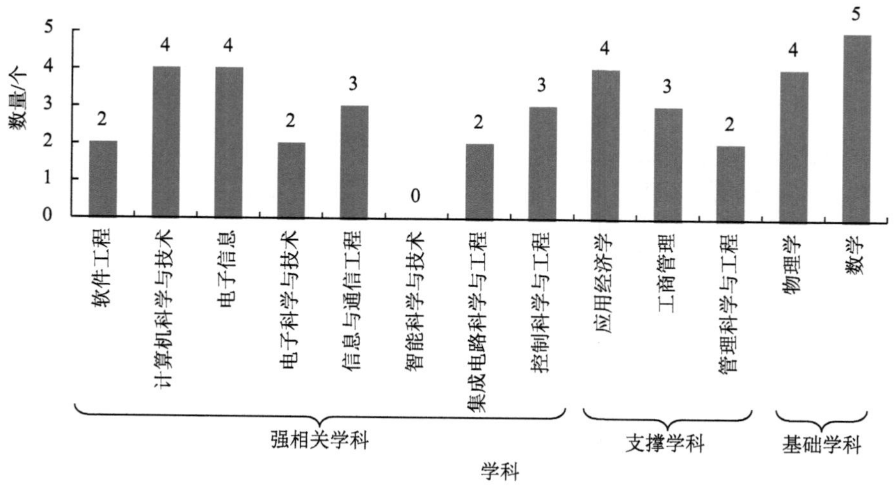

图 14-30　“互联网+”科创高地学科博士点数量分布

在生命健康科创高地方面，浙江省高校学科分布广泛，但是学科博士点数量少。如图 14-31 所示，浙江省高校共有 15 个一级学科博士学位授予点，包括公共卫生与预防医学、护理学、基础医学、口腔医学、临床医学、药学、医学技术、中西医结合、中药学、中医学等相关学科；5 个博士专业学位授权点，包括临床医学、口腔医学、生物与医药、中医等相关学科方向。但是，这些学科大部分只有 1 个博士点，主要原因是大部分博士点都集中在浙江大学。因此，浙江省还需要加强与其他高校的相关学科建设，使其能够有力支撑浙江省生命健康产业的强势发展。

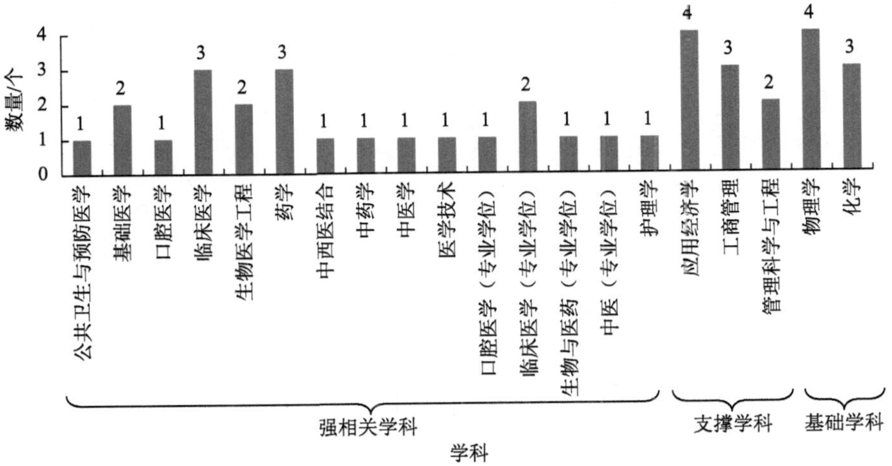

图 14-31　生命健康科创高地学科博士点数量分布

在新材料科创高地方面，浙江省高校在新材料领域的学科布局和优势学科相对较少。如图 14-32 所示，浙江省高校共有 9 个一级学科博士学位授予点，包括材料科学与工程、机械工程、光学工程等相关学科；共有 3 个博士专业学位授权点，包括材料与化工、机械等相关学科。相对于上海市和江苏省，浙江省学科建设整体实力不足，亟待加强。

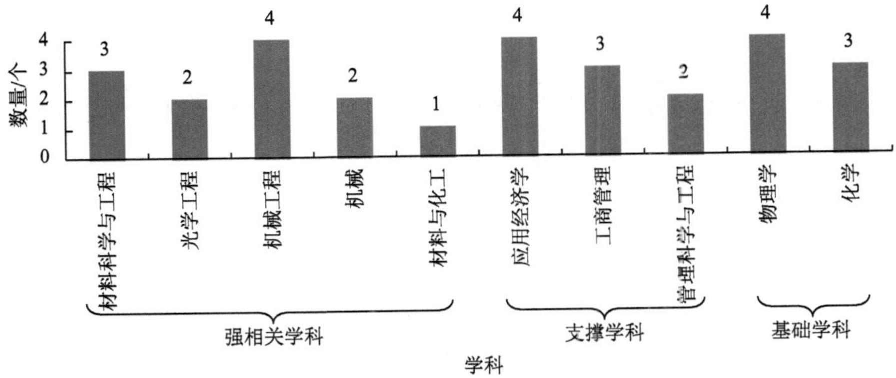

图 14-32　新材料科创高地学科博士点数量分布

在信息经济、金融产业和健康产业方面，如图 14-33 所示，浙江省高校拥有 1 个理论经济学一级学科博士学位授予点和 4 个应用经济学一级学科博士学位授予点。浙江省高校在经济学方面的相关学科建设全面，但一级学科博士学位授予点数量较少，须加大学科建设力度。

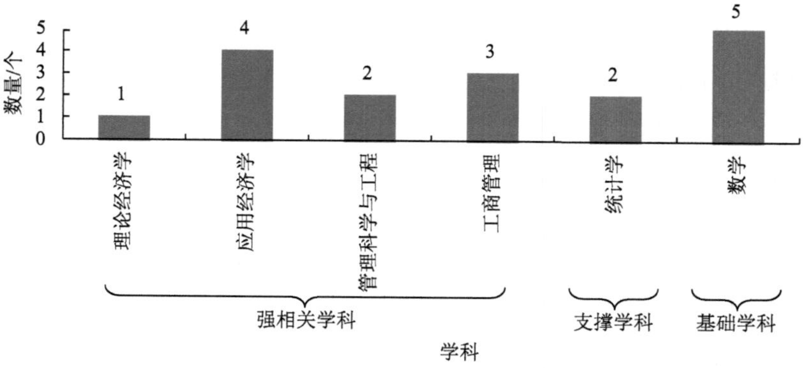

图 14-33　信息经济和金融产业学科博士点数量分布

在节能环保产业方面，主要依托环境科学与工程等学科。如图 14-34 所示，浙江省高校拥有 3 个环境科学与工程一级学科博士学位授予点和 1 个生态学一级学科博士学位授予点。总体来看，浙江省博士点数量较少，在学科建设力度上亟待加强。

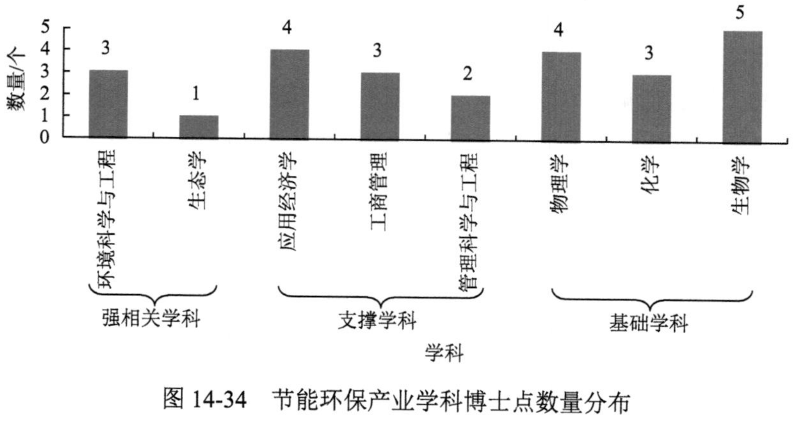

图 14-34　节能环保产业学科博士点数量分布

在旅游产业方面，需要依托工商管理等学科。如图 14-35 所示，浙江省拥有 3 个工商管理一级学科博士学位授予点、1 个公共管理一级学科博士学位授予点和 2 个管理科学与工程一级学科博士学位授予点。整体而言，博士点数量较少，学科实力仍待加强。

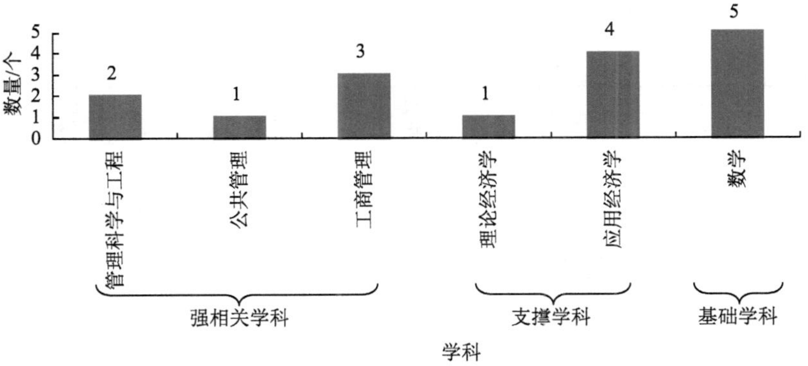

图 14-35 旅游产业学科博士点数量分布

在时尚产业方面，浙江省主要依托艺术类相关一级学科。如图 14-36 所示，浙江省高校拥有 1 个纺织科学与工程、2 个艺术学理论、1 个美术学以及 3 个设计学一级学科博士学位授予点。学科分布较均匀，但学科博士点数量较少，难以满足产业发展的需求。

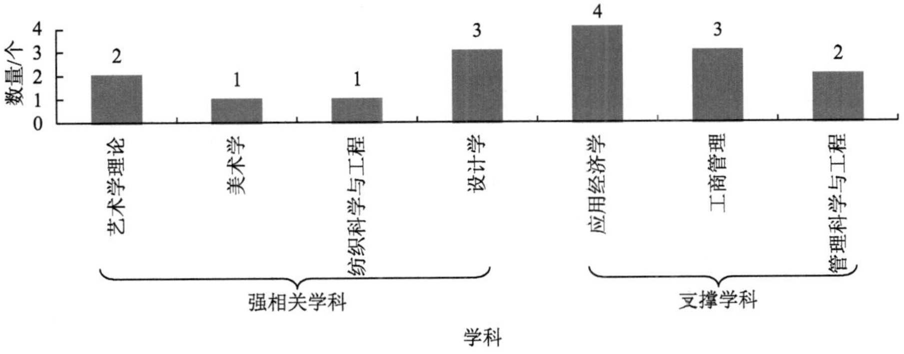

图 14-36 时尚产业学科博士点数量分布

在高端装备制造业方面，如图 14-37 所示，浙江省高校拥有 4 个材料科学与工程、1 个电气工程、3 个控制科学与工程、4 个机械工程、1 个航空宇航科学与技术一级学科博士学位授予点以及 2 个机械博士专业学位授权点。目前，浙江省高校缺少船舶与海洋工程一级学科博士学位授予点，航空宇航科学与技术一级学科博士学位授予点数量也较为不足。

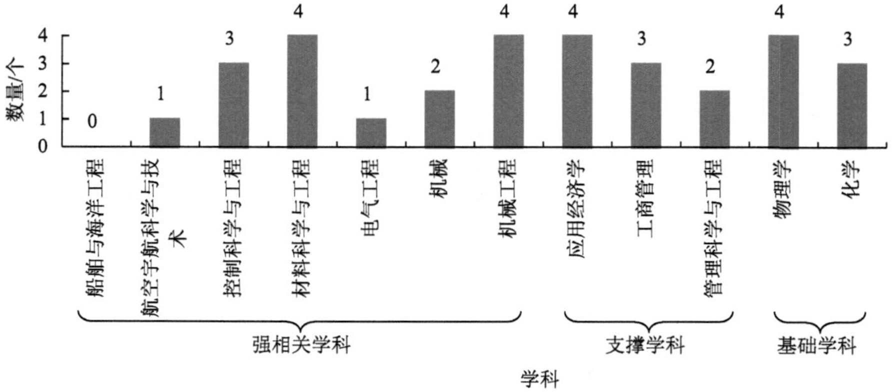

图 14-37　高端装备制造业学科博士点数量分布

在文化产业方面，浙江省高校学科分布均匀。如图 14-38 所示，浙江省高校拥有 2 个中国语言文学一级学科博士学位授予点、3 个外国语言文学一级学科博士学位授予点、1 个新闻传播学一级学科博士学位授予点、1 个考古学一级学科博士学位授予点、2 个中国史一级学科博士学位授予点和 1 个世界史一级学科博士学位授予点。目前，仍缺少音乐与舞蹈学一级学科博士学位授予点，且强相关学科的博士点数量少，学科实力尚有不足。

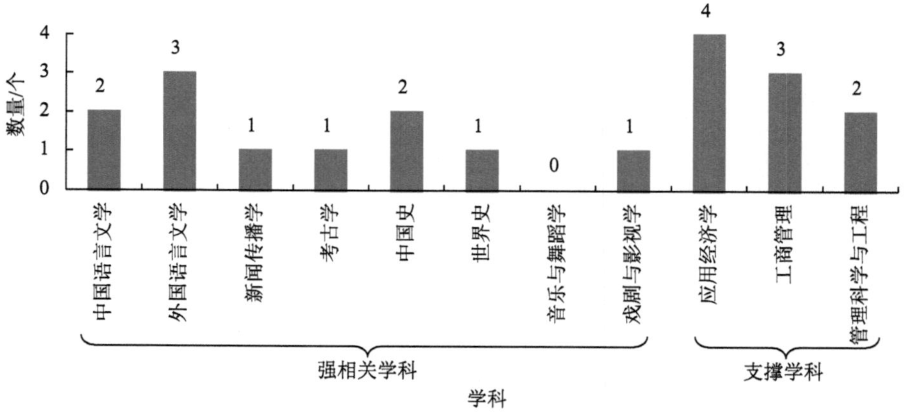

图 14-38　文化产业学科博士点数量分布

综合上述分析可知，浙江省的重点学科布局情况对比上海市和江苏省稍显不足，通过学科博士点数量分布来看，三大科创高地和八大万亿产业领域重点学科不够丰富，博士点也较缺乏，支撑学科实力薄弱。尤其在高端装备制造业、文化产业中还存在缺少强相关学科博士点的情况。总体来看，浙江省整体学科实力不强，在后续学科建设中需要在强相关学科、支撑学科以及基础学科建设方面补足力量，重点加强八大万亿产业的强相关学科和支撑学科的建设力度。

四、安徽省

针对安徽省“十四五”期间要重点打造的十大新兴产业，本节针对具体产业的发展需求，梳理安徽省高校中相应的强相关学科、支撑学科和基础学科建设情况，以此判断学科建设对产业发展的支撑作用，并分析需要进一步加强建设的学科。

在新一代信息技术产业方面，主要依托信息与通信工程等学科。如图14-39所示，安徽省拥有2个信息与通信工程一级学科博士学位授予点、2个电子科学与技术一级学科博士学位授予点、3个计算机科学与技术一级学科博士学位授予点以及2个电子信息博士专业学位授权点。整体博士点数量较少，学科建设仍须加强。

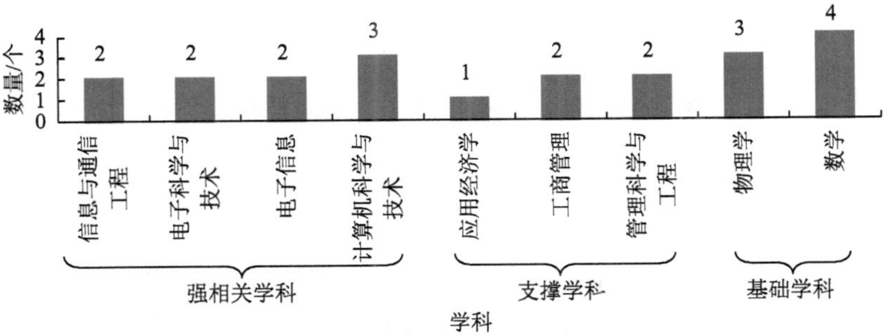

图14-39　新一代信息技术产业学科博士点数量分布

在新能源汽车和智能网联汽车产业方面，安徽省高校学科布局完善。如图14-40所示，安徽省拥有3个计算机科学与技术一级学科博士学位授予点、2个电子科学与技术一级学科博士学位授予点、2个电气工程一级学科博士学位授予点、1个动力工程及工程热物理一级学科博士学位授予点、2个控制科学与工程一级学科博士学位授予点，以及2个机械、2个电子信息、2个能源动力博士专业学位授权点。学科布局覆盖面较广，各学科的博士点数量尚可，但仍有提升的空间。

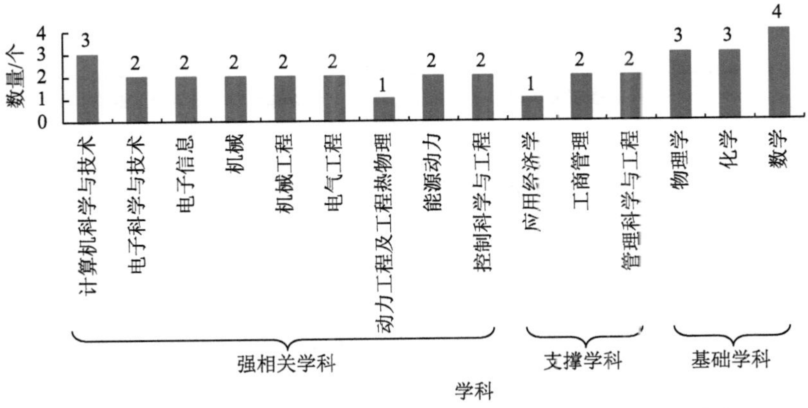

图14-40　新能源汽车和智能网联汽车产业学科博士点数量分布

在数字创意产业方面，安徽省高校学科建设薄弱。如图 14-41 所示，安徽省只拥有 2 个强相关学科，分别是计算机科学与技术和软件工程，学科实力严重不足，缺少艺术学相关的一级学科博士学位授予点，较难支撑该产业的发展。

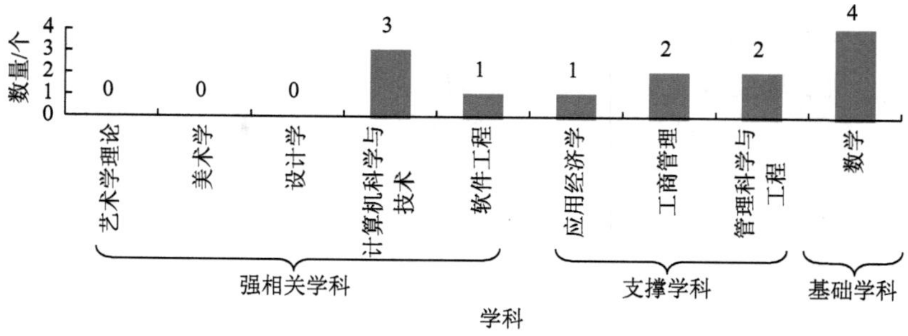

图 14-41　数字创意产业学科博士点数量分布

在高端装备制造产业方面，安徽省高校学科建设存在不足的情况。如图 14-42 所示，安徽省拥有 4 个材料科学与工程一级学科博士学位授予点、2 个电气工程一级学科博士学位授予点、4 个机械工程一级学科博士学位授予点、2 个控制科学与工程一级学科博士学位授予点和 2 个机械专业博士学位。学科博士点数量不足，主要体现为船舶与海洋工程、航空宇航科学与技术等学科的建设较缺乏。因此，安徽省需要加强这些领域的学科建设力度。

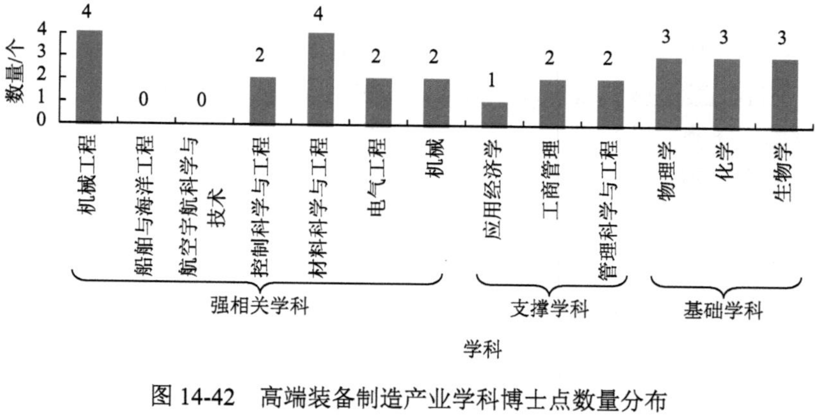

图 14-42　高端装备制造产业学科博士点数量分布

在新能源和节能环保产业方面，安徽省高校学科建设较完善。如图 14-43 所示，安徽省高校拥有 1 个核科学与技术一级学科博士学位授予点、1 个动力工程及工程热物理一级学科博士学位授予点、3 个环境科学与工程一级学科博士学位授予点、4 个生态学一级学科博士学位授予点。学科布局比较完善，但是核科学与技术、动力工程及工程热物理等相关学科的博士点数量较少，学科实力仍须提升。

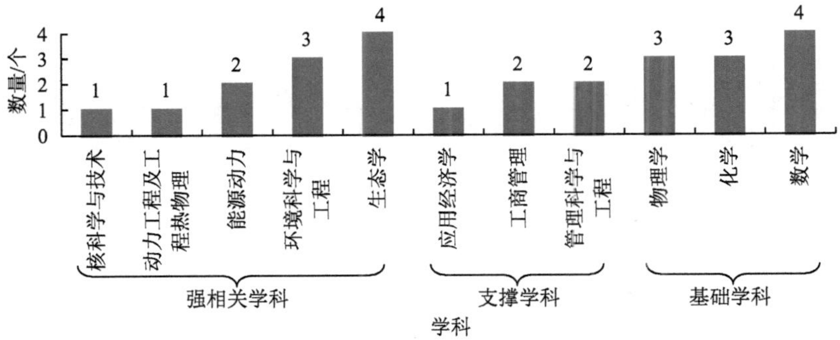

图 14-43　新能源和节能环保产业学科博士点数量分布

在生命健康产业方面，安徽省高校学科实力较为不足，学科布局不完全，一级学科博士学位授予点数量少。如图 14-44 所示，安徽省拥有 9 个一级学科博士学位授予点，包括公共卫生与预防医学、基础医学、临床医学、生物医学工程、药学、中西医结合、中药学、中医学等相关方向，以及 2 个博士专业学位授权点，包括临床医学和生物与医药。主要是缺少口腔医学、医学技术、护理学等一级学科博士学位授予点。总体来看，当前的学科建设不能满足生命健康产业的发展需求。

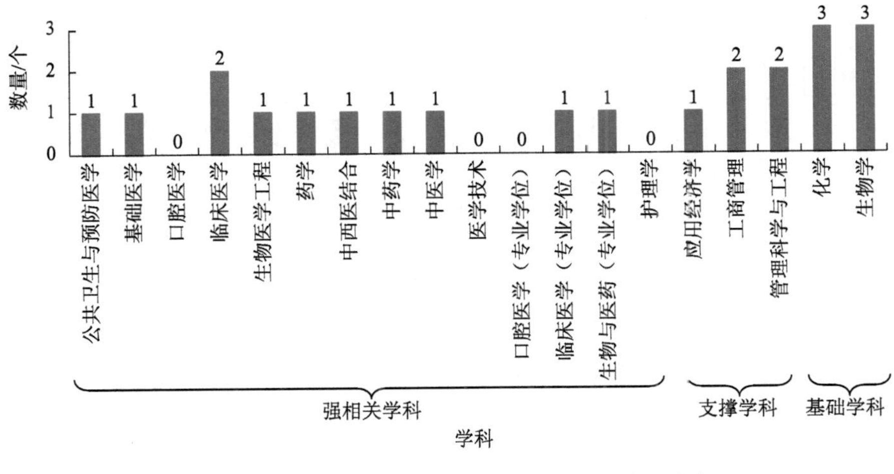

图 14-44　生命健康产业方面学科博士点数量分布

在绿色食品产业方面，安徽省高校学科建设水平严重不足，一级学科博士学位授予点少且学科布局不完善。如图 14-45 所示，安徽省高校只有 1 个食品科学与工程一级学科博士学位授予点、1 个作物学一级学科博士学位授予点和 1 个畜牧学一级学科博士学位授予点。学科资源匮乏，难以支撑起绿色食品产业的创新发展。

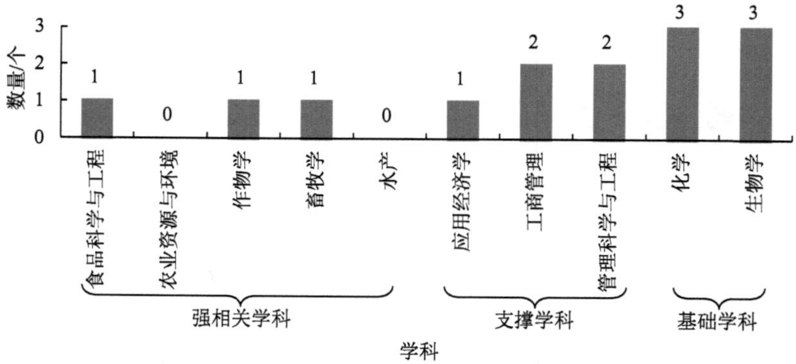

图 14-45　绿色食品产业方面学科博士点数量分布

在智能家电产业方面，安徽省学科布局完善，但是一级学科博士学位授予点数量较少。如图 14-46 所示，安徽省拥有 10 个一级学科博士学位授予点，包括计算机科学与技术、电子科学与技术、电气工程、智能科学与技术、控制科学与工程等学科方向，2 个电子信息博士专业学位授权点。总体来看，还需要加强学科建设力度。

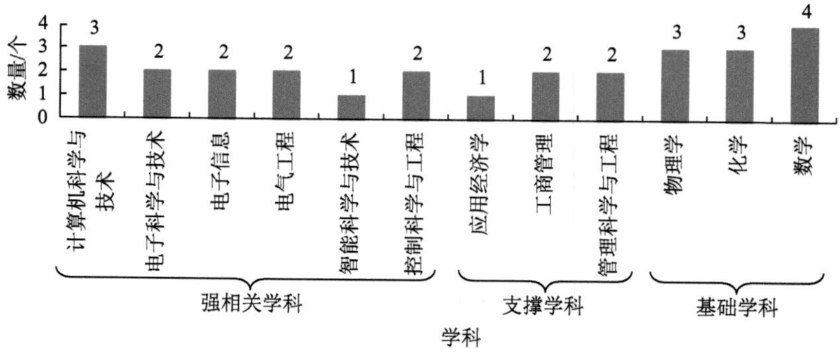

图 14-46　智能家电产业学科博士点数量分布

在新材料产业方面，安徽省高校学科实力不足，一级学科博士学位授予点数量较少。如图 14-47 所示，安徽省拥有 7 个一级学科博士学位授予点，包括光学工程、机械工程、材料科学与工程等学科方向；拥有 3 个博士专业学位授权点，包括机械、材料与化工等相关学科。目前，安徽省有 4 个材料科学与工程这一强相关一级学科博士学位授予点，但是光学工程等其他学科建设仍然存在不足，整体上较难满足新材料产业发展对高端人才的需求。

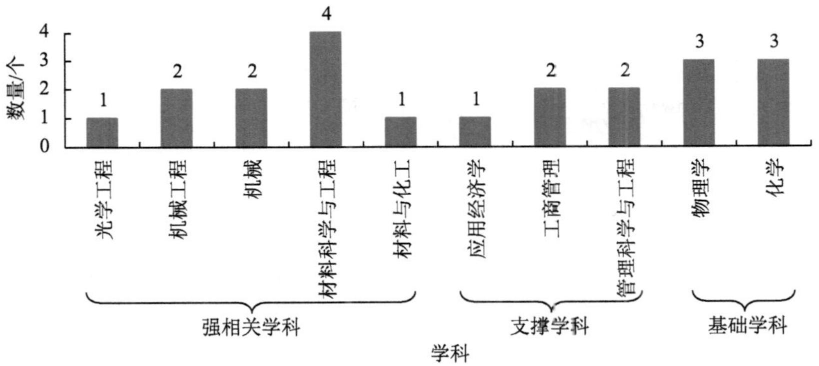

图 14-47　新材料产业学科博士点数量分布

在人工智能产业方面，安徽省高校学科布局较完善，但是一级学科博士学位授予点数量较少，学科实力仍有待加强。如图 14-48 所示，安徽省高校共有 7 个一级学科博士学位授予点，包括计算机科学与技术、智能科学与技术、软件工程、控制科学与工程等相关学科方向，2 个电子信息博士专业学位授权点。

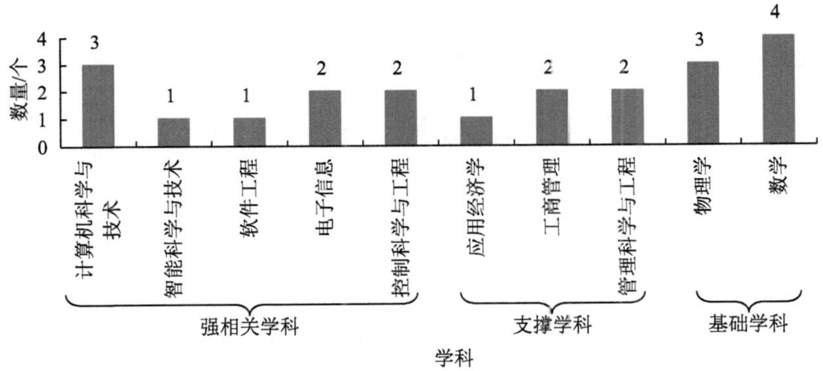

图 14-48　人工智能产业学科博士点数量分布

综合上述分析，安徽省学科建设水平不高，虽然在一些产业领域方面布局完善，但在大部分产业领域内，存在学科布局不完善、博士点数量较少等问题，如在数字创意产业、高端装备制造产业、生命健康产业、绿色食品产业等缺少强相关学科的博士点，在后续的学科建设中要重点关注这些产业领域强相关学科的博士点建设情况，重点产业的强相关学科建设水平仍需要加强。

第二节　学科建设与重点产业的匹配度模型

为了更加直观地反映长三角地区重点产业与重点学科的匹配程度，本节分别选取新材料产业和集成电路产业领域的硕博人才数量状况作为载体，构建人才与产业的匹配度模型。新材料和集成电路是长三角地区共同的重点发展产业，选择这两个产业作为研究对象具有代表性和可行性。

一、模型的构建

人才结构只有与产业结构相匹配，才能较好地推动地区经济的发展，而硕博人才的培养情况与高校学科建设息息相关，可以通过硕博人才的数量反映出高校学科建设与重点产业的匹配程度。

根据“赛尔奎因—钱纳里结构变动模式”的基本思想，引入产业人才结构偏离度这一指标来进行衡量。不同经济发展水平下的国家，其人才结构与产业结构应保持合理的比例，超过这一比例的程度称为产业人才结构偏离度。本模型借鉴杨益民（2007）、梁涛等（2011）等学者的研究成果，采用如下产业人才结构偏离度的计算公式：

产业人才结构偏离度=(产业产值构成比/产业专业技术人才构成比) −1

由于本模型重点研究硕博人才与产业结构的匹配程度，所以将上述公式进行演化，得到新的计算公式：

新材料产业人才结构偏离度=(新材料产业产值构成比/新材料产业硕博人才构成比) −1

其中，新材料产业产值构成比$=\dfrac{\text{新材料产业总产值}}{\text{所有产业总产值}}$；新材料产业硕博人才构成比$=\dfrac{\text{新材料产业硕博员工数}}{\text{所有产业硕博员工数}}$。

根据产业人才结构偏离度的计算公式，如果某地区的产业与人才完全匹配，则计算出的偏离度为 0，这是一种理想的状态。从数值上来看，偏离度的绝对值越接近于 0，说明产业与人才的匹配度越高；偏离度的绝对值越远离 0，说明产业与人才的匹配度越低。从正负来看，偏离度若为正值，则说明产业产值构成比大于产业硕博人才构成比，即该产业人才是欠缺的；偏离度若为负值，则说明产业硕博人才过剩，存在人才浪费现象。

二、匹配度分析

（一）新材料产业

1. 新材料产业背景

新材料是现代高新技术的重要组成部分，也是现代高新技术产业发展的基础和先导。可以说，大多数现代高新技术的成功开发和应用，都是以新材料为起点率先突破的。“一代材料、一代产业”，新材料产业的发展程度代表了一个国家高端制造业水平，是国际核心技术竞争的重点领域之一。作为战略性基础产业的新材料产业，已经成为各国科技竞争的关键领域和研发焦点。近年来，全球主要国家和地区都在积极发展和布局新材料产业，重视新材料技术的研发。尤其是美国、日本与欧洲等国家和地区，且这些国家和地区的新材料技术目前已经处于全球领先地位。可以说，新材料产业的高速发展是我国加强自身科技强国力量的必然选择。针对此，我国在多个政策文件中提出要大力发展新材料产业。例如，2016年，国务院印发的《“十三五”国家战略性新兴产业发展规划》；2017 年，工业和信息化部等印发的《新材料产业发展指南》和科技部印发的《“十三五”材料领域科技创新专项规划》，这一系列文件从发展规划、实施措施等不同方面提出了相应的政策，大力扶持新材料产业的快速发展。

浙江省作为经济发达的沿海地区，在科技创新方面勇当先锋。2021 年 5 月 20日，中共中央、国务院发布《关于支持浙江高质量发展建设共同富裕示范区的意见》。浙江省积极响应国家政策，推进经济高质量发展先行示范，并提出要把科技自立自强作为战略支撑，聚焦“互联网+”、生命健康、新材料三大科创高地建设，形成浙江特色全域创新体系，打造具有全国影响力的科技创新中心，为率先实现共同富裕提供强劲的内生动力。为此，《浙江省国民经济和社会发展第十四个五年规划和二〇三五年远景目标纲要》提出，要加快发展新材料产业，从而做优做强战略性新兴产业和未来产业。

目前，我国新材料产业已初具规模，但部分关键新材料在原始创新和“卡脖子”技术上依然须依赖进口，且存在断链风险。面对经济高质量发展的需求，我国高水平材料产业化有待进一步发展，其中包括磁性材料这一重要的新材料。实际上，磁性材料是新材料的典型代表，是一类重要的功能材料，在产业革命中起着重要的作用。当前，磁性材料已经渗透到通信、IT、汽车、照明等行业中，能覆盖大量的电子、电气产品，在信息技术迅速发展的当今经济社会中，其重要作用不断凸显。实际上，由于丰富的物产资源，我国已经成为一个磁性材料生产大国，磁性材料产量占世界磁性材料总产量的 80%以上。虽然部分磁性材料研发已经取得重要突破，但是对于一些高品质的磁性材料，仍然存在着“卡脖子”问题。作为战略性新材料，我国磁性材料制造技术想要追赶上国际水平，不断往高端化发展，还须找到一条符合我国国情的发展道路。

2. 新材料产业匹配度分析

目前，长三角地区对新材料产业从业人员尚未进行官方统计，考虑到数据的可获得性和准确性，本节选取具有行业代表性的上市公司进行分析。上市公司的规模和带动的人才需求量都较大，能较好地反映人才需求情况。在同花顺 iFinD 金融数据库中，我们按照行业分类标准、公司主营业务以及公司年报中涉及硕博员工的数量，找到符合要求的公司，并获取 2018～2022 年的上市公司相关数据。表 14-1～表 14-4 分别列出了上海市、江苏省、浙江省和安徽省新材料产业上市公司及相关数据。

表 14-1　上海市新材料产业上市公司及所有上市公司相关数据

项目	2018 年	2019 年	2020 年	2021 年	2022 年
新材料产业上市公司总产值/亿元	1 004	928	904	931	1 308
所有上市公司总产值/亿元	38 641	3 911	42 326	49 192	55 343
新材料产业上市公司硕博员工数/人	1 465	1 618	1 997	1 880	2 198
所有上市公司员工数/人	1 268 717	1 273 730	1 451 474	1 503 236	1 955 866

表 14-2　江苏省新材料产业上市公司及所有上市公司相关数据

项目	2018 年	2019 年	2020 年	2021 年	2022 年
新材料产业上市公司总产值/亿元	1 171	1 335	1 375	1 773	1 994
所有上市公司总产值/亿元	14 530	16 252	19 360	25 578	30 203
新材料产业上市公司硕博员工数/人	2 014	2 041	2 562	2 841	3 585
所有上市公司员工数/人	940 676	1 053 241	1 209 312	1 333 434	1 712 492

表 14-3　浙江省新材料产业上市公司及所有上市公司相关数据

项目	2018 年	2019 年	2020 年	2021 年	2022 年
新材料产业上市公司总产值/亿元	2 584	2 580	2 746	4 400	3 301
所有上市公司总产值/亿元	16 972	20 215	23 850	33 587	45 886
新材料产业上市公司硕博员工数/人	2 444	3 197	3 527	4 113	4 123
所有上市公司员工数/人	1 051 957	1 124 688	1 283 833	1 531 577	2 060 591

表 14-4　安徽省新材料产业上市公司及所有上市公司相关数据

项目	2018 年	2019 年	2020 年	2021 年	2022 年
新材料产业上市公司总产值/亿元	1 191	1 305	1 426	1 933	1 904
所有上市公司总产值/亿元	5 889	6 112	6 866	9 015	11 816
新材料产业上市公司硕博员工数/人	657	772	832	889	990
所有上市公司员工数/人	427 015	479 273	529 608	576 955	767 295

根据新材料产业人才结构偏离度的计算公式，利用长三角地区上市公司的相关数据，得出了长三角地区新材料产业的人才结构偏离度。如表 14-5 所示，可以直观看出长三角地区中各省区市在新材料产业人才结构偏离度上的差距。其中，上海市在硕博人才培养方面表现出色，偏离度绝对值最小，其次是江苏省，浙江省和安徽省在新材料硕博人才培养方面差距明显，尤其是安徽省对硕博人才的需求还存在大量不足的情况。

表 14-5　长三角地区新材料产业人才结构偏离度情况

省区市	2018 年	2019 年	2020 年	2021 年	2022 年
上海市	21.49	17.68	14.52	14.14	20.03
江苏省	36.64	41.38	32.52	31.54	30.53
浙江省	64.53	43.90	40.91	47.78	34.95
安徽省	130.48	131.59	131.16	138.15	123.92

由图 14-49 可以看出，在长三角地区“三省一市”中，上海市和江苏省新材料产业的强相关学科博士点数量处于领先位置，这也为上海市和江苏省新材料产业培养了大量的专业高端人才，得以支撑新材料产业的发展。浙江省和安徽省在新材料产业领域的学科博士点数量相对较少，在高端人才储备方面存在不足，难以满足新材料产业对高端人才的需求，从而阻碍了产业的高速发展。

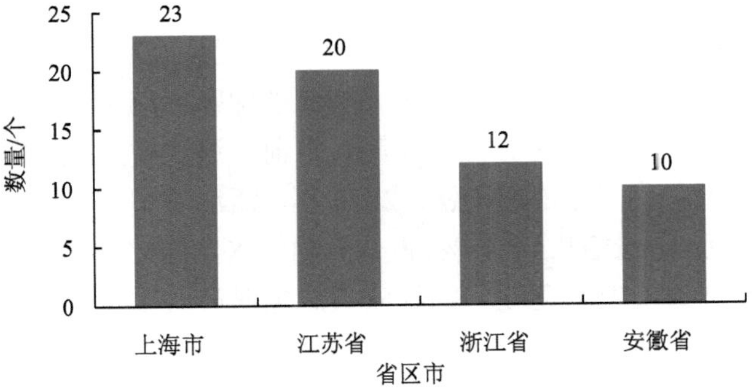

图 14-49　长三角地区“三省一市”新材料产业强相关学科博士点数量

上述匹配度分析结果同时验证了之前的结论，即上海市与江苏省在产业布局和学科建设协同方面处于领先位置，浙江省和安徽省在学科建设方面还存在一家独大、“双一流”建设学科数量少、与部分重点产业匹配度不高等问题。

（二）集成电路产业

1. 集成电路产业背景

集成电路产业是数字经济的基础产业，是构筑我国经济未来竞争新优势的基础力量来源之一。当前，集成电路产业的全球创新链竞争表现出“一超多强”特征，美国依然稳居集成电路产业创新链的领军地位，欧洲次之，日本位居第三，韩国位居第四，中国位居第五。目前，我国仍处于弱势地位，且与先进国家和地区之间相差较远。因此，我国必须高度重视本土集成电路产业的培育和发展。

当前，我国集成电路产业发展主要以产业链创新和整体突破提升全球竞争力，以深化对外开放和强化自主创新来激发产业发展的全球生态活力，以科学布局提升协同发展能力，并把握数字科技革命和产业变革先机实现产业的创新发展。实际上，围绕我国集成电路产业创新链的现实问题和赶超目标，亟须进一步加大创新投入和创新链协同，从而为集成电路产业创新发展注入内生动力。近年来，我国也颁布了一系列政策法规，为集成电路产业发展提供了良好的政策环境。2020年，国务院印发了《新时期促进集成电路产业和软件产业高质量发展若干政策》，针对符合要求的集成电路企业，实施财税减免、投融资支持、研究开发支持、海关便利和国际合作支持等一系列政策①。

浙江省在集成电路产业方面起步较早，且在一系列政策支持下稳步发展，逐步具备了特色的产业优势。2020～2023年，浙江省相继出台《关于以新发展理念引领制造业高质量发展的若干意见》《浙江省数字经济发展“十四五”规划》《浙江省集成电路产业发展“十四五”规划》《浙江省国家标准化创新发展试点工作方案》等政策，培育集成电路标志性产业链。目前，浙江省集成电路产业规模增长迅速、产业应用服务化平台逐渐丰富。2022年，浙江省集成电路产业实现销售总收入2044.83亿元，同比增长42.45%，占长三角地区产值比重由2021年的18.09%提高到2022年的21.04%。但是，浙江省集成电路产业发展仍然受到大量的技术制约，存在研发创新力薄弱、人才支撑体系不健全等现实问题。研究如何充分发挥浙江省产业优势，攻克关键技术，助力我国集成电路产业融入全球产业链供应链，具有重要的现实意义。

2. 集成电路产业匹配度分析

近年来，浙江省多所高校都开设了集成电路相关专业，或者对相关专业进行

---

① 《新时期促进集成电路产业和软件产业高质量发展若干政策》，https://www.gov.cn/zhengce/content/2020-08/04/content_5532370.htm[2020-08-04]。

扩招，以扩充浙江省的集成电路人才储备，为集成电路产业发展提供源源不断的有生力量。强相关专业有集成电路科学与工程、电子科学与技术、信息与通信工程、控制科学与工程、计算机科学与技术、软件工程、网络空间安全、电子信息。开设相关专业的具体高校有浙江大学、杭州电子科技大学、中国计量大学、宁波大学、浙江工业大学、浙江理工大学、浙江工商大学、浙江师范大学、杭州师范大学、温州大学、温州医科大学、湖州师范学院、浙江财经大学。2020～2022 年，浙江省高校集成电路相关专业的专业型硕士招生 10 385 人，学术型硕士 4002 人，博士 1738 人。

同时浙江省集成电路上市公司的硕博研究人员与其他集成电路发展大省的硕博研究人员相比也存在较大的差距。表 14-6 和表 14-7 分别是浙江省与上海市 2020～2022 年集成电路产业上市公司的硕博人才情况，表 14-8 显示了浙江省和上海市集成电路上市公司总产值。由此可知，浙江省集成电路产业上市公司的人才现状远落后于上海市，并且浙江省集成电路产业上市公司的总产值也远低于上海市集成电路产业上市公司的总产值。通过计算发现，浙江省集成电路产业人才结构偏离度也同样高于上海市，且在新冠疫情期间省内集成电路产业的发展出现较大波动，而上海市受影响却不大，如表 14-9 所示。

表 14-6　浙江省集成电路产业上市公司人才现状　　单位：人

公司名称	2020 年	2021 年	2022 年
广立微	—	—	139
浙江臻镭科技股份有限公司	—	41	62
长川科技	139	208	340
浙江铖昌科技股份有限公司	—	—	30
斯达半导体	35	43	53
甬矽电子	—	—	6
士兰微	456	410	518
宁波江丰电子材料股份有限公司	64	61	60
杰华特	—	—	228
宁波康强电子股份有限公司	3	1	1
晶华微电子	—	—	16
浙江中晶科技股份有限公司	25	30	29
立昂微	94	84	117
硕博人数总和	816	878	1599

资料来源：东方财富网

表 14-7　上海市集成电路产业上市公司人才现状　　单位：人

公司名称	2020 年	2021 年	2022 年
中微半导体设备（上海）股份有限公司	168	204	273
中芯国际	1266	1216	1684
思特威（上海）电子科技股份有限公司	—	—	215
上海复旦微电子集团股份有限公司	—	476	512
芯原微电子（上海）股份有限公司	755	902	968
翱捷科技股份有限公司	—	651	708
上海伟测半导体科技股份有限公司	—	—	4
钜泉光电科技（上海）股份有限公司	—	—	92
上海晶丰明源半导体股份有限公司	47	92	145
上海韦尔半导体股份有限公司	1170	1085	1286
上海润欣科技股份有限公司	4	5	5
普冉半导体（上海）股份有限公司	—	39	56
上海富瀚微电子股份有限公司	91	165	184
乐鑫信息科技（上海）股份有限公司	189	225	247
上海芯导电子科技股份有限公司	—	13	14
上海安路信息科技股份有限公司	—	153	184
上海华岭集成电路技术股份有限公司	—	6	2
格科微电子（上海）有限公司	—	256	239
上海贝岭股份有限公司	115	95	109
聚辰半导体股份有限公司	33	29	36
上海灿瑞科技股份有限公司	—	—	39
上海艾为电子技术股份有限公司	—	332	390
博通集成电路（上海）股份有限公司	—	174	174
中颖电子股份有限公司	279	319	376
上海硅产业集团股份有限公司	99	99	93
澜起科技	196	244	296
晶晨半导体（上海）股份有限公司	352	456	659
恒玄科技（上海）股份有限公司	110	190	292
东芯半导体股份有限公司	—	22	32
硕博人数总和	4874	7448	9314

资料来源：东方财富网

表 14-8　浙江省和上海市集成电路产业上市公司总产值　单位：元

省区市	2020 年	2021 年	2022 年
浙江省	10 537 464 688	17 369 010 108	25 454 937 582
上海市	72 734 308 859	106 690 994 734	125 173 890 072

资料来源：国泰安数据库

表 14-9　浙江省和上海市集成电路产业人才结构偏离度

省区市	2020 年	2021 年	2022 年
浙江省	6.07	8.11	6.05
上海市	3.69	2.91	2.53

第三节　匹配结果分析与管理启示

从长三角地区重点学科建设和重点产业布局的匹配度分析来看，上海市在重点学科建设方面具有领先水平，浙江省相对较弱，安徽省在四个地区中是最弱的。在面向重点产业的强相关学科、支撑学科和基础学科方面，上海市和江苏省高校总体达到了较高的建设水平，具体体现如下。①重点学科建设比较完善，基本能够满足重点产业发展需求，若干学科建设较强，能够为浙江省和安徽省提供帮扶。特别是上海市，存在着多个重点学科资源充裕的情况，具有重要的引领作用。②国家“双一流”学科数量和学科博士点数量较多，形成了良好的高校梯队和学科梯队，且每个梯队均有若干高校共同发展的局面。但是，上海市和江苏省在一些重点产业领域内也存在着强相关学科建设力度不足的问题。例如，强相关学科博士点数量较少。其中，上海市在面向新兴数字、生物医药、信息通信、航空航天等重点产业领域的学科建设还存在着短板，需要加强光学工程、生物工程、软件工程、船舶与海洋工程、航空宇航科学与技术等一级学科博士学位授予点的建设。江苏省在面向集成电路、高端装备、新能源、航空航天与深海深地、生物医药等产业领域的学科建设还不够，需要加强生物工程、船舶与海洋工程、航空宇航科学与技术、核科学与技术等一级学科博士学位授予点的建设。

浙江省和安徽省在学科建设上存在着实力不足的问题，还需要从以下两个方面进一步完善学科建设。①需要进一步完善面向重点产业发展需求的学科布局，特别是一些重点产业缺乏强相关学科，这十分不利于产业的发展。②需要进一步加强现有的学科建设，扶持一批学科建设成为国家“双一流”学科或申请博士学位授予点，从而增强学科的个体实力。总体来看，浙江省比安徽省稍好一些，但仍然存在着博士点数量较少、高质量学科资源集中的问题，在某些产业领域上，高校学科实力难以满足产业高质量发展的需求。具体表现为：面向信息经济、金融、旅游、时尚等重点产业发展需求的强相关学科博士点较少，在高端装备制造业缺少船舶与海洋工程的强相关学科博士点，在文化产业缺少音乐与舞蹈学强相关学科博士点。同时，浙江省高校还应加强对支撑学科和基础学科的建设，与上海市和江苏省高校相比，浙江省高校支撑学科和基础学科的博士点数量上较少，导致其难以充分发挥作用。安徽省高校的学科实力较弱，学科布局不完善，博士点数量少，尤其体现在面向数字创意、高端装备、生命健康、绿色食品等重点产业的学科建设上。在这些重点产业领域内，安徽省高校缺少强相关学科博士点，具体包括面向数字创意产业的艺术学理论、美术学、设计学等一级学科博士学位授予点，面向高端装备制造产业的船舶与海洋工程、航空宇航科学与技术等一级学科博士学位授予点，面向生命健康产业的口腔医学、医学技术、护理学等一级学科博士学位授予点，面向绿色食品产业的农业资源与环境、水产等一级学科博士学位授予点。总之，浙江省和安徽省在面向重点产业的强相关学科建设水平方面仍须继续加强的同时，还需要多关注支撑学科和基础学科的建设情况。

综上，上海市和江苏省高校学科建设水平和学科综合实力在长三角地区处于领先水平，但在个别重点产业领域也存在着一定的短板。这两个地区一方面需要自身加强学科建设，将学科资源向其他地区辐射；另一方面加强与其他省区市的合作，取长补短。此外，上海市在学科建设上具有突出优势，需要充分发挥其引领作用。浙江省和安徽省高校的学科实力相对较弱，从长三角一体化的发展趋势来看，是属于需要帮扶的对象。但是，浙江省在面向个别产业发展需求的学科建设上也有一定的优势。例如，针对“互联网+”重点产业发展需求，学科布局比较完善，产业发展也比较领先。安徽省高校的学科实力整体水平较弱，学科布局不完善，博士点数量少，在支撑重点产业的学科建设水平方面仍须继续加强。

第十五章　长三角地区产业链与学科建设协同发展分析与对策

第一节　产业链创新发展政策文本词频分析

本章以“产业”“产业发展”“重点产业”“产业布局”为关键词，检索了2021年1月～2023年7月长三角地区“三省一市”政府官网及其他机构出台的地方性规范文件，初始获得42条政策文本。其中，对于重复文件取发布时间较晚的文件作为语料样本。经人工审阅去除部分内容重复文本以及相关性较弱的11条文本，最终筛选出31项与产业发展相关性较强的政策文本，作为长三角地区产业发展的分析样本。其中，江苏省7项，浙江省8项，安徽省10项，上海市6项。

一、“三省一市”的词频分析概述

对收集、筛选留下的31项长三角地区“三省一市”产业发展政策文本，按照省市分别进行词频统计。统计方法是利用NVivo11 plus的“词频”功能，按照“存留的词根”进行分组，“具有最小长度”选择“2”。得到江苏省、浙江省、安徽省和上海市的产业发展政策文本中的前150个高频词，表15-1列出了词频最高的前24个词汇。

表15-1　“三省一市”词频概况

江苏省			浙江省			安徽省			上海市		
单词	计数	百分比	单词	计数	百分比	单词	计数	百分比	单词	计数	百分比
产业	276	1.60%	企业	244	1.56%	产业	371	1.75%	发展	204	1.52%
发展	250	1.45%	发展	185	1.18%	基金	307	1.45%	产业	189	1.41%
企业	224	1.30%	项目	190	1.14%	发展	264	1.24%	企业	174	1.30%
支持	216	1.25%	管理	211	1.10%	管理	338	1.15%	基础	162	1.21%
创新	173	0.96%	产业	135	0.86%	创新	229	1.08%	创新	144	1.08%
服务	166	0.96%	建设	125	0.80%	企业	215	1.02%	支持	144	1.05%
科技	165	0.96%	中心	118	0.73%	科技	204	0.96%	项目	145	0.89%
金融	165	0.96%	工作	168	0.71%	单位	192	0.91%	技术	117	0.88%
技术	123	0.71%	支持	100	0.60%	建设	189	0.89%	建设	109	0.81%

续表

江苏省			浙江省			安徽省			上海市		
单词	计数	百分比	单词	计数	百分比	单词	计数	百分比	单词	计数	百分比
研发	112	0.65%	研发	93	0.59%	高校	159	0.75%	未来	92	0.7%
机构	92	0.53%	科技	82	0.52%	工作	220	0.74%	服务	92	0.68%
集成电路	91	0.53%	标准	88	0.52%	支持	161	0.67%	政策	80	0.61%
人才	90	0.52%	体系	75	0.50%	安徽省	137	0.65%	管理	108	0.59%
鼓励	79	0.46%	基金	69	0.44%	园区	136	0.64%	责任	79	0.59%
推动	75	0.44%	技术	68	0.43%	学科	140	0.57%	集成电路	70	0.53%
改革	72	0.42%	单位	67	0.43%	项目	156	0.56%	体系	68	0.52%
工业	70	0.41%	示范	74	0.43%	建立	132	0.53%	推动	78	0.51%
分工	69	0.40%	政府	65	0.42%	相关	111	0.52%	实施	91	0.50%
加强	69	0.40%	建立	77	0.41%	评价	106	0.50%	科技	62	0.47%
加快	69	0.40%	创新	64	0.41%	教育	105	0.50%	设施	68	0.46%
知识	68	0.39%	实施	78	0.40%	责任	106	0.49%	领域	93	0.46%
负责	68	0.39%	部门	67	0.40%	机构	103	0.49%	单位	59	0.45%
服务业	67	0.39%	提升	90	0.39%	材料	103	0.49%	经济	55	0.42%
材料	67	0.39%	领域	92	0.39%	服务	104	0.48%	标准	58	0.40%

从江苏省、浙江省、安徽省和上海市的产业发展政策文本整体来看，可以搭建产业政策的表达框架，包含具体产业（如材料、农业、生物）、政策主体单位（如安徽省、江苏省、上海市）、政策对象（如企业、实验室）、政策实施过程（如服务、开展、培育）等。令政策文本总数为 N，某词语出现次数为 n，某词语出现频率为 f，则 $f=n/N$。根据词频统计结果，“三省一市”产业政策文本中共同出现的高频词汇有“创新”“产业”“科技”“技术”“发展”“建设”“企业”，总体上符合我国“十四五”规划纲要的部署，即坚持创新驱动发展，全面塑造发展新优势，加快发展现代产业体系，强化国家战略科技力量。

二、上海市的词频分析

上海市产业发展政策文本词频统计如图 15-1 所示。在图 15-1 基础上，排除上述“三省一市”产业政策文本中共同出现的高频词汇“创新”“产业”“科技”“技术”“发展”“建设”“企业”，同时排除“基础”“支持”等无意义停用词，保留下来词频最高的十大词汇分别为“项目”“未来”“服务”“政策”“集成电路”“设施”“软件”“装备”“研发”“给予”。

图 15-1　上海市产业发展政策文本词频统计

上海市经排除后，得到词频最高的十大词汇分别对应上海市一批面向全球的“揭榜挂帅”项目，如长三角联合攻关立项项目、联合开展各类产教融合协同育人项目、产教融合项目等。可以看出，首先，上海市重视研发工作，如注重未来健康产业集群的研发创新、共性技术的研发转化、科学有序推进关键核心技术研发并推动研发活动产业化。其次，上海市注重服务，具体体现在强化人才服务保障，统筹未来产业的监管和服务，适当放宽新兴领域产品和服务市场准入，建设信息服务平台等。例如，《支持临港新片区加大先行先试探索 深化产教融合城市建设若干措施》提到，“支持临港新片区以打造市场化、专业化的产教融合空中课堂为底座，建设资源汇聚、开放共享的产教融合信息服务平台 1.0 版，实现信息发布、人才供需、校企合作、项目研发、技术服务等资源对接。加强信息服务平台与临港新片区协同育人办公室、产教融合促进机构等联动运行，不断丰富系统功能，实现版本迭代，并以该系统为底座加强与全市各类产教融合平台的功能对接和数据互通”①。此外，上海市注重对产业发展布局的资金支持。《上海市加快打造全球生物医药研发经济和产业化高地的若干政策措施》提出，坚持面向世界科技前沿、面向经济主战场、面向国家重大需求、面向人民生命健康，全面发挥上海龙头企业、科技设施、专业人才、临床资源、金融资本等集聚优势，注重经济贡献导向、政策长短结合、可操作能落地，以推动研发成果转化和产品上市为关键抓手，强化跨部门协同和全产业链发力，鼓励生物医药研发中心实体化运行，引进和培育创新型总部，完善科技企业孵化培育机制，优化研发生产等支持政策，加强财政资金对社会资本的引导，进一步提高上海生物医药研发的经济贡献总量，

① 《支持临港新片区加大先行先试探索 深化产教融合城市建设若干措施》，https://fgw.sh.gov.cn/fgw_shfz/20230428/984eb5456f1b40fdaab2199882a47880.html[2023-04-28]。

打造全球生物医药研发经济和产业化高地①。同时，对于各类创新药和医疗器械研发生产给予一定的资金支持。《上海市推进高端制造业发展的若干措施》提出，“加大资金支持高质量发展力度”“强化产业基金投资引导功能”“加大企业梯度培育力度”②。

三、江苏省的词频分析

江苏省产业发展政策文本词频统计如图 15-2 所示。在图 15-2 基础上，排除上述“三省一市”产业政策文本中共同出现的高频词汇“创新”“产业”“科技”“技术”“发展”“建设”“企业”，同时排除“支持”“基础”等无意义停用词，保留下来词频最高的十大词汇分别为“服务”“金融”“研发”“机构”“集成电路”“人才”“改革”“工业”“分工”“知识”。

图 15-2　江苏产业发展政策文本词频统计

根据上述分析可知，首先，江苏省注重研发和科学研究，支持和推动江苏省产业技术研究院改革发展，不断提高科技成果转化和产业化水平，加快实现高水平科技自立自强。《江苏省“十四五”科技创新规划》提出，聚焦加强产业技术创新统筹集成和培育重大标志性原创成果两大目标，发挥省产业技术研究院研发创新组织的龙头作用，跨区域、跨领域整合创新资源，集成突破一批制约产业高端发展的“卡脖子”关键技术，加快建成以一流研发平台、研发队伍、研发成果为

① 《上海市加快打造全球生物医药研发经济和产业化高地的若干政策措施》，https://www.shanghai.gov.cn/yscxcy2/20240415/ccd35b9fad26476682f41d781f2a303c.html[2022-10-24]。

② 《上海市推进高端制造业发展的若干措施》，https://www.sheitc.sh.gov.cn/bmgzjxgwj/20230413/ab9cd282d8a844b28f8cc773793e5ca4.html[2022-09-29]。

标志的世界一流产业技术研发机构①。其次，江苏省重视人才的培养对产业发展布局的重大意义，为重要产业输送源源不断的科技高端人才，为产业发展提供智力支持。此外，江苏省着力于提高资源利用效率，不仅是加强钢铁资源、中药资源、种质资源等自然资源的利用，还加大集聚高校院所和龙头企业创新资源，注重资源开发、资源共享、资源循环。

四、浙江省的词频分析

浙江省产业发展政策文本词频统计如图 15-3 所示。在图 15-3 基础上，排除上述“三省一市”产业政策文本中共同出现的高频词汇“创新”“产业”“科技”“技术”“发展”“建设”“企业”，同时排除“管理”“中心”“工作”“支持”“建立”“实施”“提升”“领域”等无意义停用词，保留下来词频最高的十大词汇分别为“项目”“研发”“标准”“基金”“示范”“政府”“评价”“研究院”“进口”“市场”。

图 15-3　浙江省产业发展政策文本词频统计

首先，与江苏省相似，浙江省重视企业在产业发展中的作用。《浙江省科技创新发展“十四五”规划》提到，“着力打好关键核心技术攻坚战，加快抢占科技制高点。坚持目标导向、需求导向、问题导向、企业导向……推动省级（重点）企业研究院、高新技术企业研发中心、企业技术中心等企业研发机构整合提升”②。其次，浙江省十分重视示范区在产业发展中的作用。例如，浙江省人民政府办公厅印发的《浙江省国家中医药综合改革示范区建设方案》提出，围绕中医药服务

① 《江苏省“十四五”科技创新规划》，https://kxjst.jiangsu.gov.cn/art/2021/9/15/art_83527_10030709.html[2021-09-15]。

② 《浙江省科技创新发展“十四五”规划》，https://kjt.zj.gov.cn/art/2021/6/23/art_1229247517_4670157.html[2021-06-23]。

模式创新、数字化改革、科研创新、产业发展、制度创新、综合监管等方面工作，鼓励各地积极探索改革样本，建设一批省级中医药综合改革先行区，及时总结推广典型经验和有益做法①。最后，浙江省善用投资方法保障产业的发展，扩大高新基础产业有效投资，打造高质量对外投资合作策源地，优化投资结构提高投资质量。近年来，浙江省对未来产业的关注越来越密切，《浙江省“4+1”重大项目建设计划2022年实施计划》提出，推动省产业基金重点投向战略性新兴产业、先进制造业、未来产业等领域②。《浙江省人民政府办公厅关于培育发展未来产业的指导意见》提出，推动未来技术多路径探索和交叉融合，前瞻谋划一批未来产业，勇当科技和产业创新开路先锋、抢占未来发展战略制高点、构建竞争新优势③。此外，浙江省还提出了如下发展目标：围绕三大科创高地建设，优先发展未来网络等9个创新基础良好、成长较快的未来产业；培育发展量子信息等6个力量尚在集聚、远期潜力巨大的未来产业；到2025年，涌现一批有影响力的未来技术、创新应用、头部企业和领军人才，形成有竞争力的未来产业体系。同时，浙江省还重视加强重大项目谋划，加强对重大项目的全过程监督、投资及资金保障。

五、安徽省的词频分析

安徽省产业发展政策文本词频统计如图15-4所示。在图15-4基础上，排除上述“三省一市”产业政策文本中共同出现的高频词汇“创新”“产业”“科技”“技术”“发展”“建设”“企业”，同时排除“管理”“单位”“工作”“支持”等无意义停用词，保留下来词频最高的十大词汇分别为“基金”“高校”“园区”“学科”“教育”“材料”“服务”“人才”“技术”“商务”。

首先，安徽省尤为注重人才、高校、学科建设对产业发展的支持作用。《安徽省深化科技创新体制机制改革加快科技成果转化应用体系建设行动方案》提出，“推动高校院所与企业联合共建学科实验室（技术中心）等，引导高校院所科技人员针对企业技术难题长期稳定开展研究，提升企业研发能力，改善高校办学条件。对高校院所科研团队已转化的科技成果并取得阶段性进展，给予持续研发或转化支持”④。同时，面向国家和地方重大发展战略，以市场为导向，将企业技

① 《浙江省国家中医药综合改革示范区建设方案》，https://zjjcmspublic.oss-cn-hangzhou-zwynet-d01-a.internet.cloud.zj.gov.cn/jcms_files/jcms1/web3096/site/attach/0/a2d66de4b1734bee9a5893cad9a7c8a1.pdf[2025-03-18]。

② 《浙江省“4+1”重大项目建设计划 2022 年实施计划》，https://www.zj.gov.cn/art/2022/2/7/art_1229630620_2400089.html[2022-01-22]。

③ 《浙江省人民政府办公厅关于培育发展未来产业的指导意见》，https://www.zj.gov.cn/art/2023/2/20/art_1229019365_2458667.html[2023-02-20]。

④ 《安徽省深化科技创新体制机制改革加快科技成果转化应用体系建设行动方案》，https://www.ah.gov.cn/public/1681/554198021.html[2022-06-23]。

图 15-4　安徽省产业发展政策文本词频统计

术需求和高校院所学科专业建设、人才培养相结合，开展有组织性、系统性的研究。其次，安徽省重视应用基础研究，注重应用复合型人才的培养和激励，以应用研究倒逼基础研究，保证地方应用型高水平大学重点发展高新技术类和复合型、应用型学科，注重科技成果转化与应用基地的建设。

第二节　产业链创新发展政策文本查询分析

一、上海市的文本查询分析

在上海市产业政策文本中搜索“高校”或“学科”，两个词汇在《支持临港新片区加大先行先试探索 深化产教融合城市建设若干措施》《上海市加快打造全球生物医药研发经济和产业化高地的若干政策措施》《上海市战略性新兴产业和先导产业发展“十四五”规划》《上海市提信心扩需求稳增长促发展行动方案》《上海市吸引集聚企业研发机构 推进研发产业化的实施意见》中的参考点分别有 26 个、11 个、4 个、3 个、5 个，覆盖率分别为 1.24%、0.48%、0.05%、0.07%、0.18%。《支持临港新片区加大先行先试探索 深化产教融合城市建设若干措施》提出，“加快构建产教融合制度环境……依托上海电机学院设立产教融合协同育人工作办公室，联合临港新片区内外高校和职业院校、重点企业、创新机构等，搭建开放共享合作平台，联合开展各类产教融合协同育人项目和活动，促进人才全链条创新培育和科研成果转化……支持产教融合新型机构建设。引导‘双一流’高校、高水平地方高校、科研机构等与临港新片区开放合作，共建产教融合育人平台和创新载体。支持临港新片区研究设立临港科创学院，探索人才培养、资源对接、创新协同新模式。推进上海临港新工科产教融合研究院实体化运作，培养相关产业领域产教融合领军型人才。支持临港新片区与上海交大、华东师大、上海财大、同济大学等‘双一流’高校合作设立产教融合新型机构，在金融科技、数字孪生、智慧交通等领域开展产教融合项目合作，争取若干国家级创新中心落户”①。《上海市加快打造全球生物医药研发经济和产业化高地的若干政策措施》提出，“支持高校生物医药科研成果转化。选择本市部分高校扩大试点横向结余经费改革，允许横向结余经费投资于生物医药等领域创业项目。支持高校附属医疗卫生机构通过协议定价、挂牌交易、拍卖等方式，确定科技成果交易价格，自主决定成果转化方式，所获收益主要用于奖励科技成果完成人。鼓励重点高校与国内外知名投资基金合作设立针对早期成果孵化的专门种子基金……支持以龙头企业联合高校、科研院所等建设若干市级工程研究中心，进一步强化产学研合作”②。《上海市吸引集聚企业研发机构 推进研发产业化的实施意见》提出，“提升产学研用融合水平。以应用为牵引，支持企业研发机构与高校、科研院所等协作融通，共建联合实验室、联合创新中心、博士后科研工作站，建立科研攻关、技术标准研制和研发产业化联动机制。鼓励高校和科研院所的实验室、大型仪器设备、科技数据、图书文献等科技资源与企业研发机构的中试验证平台等双向开放……加快专业人才培养。鼓励高校接轨研发产业化国际规则，联合顶尖研发机构和行业组织，共同培养重点领域兼具技术开发能力、商业化落地能力的产业化人才”③。

二、江苏省的文本查询分析

在江苏省产业政策文本中搜索“高校”或“学科”，两个词汇在《关于支持江苏省产业技术研究院改革发展若干政策措施》《江苏省“十四五”科技创新规划》《江苏省专精特新企业培育三年行动计划（2023—2025 年）》《关于推动战略性新兴产业融合集群发展实施方案》中的参考点分别有 5 个、38 个、4 个、4 个，覆盖率分别为 0.44%、0.25%、0.13%、0.10%。

其中，《关于支持江苏省产业技术研究院改革发展若干政策措施》提到，“高

① 《支持临港新片区加大先行先试探索 深化产教融合城市建设若干措施》，https://www.shanghai.gov.cn/gwk/search/content/984eb5456f1b40fdaab2199882a47880[2023-04-28]。

② 《上海市加快打造全球生物医药研发经济和产业化高地的若干政策措施》，https://www.shanghai.gov.cn/202223bgtwj/20221212/aebde57e6f4944a2b06695a13ac91777.html[2022-10-24]。

③ 《上海市吸引集聚企业研发机构 推进研发产业化的实施意见》，https://www.shanghai.gov.cn/hqkjcx2/20230522/c20e226362d04829ba382f5495a75168.html[2023-05-12]。

校院所应支持科研人员携带科技成果到省产研院开展技术开发和创办衍生企业，由省产研院、高校院所和科研人员签订三方协议，明确各相关方的权利和义务……省教育厅支持省产研院与高校开展研究生联合培养，通过产教融合培养理论知识扎实、实践动手能力强、符合产业实际需求的产业创新人才”[①]。不断提高科技成果转化和产业化水平，加快实现高水平科技自立自强。《江苏省“十四五”科技创新规划》强调，“加快基础研究科教融合发展，建设一批高水平研究型大学和基础学科研究中心，集中力量建设一批国际先进、国内领先的优势学科。加强数学、物理、化学等基础学科领域研究，统筹支持基础学科、应用学科、新兴学科、交叉学科发展，培育开辟适应产业需求的新学科发展方向，加强基础研究人才培养。统筹发挥好各类创新主体在基础研究中的作用，支持高校院所自主布局基础研究，探索设立‘基础研究特区’，扩大单位学术自主权和个人科研选题自主权；引导新型研发机构在应用基础研究组织模式、人才引进等方面积极探索，推动基础研究、应用研究和技术创新贯通发展”[②]。《江苏省专精特新企业培育三年行动计划（2023—2025 年）》重视产学研融合，提出要“每年发布一批高校科研院所创新成果清单和专精特新企业研发攻关需求清单，定期组织产学研供需对接，支持校（所）企开展订单式研发和关键技术攻关，鼓励各地对校企合作攻关项目给予支持。依托省中小企业公共服务平台，集聚高校院所和龙头企业创新资源，推动产学研合作对接，为中小企业研发创新提供一站式服务。推动建立专精特新企业首席技术专家制度，选聘一批高校院所专家教授兼任企业首席技术专家，助力产学研深度融合……强化人才引培。依托国家重点人才计划和省‘双创计划’‘333 工程’等，将省级以上专精特新企业人才需求纳入支持范围，助力专精特新企业引进具有引领性、原创性、突破性技术的科技领军人才和创新团队。鼓励专精特新企业联合高校院所、科研机构申报组建关键核心技术人才攻关联合体，围绕国家和省重大战略需求展开协同攻关”[③]。《关于推动战略性新兴产业融合集群发展的实施方案》提出，主动适应产业多学科融合发展趋势，组织实施基础研究计划，鼓励引导高校院所优化学科及专业设置，探索“政府+高校+企业”长期合作开展基础研究新模式[④]。

---

① 《关于支持江苏省产业技术研究院改革发展若干政策措施》，https://www.jiangsu.gov.cn/art/2023/6/29/art_46144_10937150.html[2023-06-26]。

② 《江苏省“十四五”科技创新规划》，https://www.jiangsu.gov.cn/art/2021/9/15/art_46144_10014555.html[2021-09-02]。

③ 《江苏省专精特新企业培育三年行动计划（2023—2025 年）》，https://www.jiangsu.gov.cn/art/2023/2/6/art_46144_10738345.html[2023-01-20]。

④ 《关于推动战略性新兴产业融合集群发展的实施方案》，https://www.jiangsu.gov.cn/art/2023/2/24/art_46144_10766859.html[2023-02-16]。

三、浙江省的文本查询分析

在浙江省产业政策文本中搜索“高校”或“学科”，两个词汇在《浙江省科技创新发展“十四五”规划》《浙江省全球先进制造业基地建设“十四五”规划》《浙江省人民政府办公厅关于培育发展未来产业的指导意见》《浙江省“315”科技创新体系建设工程实施方案（2023—2027年）》《浙江省重点产业技术联盟培育实施方案》中的参考点分别有32个、4个、4个、9个、4个，覆盖率分别为0.57%、0.05%、0.17%、0.30%、0.29%。

其中，《浙江省科技创新发展“十四五”规划》提出，“加快培育国家战略科技力量，大力提升自主创新能力……支持浙江大学建设国家应用数学中心和数学、物理等国家基础学科研究中心。巩固提升现有国家重点实验室，支持浙江大学等争创一批国家重点实验室。推进良渚、西湖、湖畔、甬江、瓯江等省实验室加快建设，谋划建设海洋、能源、农业等领域的省实验室。支持省级重点实验室开展多学科协同研究，探索组建联合实验室和实验室联盟。到2025年，国家重点实验室等国家级科技创新基地达到60个，建成高水平省实验室10家，新建省级重点实验室100家……加快推进高水平高校和科研院所建设。支持浙江大学加快顶尖、高峰学科等学科群建设，支持西湖大学创新体制机制、提升国际竞争力，打造国家重大战略科技力量。支持省重点建设高校创建‘双一流’大学，支持各地引进培育一批学科水平国际一流的大院名校、共建创新载体，建设关键共性技术研发基地。聚焦聚力做强特色学科，推动数学、物理等基础学科和数字经济、生物医药、新材料等相关学科建设，支持中国美术学院、宁波大学等省重点建设高校建设世界一流学科，鼓励省重点建设高校冲刺国家‘双一流’或A+学科。坚持人才培养、科技创新、学科建设‘三位一体’，推进科教融合、产教融合，支持行业特色高校面向地方需求开展应用技术研究。支持科研院所深化改革，加强基础研究与应用基础研究能力建设。到2025年，高水平大学数量达到12所，50个以上学科（领域、方向）达到国家一流学科建设标准，80个以上学科进入基本科学指标数据库（ESI）学科前1%。若干学科进入世界一流学科行列……打通高校、科研院所与企业人才流动通道。探索通过高校和重大科研平台留编引才方式，鼓励高校和科研院所科研人员兼职或离岗创办科技型企业，积极吸引海外高层次人才来浙落户创业，标准化推进全省集聚区规划建设和管理工作”①。《浙江省全球先进制造业基地建设“十四五”规划》提出，要“建设高水平创新平台……支持国内外一流高校、科研院所来浙设立创新平台……加快推进中国浙江网上技术市场3.0建设。整合高校、科研院所、企业和科技服务机构等科技成果、技术需求、

① 《浙江省科技创新发展“十四五”规划》，https://www.zj.gov.cn/art/2021/6/23/art_1229620644_2402260.html [2021-06-11]。

科技服务资源，加快形成线上线下融合的科技成果转化和技术交易生态系统……加强制造业人才保障……重视培育和用好本土人才，支持与国内外一流高校合作培养专业型、复合型、国际型人才”①。《浙江省人民政府办公厅关于培育发展未来产业的指导意见》提出，“实施产业跨界融合工程，创造新的应用场景和消费需求，加大未来技术跨学科跨领域拓展应用，打造若干未来技术应用和未来产业融合场景……完善人才引育体系。支持高校建立未来产业特色学院，加大面向未来产业发展的学科创新和交叉融合力度，完善学科设置、项目资助、人才培育的关联机制”②。《浙江省“315”科技创新体系建设工程实施方案（2023—2027年）》提出，“浙江大学在创建中国特色世界一流大学中走在前列，一批省属高校稳居全国前100位并明显进位……建设高水平大学。大力实施高等院校‘双一流196工程’，支持浙江大学建设世界一流的综合型、研究型、创新型大学，支持西湖大学建设世界一流的新型研究型大学，在全省建成一批教育、科技、产业高效协同的高水平大学，推动更多省属高校跻身国内一流、世界一流。重点加强‘登峰学科’建设，完善高水平学科专业建设体系。加强基础科学研究，实施基础研究行动方案，推进高校院所开展有组织的科研，加强数理力学、量子信息、脑科学等领域基础研究和应用基础研究，布局建设一批数学、物理、化学等基础学科研究中心”③。《浙江省重点产业技术联盟培育实施方案》提出，围绕“415”产业集群和十大标志性产业链，每年布局建设一批重点产业技术联盟，充分发挥企业、高校、科研院所在研发创新、成果产业化、人才培育等方面的互补优势，构建产业创新生态④。

四、安徽省的文本查询分析

在安徽省产业政策文本中搜索“高校”或“学科”，两个词汇在《安徽省“十四五”科技创新规划》《安徽省人民政府关于促进全省高新技术产业开发区高质量发展的实施意见》《深化高校学科专业结构改革服务产业创新发展实施方案（2022—2025年）》《安徽省深化科技创新体制机制改革加快科技成果转化应用体系建设行动方案》《安徽省产业创新研究院建设行动实施方案（试行）》中的参考点分别有45个、

① 《浙江省全球先进制造业基地建设“十四五”规划》，https://www.zj.gov.cn/art/2021/7/19/art_1229019364_2311604.html[2021-07-02]。

② 《浙江省人民政府办公厅关于培育发展未来产业的指导意见》，https://www.zj.gov.cn/art/2023/2/20/art_1229019365_2458667.html[2023-02-20]。

③ 《浙江省“315”科技创新体系建设工程实施方案（2023— 2027年）》，https://zjjcmspublic.oss-cn-hangzhou-zwynet-d01-a.internet.cloud.zj.gov.cn/jcms_files/jcms1/web3096/site/attach/0/47032625c1564f5a83b42e890aff8e13.pdf[2023-02-14]。

④ 《浙江省重点产业技术联盟培育实施方案》，https://jxt.zj.gov.cn/art/2020/12/10/art_1582899_22458.html[2020-12-10]。

2 个、256 个、48 个、5 个，覆盖率分别为 0.27%、0.07%、4.71%、1.26%、0.18%。

《安徽省“十四五”科技创新规划》提到主要目标包括“科技创新体系更加完善。以国家实验室为核心的科技创新攻坚力量梯次发展格局初步形成。‘双一流’高校和一流科研院所建设取得显著进展，积极创建国家基础学科研究中心等国家级创新平台，力争总数超过 250 家……创新协同效能更大提高。科技创新体制机制障碍有效破除，企业、高校、科研院所等创新主体活力充分激发，产学研深度融合的技术创新体系更加健全，创新治理能力和效率明显提升”①。《深化高校学科专业结构改革服务产业创新发展实施方案（2022—2025 年）》提出，“进一步深化高校学科专业结构改革，推动高等教育高质量发展，提升服务产业创新发展能力……到 2025 年，高等教育布局结构更加合理，符合条件的高校向应用型深度转型，高校区域功能定位与产业布局匹配度大幅提升。跨界融合、科教融合、产教融合、校企合作更加紧密，学科专业结构更加适应科技创新和新兴产业发展需要，原始创新和关键核心技术攻关能力明显增强，科技成果转化效率大幅提升，人才链、产业链、供应链、创新链、资金链、政策链等‘多链协同’的产业生态基本形成。教育对外合作开放步伐显著加快，全方位开放新格局基本形成”②。《安徽省深化科技创新体制机制改革加快科技成果转化应用体系建设行动方案》强调，“破除科技成果转化体制机制障碍……对高校院所科技成果转化实行单项考核。指导高校院所完善制度，对科研人员、从事科技成果转化人员进行分类激励，对从事科技成果转化人员实行单列考核和评价，并在指标分配中予以倾斜……构建赋权与尽职免责机制……授权高校院所办理科技成果作价投资形成国有股权的转让、无偿划转或者对外投资等事项，除涉及国家秘密、国家安全及关键核心技术外，不需审批或者备案”③。

第三节　长三角地区产业链与学科建设协同发展的对策与建议

一、全面优化高校学科发展战略布局

一是健全支撑区域科创领域发展的高峰学科群。支持发展数学、物理等基础学科建设，推动应用学科高质量发展；加强材料科学与工程、计算机科学与技术

① 《安徽省“十四五”科技创新规划》，https://www.ah.gov.cn/public/1681/554199411.html[2022-02-22]。

② 《深化高校学科专业结构改革服务产业创新发展实施方案（2022—2025 年）》，https://tl.gov.cn/tlsrmzf/yctxzcwj/pc/content/content_1706139420495089664.html[2022-07-18]。

③ 《安徽省深化科技创新体制机制改革加快科技成果转化应用体系建设行动方案》，https://kejiju.ahsz.gov.cn/xxfb/ztzl/kjzc/193027541.html[2022-08-02]。

等强相关应用学科建设，支撑重点领域创新发展；促进管理科学与工程等支撑学科建设。着力提升高峰学科建设整体水平，推动高校基础研究水平全面提升、重点领域实现引领突破。

二是优化学科专业结构布局，打造完整的学科链。重点在于厘清重点领域产业链供应链上下游企业的人才需求，并从基础学科、应用学科和支撑学科出发，系统分析紧缺学科专业名单，调整优化高校学科专业结构，挖掘学科发展潜力，补齐创新发展短板，形成适应产业链发展需求的完整学科链。

三是创新重点产业领域人才培养机制。支持长三角地区高校持续推进高峰学科博士学位授予点建设工作，以灵活的方式将科研院所纳入硕博人才培养体系。一方面加快急需紧缺人才培养，提升重点领域高质量人才供给水平；另一方面发挥高校和科研院所多学科交叉优势，推动关键技术攻关及产业化进程。引育“高尖缺”人才，组织龙头企业（牵头）、高校院所（参与）共同编制产业紧缺人才图谱，依托长三角地区各省区市重大人才计划引进培养各领域高层次人才，吸引一批具有国际视野的科技领军人才和创新团队。此外，支持长三角地区高校增设关联学科，培养一批复合型创新人才。

四是形成高等教育资源优化统筹战略。面向重点产业领域，支持高校学术团队建设。针对长三角地区高校资源分布不均的情况，鼓励跨省区市、跨高校、跨学院、跨学科的合作和交叉团队建设，从而实现高校之间的互助与资源共享，把长三角地区高等教育一体化落地走实。系统梳理长三角地区各高校重点学科建设情况，面向各省区市重点产业发展需求，充分挖掘从供应链产业链发展视角出发的学科建设需要，各省区市之间进行错位发展、取长补短，进一步补齐长三角地区学科建设的短板。

二、构建高校学科建设与产业协同创新发展体系

一是引导和支持长三角地区高校建设产学研协同创新中心。以需求和问题为导向，支持高校加大力度建设全国第五轮学科评估中成绩达到B以上的学科。在重点产业领域强相关学科、应用学科和支撑学科中，充分发挥优势学科的牵引作用和人才能动作用，鼓励高校规划建设一批产业技术研究院，提升新材料等重点领域创新技术产业化能力。

二是搭建产学研供需信息对接平台。鼓励大学科技园、高校、科研院所、企业产学研用相关主体构建数字化小平台，由政府牵头搭建面向科技成果转化的公共信息平台，整合产学研用各方主体，精准促成产学研用合作，提高创新技术的转化能力和产业化能力。

三是鼓励企业加大人才储备。针对长三角地区重点产业领域，通过提高购房补贴等人才引进政策，一方面引导与支持高校、科研院所和企业引进一批具有国

际先进、国内领先水平的领军人才和优秀青年人才。另一方面依托科研机构、企业等主体实现长三角地区高校人才资源共享，进一步集聚一批重点领域的高层次人才。

四是强化关键核心技术攻关能力。在重点领域部署一批重大科技攻关任务，强化由政府主导、技术总师负责的有组织的科研活动，发挥“揭榜挂帅”“赛马制”等新机制作用，全链条突破终端产品、核心器件、关键软件、内容生成等关键环节和产品。培育战略科技力量，支持西湖实验室、南湖脑机交叉研究院、之江实验室、复旦大学光电研究院等新型研发机构的建设。

三、充分发挥国家级大学科技园的桥梁纽带作用

一是扶持一批高校建设大学科技园。推动高校建设大学科技园，推进大学科技园建设博士后流动站工作，明确大学科技园主体责任，健全科技成果转化机制，畅通成果转化渠道。允许科研人员将横向科研项目结余经费以现金出资方式，入股或成立相关领域科技型企业，以“技术入股+现金入股”形式进行职务科技成果转化，形成良好的创新创业生态。加大对大学科技园的支撑保障力度，提升技术创新中心的集聚效应，为争创国家技术创新中心贡献力量。

二是创新科技园体制机制。依托高校优势学科，整合政府和社会资源，构建集群式创新服务生态链，促进创新要素融入重点产业，形成市场化导向的大学科技园运作机制。促进产业链、创新链、资金链深度融合，在新材料、健康医疗等重点领域，攻克一批关键核心技术，转化一批重大科技成果，孵化培育一批高新技术企业。

三是完善大学科技园配套基础设施和服务功能。支持大学科技园加大力度建设基础设施，完善园区生活服务功能。加强大学科技园周边社区配套设施建设，引导各类创新要素向科技园聚集。综合性运用引导基金、政策支持等手段，引导金融机构创新金融产品，支持大学科技园创新创业企业发展。

参 考 文 献

把多勋, 张欢欢. 2007. 基于协同理论的区域旅游产业发展: 以西北地区为例[J]. 开发研究, (2): 92-95.

白俊红, 卞元超. 2016. 要素市场扭曲与中国创新生产的效率损失[J]. 中国工业经济, 11: 39-55.

柏庆国, 史宝珍, 徐健腾. 2019. 风险规避下二级供应链的低碳减排运营策略[J]. 系统工程, 37(3): 86-97.

毕建新, 张照余. 2013. 基于协同理论的高校电子文件管理模式研究: 以东南大学为例[J]. 档案学研究, (5): 42-45.

毕娟. 2016. 京津冀科技协同创新影响因素研究[J]. 科技进步与对策, 33(8): 49-54.

蔡建湖, 蒋乐, 杨梦园, 等. 2024. 不对称信息下考虑风险的绿色供应链决策研究[J]. 系统工程理论与实践, 44(5): 1615-1632.

曹平. 2010. 技术创新理论模型的多维解读[J]. 技术经济与管理研究, (4): 33-36.

曹青林. 2014. 协同创新与高水平大学建设[J]. 华中师范大学学报(人文社会科学版), 53(1): 169-176.

曹小衡, 陈子充. 2024. 全球价值链参与度对产业链韧性的影响: 基于台湾地区制造业的实证研究[J]. 台湾研究, (4): 53-67.

曹裕, 李青松, 胡韩莉. 2019. 不同政府补贴策略对供应链绿色决策的影响研究[J]. 管理学报, 16(2): 297-305, 316.

曹宗宏, 张成堂, 赵菊, 等. 2019. 基于资金约束的风险厌恶制造商融资策略和渠道选择研究[J]. 中国管理科学, 27(6): 30-40.

陈彪, 徐娜. 2021. 我国高校跨学科研究现状、热点与趋势分析: 基于 CiteSpace 的可视化分析[J]. 中国高校科技, (12): 25-30.

陈晨, 时勘, 陆佳芳. 2015. 变革型领导与创新行为: 一个被调节的中介作用模型[J]. 管理科学, 28(4): 11-22.

陈娟娟, 赵红岩, 杨肖丽. 2021. 经济政策不确定性、融资约束与企业创新[J]. 预测, 40(2): 55-60.

陈俊. 2022. 创新链与产业链协同的经济发展效应: 来自城市行政审批改革的经验证据[J]. 当代经济研究, (9): 115-128.

陈三可, 赵蓓. 2019. 研发投入、风险投资与企业融资约束: 基于中国制造业上市公司的实证分析[J]. 管理评论, 31(10): 110-123.

陈胜利, 张璇. 2020. 突发事件下双因素同时扰动的风险厌恶型供应链回购契约协调策略[J]. 统计与信息论坛, 35(3): 94-101.

陈小洪, 陈金亮. 2008. 产业链创新: 有关认识、案例讨论和建议[J]. 中国制造业信息化(应用版),

(10): 8-17.

陈晓红, 王艳, 关勇军. 2012. 财务冗余、制度环境与中小企业研发投资[J]. 科学学研究, 30(10): 1537-1545.

陈亚玲. 2012. 大学跨学科科研组织: 起源、类型及运行策略[J]. 高校教育管理, 6(3): 45-49.

陈英新, 樊敏霞. 2007. 技术创新与企业战略管理变革[J]. 企业活力, (2): 78-79.

陈永泰, 徐晗玉, 徐峰, 等. 2019. 面向企业绿色创新的政府R&D补贴契约设计[J]. 系统管理学报, 28(4): 717-724.

程亮. 2012. 论我国产学研协同创新机制的完善[J]. 科技管理研究, 32(12): 16-18, 30.

程新奎. 2007. 大学跨学科组织的主要运行模式及其特征比较[J]. 现代教育科学, (9): 25-28, 52.

储著斌. 2017. 在汉高校"双一流"建设对接产业发展的体制创新浅析[J]. 汉江师范学院学报, 37(2): 120-126.

代建生, 刘悦. 2022. 公平偏好和销售努力下供应链期权契约协调[J]. 中国管理科学, 30(7): 20-30.

戴魁早, 刘友金. 2016a. 要素市场扭曲如何影响创新绩效[J]. 世界经济, 39(11): 54-79.

戴魁早, 刘友金. 2016b. 要素市场扭曲与创新效率: 对中国高技术产业发展的经验分析[J]. 经济研究, 51(7): 72-86.

党文娟, 张宗益, 康继军. 2008. 创新环境对促进我国区域创新能力的影响[J]. 中国软科学, (3): 52-57.

丁军飞, 陈伟达, 付帅帅. 2022. 碳价波动下考虑风险规避的工程机械再制造企业生产决策优化[J]. 系统工程理论与实践, 42(3): 637-650.

董宇鸿. 2010. 基于协同理论的产业集群效应研究[J]. 河南工业大学学报(社会科学版), 26(3): 46-48, 93.

董珍, 缪言. 2022. 高新技术企业认定政策与企业绩效: 兼论高新区建设的调节作用[J]. 宏观经济研究, (9): 141-160.

樊相宇, 胡博雅, 武小平. 2021. 考虑无缺陷退货下零售商转运的供应链回购契约研究[J]. 中国管理科学, 29(7): 139-147.

范涛, 梁传杰, 水晶晶. 2022. 世界一流学科建设体制机制改革的审视与建构: 基于现代治理和系统论的视角[J]. 武汉理工大学学报(社会科学版), 35(5): 134-141.

方红星, 楚有为. 2019. 公司战略与商业信用融资[J]. 南开管理评论, 22(5): 142-154.

方丽. 2014. 协同创新视域下的高校人才培养模式的重构与选择[J]. 江苏高教, (2): 107-109.

方维慰. 2020. "一带一路"国家科技合作与协同创新的机制研究[J]. 重庆社会科学, (12): 45-58.

冯颖, 汪梦园, 张炎治, 等. 2022. 制造商承担社会责任的绿色供应链政府补贴机制[J]. 管理工程学报, 36(6): 156-167.

冯宗宪, 王青, 侯晓辉. 2011. 政府投入、市场化程度与中国工业企业的技术创新效率[J]. 数量经济技术经济研究, 28(4): 3-17, 33.

高建新. 2013. 区域协同创新的形成机理及影响因素研究[J]. 科技管理研究, 33(10): 74-78.

高举红, 韩红帅, 侯丽婷, 等. 2015. 考虑产品绿色度和销售努力的零售商主导型闭环供应链决策研究[J]. 管理评论, 27(4): 187-196.

高雅, 鲁宽民. 2016. 协同理论视域下大学生思想政治教育实效性提升分析[J]. 西安文理学院学报(社会科学版), 19(1): 110-113.
谷水亮, 李剑, 程红. 2020. 基于零售商部分赊销的供应链协调研究[J]. 软科学, 34(4): 127-132.
郭甜. 2022. 基于新时代教育评价的高校学科建设改革研究[J]. 产业与科技论坛, 21(20): 285-286.
韩珣, 李建军. 2021. 政策连续性、非金融企业影子银行化与社会责任承担[J]. 金融研究, (9): 131-150.
郝清民. 2020. 融资约束下的研发与长期财务风险[J]. 科研管理, 41(10): 54-62.
何海燕, 王子文, 姜李丹, 等. 2014. 我国产学研协同创新影响因素研究: 基于 Ordered Logit 模型实证分析[J]. 华东经济管理, 28(9): 106-110.
何佳讯, 葛佳烨, 张凡. 2021. 中国学者管理学研究的世界贡献: 国际合作、前沿热点与贡献路径: 基于世界千种管理学英文期刊论文（2013～2019 年）的定量分析[J]. 管理世界, 37(9): 36-67.
何丽红, 李政道. 2017. 考虑零售商公平关切的双渠道供应链合作广告决策分析[J]. 工业工程与管理, 22(4): 107-114.
何丽君. 2014. 高校协同创新影响因素的多维考察[J]. 教育评论, (10): 3-5.
侯二秀, 石晶, 秦蓉. 2016. 企业协同创新动力要素的理论与实证研究[J]. 科学管理研究, 34(4): 72-75.
胡德鑫, 金子. 2022. 美国顶尖公立大学跨学科人才培养的行动路径与经验借鉴: 来自宾夕法尼亚州立大学的范例[J]. 高等理科教育, (2): 106-114.
胡建华. 2020. 知识学科与组织学科的关系分析[J]. 高等教育研究, 41(5): 25-30.
胡伟伟, 巢俊, 包樱. 2015. 江苏省高校学科建设与地方产业发展关联度分析与研究[J]. 天津科技, 42(9): 20-21.
胡璇. 2022. 城市规模对企业创新的影响[J]. 税务与经济, (1): 92-99.
胡志亮, 郑明贵. 2022. 企业战略差异影响了商业信用融资吗?——基于规模歧视、行业特征的调节效应分析[J]. 管理评论, 34(6): 292-302.
黄波, 孟卫东, 李宇雨, 等. 2010. 不确定环境下研发联盟成员投资激励机制研究[J]. 管理工程学报, 24(4): 58-65.
黄菁菁. 2017. 产学研协同创新效率及其影响因素研究[J]. 软科学, 31(5): 38-42.
霍影, 张凤武. 2012. 嵌入省域产业特色的优势学科群集群发展模式研究: 创新驱动视阈下以黑龙江省高校学科群为例[J]. 中国高教研究, (10): 50-53.
贾冀南, 孔祥学, 王申玥. 2020. 差错管理氛围对新生代员工创新行为影响研究[J]. 科研管理, 41(9): 238-246.
简兆权. 1999. 战略联盟的合作博弈分析[J]. 数量经济技术经济研究, 16(8): 34-36.
江世英, 李随成. 2015. 考虑产品绿色度的绿色供应链博弈模型及收益共享契约[J]. 中国管理科学, 23(6): 169-176.
江喜林, 胡蝶. 2024. 数字化背景下政府参与产业链协同创新的演化博弈研究: 基于“链长制”的视角[J]. 中国地质大学学报(社会科学版), 24(4): 116-130.

姜昱汐，胡晓庆，林莉，等. 2011. 大学科技园协同创新中政产学研的作用及收益分析[J]. 现代教育管理, (8): 33-35.

蒋开东，詹国彬. 2020. 共生理论视角下高校协同创新模式与路径研究[J]. 科研管理，41(4): 123-130.

蒋越星. 2020. 地方高校学科建设与地方产业协同发展机制研究[J]. 开封文化艺术职业学院学报, 40(12): 107-108.

焦磊，谢安邦. 2019. 美国研究型大学跨学科学术组织的建制基础及样态创新[J]. 中国高教研究, (1): 60-65.

焦磊，余宜荣. 2023. 我国研究型大学跨学科研究组织建制、问题及对策[J]. 科技管理研究, 43(5): 81-89.

焦磊，袁琴. 2022. 组织变革视域下大学跨学科研究组织形式创新路径研究[J]. 江苏高教，(2): 21-29.

金波，郭巧英，李忠卫. 2013. 基于 Shapley 值法的供应链融资收益的供给与分配[J]. 工业技术经济, 32(4): 43-48.

金惠红，薛希鹏，雷文瑜. 2015. 产学研协同创新的运行机制探讨[J]. 科技管理研究，35(5): 21-25.

柯华庆. 2010. 跨学科还是交叉学科?[J]. 大学(学术版), (10): 90-95.

孔寒冰，邹碧金，王沛民. 2001. 高等学校学术结构重建的动因探析[J]. 清华大学教育研究, 22(2): 78-82.

赖秀萍，聂力兵，周青，等. 2024. 关键核心技术对产业链衍生技术创新的影响[J]. 科学学研究, 42(12): 2642-2655.

赖雪梅，聂佳佳. 2022. 风险规避对制造商电商平台销售模式选择的影响[J]. 管理工程学报, 36(4): 240-248.

李柏洲，董媛媛. 2009. 应用解释结构模型构建企业原始创新系统及系统运行分析[J]. 软科学, 23(8): 119-124.

李昌文，周永务，卓翔芝，等. 2016. 基于合作博弈的组装供应链转移定价策略[J]. 运筹与管理, 25(6): 34-38.

李晨光，张永安. 2014. 区域创新政策对企业创新效率影响的实证研究[J]. 科研管理，35(9): 25-35.

李建斌，郭培强，陶智颖. 2021. 双边收益共享与两部收费契约下的全渠道协调策略[J]. 系统工程理论与实践, 41(11): 2887-2901.

李健. 2023. 数字经济助力农业产业链供应链现代化：理论机制与创新路径[J]. 经济体制改革, (3): 80-88.

李晶，李永波，钱寒晗，等. 2021. 考虑售电公司最优经营策略的曲线交易机制设计[J]. 电力系统保护与控制, 49(24): 69-77.

李莉英，刘光安，李小兵，等. 2022. 考虑风险规避和资金约束的低碳供应链决策研究[J]. 计算机科学, 49(S2): 950-955.

李宁，刘斌. 2021. 产业链发展视角下地方高校学科群建设研究[J]. 科技创业月刊，34(10):

104-107.
李书金，张强. 2007. 模糊合作博弈局中人参与水平间相互作用度量[J]. 应用数学学报，30(6): 1117-1129.
李习保. 2007. 区域创新环境对创新活动效率影响的实证研究[J]. 数量经济技术经济研究，24(8): 13-24.
李小美，张光军，刘人境，等. 2019. 供需不确定条件下考虑双边努力的供应链组合契约设计[J]. 运筹与管理，28(8): 48-58.
李雪松，龚晓倩. 2021. 地区产业链、创新链的协同发展与全要素生产率[J]. 经济问题探索，11: 30-44.
李艳玲. 2017. 河南农业类高校学科建设与产业集群协同发展研究[J]. 河南牧业经济学院学报，30(4): 72-77.
李忆，吴梳梅. 2019. 差错管理气氛对员工创新行为的影响：家长式领导的调节作用[J]. 科技管理研究，39(3): 149-158.
李永占. 2018. 变革型领导对员工创新行为的影响：心理授权与情感承诺的作用[J]. 科研管理，39(7): 123-130.
李玉梅，许晗，宋玉茹，等. 2024. 数字经济与产业链韧性提升：机制、难点与对策[J]. 科学管理研究，42(2): 64-72.
李泽明，刘兵. 2024. 中国式产业链现代化水平的统计测度、区域差异及动态演进[J]. 统计与决策，40(8): 89-93.
李政，王思霓. 2021. 国有企业提升产业链现代化水平的理论逻辑与实现路径[J]. 学习与探索，(8): 112-120.
李政，杨思莹，路京京. 2018. 政府参与能否提升区域创新效率？[J]. 经济评论，(6): 3-14, 27.
李祖超，梁春晓. 2012. 协同创新运行机制探析：基于高校创新主体的视角[J]. 中国高教研究，(7): 81-84.
梁开荣，李登峰. 2023. 低碳供应链产品定价与投资决策的非合作-合作两型博弈方法[J]. 系统科学与数学，43(6): 1389-1412.
梁涛，刘会贞，李乃文. 2011. 产业结构与人才结构匹配度实证分析：以辽宁省为例[J]. 工业技术经济，30(12): 80-84.
廖名岩，曹兴. 2018. 协同创新企业知识势差与知识转移的影响因素[J]. 系统工程，36(8): 51-60.
林如海，彭维湘. 2009. 企业创新理论及其对企业创新能力评价意义的研究[J]. 科学学与科学技术管理，30(11): 118-121.
林涛. 2013. 基于协同学理论的高校协同创新机理研究[J]. 研究生教育研究，(2): 9-12.
林志炳. 2022. 考虑企业社会责任的绿色供应链定价与制造策略研究[J]. 管理工程学报，36(3): 131-138.
刘大椿. 2008. 学科整合与交叉学科时代的到来[J]. 中国外语，5(5): 1, 111.
刘国巍，邵云飞，刘博. 2021. 模块化网络视角下我国大健康产业链协同创新能力评价研究[J]. 科技进步与对策，38(24): 85-95.
刘家树，石洪波，齐昕. 2022. 创新链视角下高新技术企业认定效应与机制研究[J]. 科研管理，

43(6): 22-31.
刘剑民, 夏琴, 徐玉德, 等. 2024. 产业技术复杂性、政府补助与企业绿色技术创新激励[J]. 南开管理评论, 27(2): 94-103, 104-105, 149.
刘竞, 傅科, 徐佳焱. 2021. 不对称信息下权力结构对自有品牌引入的影响[J]. 系统工程理论与实践, 41(8): 2056-2075.
刘浪, 彭莲怡, 濮宇涛. 2024. 成本分担契约下具有双重参考效应的闭环供应链微分博弈[J]. 中国管理科学, 1-13.
刘献君. 2022. 面向未来的高校学科建设[J]. 中国高教研究, (10): 1-7.
刘晓云, 赵伟峰. 2015. 我国制造业协同创新系统的运行机制研究[J]. 中国软科学, (12): 144-153.
刘亚敏, 胡甲刚. 2004. 跨学科人才培养的制约因素探讨[J]. 中国高教研究, (3): 63-65.
刘志忠. 2020. 我国大学跨学科组织的结构模式及其无边界对策[J]. 高教探索, (9): 31-36.
刘仲林. 1988. 国外“学科”与“跨学科”概念介绍[J]. 科学学与科学技术管理, 9(9): 26-28.
刘仲林. 1993. 交叉科学时代的交叉研究[J]. 科学学研究, 11(2): 9-16.
柳卸林, 胡志坚. 2002. 中国区域创新能力的分布与成因[J]. 科学学研究, 20(5): 550-556.
卢馨, 郑阳飞, 李建明. 2013. 融资约束对企业 R&D 投资的影响研究: 来自中国高新技术上市公司的经验证据[J]. 会计研究, (5): 51-58, 96.
陆国庆, 王舟, 张春宇. 2014. 中国战略性新兴产业政府创新补贴的绩效研究[J]. 经济研究, 49(7): 44-55.
罗思平, 于永达. 2012. 技术转移、“海归”与企业技术创新: 基于中国光伏产业的实证研究[J]. 管理世界, 28(11): 124-132.
罗英姿, 伍红军. 2008. 跨学科研究新型组织模式探析[J]. 学位与研究生教育, (7): 51-56.
罗云. 2005. 论大学学科建设[J]. 高等教育研究, 26(7): 45-50.
马超, 黄福友, 黄晓慧. 2020. 努力效应和损失规避下具缺货损失的收益共享契约[J]. 统计与决策, 36(10): 167-171.
马晶梅, 赵雨薇, 王成东, 等. 2020. 融资约束、研发操纵与企业创新决策[J]. 科研管理, 41(12): 171-183.
马廷奇, 王长喜. 2009. 学科建设与本科教学改革[J]. 中国高等教育, (S3): 43-45.
马微, 惠宁. 2018. 金融结构对技术创新的影响效应及其区域差异研究[J]. 经济科学, (2): 75-87.
马永红, 张晓会. 2023. 跨学科的内涵、机理及衍变路径[J]. 清华大学教育研究, 44(1): 30-37.
马跃, 蔡兵, 于小娟. 2007. 交叉学科研究的成长环境与动力机制分析[J]. 研究与发展管理, 19(5): 105-110, 119.
毛崇峰, 李彤, 周青. 2012. 技术联盟投资决策的模拟植物生长优化分析[J]. 系统工程, 30(2): 73-78.
毛其淋, 许家云. 2015. 政府补贴对企业新产品创新的影响: 基于补贴强度“适度区间”的视角[J]. 中国工业经济, (6): 94-107.
孟凡生, 马茹浩. 2023. 离散制造智能化关键技术协同创新及影响因素研究[J]. 科研管理, 44(1): 37-47.

孟庆斌, 侯粲然, 鲁冰. 2019. 企业创新与违约风险[J]. 世界经济, 42(10): 169-192.
苗晓娜. 2014. 领导风格、差错取向与员工创新行为关系研究[J]. 领导科学, (20): 46-48.
南江霞, 王盼盼, 李登峰. 2020. 基于 CIS 值的非合作-合作两型博弈的理论研究[J]. 控制与决策, 35(6): 1427-1434.
倪娟, 王帆. 2020. 管理层能力提高了研发绩效吗?——基于内控视角[J]. 科研管理, 41(4): 220-228.
牛巍, 宋伟. 2013. 基于纵向结构的专利联盟企业间利益分配研究[J]. 科技管理研究, 33(23): 155-159.
牛亚丽. 2021. 农业产业链高质量发展的治理生态研究: 基于"互联网+农业产业链"的融合创新视角[J]. 经济与管理, 35(3): 1-10.
潘开灵, 白列湖. 2006. 管理协同机制研究[J]. 系统科学学报, 14(1): 45-48.
潘越, 谢玉湘, 宁博, 等. 2022. 数智赋能、法治化营商环境建设与商业信用融资: 来自"智慧法院"视角的经验证据[J]. 管理世界, 38(9): 194-208.
彭纪生, 刘伯军. 2002. 技术创新理论探源及本质界定[J]. 科技进步与对策, 19(12): 101-103.
彭小宝, 吴健, 祖洁微. 2022. 高质量发展背景下交叉学科研究生培养模式探究:以知识产权专业为例[J]. 研究生教育研究, (6): 59-65.
齐锰, 刘文丛, 王玉. 2014. 浅谈农业院校学科建设与地方经济发展有机结合的对策: 以吉林农业大学为例[J]. 吉林教育, (17): 2-3.
钱丽华, 刘春林, 丁慧. 2015. 基于财务绩效视角的企业从事慈善活动研究[J]. 管理学报, 12(4): 602-608.
乔华国, 江志斌, 谢文明, 等. 2013. 基于产品服务系统的供应链共享合同设计[J]. 工业工程与管理, 18(1): 25-30.
乔利利, 谭旻. 2018. "双一流"建设学科对区域重点产业基础研究的支撑: 以上海市为例[J]. 图书与情报, (4): 17-24.
秦媛媛, 李芳. 2020. 考虑采用不同销售渠道的竞争制造商闭环供应链回收模式决策研究[J]. 经济研究导刊, 5: 98-103, 108.
邱晓飞, 张宇庆. 2016. 产学研协同创新影响因素分析及应对[J]. 中国高校科技, (S1): 48-49.
渠海雷, 邓琪. 2000. 论技术创新与产业结构升级[J]. 科学学与科学技术管理, 21(2): 16-18.
茹宁, 闫广芬. 2018. 大学跨学科组织变革与运行策略探究[J]. 高校教育管理, 12(4): 58-65.
桑秀丽, 戴小梅, 秦国伟, 等. 2018. 云南高校学科建设与产业优化的协调发展研究[J]. 昆明理工大学学报(社会科学版), 18(1): 78-83.
邵晓峰, 黄培清, 季建华. 2001. 供应链中供需双方合作批量模型的研究[J]. 管理工程学报, 15(2): 54-57, 1.
邵云飞, 范群林, 唐小我. 2011. 基于内生增长模型的区域创新能力影响因素研究[J]. 科研管理, 32(9): 28-34.
沈弋, 徐光华, 钱明. 2018. 慈善捐赠、研发投入与财务资源的调节作用: 基于战略间互动视角[J]. 管理评论, 30(2): 159-171.
士明军, 王勇, 但斌, 等. 2019. 绿色供应链中不对称需求预测下的信息共享研究[J]. 中国管理科学, 27(4): 104-114.
宋丰文, 刘禹君. 2022. 中国企业技术创新影响因素研究[J]. 投资与创业, 33(16): 39-41.
宋歌. 2017. 民营企业产业链协同创新发展研究[J]. 黄河科技大学学报, 19(5): 31-37.
宋建, 王静. 2020. 生产补贴提升全球价值链分工了么: 基于生产分割视角的考察[J]. 国际贸易问题, (6): 93-110.
宋英华, 曹雪竹, 刘丹. 2021. 考虑风险规避与零售商谎报行为的绿色供应链决策研究[J]. 工业工程, 24(1): 19-26, 34.
孙红霞, 李煜. 2017. 模糊竞争环境下供应链企业联盟的收益分配策略[J]. 统计与决策, 33(8): 173-177.
孙清忠. 2015. 高校创新人才培养机制构建: 基于协同创新理论视角[J]. 社会科学家, (11): 124-127.
孙晓华, 李明珊. 2014. 研发投资：企业行为，还是行业特征?[J]. 科学学研究, 32(5): 724-734.
孙艳梅, 郭敏, 方梦然. 2019. 企业创新投资、风险承担与股价崩盘风险[J]. 科研管理, 40(12): 144-154.
孙耀吾, 曾科, 赵雅. 2008. 基于专利组合的高技术企业技术标准联盟动力与策略研究[J]. 中国软科学, (11): 123-132.
孙玉涛, 张晓飞, 张晨. 2021. 企业与合作伙伴技术竞争如何影响产品竞争?[J]. 科学学研究, 39(1): 83-92.
谭春辉, 刁斐, 李瑶, 等. 2023. 科研人员个体感知影响跨学科科研合作意愿机理[J]. 情报理论与实践, 46(5): 117-125.
唐家俊, 张智, 杨莉, 等. 2021. 考虑地域优势及合作成本的增量配售电公司联盟策略[J]. 电力系统自动化, 45(20): 84-92.
陶丹, 胡冬云. 2013. 产业集群背景下的产学研协同创新运行机制研究: 以重庆电子信息产业为例[J]. 科技管理研究, 33(22): 167-171.
田培霖. 2021. 研发支出与商业信用融资: 基于 A 股制造业企业的实证研究[J]. 绿色财会, (4): 16-21.
汪延明, 李家凯. 2023. 产业链现代化: 基于概念内涵的辨析逻辑[J]. 科学管理研究, 41(1): 65-73.
王静. 2023. 协同驱动提升产业链供应链现代化水平的形成机制研究: 基于 BP-SVM 联合优化模型[J]. 中国管理科学, 31(6): 196-206.
王凯, 鲁世林. 2018. 基于东北三省一流学科建设的地方经济发展:契机、优化与转型[J]. 长春教育学院学报, 34(3): 18-21.
王明辉. 2015. 基于产业链的纵向协同创新模式研究[J]. 现代管理科学, (8): 57-59.
王续琨, 常东旭. 2009. 远缘跨学科研究与交叉科学的发展[J]. 浙江社会科学, (1): 16-21, 125.
王宇, 束容与. 2024. 平台经济推动产业链高质量发展的机制与路径研究[J]. 当代经济科学, 46(5): 75-88.
卫林英, 张荣光, 王格格, 等. 2020. 基于知识链、产业链的陕西省高新技术产业协同创新发展探析[J]. 科学管理研究, 38(1): 71-77.

卫武, 夏清华, 资海喜, 等. 2013. 企业的可见性和脆弱性有助于提升对利益相关者压力的认知及其反应吗?——动态能力的调节作用[J]. 管理世界, 29(11) 101-117.

温国兴. 2013. 论合作博弈视角下的营销联盟演进模式[J]. 商业时代, (28): 41-42.

巫强, 胡蕾, 蒋真儿. 2024. 产业链与创新链融合发展: 内涵、动力与路径[J]. 南京社会科学, (2): 27-37.

吴崇伯, 吴雨禾. 2024. 技术密集型产业区域产业链建构路径研究[J]. 科技进步与对策, 41(7) 49-59.

吴刚. 2013. 拓展性学习中形成性干预的研究[J]. 远程教育杂志, 31(2): 49-56.

吴刚, 洪建中. 2012. 一种新的学习隐喻: 拓展性学习的研究: 基于"文化-历史"活动理论视角[J]. 远程教育杂志, 30(3): 23-30.

吴刚, 马颂歌. 2015. 革新实验室: 一种新的工作场所学习方法的基模[J]. 现代远程教育研究, 277(2): 43-53, 70.

吴利娟, 曹国华. 2017. 技术和价格不确定下企业研发投资决策研究[J]. 系统工程理论与实践, 37(7): 1720-1726.

吴伟伟, 张天一. 2021. 非研发补贴与研发补贴对新创企业创新产出的非对称影响研究[J]. 管理世界, 37(3): 137-60, 10.

吴尧, 沈坤荣. 2020. 最优金融结构与企业创新产出质量[J]. 宏观质量研究, 8(2): 95-109.

吴育辉, 黄飘飘, 陈维, 等. 2017. 产品市场竞争优势、资本结构与商业信用支持:基于中国上市公司的实证研究[J]. 管理科学学报, 20(5): 51-65.

吴中超. 2020. "双链融合"应用型大学的产学研协同创新运行机制分析[J]. 宏观经济管理, (4): 44-50.

武力超, 姜炎鹏, 曾三燕, 等. 2019. 贸易信贷对企业技术创新合作的影响[J]. 金融论坛, 24(9): 21-35.

伍星华, 艾兴政. 2022. 零售商信息分享影响延保服务供应链产品定价及服务质量决策机理探讨[J]. 中央财经大学学报, (6): 104-115.

夏宁, 李学, 李艳玲. 2015. 基于协同理论的高等学校发展机制研究[J]. 华北电力大学学报(社会科学版), (4): 117-122.

夏西强, 朱庆华, 刘军军. 2021. 上下游绿色研发模式对比分析及协调机制研究[J]. 系统工程理论与实践, 41(12): 3336-3348.

肖文, 林高榜. 2014. 政府支持、研发管理与技术创新效率: 基于中国工业行业的实证分析[J]. 管理世界, 30(4): 71-80.

谢春艳, 杨军, 王丽萍. 2012. 珠三角产业发展与广东高校重点学科科技资源分析[J]. 深圳大学学报(人文社会科学版), 29(3): 157-160.

谢刚, 吴思远, 郭本海, 等. 2022. 公平偏好视角下的专利联盟企业创新行为演化研究[J]. 中国管理科学, 30(5): 236-247.

解维敏, 方红星. 2011. 金融发展、融资约束与企业研发投入[J]. 金融研究, (5): 171-183.

解学梅. 2015. 企业协同创新影响因素与协同程度多维关系实证研究[J]. 科研管理, 36(2): 69-78.

解学梅, 刘丝雨. 2013. 都市圈中观视角下的协同创新演化研究综述[J]. 经济地理, 33(2): 68-75.
熊峰, 魏瑶瑶, 王琼林, 等. 2022. 考虑成员风险规避的双渠道绿色供应链定价与绿色投入决策研究[J]. 中国管理科学, 30(8): 267-276.
熊华军. 2005. 大学虚拟跨学科组织的原则、特征和优势: 以麻省理工学院 CSBi 运行机制为例[J]. 高等教育研究, 26(8): 95-101.
熊励, 孙友霞, 刘文. 2011. 知识密集型服务业协同创新系统模型及运行机制研究[J]. 科技进步与对策, 28(18): 56-59.
熊中楷, 聂佳佳, 熊榆. 2010. 零售商竞争下纵向合作广告的微分对策模型[J]. 管理科学学报, 13(6): 11-22, 32.
胥青山. 2004. 跨学科人才培养与高校学科组织创新[J]. 辽宁教育研究, (1): 21-23.
徐林. 2023. 交叉学科人才培养高质量发展：逻辑脉络、关键挑战与实现策略[J]. 高校教育管理, 17(1): 35-46.
许明辉, 孙康泰. 2020. 需求预测信息共享对供应商入侵策略的影响[J]. 管理科学学报, 23(12): 75-90.
许日华. 2015. 高校虚拟跨学科组织: 研究缘起、内涵及建构[J]. 高校教育管理, 9(5): 67-73.
宣勇. 2023. 大学学科的建设与评价: 从事学科研究 20 年的回顾与展望[J]. 大学与学科, 4(1): 1-9.
宣勇, 凌健. 2006. “学科”考辨[J]. 高等教育研究, 27(4): 18-23.
宣勇, 张金福, 凌健, 等. 2009. 大学学科组织化研究：多学科的审视[J]. 教育发展研究, 29(5): 45-55.
宣勇, 张鹏. 2006. 组织生命周期视野中的大学学科组织发展[J]. 科学学研究, 24(S2): 366-370.
薛传会. 2012. 论高等学校的协同创新及其战略重点[J]. 高校教育管理, 6(6): 24-29.
薛二勇. 2012. 协同创新与高校创新人才培养政策分析[J]. 中国高教研究, (12): 26-31.
颜建勇, 李晓峰. 2017. 设立交叉学科学位: 培养研究生创新人才的可供选择[J]. 高等工程教育研究, (1): 179-184.
闫中晓, 陈爱贞. 2024. 出口强度、产业链关联与产业升级: 基于中国制造业资源依赖度异质性分析[J]. 南方经济, (7): 113-131.
杨斌, 王传毅. 2021. 交叉学科的类型与设置方式: 基于知识的视角[J]. 大学与学科, 2(4): 14-23.
杨丹辉, 高风平, 刘思艺, 等. 2024. 地缘政治与战略资源产业链重构: 以关键稀土矿产和材料为例[J].中国人口·资源与环境, 34(5): 19-33.
杨洁, 戴幼玲, 赖礼邦, 等. 2024. 具有优先结盟的多层级联盟结构合作博弈及其在跨界流域治理中的应用[J]. 中国管理科学, 32(12): 300-311.
杨文博, 高政利. 2009. 供应链价值网络合作博弈核心解的非空性[J]. 系统工程, 27(11): 77-81.
杨小丽, 雷庆. 2018. 跨学科发展及演变探讨[J]. 学位与研究生教育, (4): 54-59.
杨洋, 裴童心, 李晓晖, 等. 2024. 产业政策对光伏产业链现代化发展的影响分析:基于创新效率和全要素生产率的视角[J]. 海南大学学报(人文社会科学版), 42(6): 53-63.
杨益民. 2007. 人才结构与经济发展协调性分析的指标及应用[J]. 安徽大学学报(哲学社会科学

版), 31(1): 118-123.

杨志强, 袁梦, 张雨婷. 2021. 企业研发创新与债券信用利差: 基于信号传递理论的分析[J]. 上海财经大学学报, 23(1): 42-60.

姚翔. 2023. 跨学科研究对美国顶尖教育学院青年学者科研产出的影响[J]. 复旦教育论坛, 21(2): 103-111.

姚小剑. 2019. 行业背景下的产业经济学科发展研究: 以西安石油大学为例[J]. 黑龙江教育(高教研究与评估), (3): 54-56.

尹奎, 孙健敏, 陈乐妮. 2016. 差错管理氛围研究述评与展望[J]. 外国经济与管理, 38(2): 75-87.

尹润锋. 2012. 领导风格对差错管理文化和组织创新绩效的影响研究[J]. 领导科学, (26): 43-45.

游振华, 李艳军. 2011. 产业链概念及其形成动力因素浅析[J]. 华东经济管理, 25(1): 100-103.

于淼, 王建辉, 赵彩杰, 等. 2020. 领导-成员交换关系在变革型领导与护理差错管理氛围间的中介作用[J]. 护理学杂志, 35(2): 9-11.

虞挺. 2020. 文化产业背景下绍兴地方高校特色学科建设路径研究[J]. 太原城市职业技术学院学报, (3): 68-69.

余晓钟, 江昱洁, 辜穗. 2013. 跨区域低碳经济协同创新发展动力机制研究[J]. 科学管理研究, 31(2): 55-58.

约翰·伊特韦尔, 默里·米尔盖特, 彼得·纽曼. 1992. 新帕尔格雷夫经济学大辞典[M]. 陈岱孙, 董辅礽, 罗元明, 等译. 北京: 经济科学出版社.

约瑟夫·熊彼特. 2009. 经济发展理论[M]. 何畏, 易家详等译. 北京: 商务印书馆.

曾蔚阳. 2015. 论协同创新视角下的地方高校人才培养机制[J]. 教育理论与实践, 35(21): 8-9.

曾粤亮, 曹高辉, 韩世曦. 2023. 青年科研人员跨学科科研合作行为影响因素研究: 基于扎根理论的探索[J]. 情报科学, 41(10): 21-31.

翟简. 2018. 产业组织理论研究综述[J]. 合作经济与科技, (24): 33-35.

张超, 毛艳华. 2024. 数字产业化能否增强城市产业链韧性?[J]. 现代经济探讨, (6): 105-112.

章成志, 吴小兰. 2017. 跨学科研究综述[J]. 情报学报, 36(5): 523-535.

张芳, 武杰, 杨悦. 2021. 风险规避的冷链物流服务供应链减排协调决策[J]. 计算机工程与应用, 57(24): 259-267.

张凤海, 侯铁珊. 2008. 技术创新理论述评[J]. 东北大学学报(社会科学版), 10(2): 101-105.

张海滨. 2013. 高校产学研协同创新的影响因素及机制构建[J]. 福州大学学报(哲学社会科学版), 27(3): 104-107.

张杰, 范雨婷. 2024. 创新投入与企业韧性: 内在机制与产业链协同[J]. 经济管理, 46(5): 51-71.

张雷生, 辛立翔. 2006. 高校学科建设模式研究[J]. 中国高教研究, (9): 28-29.

张琳, 孙蓓蓓, 黄颖. 2020. 交叉科学研究: 内涵、测度与影响[J]. 科研管理, 41(7): 279-288.

张琳, 孙梦婷, 黄颖. 2023. "跨学科悖论": 概念界定、内涵分析及应对策略[J]. 科学学与科学技术管理, 44(2): 3-18.

张倩, 任保平. 2023. 数字经济驱动产业链现代化的机制、目标与路径[J]. 郑州大学学报(哲学社会科学版), 56(5): 39-45, 128.

张倩肖, 冯雷. 2018. 宏观经济政策不确定性与企业技术创新: 基于我国上市公司的经验证据

[J]. 当代经济科学, 40(4): 48-57, 126.
张琼瑜, 李武武. 2012. 基于 CAS 理论的产业集群协同创新动力机制构建[J]. 商业时代, (1): 115-116.
张同斌, 高铁梅. 2012. 财税政策激励、高新技术产业发展与产业结构调整[J]. 经济研究, 47(5): 58-70.
张炜, 童欣欣. 2011. 我国大学跨学科学术组织发展的现实困境与对策建议[J]. 中国高教研究, (9): 34-37.
张炜, 邹晓东. 2011. 我国大学跨学科学术组织发展的演进特征与创新策略[J]. 浙江大学学报(人文社会科学版), 41(6): 59-66.
张炜, 邹晓东, 陈劲. 2002. 基于跨学科的新型大学学术组织模式构造[J]. 科学学研究, 20(4): 362-366.
张西征, 刘志远, 王静. 2012. 企业规模与R&D投入关系研究: 基于企业盈利能力的分析[J]. 科学学研究, 30(2): 265-274.
张晓报. 2014. 跨学科人才培养模式的划分框架及启示[J]. 江苏高教, (3): 34-36.
张晓报. 2017. 我国高校跨学科人才培养面临的困境及突破: 基于理念、制度和方式的分析[J]. 江苏高教, (4): 48-52, 98.
张旭梅, 王大飞, 任廷海, 等. 2020. 考虑消费者策略行为的供应链两周期定价与契约设计[J]. 中国管理科学, 28(7): 132-145.
张璇, 刘贝贝, 汪婷, 等. 2017. 信贷寻租、融资约束与企业创新[J]. 经济研究, 52(5): 161-174.
张宗和, 彭昌奇. 2009. 区域技术创新能力影响因素的实证分析: 基于全国 30 个省市区的面板数据[J]. 中国工业经济, (11): 35-44.
张宗新, 周嘉嘉. 2019. 分析师关注能否提高上市公司信息透明度?——基于盈余管理的视角[J]. 财经问题研究, (12): 49-57.
赵斌, 徐璐. 2018. 差错管理氛围对员工创新行为影响研究: 基本心理需求与知识建构的双路径作用[J]. 经济经纬, 35(2): 128-134.
赵晨, 林晨, 高中华. 2023. 人才链支撑创新链产业链的融合发展路径: 逻辑理路、中美比较以及政策启示[J]. 中国软科学, (11): 23-37.
赵飞跃, 张悦. 2018. 河南高校学科建设与区域经济建设关系研究: 以洛阳市为例[J]. 产业与科技论坛, 17(17): 113-115.
赵彦飞, 陈凯华, 李雨晨. 2019. 创新环境评估研究综述: 概念、指标与方法[J]. 科学学与科学技术管理, 40(1): 89-99.
赵正佳. 2015. 需求不确定且依赖于价格下全球供应链数量折扣及其组合契约[J]. 管理工程学报, 29(3): 90-99.
赵忠, 程瑜. 2024. 考虑保鲜努力的生鲜农产品供应链期权契约协调[J]. 中国管理科学, 32(11): 258-269.
赵忠升. 2011. 大学又解: 从学科建设的视角[J]. 学位与研究生教育, (7): 17-22.
甄峰, 黄朝永, 罗守贵. 2000. 区域创新能力评价指标体系研究[J]. 科学管理研究, 18(6): 5-8.
郑石明. 2019. 世界一流大学跨学科人才培养模式比较及其启示[J]. 教育研究, 40(5): 113-122.

郑士源，王浣尘. 2009. 基于动态合作博弈理论的航空联盟稳定性[J]. 系统工程理论与实践，29(4): 184-192.

郑彤彤. 2017. 产学研协同创新的内涵、模式与运行机制研究[J]. 湖北社会科学, (5): 169-173.

郑小雪，刘志，李登峰，等. 2021. 基于多选择目标规划方法的生产者责任组织成本分摊合作博弈研究[J]. 系统工程理论与实践, 41(10): 2512-2523.

郑晓瑛. 2007. 交叉学科的重要性及其发展[J]. 北京大学学报(哲学社会科学版), 44(3): 141-147.

郑莹，陈传明，任华亮. 2016. 专利活动和市场价值：基于信号理论的解释[J]. 科学学与科学技术管理, 37(3): 68-78.

郑玉雯. 2024. “一带一路”产业链现代化的测度研究：兼论“以路强链”的启示及中国因应[J]. 调研世界, (8): 30-44.

钟柏昌，刘晓凡. 2021. 跨学科创新能力培养的学理机制与模式重构[J]. 中国远程教育，(10): 29-38, 77.

周海涛，胡万山. 2020. 地方高校高水平学科建设的模式、难点与对策[J]. 高等教育研究, 41(3): 36-41, 85.

周辉，柳璐，柳键. 2024. 基于零售商过度自信的绿色供应链决策与成本共担契约[J]. 系统科学学报, 32(3): 110-115, 130.

周建亨，罗瑶. 2023. 基于销售量谎报的供应链审计及价格补贴策略[J]. 中国管理科学，31(5): 230-239.

周志强. 2014. 企业进入技术标准联盟决策条件分析[J]. 科技进步与对策, 31(19): 103-108.

朱宝红. 2003. 对目前国内技术创新的研究综述[J]. 科学·经济·社会, 21(1): 36-39.

朱鉴斌. 1998. 课堂教学管理的协同策略[J]. 现代中小学教育, 14(4): 3-5.

朱小平，张家军，胡伟力. 2023. 论交叉学科的生成模型建构与实现路径[J]. 学位与研究生教育，(5): 26-34.

朱晓阳，邵亚斌，姜殿玉. 2015. 考虑联盟形成过程的合作博弈及其在人力资源管理中的应用[J]. 科技管理研究, 35(19): 125-129.

朱跃钊，戴书春，陈红喜. 2015. 协同创新视角下科技型企业技术创新体系的构建研究[J]. 科技管理研究, 35(2): 1-6.

朱政，张振鹏. 2018. 产业组织理论回溯与研究展望[J]. 产业创新研究, (6): 58-63.

祝贺，袁鸣. 2020. 行业特色高校土木工程学科建设服务地方经济发展的途径与方式[J]. 科技风，(29): 154-155.

宗杰，陈红，史丽萍. 2018. 基于黑龙江省区域经济发展的高校学科专业建设研究[J]. 黑龙江教育学院学报, 37(7): 13-15.

邹国平，刘洪德，王广益. 2015. 我国国有企业规模与研发强度相关性研究[J]. 管理评论, 27(12): 171-179.

Aarstad J, Kvitastein O A, Jakobsen S E. 2016. Related and unrelated variety as regional drivers of enterprise productivity and innovation: a multilevel study[J]. Research Policy, 45(4): 844-856.

Aboody D, Baruch L. 2000. Information asymmetry, R&D, and insider gains[J]. Journal of Finance, 55(6): 2747-2766.

Acemoglu D, Akcigit U, Alp H, et al. 2018. Innovation, reallocation and growth[J]. American Economic Review, 108(11): 3450-3491.

Acemoglu D, Johnson S, Robinson J. 2005. Institutions as the fundamental cause of long-run growth[M]//Aghion P, Durlauf S. Handbook of Economic Growth. Amsterdam: North Holland: 385-472.

André F J, Sokri A, Zaccour G. 2011. Public Disclosure Programs vs. traditional approaches for environmental regulation: Green goodwill and the policies of the firm[J]. European Journal of Operational Research, 212(1): 199-212.

Avolio B J, Bass B M. 1995. Individual consideration viewed at multiple levels of analysis: a multi-level framework for examining the diffusion of transformational leadership[J]. The Leadership Quarterly, 6(2): 199-218.

Baldwin R, Venables A J. 2013. Spiders and snakes: offshoring and agglomeration in the global economy[J]. Journal of International Economics, 90(2): 245-254.

Bass B M. 1985. Leadership and Performance Beyond Expectations[M]. New York: Free Press.

Basso F, Basso L J, Rönnqvist M, et al. 2021. Coalition formation in collaborative production and transportation with competing firms[J]. European Journal of Operational Research, 289(2): 569-581.

Baumol W J. 1982. Contestable markets: an uprising in the theory of industry structure[J]. American Economic Review, 72(1): 1-15.

Bimpikis K, Ehsani S, İlkılıç R. 2019. Cournot competition in networked markets[J]. Management Science, 65(6): 2467-2481.

Bönte W, Nielen S. 2011. Product innovation, credit constraints, and trade credit: evidence from a cross-country study[J]. Managerial and Decision Economics, 32(6): 413-424.

Buratto A, Cesaretto R, de Giovanni P. 2019. Consignment contracts with cooperative programs and price discount mechanisms in a dynamic supply chain[J]. International Journal of Production Economics, 218: 72-82.

Burningham C, West M A. 1995. Individual, climate, and group interaction processes as predictors of work team innovation[J]. Small Group Research, 26(1): 106-117.

Cai J H, Jiang F Y. 2023. Decision models of pricing and carbon emission reduction for low-carbon supply chain under cap-and-trade regulation[J]. International Journal of Production Economics, 264: 108964.

Cai J H, Sun H N, Shang J, et al. 2023. Information structure selection in a green supply chain: Impacts of wholesale price and greenness level[J]. European Journal of Operational Research, 306(1): 34-46.

Caniato F, Gelsomino L M, Perego A, et al. 2016. Does finance solve the supply chain financing problem?[J]. Supply Chain Management, 21(5): 534-549.

Cao Z F, Chen S X, Lee E. 2022. Does business strategy influence interfirm financing? Evidence from trade credit[J]. Journal of Business Research,141: 495-511.

Casalin F, Pang G, Maioli S, et al. 2017. Inventories and the concentration of suppliers and customers: evidence from the Chinese manufacturing sector[J]. International Journal of Production Economics, 193: 148-159.

Castaldi C, Frenken K, Los B. 2015. Related variety, unrelated variety and technological breakthroughs: an analysis of US state-level patenting[J]. Regional Studies, 49(5): 767-781.

Chen X, Wang X J, Zhou M M. 2019. Firms' green R&D cooperation behaviour in a supply chain: Technological spillover, power and coordination[J]. International Journal of Production Economics, 218: 118-134.

Connelly B L, Certo S T, Ireland R D, et al. 2011. Signaling theory: a review and assessment[J]. Journal of Management, 37(1): 39-67.

Cooke P. 1992. Regional innovation systems: Competitive regulation in the new Europe[J]. Geoforum, 23(3): 365-382.

Davis L E, North D C, Smorodin C. 1971. Institutional Change and American Economic Growth[M]. Cambridge: Cambridge University Press.

Demsetz H. 1968. The cost of transacting[J]. The Quarterly Journal of Economics, 82(1): 33-53.

Duranton G, Puga D. 2005. From sectoral to functional urban specialisation[J]. Journal of Urban Economics, 57(2): 343-370.

Edmondson A C. 2002. Managing the risk of learning: psychological safety in work teams[M]//West M. International Handbook of Organizational Teamwork. London: Blackwell.

Engeström Y. 1987. Learning by Expanding: An activity-theoretical approach to developmental research[M]. Helsinki: Orienta-Konsultit Oy.

Engeström Y. 2002. Putting Vygotsky to work: the change laboratory as an application of double stimulation[M]//Daniels H, Cole M, Wertsch J V. The Cambridge Companion to Vygotsky. Cambridge: Cambridge University Press.

Fabbri D, Klapper L F. 2016. Bargaining power and trade credit[J]. Journal of Corporate Finance, 41: 66-80.

Freeman C. 1986. The Economics of Industrial Innovation[M]. 2nd ed. Cambridge: MIT Press.

Furman J L, Porter M E, Stern S. 2002. The determinants of national innovative capacity[J]. Research Policy, 31(6): 899-933.

Gao F, Souza G C. 2022. Carbon offsetting with eco-conscious consumers[J]. Management Science, 68(11): 7879-7897.

Gao X, Wang Y. 2023. Competitive analysis of R&D investment with R&D budget constraint and R&D uncertainty[J]. Managerial and Decision Economics, 44(4): 2438-2456.

Gao Y Q, Wu J, Hafsi T. 2017. The inverted U-shaped relationship between corporate philanthropy and spending on research and development: a case of complementarity and competition moderated by firm size and visibility[J]. Corporate Social Responsibility and Environmental Management, 24(6): 465-477.

Ghosh D, Shah J. 2015. Supply chain analysis under green sensitive consumer demand and cost sharing contract[J]. International Journal of Production Economics, 164: 319-329.

Golob U, Kronegger L. 2019. Environmental consciousness of European consumers: a segmentation-based study[J]. Journal of Cleaner Production, 221: 1-9.

Greco M, Grimaldi M, Cricelli L. 2017. Hitting the nail on the head: exploring the relationship between public subsidies and open innovation efficiency[J]. Technological Forecasting and Social Change, 118: 213-225.

Guan J C, Liu S Z. 2005. Comparing regional innovative capacities of PR China based on data analysis of the national patents[J]. International Journal of Technology Management, 32(3/4): 225-245.

Guan Z M, Ye T, Yin R. 2020. Channel coordination under Nash bargaining fairness concerns in differential games of goodwill accumulation[J]. European Journal of Operational Research, 285(3): 916-930.

Guerra R R, Peña-Ramírez F A, Cordeiro G M. 2023. The logistic burr XII distribution: properties and applications to income data[J]. Stats, 6(4): 1260-1279.

Guo D, Guo Y, Jiang K. 2016. Government-subsidized R&D and firm innovation: evidence from China[J]. Research Policy, 45(6): 1129-1144.

Guo F, Zou B, Zhang X F, et al. 2020. Financial slack and firm performance of SMMEs in China: moderating effects of government subsidies and market-supporting institutions[J]. International Journal of Production Economics, 223: 107530.

Gupta V, Ivanov D. 2020. Dual sourcing under supply disruption with risk-averse suppliers in the sharing economy[J]. International Journal of Production Research, 58(1): 291-307.

Haans R F J, Pieters C, He Z L. 2016. Thinking about U: Theorizing and testing U- and inverted U-shaped relationships in strategy research[J]. Strategic Management Journal, 37(7): 1177-1195.

Hao Z W, Qi W, Gong T X, et al. 2019. Innovation uncertainty, new product press timing and strategic consumers[J]. Omega, 89: 122-135.

Harrison B. 1994. Lean and Mean: The Changing Landscape of Corporate Power in the Age of Flexibility[M]. New York: Basic Books.

Hassan O A G. 2018. The impact of voluntary environmental disclosure on firm value: Does organizational visibility play a mediation role?[J]. Business Strategy and the Environment, 27(8): 1569-1582.

Hong Z F, Chu C B, Yu Y G. 2016. Dual-mode production planning for manufacturing with emission constraints[J]. European Journal of Operational Research, 251(1): 96-106.

Hu X Q, Zhou Q, Cai J, et al. 2023. To ally or not to ally: enterprises' preferences for technology alliance modes in transnational cooperatio[J]. Managerial and Decision Economics, 44(6): 3437-3450.

Jackson M O, Wolinsky A. 1996. A strategic model of social and economic networks[J]. Journal of Economic Theory, 71(1): 44-74.

Jeon J Q, Lee C, Nasser T, et al. 2015. Multiple lead underwriter IPOs and firm visibility[J]. Journal of Corporate Finance, 32: 128-149.

Ji T, Xu X P, Yan X M, et al. 2020. The production decisions and cap setting with wholesale price and revenue sharing contracts under cap-and-trade regulation[J]. International Journal of Production Research, 58(1): 128-147.

Jung O. 2012. Credit conditions faced by small and medium-sized enterprises investing in research and development[R]. Ottawa: Industry Canada.

Karmarkar U S, Rajaram K. 2012. Aggregate production planning for process industries under oligopolistic competition[J]. European Journal of Operational Research, 223(3): 680-689.

Kato A. 2004. Patent pool enhances market competition[J]. International Review of Law and Economics, 24(2): 255-268.

Kim H, Kim H, Lee P M. 2008. Ownership structure and the relationship between financial slack and R&D investments: evidence from Korean firms[J]. Organization Science, 19(3): 404-418.

Klapper L, Laeven L, Rajan R. 2012. Trade credit contracts[J]. Review of Financial Studies, 25(3): 838-867.

Lam H K S. 2018. Doing good across organizational boundaries: sustainable supply chain practices and firms' financial risk[J]. International Journal of Operations & Production Management, 38(12): 2389-2412.

Lee H H, Zhou J E, Wang J Q. 2018. Trade credit financing under competition and its impact on firm performance in supply chains[J]. Manufacturing & Service Operations Management, 20(1): 36-52.

Leung T Y, Sharma P. 2021. Differences in the impact of R&D intensity and R&D internationalization on firm performance–Mediating role of innovation performance[J]. Journal of Business Research, 131: 81-91.

Li B, Hou P W, Chen P, et al. 2016. Pricing strategy and coordination in a dual channel supply chain with a risk-averse retailer[J]. International Journal of Production Economics, 178: 154-168.

Li G, Li N, Sethi S P. 2021. Does CSR reduce idiosyncratic risk? Roles of operational efficiency and AI innovation[J]. Production and Operations Management, 30(7): 2027-2045.

Li X J, Chen J, Ai X Z. 2019. Contract design in a cross-sales supply chain with demand information asymmetry[J]. European Journal of Operational Research, 275(3): 939-956.

Li X, Wang T. 2016. Investor reaction to R&D investment: are new product announcements and development capacity missing links?[J]. International Journal of Innovation Science, 8(2): 133-147.

Lim E N K. 2015. The role of reference point in CEO restricted stock and its impact on R&D intensity in high-technology firms[J]. Strategic Management Journal, 36(6): 872-889.

Liu G W, Zhang J X, Tang W S. 2015. Strategic transfer pricing in a marketing operations interface with quality level and advertising dependent goodwill[J]. Omeg, 56: 1-15.

Liu L, Li F T. 2020. Differential game modelling of joint carbon reduction strategy and contract coordination based on low-carbon reference of consumers[J] Journal of Cleaner Production, 277:

123798.

Lu L H, Wong P K. 2019. Performance feedback, financial slack and the innovation behavior of firms[J]. Asia Pacific Journal of Management, 36(4): 1079-1109.

Ma X L, Wang J, Bai Q G, et al. 2020. Optimization of a three-echelon cold chain considering freshness-keeping efforts under cap-and-trade regulation in Industry 4.0[J]. International Journal of Production Economics, 220: 107457.

Ma X, Ho W, Ji P, et al. 2018. Coordinated pricing analysis with the carbon tax scheme in a supply chain[J]. Decision Sciences, 49(5): 863-900.

Mansfield E. 1968. Industrial research and technological innovation: an econometric analysis[J]. The Economic Journal, 78(311): 676-679.

Marshall A. 1890. Principles of Economics[M]. London: Mac Millan.

Martirosyan E, Cao M. 2024. Reinforcement learning for inverse linear-quadratic dynamic non-cooperative games[J]. Systems & Control Letters, 191: 105883.

Murata Y, Nakajima R, Okamoto R, et al. 2014. Localized knowledge spillovers and patent citations: a cistance-based approach[J]. The Review of Economics and Statistics, 96(5): 967-985.

Murphy P E, Schlegelmilch B B. 2013. Corporate social responsibility and corporate social irresponsibility: Introduction to a special topic section[J]. Journal of Business Research, 66(10): 1807-1813.

Nelson R R. 1993. National Innovation Systems: A Comparative Analysis[M]. New York : Oxford University Press.

Nerlove M, Arrow K J. 1962. Optimal advertising policy under dynamic conditions[J]. Economica, 29(114): 129-142.

Pu X J, Jin D L, Han G H. 2017. Effect of overconfidence on cournot competition in the presence of yield uncertainty[J]. Managerial and Decision Economics, 38(3): 382-393.

Pu X J, Yue Z X, Chen Q Y, et al. 2020. Trust-based cooperation in silk road economic belt countries: Strategical ordering in the assembly supply chain[J]. The International Journal of Logistics Management, 31(4): 801-828.

Puck J F, Rogers H, Mohr A T. 2013. Flying under the radar: Foreign firm visibility and the efficacy of political strategies in emerging economies[J]. International Business Review, 22(6): 1021-1033.

Qin J J, Fu H P, Wang Z P, et al. 2021. Financing and carbon emission reduction strategies of capital-constrained manufacturers in E-commerce supply chains[J]. International Journal of Production Economics, 241: 108271.

Ramírez S, Alberda L, Bauso D. 2023. Designing an allocation mechanism for a coalitional production game[J]. Systems & Control Letters, 182: 105659.

Revilla A J, Fernández Z. 2012. The relation between firm size and R&D productivity in different technological regimes[J]. Technovation, 32(11): 609-623.

Rybowiak V, Garst H, Frese M, et al. 1999. Error orientation questionnaire (EOQ): reliability, validity, and different language equivalence[J]. Journal of Organizational Behavior, 20(4): 527-547.

Santore R, McKee M, Bjornstad D. 2010. Patent pools as a solution to efficient licensing of complementary patents? Some experimental evidence[J]. Journal of Law and Economics, 53(1): 167-183.

Schumpeter J A, Opie R. 1934. The Theory of Economic Development: an Inquiry into Profits, Capital, Credit, Interest and the Business Cycle[M]. Cambridge: Harvard University Press.

Shaikh I A, O'Brien J P, Peters L. 2018. Inside directors and the underinvestment of financial slack towards R&D-intensity in high-technology firms[J]. Journal of Business Research, 82: 192-201.

Shang W X, Ha A Y, Tong S L. 2016. Information sharing in a supply chain with a common retailer[J]. Management Science, 62(1): 245-263.

Shin S J, Zhou J. 2003. Transformational leadership, conservation, and creativity: evidence from Korea[J]. Academy of Management Journal, 46(6): 703-714.

Shou Y Y, Shao J N, Wang W J, et al. 2020. The impact of corporate social responsibility on trade credit: Evidence from Chinese small and medium-sized manufacturing enterprises[J]. International Journal of Production Economics, 230: 107809.

Solow R M. 1957. Technical change and the aggregate production function[J]. The Review of Economics and Statistics, 39(3): 312-320.

Song H H, Gao X X. 2018. Green supply chain game model and analysis under revenue-sharing contract[J]. Journal of Cleaner Production, 170: 183-192.

Spence M. 1974. Competitive and optimal responses to signals: an analysis of efficiency and distribution[J]. Journal of Economic Theory, 7(3): 296-332.

Spence M. 1983. Contestable markets and the theory of industry structure: a review article[J]. Journal of Economic Literature, 21(3): 981-990.

Sun L C, Cao X X, Alharthi M, et al. 2020. Carbon emission transfer strategies in supply chain with lag time of emission reduction technologies and low-carbon preference of consumers[J]. Journal of Cleaner Production, 264: 121664.

Sun X J, Tang W S, Chen J, et al. 2019. Manufacturer encroachment with production cost reduction under asymmetric information[J]. Transportation Research Part E: Logistics and Transportation Review, 128: 191-211.

Swami S, Shah J. 2013. Channel coordination in green supply chain management[J]. Journal of the Operational Research Society, 64(3): 336-351.

Szczygielski K, Grabowski W, Pamukcu M T, et al. 2017. Does government support for private innovation matter? Firm-level evidence from two catching-up countries[J]. Research Policy, 46(1): 219-237.

Teirlinck P. 2020. Engaging in new and more research-oriented R&D projects: Interplay between level of new slack, business strategy and slack absorption[J]. Journal of Business Research, 120: 181-194.

Tura T, Harmaakorpi V. 2005. Social capital in building regional innovative capability[J]. Regional

Studies, 39(8): 1111-1125.

Turkenburg W C. 2002. The innovation chain: policies to promote energy innovations[M]//Johansson T B, Goldemberg J. Energy for Sustainable Development; A Policy Agenda. New York: UNDP: 137-172.

Ugur M, Trushin E, Solomon E. 2016. Inverted-U relationship between R&D intensity and survival: Evidence on scale and complementarity effects in UK data[J]. Research Policy, 45(7): 1474-1492.

van Dyck C, Frese M, Baer M, et al. 2005. Organizational error management culture and its impact on performance: a two-study replication[J]. Journal of Applied Psychology, 90(6): 1228.

Wang H L, Qian C L. 2011. Corporate philanthropy and corporate financial performance: the roles of stakeholder response and political access[J]. Academy of Management Journal, 54(6): 1159-1181.

Wang P, Rode J C. 2010. Transformational leadership and follower creativity: the moderating effects of identification with leader and organizational climate[J]. Human Relations, 63(8): 1105-1128.

Wang Y L, Xu X, Zhu Q H. 2021a. Carbon emission reduction decisions of supply chain members under cap-and-trade regulations: a differential game analysis[J]. Computers & Industrial Engineering, 162: 107711.

Wang Y Y, Yu Z Q, Jin M Z, et al. 2021b. Decisions and coordination of retailer-led low-carbon supply chain under altruistic preference[J]. European Journal of Operational Research, 293(3): 910-925.

Wang Z R, Brownlee A E I, Wu Q H. 2020. Production and joint emission reduction decisions based on two-way cost-sharing contract under cap-and-trade regulation[J]. Computers & Industrial Engineering, 146: 106549.

West M A, Anderson N R. 1996. Innovation in top management teams[J]. Journal of Applied Psychology, 81(6): 680.

Wu W W, Liang Z, Zhang Q. 2020. Effects of corporate environmental responsibility strength and concern on innovation performance: The moderating role of firm visibility[J]. Corporate Social Responsibility and Environmental Management, 27(3): 1487-1497.

Xia J, Niu W J. 2021. Carbon-reducing contract design for a supply chain with environmental responsibility under asymmetric information[J]. Omega, 102: 102390.

Xia L J, Bai Y W, Ghose S, et al. 2022. Differential game analysis of carbon emissions reduction and promotion in a sustainable supply chain considering social preferences[J]. Annals of Operations Research, 310(1): 257-292.

Xia L J, Kong Q Y, Li Y D, et al. 2023a. Effect of equity holding on a supply chain's pricing and emission reduction decisions considering information sharing[J]. Annals of Operations Research, 329(1): 619-656.

Xia T S, Wang Y Y, Lv L X, et al. 2023b. Financing decisions of low-carbon supply Chain under Chain-to-Chain competition[J]. International Journal of Production Research, 61(18):

6153-6176.

Xiao L J, Bai M, Qin Y F, et al. 2021. Financial slack and inefficient investment decisions in China[J]. Managerial and Decision Economics, 42(4): 920-941.

Xu W B, Xu H Z. 2022. Channel encroachment and carbon reduction with demand information asymmetry[J]. Journal of Cleaner Production, 371: 133443.

Xu X H, Chen X F, Jia F, et al. 2018. Supply chain finance: a systematic literature review and bibliometric analysis[J]. International Journal of Production Economics, 204: 160-173.

Xu X P, Zhang W, He P. 2017. Production and pricing problems in make-to-order supply chain with cap-and-trade regulation[J]. Omega, 66: 248-257.

Xu Y M, Xie H Z. 2016. Consumer environmental awareness and coordination in closed-loop supply chain[J]. Open Journal of Business and Management, 4(3): 427-438.

Yang W, Pan Y C, Ma J H, et al. 2020. Effects of allowance allocation rules on green technology investment and product pricing under the cap-and-trade mechanism[J]. Energy Policy, 139: 111333.

Zhang B L, Argheyd K, Molz R, et al. 2023. A new business ecosystem for SMEs development in China: Key-node industry and industrial net[J]. Journal of Small Business Management, 61(6): 3046-3076.

Zhang Y F, Ji Y C, Tan Q W. 2022a. Endogenous spillovers in a non-tournament R&D duopoly under uncertainty[J]. Managerial and Decision Economics, 44(1): 208-214.

Zhang Q, Chen J, Lin J. 2022b. Market targeting with social influences and risk aversion in a co-branding alliance[J]. European Journal of Operational Research, 297(1): 301-318.

Zhang S G, Dan B, Zhou M S. 2019. After-sale service deployment and information sharing in a supply chain under demand uncertainty[J]. European Journal of Operational Research, 279(2): 351-363.

Zhang J Z, Sethi S P, Choi T M, et al. 2022c. Pareto optimality and contract dependence in supply chain coordination with risk-averse agents[J]. Production and Operations Management, 31(6): 2557-2570.

Zhou Y J, Ye X. 2018. Differential game model of joint emission reduction strategies and contract design in a dual-channel supply chain[J]. Journal of Cleaner Production, 190: 592-607.